此防伪页系专门制造

※此防伪页内有多层次固定水印,透光看水印清晰,水印凹凸立体感明显。

※此防伪页上有开天窗安全线,安全线在可见光下改变角度可变色,线上印有"自学考试"激光字。

发现盗版　请即举报

※全国"扫黄打非"工作领导小组办公室
　　举报热线:010-65212870
※教育部考试中心
　　举报电话及传真:010-61957687
　　举报短信号:13911597580
　　举报 QQ 号:3022464619
　　举报网址:http://zkjc.neea.edu.cn

全国高等教育自学考试指定教材
教育管理专业（独立本科段）

教育预测与规划

Jiaoyu Yuce yu Guihua

（含：教育预测与规划自学考试大纲）

（2018年版）

全国高等教育自学考试指导委员会 组编

主　编　朱颜杰
副主编　于　晶　布　和
参　编　汤丽伟　王乃正　米俊魁

高等教育出版社·北京

图书在版编目（CIP）数据

教育预测与规划 / 朱颜杰主编；全国高等教育自学考试指导委员会组编． --北京：高等教育出版社，2019.1
　　ISBN 978-7-04-049592-8

Ⅰ.①教… Ⅱ.①朱… ②全… Ⅲ.①教育科学-预测科学-高等教育-自学考试-教材②教育规划-高等教育-自学考试-教材　Ⅳ.①G40

中国版本图书馆 CIP 数据核字（2018）第 067934 号

策划编辑	雷旭波	责任编辑	王 羽	版式设计	范晓红	责任校对	刘娟娟

出　　版	高等教育出版社	咨询电话	400-810-0598
社　　址	北京市西城区德外大街 4 号	网　　址	http://www.hep.edu.cn
邮政编码	100120		http://www.hep.com.cn
印　　刷	北京瑞德印刷有限公司		
开　　本	787mm×1092mm　1/16	版　　次	2018 年 5 月第 1 版
印　　张	18.25	印　　次	2019 年 2 月第 2 次印刷
字　　数	430 千字	定　　价	38.00 元

官方淘宝网　网址：http://shop136348527.taobao.com
本书如有缺页、倒页、脱页等质量问题，请到所购图书销售部门联系调换
版权所有　侵权必究

组编前言

21世纪是一个变幻莫测的世纪,是一个催人奋进的时代。科学技术飞速发展,知识更替日新月异。希望、困惑、机遇、挑战,随时随地都有可能出现在每一个社会成员的生活之中。抓住机遇,寻求发展,迎接挑战,适应变化的制胜法宝就是学习——依靠自己学习、终身学习。

作为中国高等教育组成部分的自学考试,其职责就是在高等教育这个水平上倡导自学,鼓励自学,帮助自学,推动自学,为每一个自学者铺就成才之路。组织编写供读者学习的教材是履行这个职责的重要环节。毫无疑问,这种教材应当适合自学,应当有利于学习者掌握和了解新知识、新信息,有利于学习者增强创新意识、培养实践能力、形成自学能力,也有利于学习者学以致用,解决实际工作中所遇到的问题。具有如此特点的书,我们虽然沿用了"教材"这个概念,但它与那种仅供教师讲、学生听,教师不讲、学生不懂,以"教"为中心的教科书相比,已经在内容安排、编写体例、行文风格等方面都大不相同了。希望读者对此有所了解,以便从一开始就树立起依靠自己学习的坚定信念,不断探索适合自己的学习方法,充分利用自己已有的知识基础和实际工作经验,最大限度地发挥自己的潜能,达到学习的目标。

欢迎读者提出意见和建议。

祝每一位读者自学成功。

全国高等教育自学考试指导委员会
2017年1月

目 录

教育预测与规划自学考试大纲

出版前言 ………………………………… 2
Ⅰ 课程性质与课程目标 ………………… 3
Ⅱ 考核目标 ……………………………… 5
Ⅲ 课程内容与考核要求 ………………… 6
 绪论 …………………………………… 6
 第一章 教育预测概述 ………………… 7
 第二章 教育预测的基本原理与原则 … 9
 第三章 教育预测的类型和基本程序 … 11
 第四章 教育预测的定性方法 ………… 13
 第五章 教育预测的定量方法 ………… 15
 第六章 教育规划概述 ………………… 17
 第七章 教育规划的指导思想、原则
    与依据 ………………………… 18
 第八章 教育规划目标 ………………… 20
 第九章 教育规划的基本程序 ………… 21
 第十章 教育规划的主要方法 ………… 23
 第十一章 教育规划文本的形成和
     论证 ……………………………… 24
 第十二章 教育规划实施的监测 ……… 26
 第十三章 教育发展战略 ……………… 27
 第十四章 教育决策 …………………… 28
 第十五章 地方与区域教育规划 ……… 29
Ⅳ 关于大纲的说明与考核实施要求 … 31
附录 题型举例 ………………………… 34
后记 ……………………………………… 36

教育预测与规划

编者的话 ………………………………… 38
绪论 ……………………………………… 40

上 篇

第一章 教育预测概述 ………………… 59
 第一节 教育预测及其理论基础 ……… 59
 第二节 教育预测的内容和技术方法 … 66
 第三节 教育预测的作用和有效性
    问题 ……………………………… 67
第二章 教育预测的基本原理与原则 … 72
 第一节 教育预测的基本原理 ………… 72
 第二节 教育预测的基本原则 ………… 81
第三章 教育预测的类型和基本程序 … 91
 第一节 教育预测的类型 ……………… 91
 第二节 教育预测的基本程序 ………… 95
第四章 教育预测的定性方法 ………… 103
 第一节 教育专家个人预测法和教育
    专家协商预测法 ……………… 104
 第二节 头脑风暴预测法 ……………… 105
 第三节 德尔菲预测法 ………………… 108
 第四节 主观概率预测法和因素分析
    预测法 ………………………… 113
第五章 教育预测的定量方法 ………… 117
 第一节 平均预测法 …………………… 117
 第二节 指数平滑预测法 ……………… 121
 第三节 回归预测法 …………………… 125

中　篇

- 第六章　教育规划概述 …………… 135
  - 第一节　教育规划的含义和基本特征 … 135
  - 第二节　教育规划的分类、范式与模型 …………………………… 138
  - 第三节　教育规划在宏观教育管理中的作用 …………………………… 141
- 第七章　教育规划的指导思想、原则与依据 …………………………… 146
  - 第一节　教育规划的指导思想与原则 … 146
  - 第二节　教育规划的理论依据 ……… 150
  - 第三节　教育规划的影响因素 ……… 154
- 第八章　教育规划目标 …………… 158
  - 第一节　教育规划目标的分类、特点与预测 …………………………… 158
  - 第二节　教育规划目标的确定 ……… 167
- 第九章　教育规划的基本程序 …… 174
  - 第一节　准备阶段 ………………… 174
  - 第二节　制定阶段 ………………… 177
  - 第三节　实施阶段 ………………… 179
- 第十章　教育规划的主要方法 …… 185
  - 第一节　教育规划的主要方法及评述 … 185
  - 第二节　系统动力学方法、计划评审技术、系统分析方法简介 …………… 192
- 第十一章　教育规划文本的形成和论证 …………………………… 197
  - 第一节　教育规划文本的形成 ……… 197
  - 第二节　教育规划文本的论证 ……… 202
- 第十二章　教育规划实施的监测 …… 207
  - 第一节　规划实施情况监测和滚动调整 …………………………… 207
  - 第二节　规划实施情况的监测指标体系 …………………………… 211

下　篇

- 第十三章　教育发展战略 ………… 223
  - 第一节　教育发展战略概述 ……… 223
  - 第二节　教育发展战略制定 ……… 226
- 第十四章　教育决策 ……………… 244
  - 第一节　教育决策概述 …………… 244
  - 第二节　教育决策的原则和程序 …… 250
- 第十五章　地方与区域教育规划 …… 255
  - 第一节　地方教育规划 …………… 255
  - 第二节　区域教育规划 …………… 261

参考文献 …………………………… 272
附录　国家教育事业发展"十三五"规划 …………………………… 276
后记 ………………………………… 285

全国高等教育自学考试
教育管理专业(独立本科段)

教育预测与规划自学考试大纲

全国高等教育自学考试指导委员会 制定

出版前言

为了适应社会主义现代化建设事业的需要,鼓励自学成才,我国在20世纪80年代初建立了高等教育自学考试制度。高等教育自学考试是个人自学、社会助学和国家考试相结合的一种高等教育形式。应考者通过规定的专业课程考试并经思想品德鉴定达到毕业要求的,可获得毕业证书;国家承认学历并按照规定享有与普通高等学校毕业生同等的有关待遇。经过30多年的发展,高等教育自学考试为国家培养造就了大批专门人才。

课程自学考试大纲是国家规范自学者学习范围、要求和考试标准的文件。它是按照专业考试计划的要求,具体指导个人自学、社会助学、国家考试、编写教材、编写自学辅导书的依据。

随着经济社会的快速发展,新的法律法规不断出台,科技成果不断涌现,原大纲中有些内容过时、知识陈旧。为更新教育观念,深化教学内容和方式、考试制度、质量评价制度改革,使自学考试更好地为提高人才培养的质量服务,各专业委员会按照专业考试计划的要求,对原课程自学考试大纲组织了修订或重编。

修订后的大纲,在层次上,本科参照一般普通高校本科水平,专科参照一般普通高校专科或高职院校的水平;在内容上,力图反映学科的发展变化,增补了自然科学和社会科学近年来研究的成果,对明显陈旧的内容进行了删减。

全国高等教育自学考试指导委员会教育类专业委员会组织制定了《教育预测与规划自学考试大纲》,经教育部批准,现颁发施行。各地教育部门、考试机构应认真贯彻执行。

全国高等教育自学考试指导委员会

2018年1月

Ⅰ 课程性质与课程目标

一、课程性质和特点

"教育预测与规划"课程是全国高等教育自学考试教育管理专业（独立本科段）的必考课，是为培养和考核考生的教育预测和规划的基本理论知识和运用知识解决实际问题的能力而设置的一门专业课程。

"教育预测与规划"是教育管理学的分支学科，是通过对教育管理规律的认识，将科学预测和规划的理论与方法应用于教育行政和管理领域，而形成的一门新兴交叉学科。本课程主要研究教育预测与规划的理论与实践，是一门综合性、交叉性、应用性学科，因此，学习本课程应具有相关学科的基本知识。

本课程的设置可以使考生全面掌握教育预测与规划的基本理论知识，形成在教育行政与管理中进行有效预测与规划的基本能力，为进一步学习和实际工作奠定基础。

二、课程目标

通过学习本课程，使考生比较全面系统地掌握教育预测与规划的基本理论、基本知识和基本方法，重点理解教育预测与规划的基本概念和原理，了解影响教育预测与规划的相关要素，了解教育预测与规划的主要方法，熟悉教育预测与规划的基本程序，培养在教育行政与管理中进行有效教育预测与规划的基本能力，为在实践中作出科学的教育决策奠定理论基础。

三、与相关课程的联系与区别

由于"教育预测与规划"是一门综合性、交叉性学科，因此在学习本课程时应具备教育学、管理学、预测学、规划学、统计学等方面的知识。教育管理专业这门课程的先修课程是"教育管理原理""教育经济学""教育统计与测量"等。这些课程从内容上奠定了教育预测与规划的知识基础，如教育预测与规划需要了解并遵循教育管理的基本规律，需要运用定性和定量方法。

四、课程的重点和难点

"教育预测与规划"课程内容包括绪论、上篇教育预测、中篇教育规划、下篇教育发展战略与决策四个部分。其中重点章为绪论、第一章教育预测概述、第六章教育规划概述、第十三章教育发展战略、第十四章教育决策；次重点章为第二章教育预测的基本原理与原则、第七章教育规划的指导思想、原则与依据、第八章教育规划目标、第十一章教育规划文本的形成和论证、第十二章教育规划实施的监测、第十五章地方与区域教育规划;一般内容为第三章教育预测的类型和基本程序、第四章教育预测的定性方法、第九章教育规划的基本程序、第十章教育规划的主要方法;难点是第五章教育预测的定量方法。

Ⅱ 考核目标

本大纲在考核目标中,按照识记、领会、简单应用和综合应用四个层次规定考生应达到的能力层次要求。四个能力层次是递进关系,各能力层次的含义是:

识记(Ⅰ):能知道有关的名词、概念、知识的含义,并能正确认识和表述。是较低层次的要求。

领会(Ⅱ):在识记的基础上,能全面把握基本概念、基本原理、基本方法,能掌握有关概念、原理、方法的区别与联系。是较高层次的要求。

简单应用(Ⅲ):在领会的基础上,能运用基本概念、基本原理、基本方法中的一两个知识点分析和解决比较简单的理论问题和实践问题。

综合应用(Ⅳ):在简单应用的基础上,能用本课程规定的多个知识点,综合分析和解决比较复杂的理论问题和实践问题。是最高层次的要求。

Ⅲ 课程内容与考核要求

绪 论

一、学习目的与要求

通过本部分内容的学习,正确理解并深入领会"教育预测"和"教育规划"两个核心概念;正确理解"教育决策"和"教育发展战略"的含义并明确几个相关概念之间的差异与相互关系;最后了解教育预测与规划的历史沿革并准确理解其发展趋势。

二、课程内容

1. 教育预测与规划相关概念及其相互关系

(1) 预测与教育预测:

预测。

教育预测是指依据对教育活动发展规律的认识,运用现代预测的原理和方法对教育未来的可能发展作出推测或判断的一种活动。

(2) 规划与教育规划:

规划。

教育规划是设计和安排教育事业发展的指导性文件。它是一个国家或者地区的有关部门遵照国家对教育部门提出的方针、政策和任务,根据教育发展的客观规律和社会经济发展的需要,对未来一定时期内的教育发展进行设计,力求使教育事业的各个方面朝着最佳方向发展,以期达到预想目标的过程。

(3) 决策与教育决策:

决策。

教育决策是为了实现教育的某种目标或解决某些问题,而对未来的教育行动方案作出抉择的过程。

(4) 发展战略与教育发展战略:

发展战略。

教育发展战略是对教育发展的宏观性、全局性、长远性、方向性问题所作的整体谋划,它通过对影响和制约教育发展的各种内外部因素及其内在关系的综合分析、判断,在考虑社会发展与人的发展需求的基础上,对教育的未来发展方向与路径作出抉择。

(5)教育预测与规划及其他相关概念之间的关系:

教育预测与教育规划的关系:教育预测常常被认为是教育规划的前提、依据、基础和重要组成部分。在教育规划中,教育预测既是制定教育规划的手段,又是教育规划的分析与评估方法。

教育预测与教育决策的关系:教育预测是教育决策的基础,是教育决策科学化的前提条件。

教育发展战略与教育决策的关系:如果从宏观教育决策的角度看,可以把教育发展战略当成是教育决策的一部分;而从教育研究的层次结构的角度来考虑,则可以认为教育发展战略是位于一般教育决策之上的更高层次的研究领域。

教育规划与教育发展战略及教育决策的关系:教育规划实质上是教育发展战略和教育决策的延伸和具体化。教育规划的制定既要依赖教育预测提供的各类信息,更要考虑教育发展战略所确定的方向和思想以及教育决策作出的决定。

2. 教育预测与规划的历史沿革及其发展趋势

(1)教育预测与规划的产生与发展。

(2)教育预测与规划在我国的发展。

(3)教育预测与规划的发展趋势:

从理性主义走向有限理性主义;从单一主体规划走向多主体规划;教育规划与教育发展战略走向相互融合;从单向规划走向循环规划;从侧重数量增长转向质量的提高;从学校教育转向终身教育。

三、考核知识点与考核要求

1. 教育预测与规划相关概念及其相互关系

识记:预测;规划;决策;战略;发展战略。

领会:① 概念:教育预测;教育规划;教育决策;教育发展战略。② 教育预测与规划及其他相关概念之间的关系。

2. 教育预测与规划的历史沿革及其发展趋势

识记:① 教育预测与规划的产生与发展;② 教育预测与规划在我国的发展。

领会:教育预测与规划的发展趋势。

四、本章重点、难点

1. 重点

概念:教育预测;教育规划;教育决策;教育发展战略。

2. 难点

教育预测与规划及其他相关概念之间的关系;教育预测与规划的发展趋势。

第一章 教育预测概述

一、学习目的与要求

通过本章的学习,正确理解教育预测的含义;了解教育预测的理论基础;掌握教育预测的基本特征、内容和技术方法;能够正确分析教育预测在教育决策和教育规划中的作用以及教育预测的有效性问题。

二、课程内容

1. 教育预测及其理论基础

(1) 预测:预测的含义。预测是指在分析过去和现有信息的基础上,依照一定的方法和规律对未来的事情进行测算,以预先了解事情发展的过程与结果。广义的预测和狭义的预测。广义的预测既包括在同一时期根据已知事物推测未知事物的静态预测,也包括根据某一事物的历史和现状推测其未来的动态预测。狭义的预测仅指动态预测,也就是指对事物的未来演化预先作出的科学推测。

(2) 教育预测:教育预测的含义及其发展。教育预测是人类预测活动的一个分支,是指人类在教育领域中从事的预测活动,也就是以教育现象为预测对象,依据教育发展的规律,利用科学的预测原理与方法,对未来教育发展的趋势或倾向作出科学的判断和推测活动。教育预测的研究对象。教育预测的研究对象是未来教育的发展。教育预测的基本特征是前提性、时间性、描述性。

(3) 教育预测的理论基础:哲学基础、系统科学基础、统计规律。

2. 教育预测的内容和技术方法

(1) 教育预测的内容:教育预测是以教育现象为预测对象,对其发展趋势或倾向作出科学的估计、推测。因此,教育预测的内容涉及多方面,其核心内容是说明未来教育发展的任务和对资源的需求。

(2) 教育预测的技术方法:定性预测和定量预测。定性预测是运用判断和根据熟悉情况的人员的意见来预测结果,定性预测技术通常用于只能收集到有限数据的情况;定量预测是运用一组数学规则根据过去的一系列数据来预测未来。

3. 教育预测的作用和有效性问题

(1) 教育预测的作用:教育预测在教育决策中的作用;教育预测在教育规划中的作用。

(2) 教育预测的有效性问题:教育预测既具有可能性,又具有不准确性。

三、考核知识点与考核要求

1. 教育预测及其理论基础

识记:① 预测的含义;② 教育预测的理论基础。

领会:① 教育预测的含义;② 教育预测的基本特征。

简单应用:举例说明教育预测的研究对象。

2. 教育预测的内容和技术方法

识记:教育预测的两种技术方法。

领会:教育预测的内容。

简单应用:能够举例说明教育预测的内容。

3. 教育预测的作用和有效性问题

识记:① 教育预测在教育决策中的作用;② 教育预测在教育规划中的作用。

领会:教育预测既具有可能性,又具有不准确性。

简单应用:举例说明如何才能保证教育预测的有效性。

四、本章重点、难点

1. 重点

掌握教育预测的含义、基本特征和作用。

2. 难点

理解教育预测的有效性问题。

第二章 教育预测的基本原理与原则

一、学习目的和要求

通过本章的学习,学生要正确地理解"基本原理"和"基本原则",能够区分二者的不同;要全面理解"教育预测的基本原理"和"教育预测的基本原则";全面了解教育预测有哪些基本原理,如何理解这些基本原理;重点掌握,在教育预测中,应当遵循哪些基本原则,如何在教育预测中贯彻这些基本原则。

二、课程内容

1. 教育预测的基本原理

(1) 教育预测的延续性原理:延续性原理的概念,重点理解延续性原理的内涵;掌握在教育预测过程中,运用延续性原理应注意的问题。

教育预测的延续性原理是指按原来事物的运动发展规律继续发展下去,即教育的发展存在着过去、现在和未来相互衔接的延续性过程,教育预测必须尊重教育发展的过去、现在和未来这一延续性特点,即为教育预测的延续性原理。

(2) 教育预测的相关性原理:

相关性原理的概念;重点理解相关性原理的内涵;掌握在教育预测过程中,运用相关性原理应注意的问题。

教育预测的相关性原理就是指,依据教育与其他事物的相互关系,来预测未来教育发展趋势的原理。

(3) 教育预测的相似性原理:

相似性原理的概念;重点理解相似性原理的内涵;掌握在教育预测的过程中,运用相似性原理应注意的问题。

教育预测的相似性原理是指,如果我们知道了在某个地点、某个时间节点中,教育现象的发展变化过程和运动方式,还知道与之条件基本相同的另一教育现象的存在,那么,就可以根据相似性规律,预测类似的教育现象相应的发展变化过程,我们称之为"教育预测的相似性原理"。

(4) 教育预测的概率推断原理:

概率推断原理的概念;重点理解概率推断原理的含义;掌握在教育预测过程中,运用概率推断原理应注意的问题。

教育预测的概率推断原理,是指当被推断的教育预测结果能以较大的概率出现时,则认为该教育预测结果成立。

(5) 教育预测的社会性原理:

社会性原理的概念;重点理解社会性原理的内涵;掌握在教育预测过程中,运用社会性原理应注意的问题。

教育预测的社会性原理,是指教育预测过程必然与社会制度、经济发展、科技进步等有密切的关系,而且受到社会的一般规律所制约和支配。

2. 教育预测的基本原则

(1) 教育预测的尊重事实原则:

概念及对概念的理解;重点掌握在教育预测中如何贯彻尊重事实原则。

教育预测的尊重事实原则,就是指在教育预测过程中,必须以事实为依据,尊重现实教育的真实情况,既要看到教育发展中的成就,也要正视教育发展中存在的真实问题;在教育预测中,既要预想到未来教育对社会发展、对个体发展的促进作用,也应预想到教育发展对社会、对个体发展可能带来的负面作用,还要预测教育发展中可能遇到的困难和挫折的原则。

(2) 教育预测的反馈性原则:

概念及对概念的理解;重点掌握在教育预测中如何贯彻反馈性原则。

教育预测的反馈性原则,就是指以教育预测对象发展变化的实际情况为预测的依据之一,结合当前各方面形势的变化,对上一次的教育预测方案进行调整,使教育预测结果与当前实际情况的发展保持一致,以达到修正或提高教育预测精确度目的的原则。

(3) 教育预测的辩证思维原则:

概念及对概念的理解;重点掌握在教育预测中如何贯彻辩证思维原则。

教育预测的辩证思维原则是指,在进行教育预测时,必须以马克思主义的唯物辩证法为指导,利用唯物辩证法的质量互变规律、对立统一规律和否定之否定规律,深入、细致地分析教育预测过程中存在的各种矛盾,透过教育这一复杂社会现象的种种表现,紧紧抓住教育发展的本质联系,从中找出教育发展的趋势,从而进行科学的教育预测的原则。

(4) 教育预测的系统性原则:

概念及对概念的理解;重点掌握在教育预测中如何贯彻系统性原则。

教育预测的系统性原则就是指,把教育预测放在一个社会的大系统之中,并结合教育自身系统来进行预测的原则。

(5) 教育预测的宏观性原则:

概念及对概念的理解;重点掌握在教育预测中如何贯彻宏观性原则。

教育预测的宏观性原则,是指教育预测不可能完全准确无误地描述教育的复杂对象,而只要对一个复杂对象的描述基本达到满意的程度即可的原则。

(6) 教育预测的动态性原则:

概念及对概念的理解;重点掌握在教育预测中如何贯彻动态性原则。

教育预测的动态性原则,是指随着社会这个大的系统和教育系统自身的不断发展,教育预测也必须随之不断地变化,使教育预测的结果不断地趋于合理、趋于科学的原则。

三、考核知识点与考核要求

1. 教育预测的原理

识记：① 教育预测延续性原理的概念；② 教育预测相关性原理的概念；③ 教育预测相似性原理的概念；④ 教育预测概率推断原理的概念；⑤ 教育预测社会性原理的概念。

领会：延续性原理、相关性原理、相似性原理、概率推断原理、社会性原理在教育预测中的作用和功能。

简单应用：① 在教育预测中如何正确运用相关性原理；② 如何正确运用社会性原理；③ 如何正确运用概率推断原理。

2. 教育预测的基本原则

识记：① 教育预测尊重事实原则的概念；② 教育预测反馈性原则的概念；③ 教育预测辩证思维原则的概念；④ 教育预测系统性原则的概念；⑤ 教育预测宏观性原则的概念；⑥ 教育预测动态性原则的概念。

领会：如何在教育预测中贯彻这六个基本原则，在教育预测的实际运用过程中应注意什么问题。

简单应用：① 尊重事实的原则；② 动态性原则。

四、本章重点、难点

1. 重点

正确理解教育预测的延续性原理、相关性原理、相似性原理、概率推断原理、社会性原理的含义。

正确理解教育预测的尊重事实原则、反馈性原则、辩证思维原则、系统性原则、宏观性原则和动态性原则的概念。

2. 难点

理解教育预测的延续性原理、相关性原理、相似性原理、概率推断原理、社会性原理的作用和功能。

在教育预测过程中，正确运用尊重事实原则、反馈性原则、辩证思维原则、系统性原则、宏观性原则和动态性原则时应注意的问题。

第三章 教育预测的类型和基本程序

一、学习目的和要求

通过本章的学习，要求学生要全面了解教育预测的基本类型；要掌握各种教育预测类型的概念和要求；要掌握教育预测活动的基本程序；要了解教育预测活动每一个程序的基本内容。

二、课程内容

1. 教育预测的类型

(1) 宏观教育预测与微观教育预测:宏观教育预测的概念和特点;微观教育预测的概念和特点。

宏观教育预测,是指根据教育本身的发展规律,根据社会、经济发展的客观规律,以及根据教育与政治、经济、科技、文化、人口等的相互联系,从全局的相互联系、相互作用的角度,对一个国家、地区或部门的教育发展趋势等进行总体的预测活动。

微观教育预测,是指对教育局部问题的预测,一般是从教育对受教育者个体产生的作用与影响的角度进行的预测活动。

(2) 定性教育预测与定量教育预测:定性教育预测的概念和特点;定量教育预测的概念和特点。

定性教育预测,是指教育预测者通过教育调查研究,了解实际情况,凭自己多年的教育实践经验和教育理论及业务水平,对教育现象活动发展前景的性质、方向和程度,运用逻辑推理的手段作出判断,进行预测的方法。

定量教育预测,是指根据准确、及时、系统、全面的教育调查统计资料和信息,运用统计学的方法和数学模型,通过建立教育发展的数字化模型,来预测教育现象活动的未来发展规模、水平、速度和比例关系。

(3) 长期教育预测、中期教育预测与短期教育预测:长期教育预测的概念和特点;中期教育预测的概念和特点;短期教育预测的概念和特点。

长期教育预测,一般是指对 10 年以上教育发展前景的预测;

中期教育预测,一般指对 5 年到 10 年教育发展前景的预测;

短期教育预测,一般指对 5 年以内教育发展前景的预测。

(4) 单项教育预测与综合教育预测:单项教育预测的概念和特点;综合教育预测的概念和特点。

单项教育预测,是指对某一教育发展指标的未来发展趋势作出的预测;

综合教育预测,是指对某一教育形式,或对整个教育事业发展的未来趋势作出综合性的预测,它包含着多项有关的教育发展指标。

2. 教育预测的基本程序

(1) 提出教育预测的课题:教育预测课题提出的几个来源;教育预测研究课题提出的要求。

(2) 明确教育预测的目的和目标:为什么要明确教育预测的目的;明确教育预测目标需要考虑的几个问题。

(3) 收集教育预测所需要的信息资料:信息资料的表达;教育预测中所需资料的项目;筛选资料的标准;收集资料的基本要求;资料整理工作的要求。

(4) 选取适合的教育预测方法:选取适合的教育预测方法的意义;在选取预测方法时应考虑的几个因素。

(5) 实施教育预测:基本步骤;整理原始教育预测的信息和资料;建立教育预测的模型;进行教育预测的运算;验证教育预测流程的效果;报告教育预测的结果。

三、考核知识点与考核要求

1. 教育预测的类型

识记：① 宏观教育预测的概念；② 微观教育预测的概念；③ 定性教育预测的概念；④ 定量教育预测的概念；⑤ 长期教育预测的概念；⑥ 中期教育预测的概念；⑦ 短期教育预测的概念；⑧ 单项教育预测的概念；⑨ 综合教育预测的概念。

领会：各种类型教育预测的特点与作用。

简单应用：定性教育预测和定量教育预测。

综合应用：长期教育预测、中期教育预测和短期教育预测的应用。

2. 教育预测的基本程序

识记：教育预测的一般步骤的基本构成。

领会：① 为什么要提出教育预测的课题；② 明确教育预测目的的作用；③ 搜集教育预测所需要的信息资料需要注意什么问题；④ 选取合适的教育预测方法的重要性；⑤ 如何实施教育预测。

综合应用：教育预测的基本程序在教育预测中如何实际应用。

四、本章重点、难点

1. 重点

掌握宏观教育预测、微观教育预测，定性教育预测、定量教育预测，长期教育预测、中期教育预测、短期教育预测，单项教育预测、综合教育预测的概念。

掌握教育预测的一般步骤。

2. 难点

各种类型教育预测的特点与作用；教育预测基本程序的操作。

第四章　教育预测的定性方法

一、学习目的与要求

通过本章的学习，正确理解教育预测的定性方法；了解教育专家个人预测法、教育专家协商预测法，初步了解主观概率预测法、因素分析预测法；掌握头脑风暴预测法和德尔菲预测法的含义、特点以及实施过程，能够正确评价和运用头脑风暴预测法和德尔菲预测法。

二、课程内容

1. 教育专家个人预测法和教育专家协商预测法

（1）教育专家个人预测法：教育专家个人预测法的含义。教育专家个人预测法是根据教育专家个人的知识、经验和判断推理能力，对未来教育发展作出直觉预测的一种方法；教育专家个人预测法的特点；教育专家个人预测法的分类；运用教育专家个人预测法应注意的问题；选聘教育专家应注意的问题。

（2）教育专家协商预测法：教育专家协商预测法的含义。教育专家协商预测法是将若干名专家集中在一起，共同探讨未来教育发展的趋势，判断未来教育的一种方法；教育专家协商预测法的特点；运用教育专家协商预测法应注意的问题；选聘专家的方法。

2. 头脑风暴预测法

（1）头脑风暴预测法的含义：头脑风暴法，也称为智力激励法，是针对某一问题，召集有关人员参加小型会议，在融洽轻松的气氛中，与会者敞开思想、各抒己见、自由联想、畅所欲言、互相启发、互相激励、创造性思维"共振"，从而获得众多解决问题的方法。

（2）头脑风暴预测法的分类：直接头脑风暴法、质疑头脑风暴法、默写式头脑风暴法。

（3）运用头脑风暴法的基本原则：平等原则、鼓励原则、开放原则、即席原则、迟判原则、精简原则、数量原则。

（4）头脑风暴法实施的基本过程

（5）头脑风暴法的优缺点

3. 德尔菲预测法

（1）德尔菲预测法的含义：德尔菲法本质是一种反馈匿名函询法，是采用同时向多位专家发函征询预测意见，并经过多轮反馈而使预测意见趋于一致的预测方法。

（2）德尔菲预测法的特点：匿名性、反馈性、统计性。

（3）德尔菲法的分类：保持经典德尔菲法基本特点的派生方法；改变德尔菲法基本特点的派生方法。

（4）德尔菲预测法的实施。

（5）运用德尔菲预测法应注意的问题。

（6）德尔菲预测法的优缺点。

4. 主观概率预测法和因素分析预测法

（1）主观概率预测法：概率、主观概率和客观概率；主观概率预测法的含义。在教育预测时基于主观概率的基础上作出的预测就称为主观概率预测法，是利用主观概率对各种教育预测意见进行集中整理得出综合性预测结果的方法；常用的主观概率法有主观概率加权平均法和累计概率中位数法。

（2）因素分析预测法：因素分析预测法的含义。因素分析预测是凭借教育理论与实践经验，通过分析影响预测目标的各种因素的作用的大小与方向，对预测目标未来的发展变化作出推断；因素分析预测法的作用；因素列举归纳预测和相关因素推断预测。

三、考核知识点与考核要求

1. 教育专家个人预测法和教育专家协商预测法

识记：① 教育专家个人预测法、教育专家协商预测法的含义；② 教育专家个人预测法的分类。

领会：① 教育专家个人预测法、教育专家协商预测法的特点；② 教育专家个人预测法选聘教育专家应注意的问题；③教育专家协商预测法选聘专家的方法。

简单应用：举例说明运用教育专家个人预测法和教育专家协商预测法应注意的问题。

2. 头脑风暴预测法

识记：① 头脑风暴预测法的含义；② 头脑风暴预测法的分类。

领会：头脑风暴法的优缺点。

简单应用：举例说明运用头脑风暴法的基本原则。

综合应用：举例说明头脑风暴法实施的基本过程。

3. 德尔菲预测法

识记：① 德尔菲预测法的含义；② 德尔菲预测法的分类。
领会：① 德尔菲预测法的特点；② 德尔菲预测法的优缺点。
简单应用：① 举例说明德尔菲预测法的实施；② 举例说明运用德尔菲预测法应注意的问题。

4. 主观概率预测法和因素分析预测法

识记：① 主观概率和客观概率的含义；② 主观概率预测法的含义；③ 因素分析预测法的含义；④ 因素列举归纳预测和相关因素推断预测的含义。

领会：① 主观概率加权平均法和累计概率中位数法的含义；② 因素分析预测法的作用。

四、本章重点、难点

1. 重点

掌握头脑风暴预测法和德尔菲预测法。

2. 难点

头脑风暴预测法和德尔菲预测法的应用。

第五章 教育预测的定量方法

一、学习目的与要求

通过本章的学习，要求学生要理解什么是"定量方法"；要掌握平均预测法的概念及应用；掌握算术平均预测法、加权平均预测法、移动平均预测法的概念；理解指数平滑预测法的概念；了解并会应用一次指数平滑法和指数平滑系数 α 的确定；掌握回归预测法的概念和应用。

二、课程内容

1. 平均预测法

平均预测法，就是指将一段时期的数据或者一组同类数据平均而进行预测的方法。一般来说，用来做预测的实际观测数据，应该是按照时间顺序排列出的"历史"统计数据，也称之为"时间序列"。

（1）算术平均预测法：概念；在什么情况下运用。

算术平均预测法，是指将若干同类观察数据的算术平均数作为预测值的预测方法。

（2）加权平均预测法：概念；具体的计算方法；注意事项及例子。

加权平均预测法，即，应该是把每个数据的重要性在计算平均数时考虑进去，也就是计算加权平均数作为预测值。

（3）移动平均预测法：基本思想；运用时的基本要求。

移动平均预测法，不是把一组数据隔离分段获取平均数数列，而是在平均间隔不变的情况下，每次后移一位求相应间隔平均数，并根据此平均数数列的变化来进行预测的方法，就称为移动平均预测法。

2. 指数平滑预测法

（1）指数平滑法的基本思想。

（2）指数平滑法的概念：

指数平滑法，是在移动平均法基础上发展起来的一种时间序列分析预测法，它是通过计算指数平滑值，配合一定的时间序列预测模型对现象的未来进行预测。

（3）一次指数平滑法：

一次指数平滑法，就是一种特殊的加权平均法，基本做法是对本期观察值和本期预测值赋予不同的权重，求得下一期预测值的方法。即，对离预测期较近的观察值赋予较大的权数，对离预测值较远的观察值赋予较小的权数，权数由近至远按指数规律递减，所以叫做指数平滑法。

（4）指数平滑系数 α 的确定。

（5）一次指数平滑法举例。

3. 回归预测法

（1）回归分析和回归预测法：回归分析的概念；如何在教育预测中运用；回归预测法的概念；如何在教育预测中运用。

回归分析，就是研究相关关系的一种数学方法，是寻找不完全确定的变量间的数学关系式并进行统计推断的一种方法。即，用统计手段找出变量间近似的函数关系的分析过程，就叫做回归分析。

回归预测法，是在分析预测现象的自变量和因变量之间相关关系的基础上，建立变量之间的回归方程，并将回归方程作为预测模型，根据自变量在预测期的数量变化来预测因变量关系，这种方法称为"回归预测法"。

（2）一元线性回归预测及步骤：根据预测目标，确定自变量和因变量；绘制散点图；进行相关分析；建立一元回归预测模型；计算并确定预测值。

一元线性回归预测，是指成对的两个变量数据的散点图呈现出直线趋势时，采用最小二乘法，找到两者之间的经验公式，即一元线性回归预测模型，根据自变量的变化，来估计因变量变化的预测方法。

回归直线，如果变量之间的关系近似直线，那么，就需要寻找一条"最佳"直线，使其总体上"最接近"实际观察点，所能找到的这条"最佳"拟合直线，通常称为回归直线。

（3）散点图：概念；特点；运用。

散点图，又称散点分布图，它是指以一个变量为横坐标，另一变量为纵坐标，利用散点（坐标点）的分布形态反映变量统计关系的一种图形。

（4）相关系数的计算。

（5）一元线性回归方程。

（6）一元线性回归预测举例。

三、考核知识点与考核要求

1. 平均预测法

识记：① 平均预测法；② 算术平均预测法；③ 移动平均预测法。

领会：① 为什么平均数可以作为预测估计值；② 移动平均预测法的原理。

简单应用：① 算术平均预测法；② 移动平均预测法。

2. 指数平滑预测法

识记：① 指数平滑法；② 一次指数平滑法；③ 指数平滑系数 α 的确定方法。

领会：① 指数平滑系数的意义；② 一次指数平滑法的原理。

简单应用：① 指数平滑法；② 一次指数平滑法。

3. 回归预测法

识记：① 回归分析与回归预测法；② 一元线性回归预测的步骤；③ 散点图；④ 相关系数的计算；⑤ 回归系数的确定方法。

领会：① 回归分析的作用；② 一元线性回归预测的运用条件。

简单应用：① 一元线性回归预测的步骤；④ 相关系数的计算。

四、本章重点、难点

1. 重点

平均预测法；算术平均预测法；移动平均预测法。

指数平滑法；一次指数平滑法；指数平滑系数 α 的确定方法。

回归分析与回归预测法；一元线性回归预测的步骤；散点图；相关系数的计算；回归系数的确定方法。

2. 难点

平均数可以作为预测估计值；移动平均预测法的原理。

指数平滑系数的意义；一次指数平滑法的原理。

回归分析的作用；一元线性回归预测的运用条件。

各种定量教育预测法的公式及运用公式进行计算。

第六章 教育规划概述

一、学习目的和要求

通过本章的学习，掌握教育规划的含义和基本特征，基本了解教育规划的分类、范式与模型，能够阐述教育规划在宏观教育管理中的作用。

二、课程内容

1. 教育规划的含义和基本特征

（1）教育规划的含义：

是设计和安排教育事业发展的指导性文件。它是一个国家、地区或者学校遵照国家的教育方针、政策和任务，根据教育发展的客观规律和社会经济发展的需要，对未来一定时期内的教育发展进行设计，力求使教育事业的各个方面朝着最佳方向发展，以期达到预定目标的过程。

（2）教育规划的基本特征：

具有系统性、前瞻性、客观性和可操作性等基本特征。

2. 教育规划的分类、范式与模型

（1）教育规划的分类：

根据教育层次、类型以及教育规划涉及的时间、范围、任务的不同,可以将教育规划分为以下几类。依据教育层次,教育规划可以分为幼儿教育发展规划、基础教育发展规划和高等教育发展规划。以教育类型为依据,教育规划可以分为普通教育发展规划、职业技术教育发展规划、教师教育发展规划、成人教育发展规划、特殊教育发展规划、民族教育发展规划、继续教育发展规划等。根据规划涉及时间的长短,教育规划可以分为短期教育规划、中期教育规划和长期教育规划。教育规划依据规划范围的不同,可以分为国家教育规划、地方教育规划、区域教育规划和学校教育规划。按教育规划任务的不同,可以将教育规划分为教育综合规划和教育单项规划。

（2）教育规划的范式：

教育规划范式主要有客观范式和主观范式。

（3）教育规划的操作模型：

教育规划形成了三种操作模型,即专家模型、政治模型和协商模型。

3. 教育规划在宏观教育管理中的作用

教育规划是教育事业发展的重大推动力量;教育规划能够促进教育资源的合理分配与使用;教育规划为教育行政管理工作提供目标和依据。

三、考核知识点与考核要求

1. 教育规划的含义和基本特征

识记:教育规划的含义及其具体内容。

领会:教育规划的基本特征。

2. 教育规划的分类、范式与模型

识记:教育规划的分类。

领会:① 教育规划的范式;② 教育规划的操作模型。

3. 教育规划在宏观教育管理中的作用

简单应用:教育规划在宏观教育管理中的作用。

四、本章重点、难点

1. 重点

教育规划的含义;教育规划的基本特征;教育规划的分类。

2. 难点

教育规划的范式;教育规划的操作模型;教育规划在宏观教育管理中的作用。

第七章 教育规划的指导思想、原则与依据

一、学习目的与要求

通过本章的学习,能够正确理解教育规划的指导思想、原则与理论依据,并能作出正确

的表述与解释;能够清楚认识影响教育规划的主要因素,正确分析它们对制定科学、合理的教育规划所具有的影响与制约作用。

二、课程内容

1. 教育规划的指导思想与原则

（1）教育规划的指导思想：

教育规划应坚持以促进人的全面发展作为教育发展的出发点和落脚点,坚持以创新、协调、绿色、开放、共享的发展理念统领教育发展。

（2）教育规划的基本原则：

主动适应原则：是指教育规划必须主动适应一个国家或地区的经济社会发展状况,包括政治体制、生产力发展水平、经济实力、经济结构、人口状况等。

均衡发展原则：是指教育规划必须统筹城乡教育与区域教育,从而缩小并最终消除各种教育差距,实现各种教育均衡发展。

系统整体原则：是指教育规划既要实现教育系统内部各要素间的整体协调发展,又要实现教育与社会大系统的整体协调发展。

适度超前原则：是指教育规划必须科学预测并尽力满足一个国家或地区经济社会的未来发展对教育所提出的在人才培养、科技进步、文化服务等方面的需求,实现教育的适度超前发展。

2. 教育规划的理论依据

（1）可持续发展理论。

（2）满足需求理论：

是指一个国家或地区的教育规划要保证教育事业的未来发展既满足经济社会发展多方面的需求,又满足个体全面发展的需求。

（3）协调发展理论。

（4）适度超前理论。

（5）资源配置优化理论。

（6）基础优先理论：

是指一个国家或地区的教育规划要突出基础教育的优先发展与素质过硬且结构优化的师资队伍的优先建设。

3. 教育规划的影响因素

（1）教育规划理论与方法。

（2）教育规划者的专业素质：

是指教育规划者所具备的胜任本职工作的基本知识与能力,主要包括他们所秉持的教育理念、所具有的对教育与社会之间关系的认识,以及所掌握的教育规划知识与技术。

（3）政策与政治因素。

三、考核知识点与考核要求

1. 教育规划的指导思想与原则

识记：① 主动适应原则的含义；② 均衡发展原则的含义；③ 系统整体原则的含义；④

适当超前原则的含义。

领会:① 教育规划的指导思想;② 教育规划的基本原则。

2. 教育规划的理论依据

识记:① 满足需求理论的含义;② 基础优先理论的含义。

领会:教育规划应遵循的基本理论。

3. 教育规划的影响因素

识记:教育规划者的专业素质的含义。

简单应用:举例分析影响教育规划的主要因素。

四、本章重点、难点

1. 重点

教育规划的指导思想;教育规划的基本原则;教育规划的理论依据;影响教育规划的主要因素。

2. 难点

主动适应原则与适度超前原则的辩证统一关系;教育规划既要充分考虑各种政治因素,又要确保教育自身的相对独立性。

第八章 教育规划目标

一、学习目的与要求

通过本章的学习,能够识记教育规划目标的含义、分类与特点以及教育规划目标预测的基本过程;能够正确理解教育规划目标在教育规划中的作用,比较定量目标与定性目标以及高、中、低目标方案,能够对选择教育规划目标数量指标与确定教育规划目标的影响因素作出正确的表述与解释。

二、课程内容

1. 教育规划目标的分类、特点与预测

(1) 教育规划目标在教育规划中的作用:教育规划目标的含义;教育规划目标在教育规划中的作用。

教育规划目标:是指在一定时期内,一个国家或地区的教育发展要达到的预期结果。

(2) 教育规划目标的分类:

以时间维度为依据,分为长远目标与阶段性目标;以层次为依据,分为总体目标与子目标;以指标类别为依据,分为定性目标与定量目标。常用定性目标与定量目标。

(3) 教育规划目标的特点:

数量与质量相统一、综合性、阶段性、相对稳定性、先导性。

(4) 选择教育规划目标数量指标的影响因素:

规划层次与规划时限;战略重点与调控的需要;数量指标的通用性与可比性;数量指标的可预测性与可监测性。

（5）教育规划目标的预测过程与方法：

教育规划目标预测的基本过程：搜集数据与信息；分析数据；选择预测方法或模型；确定可变参数与边界条件；检验目标的可行性。

教育规划目标预测的方法：定性预测方法与定量预测方法。

2. 教育规划目标的确定

（1）教育规划目标确定的影响因素：

政治因素；经济因素；社会、文化因素；科技因素；教育因素；整体发展的需要；人的全面发展的需要。

（2）教育规划目标的确定：教育规划目标的高、中、低方案的含义；教育规划目标不同方案的成因。

教育规划目标高方案反映了规划者对教育未来发展的高度预期，是一种比较乐观的方案；低方案则反映了规划者对教育未来发展的较低预期，是一种比较悲观、保守的方案；中方案则相对稳健，介于高、低方案之间，反映了规划者对教育未来发展的中等期望值，故常被认为是一种优选方案。

三、考核知识点与考核要求

1. 教育规划目标的分类、特点与预测

识记：① 教育规划目标的含义；② 以时间维度为依据，教育规划目标可以划分的类型；③ 以层次为依据，教育规划目标可以划分的类型；④ 以指标类别为依据，教育规划目标可以划分的类型；⑤ 教育规划目标的特点；⑥ 教育规划目标预测方法的类型。

领会：① 教育规划目标在教育规划中的作用；② 常用的定性目标与定量目标；③ 选择教育规划目标数量指标的影响因素；④ 教育规划目标预测的基本过程。

2. 教育规划目标的确定

识记：教育规划目标的高、中、低方案的含义。

领会：教育规划目标不同方案的成因。

综合应用：举例分析影响教育规划目标确定的因素。

四、本章重点、难点

1. 重点

教育规划目标的特点；选择教育规划目标数量指标的影响因素；教育规划目标确定的影响因素；教育规划目标的不同方案。

2. 难点

区分选择教育规划目标数量指标的影响因素与教育规划目标确定的影响因素。

第九章 教育规划的基本程序

一、学习目的与要求

通过本章的学习，能够识记拟定教育规划步骤、教育规划衔接、教育规划论证等名词；能够正确理解教育规划的基本程序,并能够分别对准备阶段、制定阶段与实施阶段的基本内容作出正确的表述与解释。

二、课程内容

1. 准备阶段

（1）建立规划组织：建立规划组织的意义；科学的教育规划组织的构成；教育规划主体多元化发展趋势。

（2）广泛调查研究：广泛调查研究的意义；调查研究涉及的内容；规划资料的来源；搜集规划资料应该注意的事项；整理规划资料的意义。

2. 制定阶段

（1）教育规划的编制：教育规划编制的意义；拟定教育规划步骤的含义与意义；教育规划衔接的含义。

拟定教育规划步骤：是指对制定教育规划的人员分工、时间安排、经费使用等作出具体规定。

教育规划的衔接：一是根据下级规划服从上级规划、专项规划或区域规划服从总体规划、同级规划相互协调的原则,在总体规划和专项规划、上级规划和下级规划、同级规划之间就规划目标、政策措施与手段、重大教育基础设施、教育资源开发、区域发展方向等内容进行衔接;二是继承过去规划中行之有效的方法与措施,继续完成过去规划尚未完成的任务指标。

（2）教育规划的论证：教育规划论证的含义与意义。

教育规划的论证：是在教育规划的制定阶段,对教育规划文本的必要性与可行性进行检查审定的过程。

（3）教育规划方案的选择：教育规划方案选择的意义；坚持教育规划方案选择的科学化与民主化。

3. 实施阶段

（1）教育规划实施的准备：教育规划实施的意义；教育规划实施的准备包括行政发布、思想动员、人员培训、物质准备；教育规划行政发布的意义；思想动员的意义与形式；人员培训的意义与形式；资源配置的基本原则。

（2）教育规划实施的具体方案：子规划体系；年度计划；行动计划。

（3）教育规划实施的保障：实施过程管理；建立监测与评价机制；完善教育政策体系；强化法律制约。

三、考核知识点与考核要求

1. 准备阶段

识记：① 科学的规划组织的构成；② 调查研究涉及的内容；③ 规划资料的来源；④ 搜集规划资料应该注意的事项。

领会：① 建立规划组织的意义；② 教育规划主体多元化发展趋势；③ 广泛调查研究的意义；④ 整理规划资料的意义。

2. 制定阶段

识记：① 拟定教育规划步骤的含义；② 教育规划衔接的含义；③ 教育规划论证的含义。

领会：① 教育规划编制的意义；② 拟定教育规划步骤的意义；③ 教育规划论证的意义；④ 教育规划方案选择的意义。

简单应用：举例说明如何坚持教育规划方案选择的科学化与民主化。

3. 实施阶段

识记：① 思想动员的形式；② 人员培训的形式；③ 资源配置的基本原则。

领会：① 教育规划实施的意义；② 教育规划实施的准备；③ 教育规划行政发布的意义；④ 思想动员的意义；⑤ 人员培训的意义；⑥ 教育规划实施的具体方案；⑦ 教育规划实施的保障。

综合应用：结合实例，说明教育规划的基本程序。

四、本章重点、难点

1. 重点

拟定教育规划步骤、教育规划衔接、教育规划论证等概念；教育规划基本程序中准备阶段、制定阶段及实施阶段的基本内容。

2. 难点

教育规划主体多元化发展趋势；教育规划实施的动态性与多变性。

第十章 教育规划的主要方法

一、学习目的与要求

通过本章的学习，初步了解教育规划的系统动力学方法、计划评审技术、系统分析方法的含义和特点；重点掌握教育规划的人力需求法、社会需求法、成本收益法、国际比较法、数学模型法等主要方法的含义和特点；能够对教育规划的主要方法进行简要评价。

二、课程内容

1. 教育规划的主要方法及评述

（1）人力需求法：人力需求法概述。人力需求法从教育与社会经济的密切关系出发，以社会经济发展对人力需求的预测为基础，根据社会经济发展需要，根据社会各行业、各部门对各级各类人才的需要，制定教育事业发展规划的方法；人力需求法评述。

（2）社会需求法：社会需求法概述。社会需求法是以个人的教育需求为依据制定教育规划的方法；社会需求法评述。

（3）成本—收益法：成本—收益法概述。成本收益分析是指以货币单位为基础对投入与产出进行估算和衡量的方法；成本—收益法评述。

（4）国际比较法：国际比较法概述。国际比较法是根据预测原理的类推原则，采用他国教育发展的规律作为规划国的预测规律，从而预测规划国的教育规划指标；国际比较法评述。

（5）数学模型法：数学模型法概述。数学模型就是根据研究目的，对所研究的过程和现象的主要特征、主要关系,采用形式化的数学语言,概括地表达出来的一种结构,也就是构造数学模型。而通过研究事物的数学模型来认识事物的方法,称为数学模型法;数学模型法评述。

2. 系统动力学方法、计划评审技术、系统分析方法简介

(1) 系统动力学方法:系统动力学方法的含义。系统动力学方法是一种以反馈控制理论为基础,以计算机仿真技术为手段,通常用以研究复杂的社会经济系统的定量方法;系统动力学方法用于制定教育规划的基本步骤。

(2) 计划评审技术:计划评审技术的含义。计划评审技术是用图解的方式进行规划的方法;运用计划评审技术的基本步骤。

(3) 系统分析方法:系统分析方法的含义。系统分析方法是指把要解决的问题作为一个系统,对系统要素进行综合分析,找出解决问题的可行方案的咨询方法;教育规划的系统分析方法;教育规划方法论的选择。

三、考核知识点与考核要求

1. 教育规划的主要方法及评述

识记:① 国际比较法的含义;② 数学模型法的含义。

领会:① 人力需求法的含义;② 社会需求法的含义;③ 成本收益法的含义。

简单应用:① 举例说明人力需求法和社会需求法;② 简要评述教育规划的五种主要方法。

2. 系统动力学方法、计划评审技术、系统分析方法简介

识记:① 系统动力学方法的含义;② 计划评审技术的含义。

领会:教育规划的系统分析方法。

简单应用:运用教育理论知识简要说明教育规划方法论的选择观点。

四、本章重点、难点

1. 重点

掌握教育规划的五种主要方法。

2. 难点

教育规划的五种主要方法评述;了解系统动力学方法、计划评审技术、系统分析方法。

第十一章 教育规划文本的形成和论证

一、学习目的和要求

通过本章的学习,理解规划和教育规划,掌握教育规划文本是如何形成的,把握教育规划文本形成的条件与过程,理解教育规划文本的形成是编制教育规划的主体性工作。了解教育规划论证的组织与程序。

二、课程内容

1. 教育规划文本的形成

教育规划文本的形成是编制教育规划的主体性工作。

（1）教育规划文本形成的条件与过程：

条件：教育规划编制工作方案；对教育规划编制工作方案意见的征求。

过程：教育规划文本的一般程序；教育规划文本的衔接。

（2）教育规划文本的基本内容与形式：

基本内容：明确编制教育规划的指导思想；教育发展状况的深刻分析与总结；确定教育发展规划的目标与主要任务；教育布局结构的优化调整与协调发展；教育发展规划实施的政策与保障措施。

基本形式：文字形式；表格形式。

（3）教育规划的多方案及规划文本编制说明：

多方案：对教育规划要确定几种不同的目标和任务；符合战略发展的教育规划方案；因要求的难易度产生不同的规划方案；与目标任务的不同相适应的对策和措施导致不同的结果。

编制说明：对规划文本中的有关内容应当作出说明；对履行规划编制程序情况的说明；对不同意见和有关方面衔接情况的说明；对来自各有关方面未被采纳的重要意见应当说明理由。

2. 教育规划文本的论证

（1）教育规划论证的内容：

内容：教育规划的必要性论证；教育规划的可行性论证；教育规划的合理性论证；教育规划的综合性论证。

（2）教育规划论证的组织与程序：

程序：调查研究；提出制定教育规划问题；确定教育规划发展目标；选择衡量规划的价值标准；拟定规划方案；分析论证和比较；方案选择决策；试行实施；普遍全面执行。

三、考核知识点与考核要求

1. 教育规划文本的形成

识记：教育规划文本程序。

领会：教育规划文本的基本结构与内容。

简单应用：明确编制教育规划的指导思想，回答编制教育规划时需考虑的问题。

2. 教育规划文本的论证

识记：① 教育规划论证的内容；② 教育规划论证的程序。

领会：① 参加教育规划论证的人员构成；② 如何做好教育规划的合理性论证。

简单应用：论证教育规划的必要性需要解决的问题。

四、本章重点、难点

1. 重点

教育规划文本形成的条件。

2. 难点

教育规划论证的内容。

第十二章 教育规划实施的监测

一、学习目的和要求

通过本章的学习,理解教育规划实施情况监测的意义、步骤、方法,掌握教育规划实施情况监测指标体系构建的基本要素与功能。

二、课程内容

1. 规划实施情况监测和滚动调整

(1) 规划监测的内容:

内容:对规划总体的监测(教育事业发展规模;教育事业发展结构;教育事业发展水平;政策落实的条件保障;不同时期不同阶段的新情况新问题);对重大工程的监测。

(2) 规划监测的形式:

形式:按时序划分的分期监测;按范围划分的分项监测。

(3) 监测工作方法简介:

方法:建立监测指标体系;调查与数据采集;层次及角度;监测报告及预警。

(4) 规划的滚动调整:

关注经济社会发展动态作为规划调整的依据;注意与上一级规划调整的纵向衔接;注意与本级部门规划调整的横向衔接;规划调整必须做到实事求是切实可行。

2. 规划实施情况的监测指标体系

(1) 规划实施情况监测指标体系构建的基本要素与功能:

基本要素:设置一套全面反映教育发展和规划实施进程的指标;建立能适应教育发展动态监测要求的稳定性与开放性相结合的指标体系架构;应设置能提供多方面多角度监测的视角。

功能:对教育发展和规划实施情况进行监测;对教育发展和规划实施的导向;监测指标体系自身不断完善的功能。

(2) 规划实施情况的监测指标体系:

体系:综合评价层;要素层;基础指标;基本数据指标。

三、考核知识点与考核要求

1. 规划实施情况监测和滚动调整

识记:教育事业规划实施情况监测指标体系构建的基本要素。

领会:① 对规划总体的监测的指标;② 规划监测的形式。

简单应用:教育规划的滚动调整在实践中应注意的方面。

2. 规划实施情况的监测指标体系

识记:规划实施情况监测指标体系的功能。
领会:监测指标体系的框架。
简单应用:监测指标及其含义说明。

四、本章重点、难点

1. 重点

教育规划实施情况的监测指标体系;规划监测的内容。

2. 难点

规划监测的滚动调整。

第十三章 教育发展战略

一、学习目的与要求

通过本章的学习,掌握"教育发展战略"这个基本概念及其意义和内容;了解教育发展战略的历史演变;理解并领会教育发展战略制定的基本过程;掌握教育发展战略的各个环节及其内容。

二、课程内容

1. 教育发展战略概述

(1) 教育发展战略的概念、意义、内容:

教育发展战略是教育行政管理机关对未来一定时期内教育发展的宏观性根本性问题及其内外环境相关因素进行综合分析,把握自身发展的优劣势,确定教育发展目标,理清发展思路,制定行动方案的过程。

教育发展战略的意义:第一,教育发展战略为制定教育规划提供丰富的宏观背景;第二,教育发展战略为制定教育规划提供全局性、导向性的判断取舍。

教育发展战略的基本内容:宏观背景分析;教育发展现状;教育发展需求;战略方针;战略目标;战略重点与战略步骤;对策建议。

(2) 教育发展战略的演进:教育发展战略的早期发展;教育发展战略的近期发展。

2. 教育发展战略制定

(1) 教育发展的宏观背景分析:

国情研究。

需求分析:经济发展;劳动力市场需求;人口结构变动;社会文明进步;科学技术发展;国际竞争。

(2) 教育发展趋势预测:教育理念的变革;教育人口预测;教育结构调整;教育投入水平分析;教育条件。

(3) 教育发展战略选择:

战略方针:教育发展战略方针是教育发展战略选择中必须遵循的根本原则,是指导教育发展方向和战略布局的基本出发点和基本思想,是整个发展战略的"灵魂",战略方针是发展战略中具有原则性、纲领性的要素,对于整个发展战略的制定和实施具有统帅作用。

战略目标:教育发展战略目标是指教育发展主体在某一时期所要实现的基本任务和所要达到的总体要求,通常要用有关综合指标或多元性的指标体系来反映。

战略重点:教育发展战略重点指教育发展全局中的主要矛盾,或对全局成败具有决定意义的关键环节或要素。

战略步骤:教育发展战略步骤就是将战略目标的实施过程按阶段由远及近细化,选择每个阶段的目标和重点及其实施途径。

(4) 教育发展战略的保障条件:法制建设;政策调整;体制保障。

三、考核知识点与考核要求

1. 教育发展战略概述

识记:① 教育发展战略的含义;② 教育发展战略的演进。

领会:① 教育发展战略的意义;② 教育发展战略的基本内容。

2. 教育发展战略制定

识记:① 战略步骤;② 法制建设;③ 政策调整;④ 体制保障。

领会:① 教育发展趋势预测;② 战略方针;③ 战略目标;④ 战略重点。

简单应用:需求分析。

综合应用:制定研究发展战略。

四、本章重点、难点

1. 重点

教育发展趋势预测;教育发展战略选择。

2. 难点

趋势分析。

第十四章 教育决策

一、学习目的和要求

通过本章的学习,掌握教育决策的含义及特性;掌握有效教育决策的因素;把握教育决策的原则和程序。

二、课程内容

1. 教育决策的概述

(1) 决策及教育决策概述:

教育决策的特性:目标性;多选性;择优性;求实性。

教育决策的类型:战略决策与战术决策;宏观决策、中观决策和微观决策;常规性决策和非常规性决策;确定性决策和非确定性决策;静态决策和动态决策;定性决策和定量决策。

教育决策的要素:决策标准;决策目标和行动方案;客观实际及规律;决策主体;决策对

象;决策信息;决策环境。

(2) 影响有效教育决策的因素:

把握问题的实质;教育决策的依据要充分;选择比较满意的方案。

2. 教育决策的原则与程序

(1) 教育决策的原则:

为实原则;动态原则;集思原则;反馈原则;效益原则。

(2) 教育决策的程序:

确定目标;拟订方案;方案选优;组织实施。

三、考核知识点与考核要求

1. 教育决策概述

识记:① 决策;② 教育决策;③ 有效教育决策的因素。

领会:影响有效教育决策的因素。

简单应用:能用有效教育决策的因素分析相关问题。

2. 教育决策的原则与程序

识记:① 教育决策的原则;② 教育决策的程序。

领会:教育决策程序不同阶段的主要特点。

简单应用:能够结合教育决策程序分析相关问题。

综合应用:学校教育决策。

四、本章重点、难点

1. 重点

影响有效决策的因素。

2. 难点

教育决策的程序。

第十五章 地方与区域教育规划

一、学习目的和要求

通过本章的学习,掌握地方教育规划和区域教育规划的内涵、特征以及二者的区别与联系;了解区域教育发展规划的意义和地方教育规划编制要处理好的几个关系;能够基本阐述地方教育规划和区域教育规划的主要内容。

二、课程内容

1. 地方教育规划

(1) 地方教育规划的内涵和特征:

内涵:以国家教育规划为指南,结合本地区的社会、经济、人口以及教育等因素的特点,制定的适合本地区教育发展的规划。具体包括省级教育规划、地(市)级教育规划、区域教育规划和县级教育规划。

特征:基础性;衔接性;操作性。

(2) 地方教育规划编制的主要工作:

教育现状与环境分析;学龄人口的测算;教育规模测算;师资需求测算;经费需求测算;供求平衡测算,形成规划方案;教育规划方案的编写与报批。

(3) 地方教育规划编制应正确认识和处理的几个关系:

公平与效率的关系;人口流动与地方教育发展规划的关系;服务地方经济重点领域和服务经济社会发展全局的关系;服务地方经济社会与服务教育自身发展的关系。

2. 区域教育规划

(1) 区域教育规划的内涵及意义:

内涵:是区域规划的重要组成部分,是以跨行政区的特定经济区域为对象编制的教育规划。

意义:有利于促进区域教育均衡发展和协调发展,促进教育公平;有利于应对区域发展面临的新形势,从宏观上对区域教育发展分类指导、分区域推进;有利于促进区域内教育与经济、社会、文化和生态建设等的协调发展和可持续发展。

(2) 区域教育规划的主要特点和主要内容:

主要特点:战略性特点;宏观性特点;探索性特点。

主要内容:区域教育规划的基本研究框架;区域教育发展的指标体系和发展评价;区域教育发展规划的方法探讨。

三、考核知识点与考核要求

1. 地方教育规划

识记:① 地方教育规划的内涵;② 地方教育规划的特征。

领会:地方教育规划编制的主要工作。

简单应用:地方教育规划编制应正确认识和处理的几个关系。

2. 区域教育规划

识记:① 区域、区域规划的内涵;② 区域教育规划的内涵;③ 区域教育规划的主要特点。

领会:区域教育规划的意义。

简单应用:区域教育规划的主要内容。

四、本章重点、难点

1. 重点

地方教育规划和区域教育规划的内涵、特征以及二者的区别与联系。

2. 难点

地方教育规划和区域教育规划编制的主要内容。

Ⅳ 关于大纲的说明与考核实施要求

一、自学考试大纲的目的和作用

《教育预测与规划自学考试大纲》是根据教育管理专业自学考试计划的要求,结合自学考试的特点而确定的,其目的是对个人自学、社会助学和课程考试命题进行指导和规定。

《教育预测与规划自学考试大纲》明确了本课程学习的内容以及深度、广度,规定了本课程自学考试的范围和标准。因此,它是编写自学考试教材和辅导书的依据,是社会助学组织进行自学辅导的依据,是自学者学习教材、掌握课程内容知识范围和程度的依据,也是进行自学考试命题的依据。

二、自学考试大纲与教材的关系

《教育预测与规划自学考试大纲》是进行学习和考核的依据,教材是学习掌握"教育预测与规划"课程知识的基本内容与范围,教材的内容是大纲所规定的本课程知识和内容的扩展与发挥。课程内容在教材中可以体现一定的深度或难度,但在大纲中对考核的要求一定要适当。

大纲与教材所体现的课程内容应基本一致。大纲里面的课程内容和考核知识点,教材里一般也要有。反过来教材里有的内容,大纲里就不一定体现。

三、关于自学教材

1. 指定教材

《教育预测与规划》,全国高等教育自学考试指导委员会组编,朱颜杰主编,高等教育出版社2018年版。

2. 推荐参考书

《教育预测与规划》,全国高等教育自学考试指导委员会组编,徐虹主编,辽宁大学出版社2000年版。

《教育预测学》,宁虹主编,辽宁教育出版社1989年版。

《教育规划理论与实践》,杨小青主编,中国大百科全书出版社2006年版。

四、关于自学要求和自学方法的指导

1. 自学要求

本大纲的课程基本要求是依据教育管理专业考试计划和专业培养目标而确定的。课程基本要求还明确了课程的基本内容,以及对基本内容掌握的程度。基本要求中的知识点构成了课程内容的主体部分。因此,课程基本内容掌握程度、课程考核知识点是高等教育自学考试考核的主要内容。

为有效地指导个人自学和社会助学,本大纲已指明了课程的重点和难点,在章节的基本要求中也指明了章节内容的重点和难点。

本课程共 5 学分。

2. 自学方法指导

在全面系统学习教材的基础上,掌握基本理论、基本知识和基本方法。本课程主要由教育预测、教育规划、教育战略与决策三部分组成,它们之间既有联系又有区别。考生首先要全面系统地学习各章节的内容,理解记忆基本名词概念,深入理解基本理论,了解基本方法;其次要认识各章之间的联系,注意区分相近的概念和相似的问题,并掌握它们之间的联系;再次要在全面系统学习的基础上,有目的地学习重点章节与知识点,但切忌在没有系统地学习教材的情况下孤立地去抓重点。

把学习教育预测与规划理论和应用教育预测与规划的方法、解决教育预测与规划实际问题相结合。本课程的内容既有原理又有方法,既有理论又涉及实践,考生不仅要在学习教育预测与规划理论的同时掌握相应的方法,而且还要学会正确地运用理论知识和方法解决实际问题。

五、应考指导

1. 如何学习

很好的计划和组织是学习成功的法宝;一定要跟紧教师的课程并完成作业;必须对所学课程内容有很好的理解;要坚持不间断地学习;使用"行动计划表"监控学习进展;学习教材时一定要做读书笔记。

2. 如何考试

卷面整洁非常重要,书写工整、段落与间距合理有助于教师阅读试卷及评分;回答问题不要答非所问,不要超出问题的范围;要尽量回答所有问题。

3. 如何处理紧张情绪

正确处理对失败的惧怕,要正面思考;如果可能,请教已经通过该科目考试的学员;做深呼吸放松,这有助于使头脑清醒,缓解紧张情绪;考试前合理膳食、注意睡眠,保持旺盛精力,保持冷静。

六、对社会助学的要求

(1)社会助学者应根据本大纲规定的考试内容和考核目标,认真钻研指定教材,明确本课程与其他课程不同的特点和学习要求,对考生进行切实有效的辅导,引导他们防止自学中的各种偏向,把握社会助学的正确导向。

(2)要正确处理基础知识和应用能力的关系,努力引导考生将识记、领会同应用联系起来,把基础知识和理论转化为应用能力,在全面辅导的基础上,着重培养和提高考生的分析问题和解决问题的能力。

(3)要正确处理重点与一般的关系。课程内容有重点与一般之分,但考试内容是全面的,而且重点与一般是相互联系,不是截然分开的。社会助学者应指导考生全面系统地学习教材,掌握全部考试内容和考核知识点,在此基础上再突破重点。总之,要把重点学习同兼顾一般结合起来,切勿孤立地抓重点,把考生引向猜题押题。

七、对考核内容的说明

（1）本课程要求考生学习和掌握的知识点内容都作为考核的内容。本课程中各章的内容均由若干知识点组成,在自学考试中成为考核知识点。因此,课程考试大纲中所规定的考试内容是以分解为考核知识点的方式给出的。由于各知识点在本课程中的地位、作用以及知识自身的特点不同,自学考试将对各知识点分别按四个认知(或能力)层次确定其考核要求。

（2）在考试之日起 6 个月前,由全国人民代表大会和国务院颁布或修订的法律、法规都将列入相应课程的考试范围。凡大纲、教材内容与现行法律法规不符的,应以现行法律法规为准。命题时也会对我国经济建设和科技文化发展的重大方针政策的变化予以体现。

八、关于考试命题的若干规定

（1）本课程考试为闭卷笔试,考试时间 150 分钟;满分 100 分,60 分及格。

（2）本大纲各章所规定的基本要求、知识点及知识点下的知识细目,都属于考核的内容。考试命题既要覆盖到章,又要避免面面俱到。要注意突出课程的重点、章节的重点,加大重点内容的覆盖度。

（3）命题不应有超出大纲中考核知识点范围的内容,考核目标不得高于大纲中所规定的相应的最高能力层次要求。命题应着重考核自学者对基本概念、基本知识和基本理论是否了解或掌握,对基本方法是否会用或熟悉。不应出与基本要求不符的偏题或怪题。

（4）本课程在试卷中对不同能力层次要求的分数比例大致为:识记 30%、领会 30%、简单应用 30%、综合应用 10%。

（5）要合理安排试题的难易程度,试题的难度可分为:易、较易、较难、难四个等级。每份试卷中不同难度试题的分数比例一般为:2∶3∶3∶2。必须注意,试题的难易度与能力层次不是一个概念,在各能力层次中都会存在不同难度的问题,切勿混淆。

（6）本课程考试命题的主要题型有:单项选择题、辨析题、简答题、论述题、分析说明题、案例分析题等。各种题型的具体形式可参见本大纲的附录。

附录　题型举例

一、单项选择题

在每小题列出的备选项中只有一项是最符合题目要求的,请将其选出。

1. 为了实现教育的某种目标或解决某些问题,而对未来的教育行动方案作出抉择的过程是(　　)。
 A. 教育预测 　　　　　　　　B. 教育规划
 C. 教育决策 　　　　　　　　D. 教育发展战略
2. 我国第一个由国家教育行政主管部门正式颁布的教育规划是在(　　)。
 A. 1949 年 　　　　　　　　 B. 1953 年
 C. 1978 年 　　　　　　　　 D. 1985 年

二、辨析题

先判断命题对错,再说明理由。

1. "凡事预则立,不预则废。"
2. 教育发展战略重点是指导教育发展方向和战略布局的基本出发点和基本思想,是整个发展战略的"灵魂"。

三、简答题

1. 教育预测的内容包括哪些方面?
2. 制定教育规划时应遵循的基本理论有哪些?

四、论述题

1. 试述教育预测与规划的发展趋势。
2. 举例分析教育规划制定的主要影响因素。

五、分析说明题

在个体发展中,一个人从小学入学到大学本科毕业需要 16 年的时间,再经过若干年的实践磨炼,才能逐渐成为一个有用的人才,进而为社会服务 40 年或更长的时间。因此,在制定教育规划时,必须考虑教育的滞后性,人才的培养要提前一个周期安排。

试用制定教育规划的相关理论分析上述观点。

六、案例分析题

两所学校的不同发展思路

上海市某中学是一所于 20 世纪 60 年代国家经济困难时期在棚户区建立起来的学校,该校生源长期处于闸北区最低水平,毕业生的合格率总是排徊在 20% 左右,而学生的犯罪率却曾经是全区数一数二的。该校从 1985 年起,在新领导班子的带领下,实施了源于研究

"差生"的成功教育,十分注重学生的心理素质培养,在"三相信"(相信每个学生都有成功的愿望、都有成功的潜能、都可以获得多方面的成功)的基础上,通过"三要素"(积极的期望、提供成功的机会、鼓励性评价),经历"三阶段"(帮助成功、尝试成功、自主成功),抓住"一个作用点"(自我概念),形成学习的内部动力机制,对学生进行人格教育,促进学生自我教育,推进学生的自我塑造,帮助学生正确认识挫折和失败,最终形成自我教育和学习的能力,并在此基础上获得"三对象"(教师、学生、家长)的全面成功。在学校领导班子和全体师生的共同努力下,经过三年的艰苦奋斗,终于使成功教育的种子萌发出希望的春芽,并使学校面貌发生了可喜的变化,毕业生的合格率达到了90%以上,并通过了"合格初中"的验收。两个试验班的语文、数学、外语三门学科的成绩,已经从入学时全区倒数第三位上升到全区的中等水平,从而走出了一条薄弱学校源于"后进生"教育的成功之路。

上海另一所全国知名的国家级实验性示范性高中,将学校育人的目标确立为"合格加特长"。所谓合格,是指该校学生德、智、体、美、劳五育和谐发展,但不必每一门功课都达到优良水平,只要符合本校的基本要求即可。所谓特长,是指学校注重发展人的个性,注重培养学生兴趣,发展学生特长,使学生在各个方面都达到基本要求的前提下学有所长,人人具有自己在学科学习、课外活动或社会工作等领域的特色和特长。根据育人目标,该校实施了"规范+选择"的学分制课程。所谓规范,是指国家规定的高中课程所有学生必修。所谓选择,是指每个学生可以根据自己的兴趣爱好以及天资禀赋选择自己喜欢的选修课程。同时,该校根据学生在不同课程和活动中所表现出来的差异性特征,配套实施了分层次教学,由学生自主选择各门课程的不同层次教学班,创建了"套餐式课程,走班制运作"的课程管理模式。该校注重校园文化建设和课程结构等方面的整体改革,对育人目标进行价值重构,抓住这个"牛鼻子"启动了学校的激励机制,办学水平不断提高,培养的学生受到社会各界的普遍赞誉,吸引了越来越多的中外教育工作者和专家对其进行研究。

问题:
1. 为什么两所学校选择了不同的发展思路?
2. 同在上海,都是中学,发展思路不同,但都获得了成功,这对我们思考学校发展战略有什么启示?

后　记

　　2017年1月由全国高等教育自学考试指导委员会办公室召开了全国高等教育自学考试课程大纲、教材编前会，会上确定了《教育预测与规划自学考试大纲》编写的指导思想、基本原则和要求。

　　本大纲由内蒙古师范大学朱颜杰副教授负责编写。大纲完成后，北京师范大学高鸿源教授、刘淑兰教授、余凯教授和首都师范大学傅树京教授参加审稿工作，全国考委教育类专业委员会审定。

全国高等教育自学考试指导委员会
教育类专业委员会
2018年1月

全国高等教育自学考试指定教材
教育管理专业（独立本科段）

教育预测与规划

全国高等教育自学考试指导委员会　组编

主　编　朱颜杰

副主编　于　晶　布　和

参　编　汤丽伟　王乃正　米俊魁

编者的话

《教育预测与规划》作为全国高等教育自学考试教育管理专业(独立本科段)指定教材，第一版于2000年出版发行。17年来，我国经济社会发生了巨大的变化，教育实践以及教育类学科获得了极大的丰富和发展，教育预测与规划的理论和实践也面临着新的挑战。于是，教材的修订亦顺理成章，不可避免。

受全国高等教育自学考试指导委员会委托，我们接受了这次重新修订本教材的重任。我们根据"高等教育自学考试教材编写原则和总体要求"，严格遵循自学考试教材科学性、思想性、规范性和适应性的原则，参考、借鉴和吸纳了近年来国内外教育预测与规划的理论与实践的最新成果，并吸收了原版教材中的许多内容，编写了教育预测与规划教材。这次修订，我们首先从整体上重新审视了教育预测与规划的最新学科发展状况，对原版教材的框架结构做了较大的修改，并在教材中把相关内容分为上、中、下三篇，其中上篇主要介绍了教育预测的有关知识，中篇主要介绍了教育规划的有关知识，下篇主要介绍了与教育规划密切相关的教育发展战略和教育决策以及地方与区域教育规划；其次，我们对原版教材在篇幅上重预测轻规划做了比较大的调整，大幅度增加了教育规划的内容与篇幅，因为教育预测毕竟只是教育规划的一个前提、基础、依据和组成部分，是为教育规划服务的；再次，这次修订既吸收了这些年来许多专家学者在教育预测与规划方面的最新研究成果，也大量引用了近几年国内外最新的相关数据与资料。我们知道，这本教材之所以能在短短的十个月内孕育、成型，要感谢所有参考文献的原作者们。特别感谢原版教材主编徐虹先生、《教育规划理论与实践》的主编杨晓青先生、管西亮先生、秦昌威先生以及其他专家学者们，这本教材从上述先生们的著述中受益多多，也吸纳借鉴多多。我们认为，编教材犹如医生治病，即使诊断正确，也还需要使用他人研发的药物对症下药，才可能获得良好的疗效。当然，我们也希望使用这本书的学员们，也和我们一样，对前人的研究成果充满感谢与敬意！

这本教材的修订，是由我和内蒙古师范大学的五位同事组成的一个团队共同完成的。其中朱颜杰任主编并承担修订版前言、绪论、第十三章以及全书的统稿工作；于晶任副主编并承担第一、第四、第十章以及预测篇的审稿工作；布和任副主编并承担第十一、第十二、第十四章以及规划篇的审稿工作；汤丽伟承担了第七、第八、第九章以及繁杂的前期资料收集和后期书稿集成方面的大量工作；王乃正承担了第二、第三、第五章的编写工作；米俊魁承担了第六、第十五章的编写和前期的文献收集工作。没有团队每一位成员的共同努力和付出，这本教材的完成是难以想象的。

感谢全国考委教育类专业委员会秘书长陈强先生对这次修订工作的具体支持和指导，感谢教材修订主审高鸿源教授、参审刘淑兰教授、傅树京教授、余凯教授对教材修订稿进行评审时的宝贵指导意见,也感谢高等教育出版社的责任编辑为本教材出版所做的帮助。

我们深知,由于编写者的水平所限,随着本教材的使用和时间的推移,本教材的粗陋之处会不断显现,我们期待着同行们不吝赐教,也希望今后能有机会弥补本教材的不足。

朱颜杰
2018 年 1 月于内蒙古师范大学

绪 论

学习目标

通过本部分内容的学习,首先掌握并深入领会"教育预测"和"教育规划"两个核心概念;其次理解"教育决策"和"教育发展战略"的含义并明确几个相关概念之间的差异与相互关系;再次了解教育预测与规划的产生、历史沿革及其发展趋势。

建议学时

6 学时

本部分内容主要阐述教育预测与教育规划的基本概念以及历史发展。首先介绍了教育预测与教育规划及其相关概念并论述了教育预测与规划及其相关概念之间的关系;其次简要介绍了教育预测与教育规划的产生与发展以及教育预测与教育规划的发展趋势。

一、教育预测与规划相关概念及其相互关系

学习和研究教育预测与教育规划的基本理论,首先需要对相关概念予以明确界定,因为概念作为对所研究的事物抽象化和概括化而形成的一种认识,是思维的基本形式之一,反映客观事物的一般的、本质的特征,是学习与研究事物的基本要素。

(一)预测与教育预测

1. 预测

汉语中,按照《现代汉语词典》的解释,"预测"是预先推测或测定。所谓预测,有两层意思:一是预,二是测。按照《辞海》(夏征农,1979)的解释:预,指预先或者事先,也可以指参与或干预;测,指测量或估计,也可以指推测、猜度、料想。一般来说,汉语中的预测,可以解释为预先或者事先对事物进行推想或估计。英语中,预测(forecast 或者 forecasting),可以有预见、预知、预告、预想、预言等多种解释,但大体意思和汉语的意思相近或相似。

预测是人类的一种认识活动。人类的认识活动,不仅仅从已经发生了的事件中去总结经验,揭示事物的本质和事物发展的客观规律,而且会依据这些已知的经验、本质、规律,去探索事物发展的未来趋势,以期对事物的未来发展变化作出预先的推测并作出相应的事先设计或规划。预测就是根据过去和现在推测未来,是根据已经发生的事情来判断尚未发生或者将要发生的事情。简单地说,预测是在对事物的历史资料及其现有信息进行整理和分析的基础上,采用一定的方法手段对未知事物或者不确定性事物进行预先估计与推断的过

程,是人类根据对客观事物的发展趋势和变化规律的已有认知作出对未知事物的预先判断的一种行为,同时,预测也表现为人类行为的某种后果。

预测是人类自古就有的活动,它存在于人们生活的各个层面,几乎无处不在,无时不在。大到国家的一项政治、经济、教育政策对未来的社会发展可能产生的深远影响,小到家庭对未来的房价、金价、汇率、利率乃至股票价格指数、物价指数的走势等,无不需要作出事先的判断与推测。预测的目的是调节当前的行为,以实现预期的未来。我国古语中有"凡事预则立,不预则废。"和"人无远虑,必有近忧"的名言。说明在我国古代早已对预测在社会发展和人们生活中的重要作用有着清醒的认识。

据《史记·货殖列传》中记载,"贵上极则反贱,贱下极则反贵",意思是说商品的价格贵到一定程度就会下跌,贱到一定程度就会反弹上涨。说明在我国春秋战国时期就有根据市场上商品供求变化的状况来预测商品价格变动的思想。《孙子兵法》是我国现存最早的兵书,也是世界上最早的军事著作,其中的许多内容谈的也都是预测的问题。西方的占星术也是占卜者根据事先所掌握的信息资料来对某些特定事物的未来进行预先推测或估计。现代社会,科学技术迅猛发展,知识信息日新月异,人类的未来面临着多种选择和不确定性,这种令人眼花缭乱、目不暇接的变化既给预测带来了极大的困难,也使预测的价值日益被人们所重视。越来越多的人已经认识到,预测能力已成为现代人的基本素质之一。预测已成为国家、社会组织、企业乃至个人制定各种战略决策、中长期发展规划和选择目前行动方案的前提。

当然,由于预测是根据过去和现在估计未来,根据已知推测未知,所以预测结果往往存在多种可能性和不确定性,这就使得预测工作容易受到某些不相信预测人士的诘难。但从古至今,预测活动却从来没有终止过,而且预测的作用也正在发生着深刻的变化。据统计,在20世纪初的25年里,预测的应验率为75%,20世纪的后25年,科学预测约有80%可以实现。进入21世纪,在某些技术领域的预测应验率可达到95%以上,智能手机、移动互联网、3D打印、云计算、大数据、无人驾驶、人工智能、无人超市,等等,无一不是技术预测的应验。

2. 教育预测

教育预测既是人类的一种认识活动,也是人类预测活动的一个重要方面。教育预测是指依据对教育活动发展规律的认识,运用现代预测的原理和方法对教育未来的可能发展作出推测或判断的一种活动。教育预测的基本功能,就是通过推测未来教育各个方面的发展变化趋势及其特征,为教育行政管理机关的教育规划、决策以及发展战略提供多种可供选择的路径或者方案。

教育预测通过研究过去和现在的经济、社会、科技、文化、人口等社会因素与教育的相互依存关系,以及对未来一定时期内教育发展趋势的把握,为确定未来教育发展的规模、速度、结构、层级、类别、内容、方式、手段等,制定中长期教育发展规划提供科学依据。近几十年来,教育预测的研究在国外发展迅速,已经产生了大量的学术成果。有影响的著作主要有联合国教科文组织编写的《学会生存——教育世界的今天和明天》(1972)、查尔斯·赫梅尔的《今日的教育为了明日的世界》(1977)、拉塞克和维迪努的《从现在到2000年教育内容发展的全球展望》(1987)、联合国教科文组织报告《教育—财富蕴含其中》(1995)和《反思教育:向全球共同利益的理念转变》(2015年)等。这些报告和著作的出版,极大地促进了教育预测在世界各国的发展。

教育预测的主要价值是为制定国家、地区、学校的教育发展战略、发展规划、教育决策提供科学的依据。教育是复杂的社会现象,它受到社会生活诸多因素的影响,牵涉千家万户、亿万人的利益,关系着国家、民族的前途和命运。一个国家关于未来教育发展战略和政策的选择是否得当,对未来的国家、社会将会产生巨大的长远的影响。十年树木,百年树人。教育预测一旦出现失误,将会影响一代人甚至几代人的素质,影响一个国家在未来世界上的竞争力和地位。因此,教育预测被越来越多的国家和政府所重视。

(二) 规划与教育规划

1. 规划

在汉语中,"规划"的含义与"计划"一词大同小异。按照《辞海》的解释,"规划"又叫谋划、筹划,最初表示打算、策划的意思,后来又演变成全面和较长远的计划。它通常有两层含义:一是对某种目标的追求或某种状态的设想;二是实现某种目标或达到某种状态的行动步骤。《现代汉语词典》则把"规划"直接解释为"计划",特指比较全面的长远的发展计划,"规"则有规则和谋划的意思。英语中,与汉语"计划"对应的词汇为 plan(计划),根据《朗文当代英语词典》(英语版)对其意思的解释与汉语"计划"基本相同,意为在特定行动之前订立的目标、方针或方法。英语中与汉语"规划"一词对应的词汇许多时候也被译为"program",按照《朗文当代英语词典》(英语版)中的解释,"program"意指对某一事物的筹划和设计、计划。例如欧洲复兴计划(Europe recovery program)即是一种中长期的规划。

显然,无论在汉语还是在英语中,规划与计划在总体上属于同义词,它们的基本含义都是指未来的行动方案或打算。规划更注重宏观性、长远性、方向性、整体性的设计,强调对行动的指导,属于战略层面上对未来的谋划;计划则更强调行动方案的操作性和执行性,看重行动的具体内容、步骤和方法,更多地属于战术层面上对未来的筹划。如我国著名学者于光远认为规划是对未来发展目标所做的带有理想性质的基础性质的预计、预测和建议、方案体系,计划则是规划的具体化[①]。在我国,习惯于把全面的、中长期的、战略性的筹划称之为规划,如国家中长期教育改革和发展规划纲要(2010—2020年)、国民经济"十三五"规划等,而把专项的、短期(年度及其年度以下)的、比较具体的策划称为计划。从2006年的"十一五"规划开始,我国正式把沿用了五十多年的国民经济发展五年计划改成了五年规划,这种改变既体现了规划的全面性、长期性、宏观性、战略性和指导性的特点,同时也反映了国家在宏观规划思维方式和方法论上的跃升。这种跃升显然是以人为本、全面、协调、绿色、可持续的新发展观的现实体现。

综上所述,规划是指制定一个组织的长远发展目标以及对实现目标而采取的措施作出决策的过程。或者说,规划是实现未来目标的行动方案,是未来行动决策的准备过程。规划具有三个基本特性:一是目的性,任何规划都是为了预定目标的实现而进行的,规划的各项发展目标都是围绕、服从和服务于实现组织的总目标;二是战略性,既然规划是对长远未来发展的谋划,因而资源的合理配置和使用,将对组织的持续发展产生重大和深远的影响;三是综合性,规划目标的实现受到各种相关因素的影响,做规划必须要全面把握社会政治、经济、科技、教育、文化传统等外部因素的发展趋势以及规划对象内部各方面因素的相互关系。

---

① 于光远.战略学与地区战略[M].沈阳:辽宁人民出版社,1984:13.

正因为规划有这些特征,因此,它能够较好地协调长远利益与短期利益、整体利益和局部利益的关系,充分调动相关各方的参与积极性,提高管理和决策的科学化水平。

2. 教育规划

对于教育规划的认识,仁者见仁,智者见智。联合国教科文组织认为:"教育规划是一个过程,旨在确认最佳的行动过程,说明问题、确定重点目标并提供最经济合理的资源分配方案。"①联合国教科文组织国际教育规划所认为:"教育规划的核心任务之一是决定如何在动态变化的情境中,最佳地使教育系统那些盘根错节的内外部关系保持合理平衡,并不断将之引向指定的方向。"②我国出版的《教育辞典》认为:"教育规划指一个国家或一个地区,在一定时期内,对教育事业的发展规模、规格要求和所采取的重要措施等拟订的计划或纲领。"③杨晓青等主编的《教育规划理论与实践》认为:"教育规划是一个国家或一个地区在一定历史时期对各级各类教育的发展目标、规模、速度、结构、学校布局及其实现的步骤、措施等拟定的最优化安排。"④

综上所述,教育规划是设计和安排教育事业发展的指导性文件。它是一个国家、地区或者学校遵照国家的教育方针、政策和任务,根据教育发展的客观规律和社会经济发展的需要,对未来一定时期内的教育发展进行设计,力求使教育事业的各个方面朝着最佳方向发展,以期达到预想目标的过程。换句话说,教育规划是一种战略性安排,它对各级各类教育的发展目标、规模、速度、结构、学校布局及其实现的步骤、措施等拟订方案,旨在通过最优途径实现目标。教育规划作为国家或地区社会经济发展规划的重要组成部分,必然受到教育系统内外各种社会因素的多重影响,要保证教育事业积极、健康、稳步地发展,并更好地满足社会发展的其他方面的需要,就必须制订切实合理可行的教育事业发展规划,以作为可预见未来教育工作的行动指南。

从上述定义中可以看出,教育规划至少应具有如下几个特征:第一,教育规划是面向未来的,它是今后一定时期教育决策和教育工作的出发点,也是未来教育的一幅蓝图;第二,教育规划是一个动态的持续过程,随着内外环境和条件的发展变化可以不断调适和改进,而且要前后承启,不断反馈;第三,教育规划是理性的,是在客观、理性的基础上对各种政治、政策因素综合思考的结果;第四,教育规划注重的是量与质的有机结合,在重视教育外在的规模扩张和数量增长的同时,更加关注教育的内涵发展。

总之,教育规划的中心任务始终是解决教育在未来发展中有可能遇到的内、外部矛盾,并在不断变化的环境中最佳地保持教育系统内、外关系的协调平衡,并将其引向预期的方向,实现最终的教育目标。⑤

(三)教育预测与规划的相关概念

教育预测与规划作为探索教育的未来发展的一种认识过程,必然与同样以未来教育发展作为探究对象的教育决策、教育发展战略有着密切的联系。因此,了解教育决策和教育发

---

① 联合国教科文组织.全球教育发展历史轨迹——国际教育大会60年建议书[M].北京:教育科学出版社,1999:261.
② 联合国教科文组织国际教育规划所.教育规划基础[M].上海:上海教育出版社,2009:9.
③ 张焕庭.教育辞典[M].南京:江苏教育出版社,1989:761.
④ 杨晓青,等.教育规划理论与实践[M].北京:中国大百科全书出版社,2006:10.
⑤ 毛建青.高等教育宏观规划的理论与方法研究[M].北京:中国社会科学出版社,2015:24,25.

展战略的概念,有助于加深对教育预测与规划的认识。

1. 决策和教育决策

决策是组织为了达到某种目标或解决某个问题,而对多种可能方案作出选择决定的过程。决策既是所有管理者的主要职责,也是进行管理的必要条件,离开了决策,就不可能有目标的实现,也不可能有问题的解决。决策包括几个基本要素:(1)问题和目的。决策一般都是针对具体问题的,其目的就是要解决组织面临的某些特定问题;(2)有两个以上备选方案。任何问题的解决一般都会有不同的路径或方法,决策就是要从几种可能的方案中作出抉择;(3)相对优势。决策者往往会从不同角度、按不同标准来综合分析比较各个备选方案的优劣,并从中选出一个或几个总体上比较合理或相对满意的方案;(4)过程。决策不是一时的行为或想法,而是一个遇到问题—设计解决问题的各种方案—综合分析比较选择方案—实施方案的过程,并且是一个在决策执行中不断遇到新的问题同时又不断作出新决策的过程。

决策的一般程序包括:提出决策问题;确定决策目标;收集、整理有关信息;拟订各种可能方案;分析、评估、选择方案;实施决策方案;追踪反馈决策方案等几个步骤。在现实决策过程中,由于受到决策者个人主观认识上的局限和组织内、外部因素的不确定性影响以及解决问题的现实条件限制,使得决策往往难以做到最优化或理想化,大多时候我们只能从几种方案中选择一个令人满意的而不是最优的方案。实际上,决策既是一门科学,也是一门艺术,有时它需要严格按照一定的原理、程序和方法进行,才有可能制定出科学合理的解决问题的方案,有时它则依靠决策者的直觉、灵感或悟性。

教育决策是为了实现教育的某种目标或解决某些问题,而对未来的教育行动方案作出抉择的过程。教育管理就是一个确定目标并为实现此目标制定和选择行动方案,有效地配置人力、财力、物力、信息和时间等资源要素,从而通过组织成员的共同努力达到预期教育目的的过程。因此,可以说教育决策是教育管理的基础,教育管理过程始终贯穿着一系列的教育决策。

一般来说,教育决策程序同样包括几个基本步骤:提出教育决策问题;确定教育决策目标;拟订多个教育决策备选方案;分析、评估、优选教育决策方案;实施教育决策方案;追踪反馈方案。

教育决策从经验走向科学是现代教育决策的趋势,科学的教育决策是教育决策的高级形式,它具有几个鲜明的特点:创造性和科学性的统一;预见性和现实性的统一;定性分析和定量分析的统一。在信息极大丰富和特别注重效率的现代社会,教育事业的发展及教育管理日趋复杂,当面对重大而复杂的教育决策问题时,只有采用科学的教育决策,才能使教育事业健康、平稳地发展。教育决策者只有学会并运用科学的教育决策,才能以具有远见卓识的决策来满足不断增长的教育需求。

2. 发展战略和教育发展战略

发展通常是指事物从一个较低的水平上升到一个较高的水平或者发生了由旧的到新的质的飞跃的变化过程。战略则是指对全局性问题的谋略、筹划。"战略"一词最早使用在军事术语中,早在19世纪克劳塞维茨在其军事名著《战争论》中指出:"战略是为了达到战争的目的而对战斗的运用。""战略"后来被引用到经济学和管理学领域,纽曼和摩根斯顿在《博弈理论与经济行为》(1947)中把战略定义为"一个企业根据其所处特定的情形而选择的一系列活动"。其后,20世纪管理学大师彼得·德鲁克在其经典著作《管理的实践》(1954)中提出:"战略就是管理者找出企业所拥有的资源并在此基础上决定企业应当做什么。"

一般来说,战略由四个要素构成:一是使命。使命是组织的基本信念,它是对组织的基本设计、基本方向、基本任务等的规定。组织的战略使命往往都用比较简要的语言表达出来,成为组织全体人员共同信奉的价值观,它要回答的是组织为顾客提供什么样的价值、有何战略优势比竞争对手做得更好等问题;二是战略目标。战略目标是组织在未来某一特定时间希望实现的预期成果,它是与组织使命相一致的对组织方向的一般表述。组织的战略目标确定了组织的发展方向,有助于业绩评估,促进组织各部门的合作与协同,并为有效的计划、组织、激励和控制活动提供了基础;三是具体目标。具体目标是对组织战略目标的进一步量化或更精确的描述,往往标明了具体的完成时限。具体目标一般通过一组行为或任务才能实现,这些行为或任务是实施战略的具体步骤。具体目标一般建立在组织的各二级职能部门或子部门,它具有可考核、定量、挑战性、现实、协调一致等特征,它是组织配置资源的基础;四是政策。政策是实现战略目标的方法和决策的指南,包括指导方针、规则及实现确定目标的工作程序。政策概括了组织对各层级员工的要求和期望,它可以保持组织各部门内部和各部门之间的一致与协调。①

战略包含三个基本特征:一是具有全局性,战略主要着眼于全局性、宏观性问题的谋划;二是具有长远性,战略以谋划一个事物的中长期发展目标为主要目的,注重的是未来的发展;三是具有决策指导性,战略主要是对组织的管理活动进行指导,并提供总的指导方针。②发展战略把发展观和战略观有机地结合在一起,用来指导人们的行动。发展战略既强调对事物的发展进行全局性的谋划,又强调全局性的谋划要以事物的发展为对象。可见,发展战略就是以事物的发展为目的所作的全局性筹划。

把"战略"引申到教育领域主要是受到经济、社会发展战略的启发,教育发展战略关注的是教育领域中具有全局性、长远性和宏观性的问题。《教育评价辞典》中认为:"教育战略指的是一国或一个地区未来较长时期内教育事业发展的重大的、全局的运筹与谋划。一个完整的教育发展战略,包括教育发展的战略目标、战略重点和战略步骤、重大政策等。其中最重要的是战略目标,战略重点、步骤及政策,都是为实现战略目标服务的。"③由此可见,教育发展战略是对教育发展的宏观性、全局性、长远性、方向性问题所作的整体谋划,它通过对影响和制约教育发展的各种内外部因素及其内在关系的综合分析、判断,在考虑社会发展与人的发展需求的基础上,对教育的未来发展方向与路径作出抉择。教育发展战略研究的主要任务是针对教育的中长期发展提出战略思想、战略目标、战略重点和战略决策,它是利用多学科的基本原理指导教育宏观决策的应用研究。教育发展战略中一些重要研究成果可以转化为教育行政决策,指导教育实践,推动教育立法。教育发展战略的研究与制定不仅直接推动了教育改革与发展的进程,同时也是教育管理方式的一种重要转变。④

一般来说,教育发展战略主要研究以下基本问题:

---

① 杨天平.教育战略规划与管理[M].重庆:重庆大学出版社,2010:6.
② 刘国瑞.区域教育发展战略规划创新研究[M].沈阳:辽宁人民出版社,2014:2.
③ 陶西平.教育评价辞典[M].北京:北京师范大学出版社,1998:41-42.
④ 刘国瑞.区域教育发展战略规划创新研究[M].沈阳:辽宁人民出版社,2014:3.

（1）未来教育发展的基本趋势。教育发展战略对涉及全国的社会政治、经济、文化、科技、人口等基本情况作出全面的评估，结合分析世界范围教育发展的潮流和教育发展的一般特点和规律，比较科学地预测出未来一定时期内教育发展的基本趋势。

（2）教育发展战略的指导思想。教育发展战略的指导思想是国家根据一定的社会要求，为实现教育目标而确定的相当长一段时间内教育发展的总方针。教育发展战略的指导思想与国家的性质及社会发展的阶段有密切关系，不同国家在不同的历史发展时期会有不同的教育发展战略的指导思想。

（3）教育发展的战略目标。教育发展战略目标着重研究确定教育战略目标的依据和因素，探讨教育发展战略目标的结构和内涵，谋求教育发展重点问题的战略选择，提出实现目标主要对策，以及发展的部署和安排等。在研究和制定教育发展战略目标时，要注意教育发展战略目标与整个社会发展目标的一致性，要特别重视教育发展对于社会发展目标的依赖性、服务性和主动适应性，使教育的各个方面都能与社会发展相适应。

（4）教育发展战略的实施途径。教育发展战略要参照国内外教育发展的状况和趋势，总结教育发展过程中的经验和教训，充分考虑现实条件和长远持续发展的可能性，找出影响实现教育发展战略目标的关键因素，确定教育发展战略目标的重点，在此基础上探索教育发展战略的较佳实施途径。在教育发展战略实施的过程中，还必须不断地探讨实施过程中发生的各种问题，通过"实施—反馈—调整"的调控机制来修补实施方案的不足。

（5）教育发展战略的专题研究。教育发展战略还从不同的方面或角度进行若干专题研究，如教育发展战略的数量目标、教育发展战略的质量目标、教育发展战略的结构目标、教育投资及配置、教育发展战略的组织目标等。此外，教育发展战略研究还可以进行诸如民族教育发展战略、民办教育发展战略等方面的专题研究。

（四）教育预测与规划及其他相关概念之间的关系

教育预测与规划、教育决策、教育发展战略都是教育行政管理的基本职能和重要内容，它们之间的关系非常密切。在教育预测与教育规划、教育决策、教育发展战略之间的相互关系中，教育预测处于基础地位。凡制定教育规划、进行教育决策，确定教育发展战略都需要教育预测提供关于未来教育发展的各种可能变化趋势的信息。

1. 教育预测与教育规划的关系

教育预测与教育规划的关系，是由教育规划在教育行政管理中的地位决定的。教育预测在教育规划中的作用，主要表现在，教育预测的数量结果为教育规划提供了教育发展的定量信息，使得教育规划的编制有了客观的依据，也使所编制的教育规划更切合实际。教育规划能否有效地履行教育行政管理职能，取决于教育规划的科学性和可行性。而具有科学性与可行性的教育规划的获得，则必须以科学的教育预测为依据，建立在教育预测的基础上。教育规划的制定首先需要预测教育事业发展变化的趋势，指明教育事业发展可能出现的各种方向和途径，估计教育事业发展可能出现的各种问题。因而，教育预测常常被认为是教育规划的前提、依据、基础和重要组成部分。

在教育规划中，教育预测既是制定教育规划的手段，又是教育规划的分析与评估方法。人才需求预测、人口预测以及社会、经济发展的预测是制定教育发展规划的前提。教育规划方案的可行性与教育预测方法的可靠性紧密相联。教育规划的核心内容是说明未来若干年间教育系统的任务和对资源的需求。在教育的众多任务中有两项基本任务，一是对青少年进行基础教育;二是为社会、经济的发展培养各级各类合格的专门人才。为了使教育规划切实可行,就要从现有的对未来人口的预测入手来制定普通的教育规划,而要制定各种专业(职业)教育如高等教育、中等职业教育和成人教育等专门人才的教育规划,就必须知道未来一段时期内社会各个领域对教育培养的各级各类专门人才的需求,了解在规划期内需要教育系统培养多少专门人才和培养什么样的人才,这就需要进行专门人才的需求预测并在人才需求的基础上根据国家当前的经济能力和将来可能提供的经济条件,来制定教育发展的规划。因此,有了各级各类专门人才需求和社会经济各个领域发展的预测,才能为教育规划提供依据。

2. 教育预测与教育决策以及教育发展战略的关系

教育预测与教育决策的关系,反映在教育决策对教育预测的依赖性。教育预测是教育决策的基础,是教育决策科学化的前提条件。一方面,教育决策要通过教育预测获得有关未来教育发展的各种信息,缺乏教育预测所提供的未来信息,就不可能进行具有远见卓识的教育决策活动,更谈不上作出科学合理的教育决策。另一方面,教育预测是否科学,将会直接影响到教育决策的科学性,没有科学的教育预测,也就不会有科学的教育决策。由于教育决策通常是对未来教育目标与活动所作的决定,所以,进行教育决策就离不开对未来教育实践活动的环境、条件和可能的发展变化情况等的科学预测,否则作出的教育决策就不能适应未来发展的需要。

由于教育发展战略可以看成是一种对教育发展中全局性、根本性和长远性问题的谋划和决策,因此,教育预测与教育决策的关系也基本上反映在教育预测与教育发展战略的关系中。

3. 教育发展战略与教育决策的关系

教育发展战略与教育决策的关系也相当密切。教育发展战略是对教育发展中具有全局性宏观问题的谋划。实质上,它是一种谋划性的决策研究。因此,如果从宏观教育决策的角度看,可以把教育发展战略当成是教育决策的一部分;而从教育研究的层次结构的角度来考虑,则可以认为教育发展战略是位于一般教育决策之上的更高层次的研究领域。

4. 教育规划与教育发展战略及教育决策的关系

教育规划实质上是教育发展战略和教育决策的延伸和具体化。教育规划的制定既要依赖教育预测提供的各类信息,更要考虑教育发展战略所确定的方向和思维路径以及教育决策作出的选择。只有充分体现有关教育发展战略与教育决策的教育规划,才能得到上级管理机关的批准和实际的支持,否则,就无法得以贯彻执行。反之,如果不将教育发展战略与教育决策转化为教育规划,那么,教育发展战略与教育决策也就成了空想。

综上所述,我们可以看出教育预测、规划、决策以及发展战略既有层层递进的关系,又有相互交叉的特点。因此,在研究教育预测与规划时,不能不关注与其密切相关的教育决策和教育发展战略。

二、教育预测与规划的历史沿革及其发展趋势

(一) 教育预测与规划的产生与发展

从某种意义上说,教育预测、规划和教育发展的历史一样长,人类活动的一个鲜明特点就是其事先预见性和预期目的性,有了教育,不可避免地就存在着对教育的事先推测与谋

划。但现代意义上的教育预测与规划，则首先起源于 20 世纪 20 年代的苏联，十月革命后，苏联在制定第一个五年计划时对各级各类专门人才的需求进行了预测与规划。由于人才培养与教育的密切联系，这些预测与规划被认为是最早进行的现代意义上的教育预测与规划，并且这种教育预测与规划对苏联早期的社会主义建设与经济发展起到了巨大的推动作用。[①]

第二次世界大战之后，教育预测与规划被引进到西方，随后又传到纷纷独立的发展中国家。同时期，出现了世界范围内的人口出生高峰，由于人口的急剧增长，义务教育范围的扩大，以及对教育促进经济、社会发展的作用日益被认识，使世界各国的在校学生人数迅猛增长，因而，对教育预测与规划的需求也不断涌现。同时，随着未来学的形成和发展，教育预测与规划在理论和方法上有了新的进展。此外，1957 年苏联发射成功了人类首颗人造地球卫星，震动了整个西方世界，使以美国为首的西方国家开始认识到科学家、工程师和教育在经济发展中所起的巨大作用。尤其是同时期人力资本理论的提出和被广为接受，使得教育不仅被视为一种消费，而且越来越被视为一种长期投资。到了 20 世纪 60 年代，教育预测与规划学开始兴起，不少国家采用最新的现代数学方法和计算机技术手段，进行了大规模的教育预测和教育规划工作，并建立了相应的数学模型。

国际组织在推动教育预测与规划方面发挥了重要作用。1960—1962 年期间，联合国教科文组织召开了一系列会议，帮助亚洲、非洲、拉丁美洲国家制定区域教育预测与规划，预测与规划目标是入学人数、教师需求以及教育经费，并提出了教育发展的一系列量化指标。1963 年 7 月，联合国教科文组织在法国巴黎创建了国际教育规划研究所，专门从事教育预测与规划方面的研究与培训。1964 年联合国教科文组织下设的教育规划学会创立，着重对发展中国家进行指导和培训。此后，联合国儿童基金会和世界银行等一些机构和组织提倡把发展教育预测与规划作为对各个国家提供援助的条件。

"经济合作与发展组织"也从上世纪 60 年代开始关注教育在经济发展中的作用，在它的协助下，人力需求研究得到了更进一步的发展。该组织于 1961 年发起了面向西班牙、希腊、意大利、葡萄牙、土耳其、南斯拉夫六个国家的"地中海区域规划"，对该区域国家经济发展中可预见的劳动力短缺和必要的投入进行了预测和规划，并提供了人力预测的详尽步骤。1962 年"经济发展与合作组织"又发起了"教育投资与规划工程"，这些都大大推动了发达国家教育预测与规划的快速发展，并促进了教育预测与规划理论及方法的普及与进步。根据"经济合作与发展组织"的统计，到 1969 年世界各国所拟订并付诸应用的教育预测与规划模型已有 122 个。这个时期，许多国家普遍建立了从事教育预测与规划的专门组织或部门，从而极大促进了教育预测与规划的迅速发展。

发达国家中，法国是较早成立教育规划机构的西方国家。1951 年在计划总署里创立了"学校、大学和体育运动整备委员会"，负责设计教育目标，提出实现目标的策略和方案，供决策者参考。1973 年教育部成立了目标司，负责提供计划工作的建议。近年来，法国实施的一项重要教育改革措施是下放教育规划的某些权力，让学校根据国家制定的总目标，针对社会环境及学校自身的特点，设计出适合学校与社会经济协调发展的子目标。

20 世纪 70 年代到 80 年代期间，由于世界性的经济危机，各国的经济社会发展出现了

---

① 参阅杨晓青，等.教育规划理论与实践[M].北京：中国大百科全书出版社，2006：294-297.

不同程度的停滞和衰退,致使教育预测与规划失灵,许多国家的教育发展实际远离了教育预测和规划的目标,从而使一些国家对教育预测与规划产生了质疑,教育预测与规划逐渐被忽视和边缘化,并陷入了困境。这时期的教育预测与规划大多数情况下仅局限在预测人口增长对教师、学生、教育设施等教育因素的需求影响上。加之90年代初期,苏东社会主义国家纷纷"转轨",使教育预测与规划失去了典范。

20世纪90年代以后,以中国、印度、巴西、俄罗斯等为代表的新兴国家的经济改革取得了很大的成效,相关问题的研究者们又重新发现教育预测与规划在这些国家建立新的市场体系中发挥的重要作用,因而教育预测与规划又被各国所再次重视起来。同时,教育预测与规划的理论和方法也不断创新,并日趋成熟,教育预测与规划进入了一个振兴和发展的新时期。

1994年,美国国会通过了《美国2000年教育目标法案》。同年12月,美国联邦教育部发布了《美国联邦教育部战略规划》。该规划重申了美国国家教育目标,明确提出了联邦教育部的使命是:确保教育机会均等,提高全国教育水平。提出了美国联邦教育部的目标是:达到国家教育目标,确保公平,与服务对象建立伙伴关系。1998年,克林顿政府又公布了《1998—2002年教育战略规划》,提出了"放眼全球,着手地方"的行动原则,并提出了7个优先目标。

【知识链接】

1994年,美国国会通过了《美国2000年教育目标法案》。该法案是美国联邦政府首次制定全国性教育标准,提出了到2000年的八项国家教育目标,其具体内容是:(1)所有美国儿童都要有良好的学前准备。(2)中学生的毕业率至少要增加到90%。(3)读完四年级、八年级和十二年级的学生,对英语、数学、科学、外语、公民课与政治、经济学、艺术、历史和地理,这些具有挑战性的科目须具有实际应用能力;美国的每所学校都必须保证所有学生都学会很好地开动脑筋,以便把他们培养成负责的公民,具有继续学习的能力,并使他们在我们的现代经济生活中胜任工作。(4)美国学生的科学和数学成绩,将居于世界领先地位。(5)每一位美国成人都识字,并拥有在全球经济竞争中所必需的知识与技能,每一位成人都会行使公民的权利并尽公民的义务。(6)美国的每所学校都是无毒品、无暴力、未经授权不得携带武器和酒精的场所,并成为有良好纪律、充满好学上进风气的场所。(7)美国教师都能接受旨在提高其专业技能的继续教育,都有机会获得为教好并培养下个世纪美国学生所需的知识与技能。(8)每所学校都要促进与家长的伙伴关系。这种关系将使家长更积极地关心和参与促使儿童增长社会知识、文化知识和情感培育的活动。

(资料来源:徐虹.教育预测与规划[M].沈阳:辽宁大学出版社,2016:26,27.)

1996年7月,日本发布了《面向21世纪我国教育的发展方向—让孩子拥有"生存能力"和"轻松宽裕"》,提出今后学校应向重视培养孩子"生存能力"的方向转变,要把培养下一代的"生存能力"作为教育的基本出发点,从偏重单方向灌输知识的教育,转变成培养孩子自主学习、独立思考能力的教育。

21世纪,教育预测与规划进入黄金时期。联合国教科文组织、美国以及欧盟分别发表了《2002—2007年中期战略》(2002年)、《2002—2007年战略规划》(2002年),《终身教育整体行动计划》(2003年)。同时,世界上其他国家也纷纷相继公布了各自的教育预测与规划,如澳大利亚的《通过教育走向世界》(2002年)、英国的《高等教育的未来——高等教育白皮书》(2003年)、法国的《为了所有学生的成功》(2004年)、德国的《精英大学计划》(2004年)、俄罗斯的《2010年教育现代纲要》(2002年)、韩国的《学习社会,全民教育的政策建议》(2004年)。①

(二) 教育预测与规划在我国的发展

新中国成立后,我国全面学习苏联的计划经济模式,开始仿照苏联编制国民经济发展五年计划,教育规划是其中的一个组成部分。1953年,中国在制定国民经济发展"一五"计划的同时,教育部也颁布了《1953年度教育事业计划》,这是我国第一个由国家教育行政主管部门正式颁布的教育规划。1956年,在政务院领导下,组织了由国家计委、教育部和劳动人事部等部委参加的全国范围的人才需求预测工作,后受到"反右"、"大跃进"等政治运动冲击未能如愿完成。1959年,在政务院的领导下,成立了由多个国家部委组成的专门人才规划领导小组,组织进行了第二次全国性的人才需求预测工作,但这项工作也同前一次一样,由于种种原因,没有最终结果。

1963年11月,在国务院总理周恩来的亲自过问下教育部召开了教育事业规划座谈会,研究编制中小学教育和职业教育七年(1964—1970年)规划相关事宜。1964年,国家发布了《中小学和职业教育七年规划要点(草案)》。同年,高等教育部颁布了《高等和中等教育七年规划(草案)》。

1966—1976年"文化大革命"期间,教育规划和国民经济计划以及其他专项发展规划一样,被迫中止。1977年11月,我国重新修订了《十年规划纲要(草案)》,教育部随之也编制了"五五"教育事业计划(草案)。至此,教育预测与规划编制工作重新开始恢复并被重视起来。

1983年,由国家计委和教育部和劳动人事部牵头,组织中央各部委和各省、市、自治区参加,按部门和行业覆盖全国,进行了第一次全国专门人才现状调查和人才需求预测,近百万人参加了这项工作,在此基础上,进行了全国中长期(1983—2000年)教育规划的测算和编制。由于这次预测仅限于专门人才,没有包括各种技术人才和较低层次的劳动者,加之对首次使用计算机手段预测结果的可靠性把握不准,此次预测报告没有公开发布和实施。因此,1985年7月,在相关部委的牵头组织下,我国又启动了第二次全国专门人才现状调查和人才需求预测,并在此基础上,在全国开展了从中央到地方制定1985—2000年教育规划的工作,同时在教育部设立了教育规划研究室。1985年,召开"全国地区教育规划会议",推动了教育规划研究的普及和发展。

1988年国家教委组织完成了《全国专门人才专项规划》,分析了全国专门人才的现状、需求、对策,为教育预测与规划积累了经验。这两次专门人才需求预测以及在此基础上制定的教育事业发展规划,创造了新中国历史上规模最大、参加人数最多、在理论和实践上收获最丰的纪录。1990年我国出版了由周贝隆主编的《面向21世纪的中国教育——国情·需求·规划·对策》,汇集了当时我国对宏观人才预测与教育规划方面的研究成果。

1991年,国家发布了《教育事业"八五"计划(1991—1996年)》,标志着我国的教育规划

---

① 参阅杨天平.教育战略规划与管理[M].重庆:重庆大学出版社,2010:70-74.

成为独立的专项规划步入了正轨,此后开始,每五年编制一次。1993年,国家教委组织制定了《中国教育改革和发展纲要》。1995—1996年,国家和各级地方政府分别制定了国家和各个地方的教育事业"九五"计划。1996年由郝克明、谈松华主编的《21世纪中国教育》出版,该书提出了十五年教育发展指导思想、教育发展战略目标以及实现战略目标的措施与政策建议,并且探讨了教育预测与规划要由传统的供给决定论向需求决定论转变的问题。1999年,我国发布了《21世纪教育振兴行动计划》。

进入21世纪后,随着教育在我国现代化建设中的作用日益被重视,我国加快了教育发展特别是高等教育发展的步伐,教育预测与规划也更加受到重视。制定于21世纪初的《全国教育事业第十个五年计划》作为社会主义市场经济条件下的第一个五年规划,做了许多开拓性的探索,加强了规划编制的前期研究工作,对事关教育事业未来发展的重大问题以及发展中的重点、热点、难点问题进行了专题调查研究,并针对性地提出了一系列新战略、新思路、新措施,从而大大提高了教育预测与规划的科学性和指导性。2003年,教育部发布了《2003—2007年教育行动计划》。从2006年发布的"十一五"教育发展规划起,正式把教育事业五年"计划"改成了五年"规划",标志着我国对教育规划的认识,更加注重宏观性、战略性和指导性。

2010年7月我国发布了《国家中长期教育改革和发展规划纲要(2010—2020年)》。其后2012年6月我国分别发布了《国家教育事业发展第十二个五年规划》。把这两个规划与之前的一些规划进行比较后发现,规划中的数量指标相对减少,更多地突出了规划的预测性和政策措施的可操作性,初步实现了从指令性计划向指导性规划的转变。尤其是2017年1月发布的《国家教育事业发展"十三五"规划》,体现了创新、协调、绿色、开放、共享的新发展理念,也更加突出了以提高教育质量和效益为中心、重视教育公平、强调教育结构调整的战略新思想。

综上所述,近30年来,我国的教育预测与规划无论从宏观战略角度,还是从微观角度来说都取得了巨大进步,并获得了丰富的经验和成果,教育预测与规划的专业研究队伍也不断壮大和成熟,教育预测与规划已经成为教育行政管理的一个基本职能,教育预测与规划工作的水平处于世界先进地位。

【知识链接】

马云:现今教育方式下的孩子,将来都找不到工作

未来我最担心的一个行业变革,那就是教育,我们很幸运,我们这些人20年内混也能混过去,但是我们的孩子们是混不过去的,如果我们今天依旧用今天这样的教学方法、方式和课程,去教育这些孩子,那么这些孩子30年以后将会找不到工作。

每次的变革,都必须是教育的变革,要走在前面,所以我觉得我们的国家,我们的社会,我们的世界,高度注重30年以后可能什么样的产业,由此来调整大学的课程,小学的课程和中学的课程,因为只有这样,我们这个社会才是平稳的,只有这样,我们的下一代有了机会,我们人类之间才不会发生很多的问题。所以我觉得我们的孩子们的教育,也不应该按照原来的死记硬背,去记很多东西,因为这些活可能绝大部分,不是所有,将会被计算机所取代。我们要做的工作,是让孩子做最好的自己。有些人天生会读书,好像上辈子会读过书来,活活气死你,我是不太会读书,但是我也没有那么傻;有的人弹钢琴,三个小时就学会,我学三

个月都没搞清楚音谱在那儿,每个人都是自己最好的。

(资料来源:北京:新浪科技,2017.9.10.)

(三) 教育预测与规划的发展趋势

21世纪,伴随经济全球化和教育国际化进程,世界各国纷纷制定适应国家发展和国际竞争需要的教育发展规划,国家与国家之间的教育竞争逐步转变为教育预测与规划的竞争。随着教育预测与规划理论的发展和实践的丰富,教育预测与规划在新世纪呈现出新的趋势和特点。[①]

1. 从全面理性主义走向有限理性主义

20世纪50年代以前的教育预测与规划理论普遍遵行全面理性主义原则,认为规划应该尽可能地理性,提倡从社会的理性到市场的理性、从个人的理性到集体的理性、从结果的理性到方法的理性,强调全方位的理性。20世纪80年代以后,规划理念与方法开始从全面理性主义走向有限理性主义,有限理性主义的教育预测与规划强调既要看到生活中光明的一面,也要看到黑暗的一面。有限理性主义被视为"一个重大的发现"。全面理性主义的预测与规划和有限理性主义的预测与规划的区别主要在于,前者提倡静态性、阶段性与适应性,后者更重视动态性、渐进性与创新性。

2. 从单一主体规划走向多主体规划

20世纪90年代以前,参与制定教育预测与规划的主体,主要是由相关领域专家构成。这种以技术统治论为代表的规划理论认为,教育预测与规划是一种自上而下的由专家控制的封闭行为,对预测与规划执行者的意见和规划区域的特殊利益不予考虑。20世纪90年代以后,主张由相关利益主体参与预测与规划的观点开始逐渐成为主流,提倡教育预测与规划是一种开放的自下而上的行为和过程,强调要把预测与规划的决策权和实施权交予地方,在充分考虑规划区人群利益和规划执行者权益的基础上制订教育预测与规划,以此来调动规划实施者和地方参与教育的积极性。

在市场经济条件下,教育发展的主体由过去政府一家向政府、学校、企业、社会和个人多主体转变,教育投资者和受益者变为政府、学校、企业、社会和个人,教育预测与规划主体呈现多元化趋势。由于地方政府和学校被赋予更大的自主权,地方政府和办学主体更加重视教育预测与规划的制定和实施。以2010年发布的《国家中长期教育改革和发展规划纲要(2010—2020年)》为例,该纲要自2008年8月启动制定工作以来,已有数千名专家和各方人士参与调研;2.3万余人次参与座谈和研讨,形成500多万字调研报告;专家、学者、校长、教师、家长、学生等社会各界人士都参与其中,通过各种渠道发表意见建议。《纲要》草案公开征求意见期间,共收到意见建议27 855条,其中电子邮件8 317封,信函1 064封,教育部门户网站网友发帖18 474条。此外,从媒体和网络收集的报道评论与意见建议249万多条。这些意见和建议对于修改、完善规划纲要,推进教育改革发展具有重要意义。

3. 教育规划与教育发展战略走向相互融合

20世纪80年代以来,在联合国教科文组织和国际教育规划研究所的倡导下,传统的侧重技术的教育预测与规划研究开始转向宏观决策研究和发展战略研究,这种宏观决策研究

[①] 参阅杨天平.教育战略规划与管理[M].重庆:重庆大学出版社,2010:75-79.

与发展战略研究同传统的规划研究的主要区别在于,前者侧重于宏观决策和战略思想的方向性、趋势性研究,为教育行政管理部门作出宏观决策、制定政策和规划提供依据。传统理论将教育战略与教育规划分为两个不同的层次,著名战略规划学者安娜倍尔·碧莱尔认为,传统规划坚持环境的观点,将规划作为技术性工作,寻求确定性,以分析为手段,以预测和控制为目的,通过资源分配实现扩张。而现代战略规划则是坚持系统的观点,将规划作为适应性工作,注重不确定性,以综合为手段,对利益相关者的价值和关系进行评估,以想象和自组织控制为手段,通过动员资源,实现可持续成长。1991年4月发布的《美国2000年教育战略》,成为教育战略与规划融合的一个跨世纪的标志,此后的《1998—2002年教育战略规划》《2002—2007年战略规划》等战略性文件,使教育战略与规划的融合更加紧密。进入21世纪以来,长远规划更加受到战略家的青睐,2015年联合国教科文组织发表了名为《反思教育——向全球共同利益的观念转变》的报告。

中国从1998年的《面向21世纪教育振兴行动计划》到2007年的《国家教育事业发展"十一五"规划纲要》,再到2010年的《国家中长期教育改革和发展规划纲要(2010—2020年)》以及2017年的《国家教育事业发展"十三五"规划》,这些纲领性文件均对高等教育规模、人才培养模式、教育经费增长等方面作出了战略性的规划,西方有专家评论,中国经济和教育取得的巨大成就应归结于中长期规划的成功制定和实施。

4. 从单向规划走向循环规划

面对日益复杂变化的世界,对教育进行长远和准确无误的预测是困难的。教育预测与规划并非要丝毫不差地预测未来,而是要提示未来教育的发展趋势和可能的方向、目标及方式。传统的教育规划理论将规划程序视为单向度的线性的,认为教育规划只是一个工作过程和程序化过程,致使规划缺少弹性、反馈和动态性调整,难以适应变化着的当代经济与社会发展,难以适应教育改革和创新发展的多样性与复杂性。20世纪80年代以来的以战略分析为核心的规划理论认为,教育规划是一种循环过程,也是一个系统工程,影响教育未来发展的各个因素之间相互关联、相互制约,教育使命、发展目标与规划制定、规划实施、规划监测及其规划评估发生多重影响。可见,教育预测与规划是以教育可持续发展为研究对象而作出的全局性的、合理的谋划。

5. 从侧重数量增长转向质量的提高

如果说20世纪90年代以前,世界各国的教育预测与规划的主要目的侧重于教育规模和数量扩张问题。那么,90年代以后,教育预测与规划则主要转向了教育质量的提高。1960—1980年间,全球范围内教育规模发展迅速,各级正规教育在校生人数增长了一倍多。其中,小学就学人数增加了106%,中学生人数增加了280%。同时,发展中国家用于教育的公共开支1960—1970年间平均增长了42%,发达国家增长了40%。因此,教育预测与规划的首要目的是如何通过合理决策来有效地利用有限的教育资源,为日益扩大的教育系统服务。其次,教育日益成为决定工作收入和社会地位的主要因素,促使人们教育需求增加,如何在不同的社会群体和个人之间分配受教育机会,也成为教育预测与规划研究的主要课题。

然而,这种规模与数量的迅速扩张不可避免地带来了高成本和低质量的问题。因为入学人数增加了,学校接收学生的能力却并未以相应幅度增加,它们难以提供足够的教师、校舍、教具以保证教学质量。联合国教科文组织1985年对非洲12个国家城区学校的调查表明,原定供40人学习的教室实际容纳了70人,学校拥挤不堪。这些问题的产生使得教育规划者和政策制定者不再单纯追求数量的增长和预测,转而重视教育质量监测。20世纪90年代以后,发达国家的教育规划特别注重教育质量的提高,例如美国颁布的《2002—2007年战略规划》和英国颁布的《传递结果:到2006年的战略》等。无论是发达国家还是发展中国家,在考虑教师供求关系或制定师范教育规划时都已经从满足数量需求向提高师资素质和学历层次转变。[1]

6. 从学校教育转向终身教育

在教育预测与规划产生的早期,教育规划的目标仅仅涉及传统的学校教育,即幼儿园、小学、普通中学和职业中学、普通高等学校、特殊教育学校等。20世纪70年代以后,随着不断扩大教育机会和不断学习的需要,教育已经远远超越了传统的学校教育范畴,教育与学习延伸到人的终身,"活到老,学到老"的终身教育理念大行其道。

同时,信息技术的发展和进步打破了传统教育的时空观,为终身教育创造了极大的可能与便利。因此,教育预测与规划的范畴也从学校教育扩大到了终身教育。

终身教育的发展不仅扩大了教育规划的范畴,也改变了关于教育目标和教育内容的规划。学校教育不是为了升学,而是为终身学习打好基础。教育不仅要使得学生掌握基础知识,而且要引导学生学会认知、学会做事、学会共同生活、学会创新、学会生存。[2]

【阅读材料】

朱永新:未来学校的15个变革可能

教育的变化有三个阶段。第一是技术的变革,技术变革早就出现了,比如最初的各种的教学辅助仪器等;其次是教育模式的变革,教学模式已经在发生变化了;最后一个变革是教育结构的变化,学校的结构如果不发生变化,教育是很难变化的。未来的学校究竟应该怎么变? 我分析了以下15种可能性:

第一,学校会成为学习共同体,不再是一个一个孤立的学校而存在;

第二,开学和毕业没有固定的时间;

第三,学习的时间弹性化;

第四,教师的来源和角色多样化;

第五,政府买单和学习者付费将并存;

第六,学习机构一体化,学校主体机构与网络教育彻底打通;

第七,网络学习更加重要;

第八,游戏在学习中发挥更加重要的作用;

第九,学习内容个性化、定制化;

第十,学习中心小规模化;

第十一,文凭的重要性被课程证书取代;

第十二,考试评价从鉴别走向诊断;

第十三,家校合作共育;

第十四,课程指向生命与真善美;

---

[1] 杨晓青,等.教育规划理论与实践[M].北京:中国大百科全书出版社,2006:298.
[2] 杨晓青,等.教育规划理论与实践[M].北京:中国大百科全书出版社,2006:299.

第十五，幸福完整的教育生活。

(资料来源:深圳:腾讯教育,2016.12.02.)

思 考 题

1. 何谓教育预测？何谓教育规划？
2. 教育决策、教育发展战略各自的含义是什么？
3. 教育发展战略研究的基本问题有哪些？
4. 简述教育预测与教育规划之间的关系。
5. 简述教育预测与教育决策以及教育发展战略之间的关系。
6. 简述教育规划与教育发展战略及教育决策之间的关系。
7. 教育预测与规划的发展趋势有哪些？

【案例】

顾明远:教育的未来是从"教"到"学"的转变

未来的教育会是什么样？

教育的未来关系到我们国家的未来,关系到我们民族的未来,用一句话来概括——教育的未来应该是从"教"到"学"的转变。我们当今所处的互联网时代对教育会产生重大的变革,这种变革主要体现在从过去传统的老师教到学生自由学的过程。

去年联合国教科文组织曾发表了名为《反思教育——向全球共同利益的观念转变》的报告,这个报告提到我们今天要重新定义教育、知识和学习。我们的现代教育应该是以人文主义为基础,关心生命、关心人格、关心人类、关心和平,并且可为持续发展承担责任的。

教育的环境在变,教育的方式在变,但立德树人的根本不变。

教育在互联网时代的变化是非常迅速也是非常巨大的,在十年前谁能想到现在手持一部手机即可走遍天下？未来的十年到底会怎样？我们确实很难预测,但能确定的是教育的环境变了。

联合国教科文组织的报告里讲到,要把正规的教育、非正规的教育、非正式的教育结合起来。人的一生除了在制度化的、正规的教育环境下学习外,更多的时间应该是在非正式的场合接受教育。因此,教育的环境需要扩大。

目前,我们所处的互联网时代扩大了我们的教育环境,我们的孩子可以从各种平台获取知识,教育已经不只是在课堂内进行学习的行为。教师也不再是唯一的知识载体,也不是知识的权威,教师是帮助学生设计适合于他兴趣爱好、指导他获取有益信息、帮助他解决困惑的"引路人"。因此,教育的环境变了,教育的方式、师生关系也随之而改变。

需要注意的是,虽然教育的方式和师生关系随环境的变化而变化,但立德树人的根本是不变的。我们就是要培养孩子有高尚的品格、有扎实的知识,有社会责任感,有为祖国奉献的精神,这是不变的。

教育的未来仍要回归教育的原点

归根到底,教育的未来仍然要回到教育的原点,我们的方法、手段是在不断地变化的,我们的教育观念也在发生着变化。但在传统的教育里我们总是低估了学生的能力,实际上学生的潜在能力是很大的。我们未来的教育应该有这样的转变——让学生自己学,自己去探索,自己去提出问题,自己去解决问题,这样才能够有创新的世界,才能培养他们创新的能力。

(资料来源:网易教育频道专稿.2016.12.06.)

讨论题:
1. 你同意作者关于未来教育的看法吗?为什么?
2. 请简要描述你的未来教育或者未来学校的图景。

上 篇

第一章　教育预测概述

学习目标

通过本章的学习,正确理解教育预测的含义;了解教育预测的理论基础;掌握教育预测的基本特征、内容和技术方法;能够正确分析教育预测在教育决策和教育规划中的作用以及教育预测的有效性问题。

建议学时

4学时

第一节　教育预测及其理论基础

一、预测

《现代汉语词典》中预测释义为"预先推测或测定"。通常,人们把预测理解为根据过去和现在推测未来,即根据已经发生的事情来判断尚未发生或者将要发生的事情。我们认为,预测是在对事物的历史资料及其现有信息进行整理和分析的基础上,采用一定的方法手段对未知事物或者不确定性事物进行预先估计与推断的过程,是人类根据对客观事物的发展趋势和变化规律的已有认知作出对未知事物的预先判断的一种行为,同时,预测也表现为人类行为的某种后果(见图1.1)。

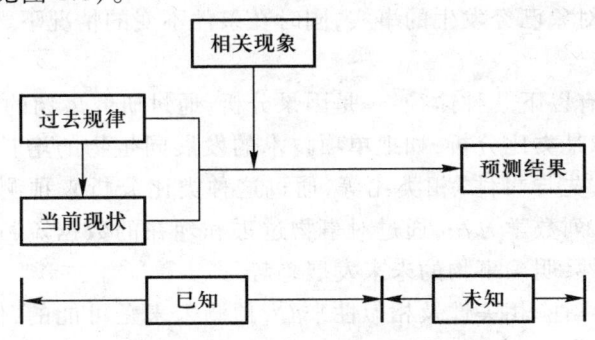

图1.1　预测的基本模型

资料来源:许世建,张翌鸣,陶军明.职业教育预测与规划[M].成都:巴蜀书社,2010:29.

预测可有广义和狭义之分,广义的预测,既包括在同一时间段内根据已知事物推断未知事物的静态预测,也包括根据某一事物的历史以及现实预估其未来发展趋势的动态预测;狭义的预测,则仅指根据某一特定事物的历史与现状而对其未来的变化趋势预先作出的动态预测。

从人类社会历史发展来看,预测一直伴随着人类社会的进步与发展。在原始社会,人类用原始的标枪猎物,猎手需要对标枪投掷时猎物跑出的距离进行预测;农业社会时期,人类需要对天气进行预测,以便适应天气变化,适时地耕种、收获;工业和商品经济时代,人类更加重视预测,只有对市场需求准确预测,才能生产出畅销产品;人类步入信息化社会后,对未来的探索遍及社会与经济的方方面面。

古语说:"人无远虑,必有近忧",这说明我国古代早已重视预测在社会活动中的作用。但古代的预测主要依靠预言家的直观判断,有时也借助于先兆、推测和某些科学依据,而进入20世纪50年代以后,随着科学技术的发展、认识手段的不断丰富,人们越来越重视把现代知识的先进的认知手段与预测过程相结合,把预测的前提、过程和结论都建立在科学认识的基础上,于是,预测逐渐成为一门独立的学科。科学的预测既不同于基于人的预感的直觉预见,也不同于基于人们生活经验的日常预见,更不同于相信超自然力的宗教预见,它是人们利用科学的方法,根据对自然、社会发展规律的认识,来推测事物未来发展可能性的活动。科学预测的目的是调节目前的行动,达到预期的未来。

现代预测之所以是一种科学活动,是由预测前提的科学性、预测方法的科学性和预测结果的科学性决定的。预测前提的科学性包括三层含义:一是预测必须以客观事实为依据,即以反映这些事实的历史与现实的资料和数据为依据进行判断;二是作为预测依据的事实资料与数据必须通过抽象上升到规律性的认识,并以这种规律性的认识作为预测的指导;三是预测必须以正确反映客观规律的科学理论作指导。预测方法的科学性包含两层含义:一是各种预测方法是在预测实践经验的基础上总结,并获得理论证明与实践检验的科学方法,包括预测对象所处学科领域的方法以及数学的、统计学的方法;二是预测方法的应用不是随意的,它必须依据预测对象的特点,合理选择和正确运用。预测结果的科学性包含两层含义:一是预测结果是以已经认知的客观对象发展的规律性和事实资料为依据,采用定性与定量相结合的科学方法作出的科学推断,并用科学的方式加以表述;二是预测结果在允许的误差范围内可以验证预测对象已经发生的事实,同时在条件不变的情况下,预测结果能够经受实践的检验。

科学的预测一般有以下几种途径:一是因果分析,通过研究事物的成因来预测其未来发展变化的必然结果;二是类比分析,如把单项技术的发展同生物的增长相类比,把正在发展中的事物同历史上的"先导事件"相类比等,通过这种类比分析来预测事物的未来发展;三是统计分析,运用一系列数学方法,通过对事物过去和现在的数据资料进行分析,揭示历史数据背后的必然规律性,明确事物的未来发展趋势。

从事物运动的连续性、相关性及相似性来看,预测未来是可能的,但由于人的认识能力的有限性以及未来所具有的偶然性等原因,预测也有不准确性。正因如此,预测活动也受到了不少的非议。实际上,不管愿意或不愿意,我们都自觉或不自觉地从事一些预测活动。而且从古至今,预测活动从来没有停止过,预测的作用也正在发生着深刻的变化。

【案例】

  1990年,以美国为首的多国部队在实施"沙漠风暴"军事行动之前,曾担心一旦战争爆发,科威特的所有油井可能被全部点燃。当时,美国五角大楼委托一家咨询公司进行预测。研究人员建立了热能转换模型,进行一系列模拟计算,最后得出结论:油井燃烧形成的烟雾可能会导致一场地区性的重大污染,但不至于完全失控,不会造成全球性的气候变化,不会对地球生态和经济系统造成不可挽回的损失。这一科学预测结论促使美国作出采取军事行动的决定。因此,人们说第一次世界大战是化学战(火药),第二次世界大战是物理战(原子武器),而海湾战争是数学战,指的是这场战争在战前就已经对战争的进程以及战争所涉及和影响的方方面面作出了科学的预测。

  (资料来源:刘思峰.预测方法与技术[M].北京:高等教育出版社,2015:4.)

  根据研究任务的不同,按照不同标准,预测可以有不同的分类。按预测的范围或层次不同,可分为宏观预测和微观预测;按预测的时间长短,可分为长期预测、中期预测、短期预测和近期预测;按预测方法的性质,可分为定性预测和定量预测;按预测时是否考虑时间因素,可分为静态预测和动态预测;按预测时采用的预测方法数目,可分为单一法预测和组合法预测;按预测对象的多少,可分为单对象预测和多对象预测;按预测时采用模型的特点,可分为经验预测和规范预测,等等。

  预测理论作为通用的方法论,既可以应用于研究自然现象,又可以应用于研究社会现象。将预测的方法、技术与实际问题相结合,就产生了预测的各个分支,如经济预测、政治预测、社会预测、人口预测、科技预测、军事预测、气象预测等,教育预测也是其重要的分支领域。

【知识链接】

发达国家社会预测活动的四大特点和趋势

一、社会预测活动的组织化与国际化特点及趋势

  社会预测活动的发达与否,其组织化程度是一个重要标志。而组织化的标志,一是组织的数量,二是组织的规模。据不完全统计,现在世界上进行未来研究的预测机构至少在2 000家以上,而美国就占了600多家,其中以兰德公司、斯坦福研究所、赫德森研究所、世界观察研究所等最负盛名;设在美国的华盛顿的世界未来学会,拥有分散在80个国家中的45 000名会员和70个团体会员,是世界上最大的未来研究组织。

  社会预测活动的国际化实际上是组织化在世界范围的进一步延伸。社会预测的国际化也有两个标志,一是国际性研究机构的出现,二是跨国性预测活动的开展。如1968年在意大利罗马建立的罗马俱乐部,其成员都是来自各国的著名科学家、实业家、政治家和教育家,是公认的著名国际型未来研究团体;成立于1981年的国际预测家协会,由一些从事预测研究的数学专家、教授组成,每年召开一次学术会议,出版《国际预测杂志》。

二、社会预测活动的学术化与普及化特点及趋势

  社会预测活动学术化的标志是出现了一批专门从事社会预测活动的职业工作者和著名专家,出现了一批有较大影响的学术出版物和学术研究成果,以及出现了围绕社会预测活动

的学术流派。如:罗马俱乐部以《增长的极限》(1972)为首的一系列研究报告;托夫勒的《未来的冲击》(1970)、《第三次浪潮》(1980);贝尔的《后工业社会的来临——社会预测初探》(1973);卡恩的《今后二百年》(1976);奈斯比特的《2000年大趋势》(1982)。

普及化趋势表现在两个方面,一是未来教育的普及,在西方,几乎所有的国家都开展了未来学研究。在美国,未来教育已经进入小学、中学和大学的课堂,设置了为数甚多的未来教育课程,举办了各种提供学位的未来教育计划;二是预测全方位渗透到各个领域,如探索有关经济、科技、人口、粮食、资源、能源、城市规划、交通运输、情报信息、自动化、外层空间、教育、人才、环境、医药卫生、家庭、文化生活等重大问题的未来趋向,并通过决策能动地控制其发展。

三、社会预测活动的商品化与产业化特点及趋势

在高度市场化的发达国家中,社会预测研究具有明显的商品化倾向和产业化趋势。如美国早在20世纪50年代初期,一些预测机构就开始将自己的预测产品作为商品交换;据统计,早在1991年,美国咨询业的产值就已达到2 030亿美元,占国民生产总值的20%,美国咨询机构的80%为营利性质。

在美国,社会预测的产业化趋势在大型专业化预测公司中得到充分体现。如世界著名的民意测验公司和商业调查咨询公司盖洛普公司,经过70多年的发展,现在已经是一个拥有3 000多名员工的大型调查机构,在美国有12个地区办公室,有40个分支机构分布在全球20多个国家,盖洛普公司以其独特的研究和产品,为大批客户提供了高品质的服务,其中包括政府部门、著名跨国公司、医疗和教育机构,等等。

四、社会预测活动的制度化与法律化特点及趋势

社会预测活动的制度化与官方的重视和支持是分不开的。西方各国政府一级负责未来工作的部、委员会或研究部的数目在不断增加。如作为现代社会预测的故乡和发源地之一的法国,是第一个把社会预测用于指导制定国家五年发展计划的。法国科学技术总局曾设有一个"1985年工作组",为法国第五个五年计划(1966—1970年)提供了35份预测研究报告;法国技术情报和预测局为法国第六个五年计划提供了20多种对法国经济有重大影响的产品长远发展预测。由于法国的社会预测与政府的国民经济计划工作相结合,因而得到了官方的支持。

(资料来源:阎耀军.社会预测学基本原理[M].北京:社会科学文献出版社,2005:56-72.)

二、教育预测

(一)教育预测的含义及其发展

教育预测是人类预测活动的一个分支,是指人类在教育领域中从事的预测活动,也就是依据对教育活动发展规律的认识,运用现代预测的原理和方法对未来的可能发展作出推测或判断的一种活动。教育预测的基本功能就是通过推测未来教育发展变化的特点、方向及其性质、结构、时间规律等,为教育决策和教育规划部门提供更多的可选择方案和途径。教育预测一般由教育预测者、教育预测对象、教育预测依据、教育预测方法、教育预测结果五个因素构成。教育预测的领域非常广泛,形式多种多样,有宏观教育预测与微观教育预测;定性教育预测和定量教育预测;短期教育预测、中期教育预测和长期教育预测;单一式教育预测与结合式教育预测;单对象教育预测和多对象教育预测等。

教育预测是伴随着社会、经济和教育规划的发展而产生的。20 世纪 20 年代,苏联在制定第一个五年计划时就对专家的需求进行了预测。由于专家培训与教育关系密切,这些预测则被人们认为是最早的教育预测。第二次世界大战后,科学技术的迅速发展对世界各国的社会、经济发展产生了重大影响。产业结构的变化对劳动者的质量提出了更高的要求,高素质的科学技术人才成为生产力的重要因素,发展教育事业就成为经济发展的关键。因此,教育发展的趋势发生了根本性的改变,教育不再被人们认为是消费性的事业,而是作为实现社会进步和经济发展的最有力的工具受到世界各国的普遍重视。教育的迅速发展使得世界各国都面临着如何使教育的发展与本国的经济发展协调一致的问题,这就产生了进行教育预测和制定教育规划的需要。

联合国教科文组织充分意识到教育预测和教育规划的重要性和迫切性,于 1956 年在秘鲁首都利马举行的美洲国家教育部长会议上,提出了根据各国条件和可利用资源制定全面的教育规划的号召。此后,联合国教科文组织举行了一系列的会议和相关培训活动,出版教育预测和教育规划的书籍文献,成立了专门的教育规划组织机构,制订或参加制定地区性教育发展规划,研制教育仿真模型,开展世界范围的教育发展预测。同时,各个国家或地区以及一些著名的未来研究组织也纷纷进行了多种形式的教育预测和教育规划。这些活动为教育预测积累了经验,促进了教育预测的快速发展。

教育预测开始是完全属于教育规划的,是教育规划的一个重要的组成部分,随着现代预测科学的形成以及各种教育预测活动的广泛开展,教育预测的理论逐渐丰富、成熟,最终发展成为一个既与教育规划等相关学科密切联系,又有独立研究对象和特点的教育科学研究的分支领域。

(二)教育预测的研究对象

既然预测是根据已知推测未知,教育预测的研究对象就是未来教育的发展。

任何事物的发展都是一个量变和质变发展的过程。教育的发展也是如此,也是一个随着时间的推移呈现出量和质的变化过程。这是一个从历史到现在并一直走向未来的过程。未来是历史与现实的延续,也是整个发展过程的重要组成部分,但它又不同于历史和现实,是发展过程中尚未出现的部分。教育预测不能离开教育发展的历史和现实,但又不同于一般的教育发展过程的研究,它是指向发展过程的未来的,是对尚未出现的教育进行推测和判断,它要指出未来教育发展的某种可能性。

教育预测不仅研究未来教育的发展、变化的性质、范围、程度,还必须推测、判断这些变化将发生的时间和可能性。

(三)教育预测的基本特征

前提性。前提性是指教育预测与其他预测一样都是在一定前提条件下进行,没有前提条件无法预测。前提条件又分为必然性前提和假设性前提。必然性前提的获得是以真正掌握预测对象的本质规律为根本条件,因此,以必然性前提为条件的预测是比较肯定的。但由于事物的未来难以预料,所以需要假设性前提条件,根据假设性前提条件所作出的预测,往往是对事物未来各种可能性的推断。

时间性。时间性是指教育预测与其他预测一样都具有一定的时间概念,也就是预测的结果出现的时间段或时间点。这种时间概念有时笼统地表示为"将来"、"今后"或"在未来的几十年中"等,也可以确切地给定时间,如 2020 年、2030 年等。

描述性。描述性是指教育预测和其他预测一样都必须描述预测对象的特征。通过描述状况、数量和质量等事物的基本特性的变化，进行预报或预言。这个描述可以很概括，也可以确切，用确切的数值或量词来表示。

三、教育预测的理论基础

（一）哲学基础

哲学是自然科学、社会科学以及思维科学的概括和总结，是从各个具体学科中概括、总结出来的最一般的知识。马克思主义哲学即辩证唯物主义和历史唯物主义，是揭示自然、社会和思维发展的普遍规律的科学，是指导人们的认识与实践活动的科学的世界观和方法论。科学的教育预测理论体系必定是建立在马克思主义哲学基础上的。

马克思主义哲学指明了预测的性质和未来的可知性。人类的一切活动都是有计划、有目的的，人类之所以能够预先建立起"观念地存在着"的未来行为的目标，就是由于人们在进行活动之前已经根据已知的事实对未来作出了预测。预测不是什么隐秘的神谕，而是人类认识活动的组成部分，是人脑对客观世界的反映，是人类意识区别于动物心理的重要特征；按照马克思主义哲学的基本观点，世界是永恒地在一定时间和空间中运动着的物质的世界。运动着的物质是普遍地联系着的。这种普遍的联系既包括空间中一事物与它事物之间的联系，又包括时间中此一时刻与彼一时刻之间的联系。从历史到现实，从现实到未来，事物的发展是按照一定的固有规律进行的。未来的现实合乎规律的发展。只要人们真正地认识了事物，研究了它的一切方面、一切联系和中介，研究了它的历史和现实以及历史向现实的转化，把握了它的运动、发展的固有规律，就可以有充分的依据预测它运动的未来状态。因此，未来是可以认识的，预测是可以实现的。

马克思主义哲学指明了人类社会发展的客观规律。人类社会的发展同自然界一样是由客观存在的必然的规律所支配的，人类社会的发展是由这一客观规律支配的、不以人的主观意志为转移的自然历史过程。马克思主义哲学这一关于人类社会的发展是自然历史过程的基本观点，不仅科学地说明了社会发展规律的客观性质，而且指明了只有从生产关系、生产力的高度出发才能像自然科学那样以精确的眼光分析人类社会的发展。从生产力、生产关系的高度出发，把人类社会的发展看作是自然历史过程这一马克思主义的基本观点是在社会领域进行科学预测的根本依据和出发点。教育是人类社会生活的组成部分，教育的发展同人类社会的发展是一致的，因此，只有基于这一历史唯物主义的观点，从生产关系、生产力的高度把教育的发展同人类社会的总的发展过程联系在一起，把教育的发展看作是同人类社会的发展相一致的自然历史过程，才能够有充分的根据认识教育发展的未来，实现对于教育发展的科学预测。

马克思主义哲学提供了认识与思维的工具。范畴及其关系的运动，构成唯物辩证法的规律。质和量的联系与运动、对立和统一的联系与运动、肯定和否定的联系与运动构成了唯物辩证法的三个基本规律，即质量互变规律、对立统一规律和否定之否定规律。这三个基本规律揭示了自然界、人类社会和人类思维的普遍联系和发展的最本质的方面，它们既是客观世界运动、发展的基本规律，也是人类认识发生、发展的基本规律。唯物辩证法的基本规律和范畴体系一起，成为进行科学的辩证思维的工具。在教育预测中，人们的判断、推理等思维活动是按照唯物辩证法的基本规律，通过掌握和运用唯物辩证法的基本范畴实现的。

（二）系统科学基础

教育预测不仅要对未来教育的发展的可能性作出一般性的描述,而且要对未来一定时间内教育发展的各种指标作出定量的推断和测算。这种推断和测算必须符合教育这一社会现象发展的客观规律,同时又要具体而精确。这就需要在对教育发展的哲学认识和对教育发展的细节的定量描述和推算之间架设一道桥梁。系统科学正是这样一个桥梁。

系统科学是研究系统的结构与功能关系、演化和调控规律的科学,是一门新兴的综合性、交叉性学科。它以不同领域的复杂系统为研究对象,从系统和整体的角度,探讨复杂系统的性质和演化规律,目的是揭示各种系统的共性以及演化过程中所遵循的共同规律,发展优化和调控系统的方法,并进而为系统科学在科学技术、社会、经济、军事、生物等领域的应用提供理论依据。系统科学研究主要采用系统论的原理和方法,并紧密结合近现代数学物理方法与信息科学技术等现代研究工具(科学计算、模拟、仿真等)。系统科学按其发展和现状,可分为狭义和广义两种。狭义的系统科学一般是指贝塔朗菲著作《一般系统论:基础、发展和应用》中所提出的将"系统"的科学、数学系统论、系统技术、系统哲学三个方面归纳而成的学科体系。广义的系统科学包括系统论、信息论、控制论、耗散结构论、协同学、突变论、运筹学、模糊数学、物元分析、泛系方法论、系统动力学、灰色系统论、系统工程学、计算机科学、人工智能学、知识工程学、传播学等一大批学科在内,是20世纪中叶以来发展最快的一门综合性科学。在中国,系统科学的研究是在20世纪50年代以推广应用运筹学开始的。70年代末,钱学森等专家学者提出了利用系统思想把运筹学和管理科学统一起来的见解,推动了系统工程的研究和应用。之后系统科学体系结构的提出,进一步推动了系统科学在社会、经济、科学技术各个方面的广泛应用,以及系统理论方面基础研究的长足发展,形成了我国发展系统科学的广泛基础和力量。1990年,在钱学森等专家学者的推动下,国务院学位委员会增列系统科学为理学一级学科,从学科体系上为系统科学的发展提供了保障。在此后的学科发展进程中,我国系统科学的研究和应用都取得了重要的成就,为进一步的发展打下了坚实宽厚的基础。系统科学的发展和成熟,对人类的思维观念和思想方法产生了根本性的影响,使之发生了根本性的变革。系统科学的理论和方法已经广泛地渗透到自然科学和社会科学的各个领域。

在教育预测中,我们把教育的发展看作是系统的运动,按照教育发展的客观规律,运用系统科学方法研究教育系统的运动和发展,定量地描述教育发展的动态过程,从中获取未来教育发展的有关信息,实现科学的教育预测。

（三）统计规律

自然界、社会和思维过程中的现象是多种多样的,按每一单个现象是否具有必然性来划分,可以归结为两大类:一类现象的单个客体的行为既是必然的,又是偶然的,单个客体运动的必然性通过偶然性表现出来,就这种客体在一定条件下必然发生或必然不发生而言,是确定性的现象;另一类现象的单个客体的运动和状态是偶然的,而在大量重复中则表现出必然性,就这种客体在一定条件下可能发生或可能不发生而言,是非确定性的现象。随机事件是在总体上相同的条件下以一定频率出现的非确定性现象。统计规律是随机事件的整体性规律,它不是单个随机事件特点的简单叠加,而是事件系统所具有的必然性。统计规律所反映的是大量随机事件在过程的多次重复中的概率分布,反映着各种随机过程和随机变量的相关函数。统计规律的理论和方法在现代科学中得到了普遍的应用,形成了统计力学、统计物理学、统计生物学、统计经济学等许多新的学科。

教育是复杂的社会现象,教育的发展在受到必然的客观规律的制约和决定作用的同时,还受到众多的非确定性因素的作用和影响。因此,教育的发展带有一定的随机性质,它表现为偶然性所造成的波动性和曲折性。要从量的规定上把握教育发展的规律和教育发展过程中的各种联系,需要运用统计的方法,通过对有关教育发展的大量统计数据的归纳、整理和分析,概括出反映教育发展的本质联系的统计规律。

第二节 教育预测的内容和技术方法

一、教育预测的内容

教育预测是以教育现象为预测对象,对其发展趋势作出科学的估计、推测,因此,教育预测的内容涉及多个方面,其核心内容就是说明未来教育发展的任务和对资源的需求。教育预测的主要内容包括[①]:

第一,人才需求预测。这一预测是以未来经济和社会发展所需要的人才的数量、规格、层次、结构和比例为预测对象,探讨人才培养与经济和社会发展的关系;第二,教育发展模式的预测。这一预测是以教育体制为预测对象,探讨教育体制即探讨由教育管理制度、教育结构、办学形式、经费来源、发展规划等方面所构成的模式与一个国家的政治、经济、文化的关系及其变化趋势;第三,教育结构发展变化的预测。这一预测是以各级各类学校的比例构成、高等教育的专业结构与普通教育的学科结构等的变化为预测对象,探讨国民经济结构变化及其发展水平对教育结构的影响及相互关系;第四,教育布局的预测。这一预测是以不同地区教育的规模、数量、种类、级别等方面的发展状况为预测对象,探讨教育布局与经济、文化布局的关系;第五,教育投资预测。这一预测是以国家对教育投资总额的多少及教育经费分配构成为预测对象,探讨国民经济发展状况与教育投资水平的关系;第六,教育人口变化的预测。这一预测以教育对象变化为预测对象,探讨人口变化对教育发展的影响。

二、教育预测的技术方法

教育预测的技术方法可以分为定量预测与定性预测两种类型。定量预测是运用一组数学规则根据过去的一系列数据来预测未来,即指依据教育发展的历史资料及相关因素进行分析,并建立数学模型,实现对未来教育发展趋势模拟的一种方法;定性预测,是依据预测者的知识、经验、能力以及具体实际,对教育未来的发展方向和趋势做出推断的方法,定性预测技术通常用于只能收集到有限数据的情况(见表 1.1)。

表 1.1 教育预测的技术

技术	描述
定量预测技术	
时间序列分析	用数学方程拟合某个趋势曲线,然后根据此方程预测未来

[①] 参阅陈孝彬,高洪源.教育管理学[M].北京:北京师范大学出版社,2008:142-143.

续表

技术	描述
定量预测技术	
回归模型	根据已知的或假设的变量预测另一个变量
经济计量模型	采用一组回归模型模拟经济的某个部分
经济指标	采用一个或多个经济指标预测经济的未来状态
替代效应	采用数学公式预测一种新产品或新技术怎样、何时以及在什么情况下将替代原有的产品或技术
定性预测技术	
评价小组意见	综合考虑教育专家的意见
教育者与管理者的意见构成	综合教育者和管理者的看法,以确定学生及其家长的教育期望
学生及家长的评价	依据现有的学生及家长的意见和建议所做的估计

资料来源:褚宏启,张新平.教育管理学教程[M].北京:北京师范大学出版社,2013:262.

第三节 教育预测的作用和有效性问题

一、教育预测的作用

(一) 教育预测在教育决策中的作用

教育决策是为了实现教育的某种目标或解决某些问题而对未来的教育行动方案作出抉择的过程。教育预测与教育决策的关系,反映在教育决策对教育预测的依赖性。教育预测是教育决策的基础,是教育决策科学化的前提条件。

教育预测在教育决策中的作用具体表现在:

第一,教育预测为教育决策者提供了丰富的决策信息。面对复杂的教育决策问题,由于个人知识和经验的有限性,常常使得教育决策者感到很难理清复杂纷繁的社会发展动因,因而须要利用教育预测这一重要手段来扩大视野,以便对社会的发展趋势进行全面、科学的判断,进而对教育的未来作出科学决策。

第二,教育预测通过提供若干备选方案使教育决策有了一定的回旋余地。未来的发展不可能只有一种模式,而教育预测不仅要预测事物发展的各种可能情况,而且还可以根据各种可能出现的情况提出若干不同的备选对策方案,以供教育决策者进行比较和选择,使教育决策更科学。

第三,教育预测能帮助教育决策者预防未来的可能事变。在进行教育决策的过程中,通过教育预测可以对决策实施过程中可能出现的各种事变作充分的估计和研究,并据此制定相应的应变对策方案,一旦发现原决策方案不符合实际情况或形势发生突变,教育决策者就可以根据应变对策方案及时采取有效措施,以适应这些变化。

(二) 教育预测在教育规划中的作用

教育规划是设计和安排教育事业发展的指导性文件,是一个国家或地区的有关部门遵照国家对教育部门提出的方针、政策和任务,根据教育发展的客观规律和社会经济发展的需要,对未来一定时期内的教育发展进行设计,力求使教育事业的各个方面朝着最佳方向发展,以期达到预想目标的过程。

教育预测和教育规划的关系,是由教育规划在教育行政管理中的地位决定的。教育规划能否有效地履行教育行政管理职能,取决于教育规划的科学性和可行性。在实际工作中,存在两种不同的教育规划,一种是完全主观的教育规划,一种是通过科学分析而精心设计的教育规划。后一种教育规划的获得,必须建立在对教育事业发展进程和相关环境进行科学的分析、判断和预测的基础上。教育规划的制定须要先预测教育事业发展变化的趋势,指明教育事业可能出现的几种发展方向和发展途径,估计教育事业发展可能出现的各种问题。因而,教育预测常常被认为是教育规划的重要组成部分。

教育预测在教育规划中的作用具体表现在[①]:

第一,教育预测为教育规划目标的设定提供科学依据。教育规划目标的设定是制定教育规划的一个首要环节。教育规划是在预见未来社会、经济发展趋势的基础上,确定教育整体活动的目标、要求和步骤的,就是说,教育规划目标的设定是以对教育的社会需求及个人需要的预测为依据的,因此,只有建立在科学的教育预测基础上的教育规划目标才具有实现的可能性。

第二,教育预测为教育规划中可行方案的选择提供服务。科学教育预测不但预测教育发展的各种趋势和各种状况,还要根据可能出现的情况提出不同的对策,形成不同的对策方案。也就是说,科学的教育预测不仅包括教育发展的状况预测,还包括针对各种具体情况的方案预测。有了各种不同的实施规划的方案,才可能加以比较和选择,找出实现规划目标或者解决主要问题的最佳途径和方法,从而提高教育规划目标实现的效率。

第三,教育预测还可为教育规划实施中的修改、补充提供服务。客观环境在不断发展变化,教育规划实施过程中,也要相应地作出修改和补充。这就需要根据教育规划实施过程中出现的新问题、新倾向,预测它们的未来后果,并依此对教育规划进行必要的修正、调整和补充,以避免因盲目性而引起失误。

总之,没有对教育发展未来状况的预测,就没有制定教育规划的基础,教育规划必须以教育预测为前提、依据、基础。

二、教育预测的有效性问题

教育预测是教育决策和教育规划的基础与前提条件,因此,教育预测的有效性就非常重要,教育预测的准确、有效,决定了教育决策和教育规划的正确性和有效性。

但预测本身的特点决定其不仅具有可能性,而且具有不准确性。

如前所述,从事物运动的连续性、相关性及相似性来看,预测未来是可能的。首先,未来、现实、历史之间存在连续性,对一个具有相对稳定性的系统来说,系统运行的轨迹必然具有连续性,系统的过去和现在的行为必然影响到未来,系统结构越稳定,规模越大,历史越悠久,这种连续性表现得越明显;其次,事物彼此之间是相互关联、互相影响的,具有相关性,通过分析相关事物的依存关系和相互影响程度,就可以揭示出相关事物变化的规律,利用相关

---

① 参阅陈孝彬,高洪源.教育管理学[M].北京:北京师范大学出版社,2008:141-142.

的一事物的变化趋势预测另一事物的未来状态,或者搞清楚相关事物之间的相互影响程度,可以预测它们未来变化的趋势;再次,不同事物的发展过程也是具有相似性的。我们可以利用这种相似性对事物进行类推预测。类推预测就是借助于某一事物属性及相关知识,通过比较与分析,找出它与另一事物的某种相似性,从而预测后者的发展趋势。当然,类比物之间的相似性的特征越多,类比就越可靠。而教育的发展同世间的一切事物发展一样,具有连续性、相关性、相似性,因此,教育预测具有可能性。

然而,由于人的认识能力的有限性以及未来所具有的偶然性等原因,预测也有不准确性。首先,预测的准确性与预测对象变化的速度及其复杂性成反向变化,只有在一个静止的系统中,一个规则不变的状态下,才能准确地预测未来。随着科学技术的发展,社会各种因素、现象之间的联系越来越复杂,变化的速度越来越快,准确地预测未来的难度也越来越大;其次,人的认识能力是有限的,人的理性认识还不能看清楚其行为的所有结果,对很多事物还不能既知其然又知其所以然,这样,人们想要把握其变化规律几乎是不可能的。预测要求人们能够超越现实,理解未来,然而人们的理解力又局限于他们的经历,这是一个难以解决的矛盾,因此,人们很难得出精准的预测结论;再次,虽然可以采取概率统计的方法来研究偶然事件,但是人们并不能消除这些事件的偶然性,预测不准确来源于未来所具有的偶然性;另外,预测活动本身也在"干扰"未来,也就是说"非事实性预测"会使预测结果发生变异。

那么,教育预测实践中,怎样才能保证教育预测的有效性呢?下面提供一些可参考的保障措施:①

第一,促使更多的人参与到预测过程中来,因为只有保证参与的各类人员数量足够,才能降低少数人员预测的不准确性,提高预测的科学性和有效性;第二,尽量保持预测环境的稳定性,当预测环境大体上保持稳定时,预测技术一般是很精确的;第三,尽量应用简单的预测方法,简单的预测方法趋向于比复杂方法的应用效果更好;第四,将预测结果与不变的趋势相比较,不变的预测通常有50%的准确性;第五,多运用动态预测方法,不要使用简单的静态预测方法;第六,不要依靠单一的预测方法,应当采用多种方法、技术、模型来预测,然后将结果进行评价,特别在进行长期预测时更应如此;第七,不要假定人们能够准确地识别趋势的转折点,通常趋势的转折点是由随机的事件引起的;第八,预测是一种管理技能,既然是技能就可以通过实践不断改进。

【阅读材料】

建设新型的高等教育——"进取性大学"与"新学术合约"

这份政策性文件所倡导的,是对高等教育的一种认识。它在承认高等教育是当代和未来社会最重要的组成部分之一的同时,也要求对高等教育的教学、学习、研究和服务功能及最终对高等教育机构本身进行改革。与此同时,许多全球、地区、国家和地方的问题是如此复杂、联系和相关,以至于只是被动地处理这些问题可能会使采取这种立场的学校处于边缘化境地,这从长远来看更是如此。致力于实现高等教育教育改革理念的教科文组织,认为如下这一点是十分必需的:所有有远见的高等教育体制和机构应该在确定自己的使命时牢记这样一种远景(broader vision),即建立最好称之为"进取性大学"(pro-active university)的新

---

① 参阅褚宏启,张新平.教育管理学教程[M].北京:北京师范大学出版社,2013:262.

型大学。

"进取性大学"的远景目标还将指导教科文组织制订和实施高等教育领域中的各项活动。所有受益者都必须参与的这一行动的目标,是要把每一所高等教育机构转变成:

——一个开展高质量培训的地方,使学生能在广泛的社会和专业职能等活动中,包括在最复杂、最新和最专门化的活动中有效果且有效率地发挥作用;

——一个入学机会基本上以择优录取和能积极修学课程计划为基础的地方,同时对确保社会公平予以适当的注意;

——一个全力从事探究、创造和传播知识的地方,及全力发展科学和参与开展技术革新与发明的地方;

——一个基于质量和知识的学习的地方,特别向未来的毕业生灌输立志追求知识的思想和培养一种把知识用于社会发展的责任感的地方;

——一个把欢迎学生回校更新知识、提高资格作为学校实践和文化之组成部分的地方;

——一个鼓励和积极支持与工业和服务部门进行合作以促进地区和国家经济进步的地方;

——一个以博大精深的批判精神辨别、争辩和讨论地方、地区、国家和国际上的重大问题并提出解决办法的地方,一个鼓励群众积极参与有关社会、文化和知识发展之辩论的地方;

——一个能让政府和其他公共机构获得各种决策越来越需要的科学的和可靠的信息的地方,一个促进公众参与决策过程的地方;

——一个汇集了坚决遵守学术自由之原则的人的地方,他们追求真理,在本国社会中和全世界捍卫和促进人权、民主、社会正义和宽容精神,参与真正的公民参政教育和建设和平文化;

——一个置身于世界各种挑战和机遇之中的机构,一个能适应现代生活节奏、适应每一个地区和每个国家不同特点的机构。

"进取性大学"的这种远景,意味着在寻找能够适应特定的高等教育机构、社区、国家和地区的需要以及条件和可能性的学校模式与实践的过程中,必须进行创造性的调整。这种对高等教育发展和变革的探求,也应被看作是现代社会整个变革过程中的一个重要部分。新型高等教育体制的实际形式和实施措施的责任,属于每一个国家及其高等教育界。不过在迅速变化的世界上,没有一个国家可以认为自己不受国际事务和发展形势的影响。

作为这份文件所详细阐述的高等教育变革与发展之整个过程的一个结论性目标,教科文组织期望能产生一种新的"学术合约"(academic covenant),一种能帮助所有会员国的高等教育更好地对当前和未来的人类可持续发展之需要作出回应的"学术合约"。

(资料来源:赵中建.全球教育发展的研究热点——90年代来自联合国教科文组织的报告[M].北京:教育科学出版社,2003:161—162.)

思 考 题

1. 什么是教育预测?教育预测的基本特征是什么?
2. 教育预测的研究对象和内容是什么?

3. 教育预测的技术方法有哪两种类型?
4. 教育预测有什么作用?
5. 如何理解教育预测的可能性和不确定性?
6. 教育预测的理论基础有哪些?

第二章 教育预测的基本原理与原则

学习目标

通过本章的学习,要正确理解"基本原理"和"基本原则";能区分二者的不同;要使学生全面地理解什么是"教育预测的基本原理",什么是"教育预测的基本原则";在教育预测中有哪些基本的原理,如何准确地理解这些基本原理;在教育预测实践中,应当怎样遵循基本原则,并且在教育预测中如何有效地贯彻这些基本原则。

建议学时

4 学时

教育预测是一种带有鲜明研究性质的活动过程,为了确保这个活动过程的科学性、合理性和规范性,必须有相应的理论支撑和较为统一的活动规则。本章共由两部分构成,第一部分,概要地介绍教育预测的基本原理,它既是开展教育预测活动的理论依据,也是设计教育预测实践活动的理论指导。第二部分论述的是教育预测的基本原则,它是开展教育预测活动必须遵循的规矩,也是对教育预测过程中各个环节工作的思维规范。因此,能够正确地认识并且把握现代教育预测的基本原理,充分地了解和掌握实施教育预测应遵循的基本原则,是能否顺利开展教育预测活动的重要前提。

第一节 教育预测的基本原理

"原理"按照《现代汉语词典》的解释,是指那些最基本的、带有普遍性的、可以作为其他规律的基础规律;也可以说,原理就是具有普遍意义的道理。虽然教育预测是一项极其复杂的活动,但归根到底它也是有规律可循的。

为了便于广大教育预测工作者能够更加科学地、准确地进行教育预测,我们的工作必须建立在科学预测的基本原理之上。在国内外已有的研究中,各位学者们都对教育预测的基本原理提出了自己的观点。经过深入地分析,我们认为,下面这几个原理,应当成为教育预测活动必须遵循的基本原理。

一、教育预测的延续性原理

(一)延续性原理的含义

"延续",按照《现代教育词典》的解释是指"照原来的样子继续下去"。教育预测的延续性原理指的是,按原来事物的运动发展规律继续发展下去,即教育的发展存在着过去、现在和未来相互衔接的延续性过程,教育预测必须尊重教育发展的过去、现在和未来这一延续性特点,即为教育预测的延续性原理。教育现象非常复杂,教育活动也不是一成不变的,但是它们的运动变化应该存在着规律性,所以,那种没有"前世"、没有"未来",只"存在"于当下的现象和活动是不存在的。当前存在的教育现象和教育活动必定有它的"前因",也必定有它的"后果"。

在一般情况下,我们通过对教育发展过程持续一段时期的观察就会发现,这种教育现象的现实状态,实际上就是它过去状态的必然延续,并且,这一教育现象未来的发展还将是它现在状态的必然延续。

从理论上说,社会在发展,时代在前进,随着时代的发展和进步,教育的形式和内容也会不可避免地发生某些变化,所以"延续"不可能是原封不动的复制。但是,教育在运动变化的方式、趋势、规则性等方面,它的本质是不应该发生实质性改变的,所以,教育的发展必然有它过去、现在和未来运动变化应该遵循的共同规律。

比如,在学校教育的课程设置方面,从古至今,课程的门类、内容、形式等总是根据社会的发展而发生着变化。随着自然科学的发展,课程的门类增加了许多,也删除了许多;课程的内容愈加地丰富,同时也摒弃了许多与时代不相符合的内容;课程的形式更是千变万化,不存在亘古不变的永恒形式,所以学校课程增增减减、修修补补是必然会继续发生的,但"凡是能够促进个体身心发展的要素都是课程"的本质是不变的。

所以,我们利用教育发展的本质规律来预测教育未来的发展,就是教育预测的延续性原理。①

(二) 教育预测中运用延续性原理应注意的问题

1. 运用延续性原理,必须充分考虑到预测未来教育的基本条件

通过教育的过去和现在来预测教育未来的发展是有条件的,即,只有在国家和社会的政治制度、经济发展、文化发展、人口发展和教育发展相对比较平稳的时期,我们利用教育预测的延续性原理,对教育发展作出的预测才是合理的。如果社会的政治、经济、文化、人口等都处于急剧变革、变化的时期,由于可能会出现许多意想不到的某些内外因素的突变性干扰,使得教育发展正常的延续性遭到破坏,这时,如果还按照常规进行教育预测就会非常困难,而且也很难得到可靠的预测结果。

比如,"文化大革命"这项波及全国各个领域,特别是文化领域的社会运动,对我国教育各个方面的发展都产生了很大的负面影响,特别是对教育活动中的师生关系、教育教学活动与学生身心发展的关系等的负面影响极大,10年间教育的正常活动与发展几乎完全被扭曲了。所以,就算当时有一些教育预测的表现结果,其结论也是不真实、不可靠的。

到了20世纪的80年代之后,我国的社会结构、生产劳动方式和教育等方面,无论是思想观念上,还是行为方式上都已经发生了巨大的转变,这时,我们对教育未来发展变化的趋势进行预测和评判,就显得非常地必要了。但是由于当时的社会政治、经济、文化,包括人口政策等,都随着社会的改革正在发生着剧烈的变化,所以也不具备实施教育预测的社会条件,或者说,还不是进行教育预测的最佳时机。

---

① 参阅阎耀军. 社会预测学基本原理[M]. 北京:社会科学文献出版社,2005:307-318.

直到 20 世纪的 90 年代初,当时我国的政治制度、经济状况、文化和思想观念、人们的行为方式等各类社会要素的发展,基本上进入到一个相对稳定的发展变化时期,此时,我国基础教育的改革预测和规划才具有了现实的意义。所以,在 20 世纪的 90 年代中期之后,我国的基础教育课程改革、素质教育思想等都相继被提了出来,由此,素质教育发展战略和新课程改革等决策才基本确定下来。

2. 延续性原理必须在教育现象处于非本质变化的过程中运用

教育预测的延续性原理,是在教育活动的运动变化不会发生本质性改变的前提下讨论的。所以,教育预测要运用延续性原理,只能在教育活动正处于非本质变化的发展过程中,才有发现一般规律的意义;也只有得出一般规律,才可能根据已经掌握的对教育发展一般规律的认识,对未来教育发展的趋势作出相对合理的预测。

例如,假定要对 10 年或 20 年之后,我国中、小学语文课程目标的变革进行预测,那么,我们就必须要明确这样几个问题:首先,我们应当明确语言、文字的特点,明确文学的系统性、稳定性特点,还需要明确语文知识学习延续性的特点;其次,我们需要明确小学、初中、高中学生对语文知识、语文能力积累发展的渐进性、延续性、继承性特点;然后,在中小学语文教学活动过程、教学内容、教学形式等相对稳定,不会发生本质性改变的前提下,从提高语文课程的教学水平、提升语文教学的质量、综合考查学生语文学习能力等方面作出相关的预测结论。但在进行这方面的教育预测时,既要考虑对未来语文教材增加的知识点的发展趋势作出必要而充分的估计,更要考虑到未来儿童、青少年身心发展变化的规律和可能性,以及他们掌握知识的特点和规律的变化等进行科学的、合理的估计,否则,教育预测的结论就是不合理的、不科学的,甚至可能还是完全错误的。

3. 运用延续性原理,必须考虑各个相关因素的影响是否比较具体、比较平衡

教育是一类影响、制约因素众多的社会现象,教育内部的各个要素的性质也存在着一定的差异,在这当中,教育内部的某些要素的发展规律相对来说比较容易把握,而另外一些要素的发展趋势和规律则可能很难把握。

一般情况下,当教育预测的对象所涉及的各个相关因素影响比较平衡、比较具体时,教育发展的延续性就比较强。比如,在我国的各级各类学校中,学生的人数、教师数量的增减变化,总是与我国人口政策的变化、与老百姓对人口政策的理解、与老百姓真正的实际生育情况,与老百姓的传统观念(如对不同属相的认识、对性别的认识等)、与国家经济的发展、与科技的进步等因素紧密关联,而这些要素应该是相对稳定的。因此相对来说,我们就比较容易根据这些因素的发展与教育发展的关系,对教育的未来发展作出相对合理的预测。

相反,当教育预测对象所涉及的各个相关因素的影响不平衡时,就有可能由于其中的一、两个因素的作用,造成教育预测对象的巨大变动,致使教育预测的延续性也会遭到破坏。比如,教育制度、教育政策、教育思想、教育结构等的发展变化,所受到的主观的和意外的因素影响较大,它们的规律比较隐蔽,因此,在运用延续性原理对它们进行预测时,难度就会非常大。

当然,教育预测既然是科学,那么,无论教育发展的条件有何不同,只要有恒心、有耐心,再经过细心观察和努力探索,总是可以发现教育发展过程中的某些规律,那么我们就可能依据这些规律,对教育发展的趋势进行科学的预测,得出合理的、符合科学发展的预测结果。

二、教育预测的相关性原理

（一）相关性原理的含义

根据辩证唯物主义的原理，客观事物之间有着普遍的相互联系和相互制约的关系，我们称之为客观事物之间存在着相关性。正因如此，就有可能通过对 A 事物运动变化特点的认识，作出对 B 事物运动变化规则的分析（也可能是通过 A、B、C 来分析 D）。那么，教育预测的相关性原理就是指，依据教育与其他事物的相互关系，来预测未来教育发展趋势的原理。

从理论上说，根据相关性原理能够通过 A 分析 B。但是客观事物之间存在的相互关系是极其丰富和复杂的，有可能 A 与 B 之间的关系是直接关系，也有可能是间接关系；有可能是一种因果关系，还有可能是一种相关关系。而从统计学的角度上看，它们既有可能是线性关系，还有可能是非线性关系。另外，与 B 存在相互关系的，可能不只是 A，同时还有 E、S、G，A 对 B 的影响，它有可能是最重要的，也有可能只是影响的因素之一。所以，要想利用相关性原理达到通过 A 来预测 B 的目的，就要考虑和分析需要解决问题的具体关系，这也是很复杂的。

比如，教育学理论中都要阐述教育与社会政治、经济、文化的关系，也就是说教育和这些社会要素间存在有相关性。我国的国土面积大，地域比较辽阔，各个地区的经济发展亦不均衡，各省、直辖市、自治区之间还存在着文化差异，教育的发展历史和发展水平也不一样，因此，从国家层面，根据相关性原理，我们可能以经济发展或文化发展对教育的作用为依据，从对国家经济或文化发展变化、从预测的结论出发，帮助研究者展开相应的教育预测活动。

如果是要面对一个地区进行教育未来发展的预测任务，一方面可以开展类似在国家层面那样的教育预测工作，即从政治、经济、文化和教育的相关性来开展地区教育预测研究活动；另一方面还可能通过比较分析不同地区间在经济、文化发展中的特殊性等，来做出一个地区教育发展预测结论的相关问题。

（二）教育预测中运用相关性原理应注意的问题

1. 运用相关性原理时，必须弄清先导事件与预测事件的关系

从时间关系上来看，相关事物之间的联系可以分为两类，即同步相关和异步相关。

这里所提到的"同步相关"，是指 A 事件的发生就是为了要对 B 事件产生影响；而"异步相关"是指，A 事件的发生有它独立的意义，B 事件之所以受到 A 事件的影响，是因为 B 事件的运动与 A 事件存在着一定的关联性。

在一般情况下，预测活动中的先导事件与预测事件的关系是表现为异步相关的。例如，政府的教育资金投入与教育发展的速度有关，但政府对教育的资金投入，是政府管理中的一项工作，并不是完全为了提升教育发展速度；而其他行业工资和福利等待遇的提高，都有可能导致教师的流失。但是，其他行业的这类行为变化，从本意上并没有考虑到会对教师产生影响。

通常，根据先导事件的信息，可以有效地估计异步相关预测事件的发展状态，但需要注意的是，异步相关不能仅凭时间的先后进行决断，而是要从事件彼此的"关联性"关系来推断预测结果。

2. 运用相关性原理时，必须要弄清因果关系

通过 A 事物的运动变化特点来预测 B 事物运动变化规则的思想，是从因果关系的角度

来考虑的。而事实上,A和B都处在一个有内在联系的统一整体之中,它们之间的关联性,只是无限的相互联系因果链条中的某一种。所以我们只有把它们从普遍联系中抽取出来进行单独考察,才能认定其因果地位。例如,在学校教育、教学的总体质量问题上,一方面,在某所学校中是否拥有一支高水平的师资队伍,是能否培养出高质量学生的重要原因,这是学校教育这个内在联系统一整体中的某个因果链条;另一方面,高水平的师资队伍也是教育人才培养的结果,这又是学校教育这个内在联系统一整体中的另一个因果链条。

三、教育预测的相似性原理

(一) 相似性原理的含义

在大千世界里,客观事物存在的多样性、复杂性是难以想象的。虽然人类对世界的认识已经积累了相当丰富的成果,但要弄清其中的道理却非常复杂。有些道理是大家一致认同的,是已经达成共识的,比如我们在前面已经探讨过的"相关性原理",使得大家能够明确一点,即通过对A的认识就可以推测B。但事物的发展还存在另一种可能性,即"可能把对A认识的过程和结论,用到对B的认识过程中,并得出B的相应结论"。当然,这种可能性的前提是A和B存在一些相似的条件和情况。比如,我们可以通过某个被世界所公认的"发达国家"的教育发展水平,来推测另一个"发达国家"教育的发展状况,理由就是"发达国家"在经济、文化、社会意识、教育发展等方面具有相似性。

通常情况下,教育现象在不同时间、不同地点一般不会出现完全相同的状况,然而,当在教育系统发展过程中,它们的内外条件基本相同时,则其未来的发展过程是应该出现相似性的。"相似性原理,是一种承认事物的个性并在事物的个性之中寻求共性即相似性,并用之于类推事物未来前景的理论。"[①]通过上述的分析和推理,我们可以基本确定:如果我们知道了在某个地点、某个时间节点中,教育现象的发展变化过程和运动方式,还知道与之条件基本相同的另一教育现象的存在,那么,就可以根据相似性规律,预测类似的教育现象相应的发展变化过程,我们称之为"教育预测的相似性原理"。

比如,我国经济发展相对滞后地区在进行教育预测时,可以借鉴那些经济发展相对比较发达地区那些相关的、已经完成的教育预测结论,还可以参考他们开展教育预测研究过程各个环节工作的方法与技术。当然,采取的方式应当是"借鉴"而不应该是"完全照搬",在"借鉴"的过程中,必须要考虑影响教育预测的各类要素间存在的差异。

其实,大多数教育科学研究成果的推广,依据的也是相似性原理。因为当时开展教育科研的时间节点是不可能再有的,研究的场所和现在要进行成果推广的地点也不一定完全相同。研究者和实施者们之所以要在这段时间内、在这些地区运用已有的研究成果,其实就是根据相似性原理,预测"在类似的条件下,类似的好的结果同样会出现"。

(二) 教育预测中运用相似性原理应注意的问题

1. 运用相似性原理,必须分清"内外条件"的关系

相似性原理讨论的是事物之间运动变化的"内外条件"基本相同,或者两个事物的运动变化有可能是"在一系列性质和关系上相似",但不是说事物之间必然存在相互的联系和影响。也就是说,这二者之间是有关联性的,但是却不能等同地看待,否则"相似性原理"就与

---

① 阎耀军. 社会预测学基本原理[M]. 北京:社会科学文献出版社,2005:269-292.

"相关性原理"混淆了。

比如,某位有丰富教学经验和较高教学水平的历史老师,他认为应该采用某种新的教学方法来提高历史学科的教学质量,然后他和科研同伴依照教育科学实验研究的程序,在自己任教的学校中展开了相应的教育科研。他们在学校设立了实验班和对照班,并对实验班和对照班的教师和学生,按照实验研究的随机性原则进行了妥善的安排。经过一个学期的教学实验,与对照班相比,实验班的教学质量确实有了显著的提高。那么,研究者可以作出这样的预测:如果把这种新的教学方法运用于有着类似条件的学校的历史学科教学中,就应该同样可以取得相似的教学效果,教学质量也应同样获得显著的提高。注意,这里确认的是"有着类似条件的学校",而不是"两所有相互影响的学校"。当然,这种历史教学的新方法,也有可能在政治课教学或其他性质相似课程的教学中得到推广。

2. 运用相似性原理,必须注意推理过程的"主观性"

根据两个教育预测对象在某些方面性质或关系上的相似,推测其中一个教育预测对象也具有另一个教育预测对象所具有的某些性质或关系的形式的预测活动,实质上是一种类比预测。而类比预测有个弱点:就是它的推理过程具有一定的主观性。因为这种"相似"主要是主观的判断,况且事物与事物之间存在差异是客观存在的,是主要方面,"类似"只是非主要特征,因而,预测的结论不够确定。所以,根据相似性原理做出的预测,对其结论效果的期望值不能太高。

在逻辑推理的主要形式中,演绎推理所得出的结论具有必然性,因而它也最具有确定性;归纳推理次之,因为,归纳推理的结论也具有或然的性质,但归纳推理往往是从许多特殊命题出发的,它常常具有很强的经验事实依据,其结论为真的可能性比较高;类比推理的确定性是最差的,因为类比推理的依据往往是某种非本质的、为数不多的相似点。

在教育科研成果推广运用过程中,常常可能会遇到类似这样的情况:在考察整个科研过程中,并没有发现存在某些明显的失误,但是在所谓"相类似的情境"中应用时,实际效果却与研究成果相差甚远。每当遇到这种情况时,许多人就容易对科研的真实性产生怀疑,但其真实原因可能正是在于"类比预测存在误差"。

由于类比推理存在的不足,是不是因此就说类比预测没什么应用价值了?其实不然,类比推理的主观性的确存在一些问题,但同时它也意味着类比推理的灵活性和很高的自由度,而科学预测恰恰是在不确定的目标和途径中进行的,类比推理的灵活性恰好符合了科学预测这一特点。

3. 运用相似性原理,必须注意两个教育事件是否具有"相似的条件"

教育预测的相似性原理,是通过横向教育比较来进行教育预测研究的基础依据之一。比如,比较不同的国家、不同的地区、不同的民族之间的教育,或者比较不同的学校、不同的班级的教育与教学等,只要两个教育事物(事件)都具备相似的条件,就可以进行相似性的教育预测。但是,如果想使预测效果达到较高的水平,就不能只考虑直接与预测目标有影响的条件的相似性,还要考察一些大背景的相似性,诸如历史、传统、教育理念、教育制度等条件。

4. 运用相似性原理,必须注意两个教育事件之间的"时间差"

在教育预测过程中,当有可能去利用事物之间相似性进行类推教育预测时,在两个教育事件的发展过程之间会出现一个时间差,因为时间会使得许多原有的条件或多或少地发生一些变化,这就为开展预测工作的研究者们提供了总结经验和教训的机会,使研究者们有可能根据变化之后的条件,去探索后面发生的事件在哪些方面还保持着先发生事件相似的特征,在哪些方面已经不再那么相似了,然后再在这些认识的基础上,去做较为准确的教育预测。所以,当进行预测的"类似、相似"条件与刚开始时已经不大一致时,能否达到较好的或好的预测效果,关键问题就是对"已经发生的改变"和"原来的状况"之间差异的把握程度如何。

5. 运用相似性原理,必须注意"局部"与"整体"的关系

在教育预测中,当需要由局部去类推整体的时候,必须要注意局部的特征在反映整体特征时是否具有代表性。这是因为,在任何一个整体中,都有可能存在着与整体发展相异的某些局部,或者是与某些整体特征差别比较大的局部。如果运用了那些不具有代表性的局部去进行类推的话,可能就会出现很大的错误。

四、教育预测的概率推断原理

(一)概率推断原理的含义

预测是根据预先知道的、已经发生的现象,对未来可能发生的现象进行的测量和推测。如果预先知道的、已经发生的现象,与未来可能发生的现象之间确实存在着统计学中认定的因果关系,也就是存在着"如果……那么"这种形式的关系的话,那么预测结论的准确性和科学性就是有保障的,也就是说,预测得出的结果与后来真实出现的结果是完全一致的。但是,在教育这类较为复杂的社会活动范围内,我们极少能找到可以建立统计学意义上认定的"因果关系"的两类教育现象。在绝大多数的情况下,在教育现象之间可以建立的关系只能被认定为"相关关系",比如说,我们一般不可能作出"如果教师的教学水平较高,那么学生就必然能获得良好的成绩"这样的结论,我们只能得出"教师教学水平的高低(或好坏),与学生的学业成绩之间有关联"的判断。

所以,在教育预测中,我们主要是在"存在相关关系"的前提下,对未来可能发生的现象进行测量和推测。如果事物与事物之间存在的确实是相关的关系,那也只能表明二者之间存在着相互影响,却不能表达为"如果……那么"这种形式,也就是说,它们二者之间的关系既不是完全确定的,也不是完全稳定不变的。我们只可能近似地得到二者间相互影响、相互制约程度如何的推测。在统计学中,讨论相关关系程度的主要理论为"概率论"。

所谓概率又称或然率、几会率或几率,它是对随机事件发生的可能性的度量,一般以一个在 0 到 1 之间的实数表示一个事件发生的可能性大小。它的意思是:越是接近于 1,表明该事件发生的可能性越大;相反,越是接近于 0,则表明该事件越不可能发生。比如说,某人有百分之多少的胜算能够通过某考试;某件事情发生的可能性有多大等,都是用"概率"来说明的实际例子。

在教育预测中,做预测的依据是预先知道的、已经发生的现象,所作出的预测是对未来可能发生的现象的预估计。因为二者之间一般存在的是不能完全确定的"相关关系",而不是肯定的"因果关系",所以预测的结果就应该具有随机性,那么就存在着预测的结果有可能出现,也有可能不出现的情况。从理论上说,如果多次重复这个过程,还会发生预测结果"出现的次数多"还是"不出现的次数多"的问题,也可能出现"预测结果出现的可能性大"还是"预测结果出现的可能性小"的问题,这些都与概率研究的问题相一致。所以,我们由此可以基本确定,教育预测的概率推断原理,是指当被推断的教育预测结果能以较大的概率

出现时,则认为该教育预测结果成立。

(二) 在教育预测中,运用概率推断原理应该注意的问题

1. 教育预测的结果不能用"完全肯定"或"完全确定"的方式表述

依据教育预测的"概率性原理",在作出教育预测的结果之后,我们不可以用"完全肯定"或者"完全确定"这种方式进行表述。

2. 教育预测的结果应当用概率的思想来说明其可能性

依据教育预测的"概率性原理",教育预测结果不能只给出一个单一的数字或结论,还需要用"概率的思想"来进一步说明预测结果出现的可能性,用概率的思想来解读预测结论的意义。

3. 教育预测的结果不能进行"点"的估计,要进行"区间"估计

依据教育预测的"概率性原理",在进行教育预测的实践中,应当对教育预测的结论进行"区间估计",而不可以做一个简单的"点"的估计。在实践中,较为科学、较为理想的做法是:为他人提供的教育预测结果可以有几种供其选择的方案,这样做的目的,是为了充分发挥人的主观能动性,使实践者有选择地、努力地去实施某些教育预测方案。

五、教育预测的社会性原理

(一) 社会性原理的含义

这里提到的"社会性",不同于心理学领域所讨论的"社会性",而是更接近于日常生活中常提及的社会环境、社会存在和社会情境。

教育预测的社会性原理,是指教育预测过程必然与社会制度、经济发展、科技进步等有密切的关系,而且受到社会的一般规律所制约和支配。基于社会性原理,在进行教育预测的过程中,必须要考虑社会存在的多个方面对教育现象发展变化的影响,包括社会的政治制度、经济发展和社会文化、人口等因素。因为教育是一种社会活动,它的发展总是与社会发展有着必然的联系,并且在教育的发展中往往会受到社会一般发展规律的制约、影响或支配。

人类社会总是由过去、现在和未来构成了发展的轨迹,所以,人类需要在认清自己的过去,在总结发展过程中所获得的经验及教训的基础上,去揭示历史的发展规律,从而起到警示现在的目的,同时也必须主动地运用已经发现的规律能动地预测未来。

教育是一类社会现象,所以它的发展轨迹也存在着相似的过程,我们就可能通过对一般社会发展规律的掌握,开展教育的预测活动。因此,在教育预测中,我们必须要考虑社会存在的现实,也可以把教育现象看做与其他社会存在并行的存在,因为他们共处于一个社会大系统之中。当然,教育现象的运动变化有其独特的过程,却又不可能不受其他社会现象的影响。因此,要想比较合理地把握过去教育运动表现出的规律,要想作出对未来教育运动的有效预测,都不能不考虑影响教育现象运动的其他社会存在的状况。只有在全面掌握社会发展规律的基础上,我们才能比较准确地预测教育发展的未来趋势和未来需求。

从另一个角度看,通过教育培养出来的人才是要立足于社会中的,他也必然会受到社会发展规律的制约,所以教育预测必须把社会发展的需要作为出发点和落脚点,其预测的目的是为了满足社会对教育所培养人才的需要。

（二）在教育预测中，运用社会性原理应该注意的问题

1. 进行教育预测必须适应国民经济的发展状况

社会发展的主要支撑力是国民经济的发展，所以在教育预测中对人才预测的重点就应该是考虑未来国民经济发展的趋势，教育预测结果也必须应该与未来国民经济发展对人才的需求相一致。只有这样，未来教育的发展，才可能保证并且推动国民经济发展目标的实现，教育的人才预测才具有了实质的意义。

反之，教育对未来人才的培养和教育的未来发展，都要受制于国民经济的发展水平，没有一定财力的支持，教育的发展目标就难以实现。所以，在对教育的未来发展做预测的过程中，必须充分考虑到社会国民经济的发展水平和它可能为教育发展提供财力支持的情况。

社会国民经济发展目标的制定是一个战略性问题，我国的改革开放确定了以经济建设为中心的战略发展目标，这一目标最直接的体现，就是国家提出了相应的具体目标和措施，即提出了"脱贫"和"小康"等与老百姓生活息息相关的具体目标。而这些国民经济发展目标的实现，前提就必须通过教育培养出大量人才来做为实现目标的人力支持。因此，教育预测的结果，也是社会国民经济发展目标制定必须考虑的问题。那么，在做出教育预测时，就应该充分考虑到与社会国民经济发展的关联性。

2. 进行教育预测必须适应社会人口状况的变化和发展

社会存在与发展的根基和前提是社会的人口状况，因为教育活动的直接对象是人，在社会存在的所有要素中，人是最活跃的要素，所以教育是社会活动中最活跃的因素。人口的基本特征，包括人口数量、人口质量和人口结构。这些人口的基本特征与教育之间都是相互影响的。

首先，我们来看人口数量如何影响教育发展的规模、结构和质量。

人口数量的变化决定着教育需求的变化，人口数量的多与少也就决定着教育事业发展的可能规模，比如，目前我国已经全面放开"二胎"，不少适龄妇女生育第二个孩子的意愿在增强，如此一来，我国人口的增长必然要求扩大教育的规模，即适当地增加学校的数量和班级的数量。但是，由于每年人口的增长不是匀速的，每年新生儿出生率也不完全一样，它往往是波浪式增长的，因此人口数量这种不规律的变化，必然会对学制和学校内部结构产生很大的影响。为此我们在作出教育预测时，就不仅需要把握现在地区的人口数量，还要考虑该地区未来人口数量的可能变化。

反过来看，教育的某些因素也影响着人口数量的变化。比如，当国家整体的教育表现出不均衡发展时，当人们感觉到接受教育的支出远大于将来可能获得的经济回报时，当老百姓感觉孩子将来可能面临的生活压力过大时，就会考虑生育、养育孩子的成本问题，就有可能会不生育孩子，或减少生育孩子的数量。另外，具体到每一个体身上，必然会产生因受教育水平的高或低而导致的生育观念上的不同。因此，我们在进行教育预测时，也要估计到这些因素对教育发展产生的影响。

其次，我们再来看人口的质量是如何直接或间接地影响着教育的质量。

人口质量指的是人口的身体素质、文化修养和道德水平的总和。其中，身体素质是人口质量的物质要素，而文化修养和道德水平则构成了人口质量的精神要素。人口质量对教育质量的影响分为直接影响和间接影响。人口质量对教育质量的直接影响是指人口已有的水平对教育质量的总影响。人口质量对教育质量的间接影响则是指年长一代的人口质量影响

新一代的人口质量,接着又影响以新一代为对象的学校教育的质量。所以,我们在进行教育预测时,必须考虑到随着人口质量的提升所产生的对教育发展的影响。

再次,我们还得看人口的结构是如何影响着各级各类学校的结构比例及受教育者的权利等。

关于人口的结构,我们可以从人口的年龄构成、性别比例、阶层构成、区域分布等角度来分析。人口的年龄构成标志着可能需要接受各级各类教育的实际人数,它会影响各级各类学校在教育结构中的比例分布。人口的性别结构,也会给教育实践带来一定的影响,如一所学校、一个班级男女生比例对校园文化、活动方式的影响;学校中男女教师的性别构成对学生的影响等。人口的阶层构成会影响受教育者享受教育或享受什么样教育的权利。人口地域分布则制约着学校的布局,如我国著名的高校多集中于华北、华东地区的大城市。以上所有这些人口结构对教育的影响,在作出相关的教育预测时,都是需要考虑的因素。

3. 教育预测必须适应科学技术发展的速度和水平

世界各国发展的重要战略目标大多是"科教兴国",这是人类物质文明和精神文明发展的一种必然结果。能否正确处理好科技发展与教育发展的关系,有着重要的理论与现实意义。毋庸置疑,科技发展离不开教育,并且对教育进一步的发展起着促进作用;同时,教育对科技起着决定性作用,可以说,没有教育,科技的发展就无从谈起。所以说,科技与教育之间是密不可分的,只有科技与教育都得到了共同的发展,才可能带来社会的进步和经济的发展。

概括地说,教育与科技之间的关系主要体现为:

第一,教育是科技持续、健康发展坚实的基础和支持。

主要表现在:教育是科技发展和进步的基石,教育是连接科技的过去与未来之间的桥梁,教育更是培养高水平、高质量科技人才的基本途径,教育也是科技能否转化为现实生产力的基础。

第二,教育的发展离不开科技的进步。

主要表现是:科技的进步促进了教育的现代化进程,促进了教育观念的转变;科技的进步在实践层面上,对教育内容的更新、教育方法和手段的创新产生了有力的推动,科技进步不断地对教育提出更新的、更高标准的要求;从某种角度说,科技本身就是现代教育的基本内容,科技进步为教育内容的更新提供了可能性。所以说,教育与科技的发展是互为补充、互为动力的。

尽管科技的进步与教育的发展有着各自的规律,但是二者在总体的发展目标上是一致的,即它们共同服务于经济社会的发展和人的全面发展。所以作出对科技发展的未来预测必须考虑教育的发展;作出教育发展的未来预测又必须考虑科技的发展。

第二节　教育预测的基本原则

所谓原则,在《现代汉语词典》中的解释,就是说话或行事所依据的法则或执行的标准、遵守的准则,是做某件事或解决某个问提或在某个领域里不能离开的禁止性规定。原则的刚性很强,任何人在任何时候都不得违反,都必须不折不扣地严格执行,严格遵守。那么,在进行教育预测时,有哪些基本原则必须遵守呢?

一、教育预测的尊重事实原则

（一）尊重事实原则的概念

教育预测的尊重事实原则，就是指在教育预测过程中，必须以事实为依据，尊重现实教育的真实情况，既要看到教育发展中的成就，也要正视教育发展中存在的真实问题；在教育预测中，既要预想到未来教育对社会发展、对个体发展的促进作用，也应预想到教育发展对社会、对个体发展可能带来的负面作用，还要预测教育发展中可能遇到的困难和挫折的原则。

在教育预测中，必须尊重教育发展过程中的客观事实，不能涂脂抹粉；在教育预测中，也不能一味地盲目乐观，要看到教育发展的好的一面，也应当看到教育发展有可能带来的负面影响。因为教育的未来走向不可能完全按照人们的美好意愿发展，在未来实际的发展中，既有积极方面的发展趋向，也会有不顺利的运动变化。因此，对教育未来发展的预测就必须作出积极和不利两方面的估计。也就是说，对预测依据的现实分析要尊重事实，所做出的估计和预判也要实事求是。一切成功的教育预测，一定是建立在尊重客观事实，实事求是地进行分析的基础上的教育预测。

比如，在现阶段，我国中小学生的课业负担依然过重，这是不争的事实。由于课业负担过重给中小学生身心发展造成的不良影响，很多人都有共识、有同感。为此，教育专家和研究者们进行过深入细致的分析，找出的原因主要有：一是各学科的作业类型多、数量多；二是各科作业的重复性机械练习多；三是学生完成各科、各类作业所需要的时间过长。在深入分析原因的基础上，各级教育管理部门陆续出台了一些相关的政策、条例。这些政策和条例出台和颁布的主要依据，一是中小学生的身心特点，二是不同年级的学生每天可能完成的作业量和可能接受的作业类型。但在政策和条例颁布后的几年中，实施的情况并不理想，原因也是多方面的。因此，在相关的教育预测中，我们必须正视这些现象，不能回避，不能视而不见，必须尊重这样的现实。

现阶段，在我国的中小学还出现了另一个典型的问题，很多学生都报名参加课外各类补习活动。而这类补习活动并不是学校统一组织的，当然也不是教师义务承担的，这些校外补习活动往往都是由在职教师利用周末或节假日自行开办的，是一种有偿补习活动；还有一些是由社会人员组织的补习机构，有的甚至不具备办学资质。最关键的问题是，承担补习活动的教师，一部分是在职教师，他们并未充分利用课堂进行有效教学，或利用课余时间进行无偿补课，而是在晚上、周末、节假日进行高收费"有偿"补课；另一部分社会补习机构中的所谓"教师"，他们并不都是具有"教师资格证"的教师。由此产生了一系列不良的后果，主要表现在：一是它们都有个共同点，即占用了学生的休息时间、户外活动时间和必要的游戏时间，严重地影响了儿童、青少年身心和谐、健康的发展，违背了儿童身心发展的规律和特点；二是它严重地影响了"全面发展教育目标"的达成，唯学业成绩论，没有为儿童、青少年的户外活动、社会实践留下时间；三是它没有尊重中小学生学习的特点，"题海"式战术导致学生极度的"厌学"情绪；四是它使学生对学习活动、对教师产生反感，并把对这种没完没了的书面学习的不满，转嫁到教师身上，严重影响了和谐师生关系的建立；五是使部分教师严重失范，违背师德。

通过上述分析，我们不难得出这样的预测结论：照此发展下去，中小学教育的方向会严重偏离教育方针和教育目的,扭曲教育的社会功能,中小学实际的培养目标会越来越偏离我国教育目的所做的明确规定,即要使学生获得"全面、和谐、健康"的发展。

依据这样的预测,各级教育管理部门制定了一些相应的规定。其主要内容包括:一是以年级作为分类标准,规定了各年级学生每天完成各项作业需要的时间总量;二是严格规定不允许教师以各种名目(借口)开展有偿补课活动;三是将"减负"的落实情况与对校长的考核、对教师的考评等挂钩;四是严格监管社会办学机构的资质。

然而,时至今日,"减负"的效果微乎其微,极不理想,中小学生的学业负担仍然很重。出现这种"越减越重"的局面,根本原因主要在教育决策的制定者、实施者方面,他们没有切实掌握导致中小学生"学业负担过重"的客观根源。之所以出现"越减越重"的现象,深层原因是多方面的:第一,目前我国各类升学考试、选拔人才的方法和流程,重心依然放在"考试成绩",也就是"分数"上,面对这样的考试和选拔方式和制度,家长和学校、老师都不敢,也不可能"减负",否则就会被扣上"对学生不负责任"的大帽子;第二,中小学学生"学业负担过重"的根源其实在社会而不在学校,尽管学校有减负的责任,但学校不可能完全脱离社会大环境的影响,如果高考制度、各类选拔机制不发生根本改变的话,仅从学校层面去试图解决这一棘手问题,大方向是错的。第三,在现实社会中,各个领域、各个行业过分地、高度地强调"竞争",导致学校和家长都根本不敢松懈,这也成为减负的困难或阻碍。所以,尽管前面提到的预测结论是有道理的,但因为作出预测所依据的事实不够充分、不够完备、不够全面,最终就导致了没有实际效果的对策和条例。

(二)在教育预测中如何贯彻尊重事实的原则

1. 面对现实,对存在的问题不无视,不回避、不弄虚作假

在选择教育预测方法和确定教育预测使用技术手段的过程中,要本着尊重事实、从实际情况出发的原则,以教育预测的目的和任务为标准,充分考虑人、财、物等各类现实的客观条件,实事求是地确定使用的方法和技术,绝对不能故弄玄虚,盲目追求自认为的"先进、前沿、流行"。

2. 尊重事实,科学、合理地处理原始资料和数据

对已经收集到的各种用于教育预测的现实资料,必须要用实事求是的态度对待,必须尊重事实,有理有据地整理、归类、解释,不得以个人意志为导向随意解读这些资料,或者为了达到个人"预设的目标"任意歪曲或篡改各种事实资料及数据资料。

3. 真实地反映教育预测的结果,既不夸大其词,也不遮遮掩掩

在得出教育预测结果、解释教育预测结果方面,更要尊重事实、有理有据,不要说大话、空话,不能随心所欲地表达、解读,更不能故意违背事实得出"自己满意"的结论。

二、教育预测的反馈性原则

(一)反馈性原则的概念

根据教育预测的"相关性原理",在教育领域中的 A 与 B 两类教育现象之间的运动变化,通常表现出的相互关系为"相关关系",又因为教育现象运动要受到许多社会因素的影响,因此,随着时间的推移,教育活动的前后运动之间也很难用"因果关系"来解读,最有可能的应该是相关程度比较高的"相关关系"。所以开展教育预测研究时,就需要不断地分析、把控教育预测对象发生的实际变化趋势,再以此为依据逐步达成教育预测的目标。这样

的过程有些分级、分层推进的意味,而每一级到下一级、每一层到下一层的推进,都必须先接受上一级或上一层的结果反馈。

另外,教育预测的复杂性和困难性特征,也导致我们很难一次就完成对教育预测目标的研究,有时会出现这种情况,即我们所探索的教育预测问题是过去已经完成了的,但是又出现了新的情况,需要我们再继续进行研究。所以,不论是哪种情况,都必须先接受已有教育预测的反馈情况,对其进行认真分析,在此基础上,继续新的教育预测研究。

综上所述,教育预测的反馈性原则,就是指以教育预测对象发展变化的实际情况为预测的依据之一,结合当前各方面形势的变化,对上一次的教育预测方案进行调整,使教育预测结果与当前实际情况的发展保持一致,以达到修正或提高教育预测精确度目的的原则。它的核心在于,必须重视对前次教育预测的真实反馈。

(二)在教育预测中如何贯彻反馈性原则

1. 对已有的、已完成的教育预测资料,要以动态的方式来分析和处理

影响教育预测的相关因素很多,变化是必然的,不变是相对的。在教育的发展过程中,很多相关因素不可能一成不变,它们发展的历史轨迹,也会因为受到某些外在因素的影响而发生一定的变化。当影响教育预测的外界环境和有关因素变化很平稳或相对平稳时,教育预测的方向就比较容易把握;反之,当外界条件发生较大的波动时,教育预测的难度就非常大。因此,在利用已有的教育预测资料作判断时,要持动态的观点,要根据外界条件的变化状态,及时、准确、充分地反馈有关的信息,并对教育预测结果进行适时、适当的修正。

2. 反馈应该是及时的、准确的

教育预测反馈的关键在于准确性和及时性,所以,应当准确地、及时地获得反馈信息。没有及时的反馈,就不好把握当前的情况,就不能获得准确的反馈信息,就会导致预判方向的偏差,教育预测反馈就会成为一句空话。为了增强预测的可信性、可靠性,必须及时发现各种新信息及教育预测对象发展的状况,与教育预测结果间的偏差,并且准确地反馈教育预测对象偏差的方向、性质、大小和强弱。

三、教育预测的辩证思维原则

(一)辩证思维原则的概念

教育是一种社会活动,教育的社会性特征是非常鲜明的,社会结构、社会制度、社会观念等,都对教育有着重要的影响,所有这些都与哲学观有密切的关系。

我国的社会性质决定了我们始终坚持的哲学观是马克思主义的辩证唯物主义和历史唯物主义观点,这样的哲学观对我国教育发展的指导作用是不能动摇的。在进行教育预测时,我们也必须坚持马克思主义的辩证唯物主义和历史唯物主义哲学观。

教育预测的辩证思维原则是指,在进行教育预测时,必须以马克思主义的唯物辩证法为指导,利用唯物辩证法的质量互变规律、对立统一规律和否定之否定规律,深入、细致地分析教育预测过程中存在的各种矛盾,透过教育这一复杂社会现象的种种表现,紧紧抓住教育发展的本质联系,从中找出教育发展的趋势,从而进行科学的教育预测的原则。

(二)在教育预测中如何贯彻辩证思维原则

1. 教育预测必须考虑客观事物"质"和"量"两个基本特征

客观事物既有质的特征又有量的特征,质量互变规律说明,事物质的规定性和量的规定

性是相互关联、互相制约的。进行教育预测是要确定教育现象未来发展的质的特征,同时也必须要有量的存在和表现。所以,教育预测既要考虑以质的特征确定量的构成,也要考虑如何通过量的分析推测质的规律。根据"质"、"量"互变的规律,我们可以较好地把握教育发展中从量变到质变的转化过程。

2. 教育预测必须考虑事物内部的"对立统一"规律

对立统一规律揭示了事物内部相互关联和相互排斥的矛盾运动过程,我们只有按照对立统一规律分析教育发展过程中的矛盾和矛盾诸方面的互相依存、互相转化的运动,才能更加全面地看待教育问题,有效地防止教育预测中的片面性。

3. 教育预测必须考虑事物的"否定之否定"规律

否定之否定规律,说明了事物的发展总是呈波浪式的前进或螺旋式的上升,由对自身的肯定转化为对自身的否定,经过斗争,新的否定又取代了前一次的否定,如此循环往复,事物就此向前发展。认识并依照这一规律的意义在于,在教育预测中,有利于我们正确认识并把握教育发展的曲折性,特别是对以前的教育预测持一种辩证认识的态度,以便更好地对未来教育发展趋势做出准确的预测。

四、教育预测的系统性原则

(一)系统性原则的概念

"系统",在《现代汉语词典》中的解释是,指"同类事物按一定的关系组成的整体"。系统观点是指任何事物或研究对象都是以系统的形式存在着的有机整体。其核心包括:任何系统都是由相互作用和相互依赖的诸要素,以一定的秩序和内部联系而形成的结构所组成的具有特定功能的有机整体;任何系统都是由层次的等级结构组成的动态系统;任何系统都是处于永不停息的自组织运动之中。

教育预测的系统性原则就是指,把教育预测放在一个社会的大系统之中,并结合教育自身系统来进行预测的原则。

比如,20世纪末期,随着我国经济、社会、科技的迅猛发展,国家对人才的需求在类型、结构、数量和质量方面都发生了比较大的改变,同时我们也预计到,在进入21世纪后,各行各业对各类人才的需求量将会大幅度地上升。

教育管理和研究者们认识到,站在"教育要面向未来"的高度看,直接影响我国发展后备人才质量的重要因素,就是高等教育的发展状况。然而在20世纪末,我国高等教育的毛入学率远低于发达国家的平均水平,高等教育大众化必将是一个国家综合国力是否得到提高的标志之一。基于这样的认识,当时得出的决策结论就是要在高校扩大招生。也就是说,这一决策的产生依据是政府相关研究人员对当时的社会、经济、科技等方面发展状况的分析,以及它们的发展与人才需求状况之间的相互关系。研究者们对于我国高等教育的办学能力、未来的办学规模等,对于未来国家在经济、社会、科技方面的发展都有预测。在以这样系统化的分析方法处理各类信息之后,得出的教育预测结论是,大多数高校都具备扩大招生的条件和办学能力,由此做出了扩大高等教育招生规模的决策。

时过境迁,高等院校扩大招生决策的实际效果与最初的预测期望并不完全吻合,这是由教育预测的概率推断原理所决定的。当前实际情况是,高等院校招生数量的增长与办学质量的提升并不是同步发展的。用教育预测的反馈性原则来考量,一方面我们需要认真分析高等院校扩大招生后各方面发展状况的反馈信息,另一方面,我们还是要以系统的观念和方法,把人才的数量需求、各类行业发展对人才的结构性要求、高等院校自身的师资、经费、实验设备、校舍条件等进行系统综合的分析和评估,然后再形成对下一步我国高等教育未来发展的预测。

(二) 在教育预测中如何贯彻系统性原则

1. 在教育预测时必须系统地考虑影响教育发展的各种条件和因素

仅从教育活动本身来看,系统地考虑影响教育预测的各种条件和因素也是非常必要的。比如,对我国各级各类学校发展规模的教育预测,就必须考虑学校的师资、教室、住宿条件、所需经费、实验设施等的实际需求情况。换言之,教育预测与规划,必须有大局意识,必须要与教育的大局工作协调,否则就会出现各种不和谐的现象。

2. 在教育预测时必须联系地、连贯地认识教育问题和教育现象

许多理论和经验都已经证实,必须联系地、连贯地认识教育问题和教育现象,绝不能孤立地、分割地认识教育问题和现象。同样,在教育预测中,也必须注意教育预测对象各个层次之间的联系,教育预测的对象与其活动的环境之间的联系,教育预测对象与外部各个要素之间的相互联系,教育预测对象各个发展阶段之间的联系等。只有这样,教育预测的结果才更加真实可靠。

3. 在教育预测时必须注意从方法论中得到启示

系统的观点运用在教育预测工作中,它的目的或者作用,不是要给出什么样具体的计算方法,而是说,在教育预测中,从方法论上得到一些启示,为研究者们提供一些分析问题、解决问题的思路和方法。因为人往往倾向于在自己比较熟悉的、感兴趣的范围内研究问题,他会不自觉地就强调、重视自己关注问题的重要性,从而忽略了其他重要的部分。比如,儿童心理学和教育学的研究都已经证实,影响儿童身心发展的因素是多方面的,所以,在教育预测中,仅考虑基础教育的影响,或者仅考虑社会的影响,这都是片面的。需要注意的是,局部的合理不意味着全局就一定是合理的。

4. 在教育预测时必须发展地、动态地认识教育问题

要以发展的、动态的眼光和视角来认识教育问题,而不能用静止的、凝固的态度和方法去认识教育问题和教育现象。教育预测是对教育预测对象未来发展趋势的一个判断,可以说,没有发展变化就没有预测。人不可能没有发展、没有变化,儿童时期的发展和变化更为显著。因此,教育预测必须根据教育预测对象系统的过去、现在来推测未来,从而能够较为准确地反映出教育发展观、儿童发展观与教育动态观、儿童动态观。

在教育预测中遵循系统性原则,对在教育预测中建立前瞻性观念有极大的启发和帮助,从社会的大系统角度考虑教育预测问题,对教育预测有着积极的促进作用。同时,对教育预测工作者更好地以"统筹兼顾"观念进行科学的教育预测,也有着重大的指导意义。

五、教育预测的宏观性原则

(一) 宏观性原则的概念

"宏观",在《现代汉语词典》中的解释是,指"大范围的或涉及整体的"。宏观的观点就是要站在一定的高度,从多元的、综合的视角看待问题。教育预测的宏观性原则,是指教育预测不可能完全准确无误地描述教育的复杂对象,而只要对一个复杂对象的描述基本达到满意的程度即可的原则。① 这一思想方法应当贯穿于教育预测的始终。

(二) 在教育预测中如何贯彻宏观性原则

1. 教育预测的精确度只能定位为基本满意

教育预测的复杂性，限制了预测结果的精确程度。教育预测不属于"规律性预测"，主要是"趋势性预测"，也就是说，它只能得出"有一定把握是这样"的结论。所以想用"精确度"来表达教育预测结果的质量是难以实现的，因为教育预测要受到诸多因素的影响，其中有些因素是很难把握、很难判断的，比如政策性因素。所以，教育预测的周期越长，就越难以保证预测的所谓精确度。因此，对教育预测结果质量的形容，最好用"满意度"为宜。

再一个问题是，满意不满意，往往表示的是研究者的期待要求和应用者的期待要求，这是具有相对性的，也许你觉得比较满意，他却觉得不太满意。所以应该达成一个共识，即对教育预测结果质量的要求，达到了"基本满意"即应该可以接受。

2. 在教育预测中，必须紧紧抓住主要因素

作为一项系统工程，教育预测具有前瞻性和宏观性等特点。对某类教育现象未来的预测，涉及的变量特别多，也特别复杂，但在进行教育预测时，必须紧紧抓住主要因素，不能"眉毛胡子一把抓"。根据事实资料所形成的认识和判断体系，仅仅是教育现实存在及运动形态的一种抽象，而客观存在常常是由难以数清的特征构成的，要想找到并建立一个与现实情况完全一样的认识和判断体系是非常困难的。所以，只要所形成的体系中存在的主要特征与目标要求一致，就可以认为认识和判断体系的构建是成功的，预测的结果是可以接受的，可以被认为达到了"满意程度"的要求。

3. 对教育预测结果的宏观与微观要求要适当

如果一项教育预测的结论太宏观了，就有可能仅停留于思想认识的层面，缺乏可操作性和可执行性。但如果过分地追求微观，一是目标的实现有难度，二是预测的价值和意义就会减弱。所以把握好宏观、微观，粗放、细致的配比。

在一般情况下，教育预测结论的宏观性会比微观性突出一些，但并不是说教育预测必须要粗放一些，应该把握好一个"度"，如果过于粗放，同样会失去教育预测和规划的意义。究竟"粗"到什么程度，"细"到什么程度，应视具体情况而定。通常，在教育的宏观层面上所做的教育预测可以略粗一些；在教育的微观层面上做的教育预测最好要精细一些。

比如，20世纪末，在推进我国基础教育改革中，提出了要在中小学实施教学改革设计，也被称之为"新课程"改革。因为在当时它是属于指向未来中小学教育发展的设计，所以应该归为教育预测范畴。

首先，"新课程"涉及的范围较广，包括小学、初中、高中，而且事先作出了实验阶段和分时段具体落实的规划，应该是宏观预测的定位。"新课程"实施预测的形成，是基于对世界上发达国家和地区教育发展的历史和现状的分析，既有多方面、多类型的对比，又有理论高度，还有结合中国实际国情的综合考虑，这是宏观预测的表征。新课程提出的新目标、新理念、新要求、新方法都是在各类学校教育中普遍适用的，具有推进和深化我国中小学教育课程改革的指导意义和引领作用，这还是属于宏观预测的表征。

其次，新课程在教学方式的转变，学习方式的转变，教师在教育教学中的地位和作用的

---

① 参阅邓晓春. 教育预测与规划[M]. 大连：辽宁师范大学出版社，2000：62.

转变,以及教育目标和课程目标制定,教学组织形式,课程资源的开发与利用等方面,都提出了带有宏观指导性和预测性的建议。各方面的建议都紧紧抓住了教育教学这一核心要素。其中,在关于学习方式的转变方面,它高度概括地提出了"自主学习、合作学习、探究学习"的指导、预测建议;有关教育目标确定的问题,则高度概括地提出了"知识与技能、过程与方法、情感态度价值观"的三维目标。

再次,针对学校教育教学的改革,新课程提出的各种指向未来发展的预测结论,因其明显具有宏观性的特点,在操作性层面的具体指导作用比较弱,所以,曾经引发许多中小学教师的议论,最典型的说法是:"说得很对,讲得很好,就是不知道该怎么做。"所以新课程对未来中小学教育教学改革趋势的预测,从落实的角度说,应该定位于"基本满意"。所以,新课程的进一步落实和推进,还需要考虑解决好"宏观"指导预测与"微观"执行、操作预测的关系。

六、教育预测的动态性原则

(一)动态性原则的概念

"动态"是相对于"静态"而言的,"动态"指的是事物运动变化的状态。教育预测的动态性原则,是指随着社会这个大的系统和教育系统自身的不断发展,教育预测也必须随之不断地变化,使教育预测的结果不断地趋于合理、趋于科学的原则。

教育这类社会存在的活动,其基本结构和基本构成要素是比较稳定的,那么我们开展的教育预测就具有了继承性和连续性特点。但它又是随着各类影响要素的改变而表现出"动态性"的变化,同时,还存在着自身由低级水平和低阶段向更高级水平和高阶段发展的"动态性"变化。所以我们现在完成的教育预测结果,应该是过去已经作出的教育预测的"升级版",当然新的就必须要比原有的更加合理、更加科学。

(二)在教育预测中如何贯彻动态性原则

1. 教育预测必须尊重教育的特点和规律

由于社会发展所需要的人才都是通过教育培养的,而教育又存在着超前与滞后两种特性,社会各个方面所需要的人才,都希望能够提前被培养出来,但是,国家的经济条件、各级教育机构自身的办学条件、办学的周期问题等又限制了这种"提前性"、"超前性",这就要通过兑现目标的时间,向前或向后推移来进行调整。所以,在拟定合理结构、选择教育预测的模型、进行参数识别以及评估和决策等的分析时,都应当有时变的观点。

2. 教育预测必须适应客观世界的发展和变化

我们所生活的这个客观世界,总是处在发展变化之中。随着信息时代和知识经济时代的发展,变化的频率也在不断地加大,其复杂性也进一步增强。社会的进步和经济的发展,都要求教育也要随之而发生变化。教育所培养的人才,无论是在规格上还是在质量上,其要求都会随着社会的发展而有较大的变化。比如,现今和未来社会所要求的各类人才,都更多地强调了创造性和创新性思维,都越来越强调人与人之间的合作等。那么,教育预测就是要研究这种动态变化的规律和趋势,并对未来教育的发展作出相应的合理预测。

由于教育预测的对象处于非确定性环境中,所以,教育预测不可能是一劳永逸的,必须不断地进行修正和变革,这样才能使教育预测的结果不断地趋于科学、趋于准确。

教育预测是在当前的社会政治、经济、科技发展等条件下进行的,因此,教育预测要求与教育预测对象所处的时间和条件等相一致,也就是说,教育预测有很强的时间性。随着时间的变化,社会的政治、经济、科技也在不断地发展,教育预测必须在这个动态的发展中不断求得协调的发展。

3. 教育预测必须承认人的认识是具有局限性的

教育预测是由人操作的,其中必然渗透着许多人们对客观规律的主观反映,这个主观反映的结果取决于教育预测者的个人心理因素以及他的知识、经验水平等,所以必然会有局限性。而人们的主观认识也在不断地发生着变化、在不断地深化,所以,教育预测必须坚持动态性原则。

【阅读资料1】

2016—2030年中国义务教育学龄人口预测　　　　　　　　　　　　　　　万人

年份	小学学龄人口	初中学龄人口
2016	9 005.87	4 182.75
2017	8 818.60	4 287.74
2018	8 595.63	4 465.00
2019	8 376.05	4 507.92
2020	8 173.49	4 594.24
2021	7 945.05	4 635.17
2022	8 414.05	4 485.91
2023	8 967.08	4 212.81
2024	9 291.18	3 949.42
2025	9 603.63	3 879.44
2026	9 828.23	3 950.25
2027	10 001.31	3 985.50
2028	9 514.15	4 524.66
2029	9 062.90	5 006.94
2030	8 747.18	5 295.89

资料来源:李玲,杨顺光."全面二孩"政策与义务教育战略规划——基于未来20年义务教育学龄人口的预测[J].教育研究,2016,(07):22-31.

【阅读资料2】

2016—2030年中国义务教育在校生数量预测　　　　　　　　　　　　　　万人

年份	小学在校生数	初中在校生数
2016	9 366.10	4 350.06
2017	9 171.34	4 459.25

续表

年份	小学在校生数	初中在校生数
2018	8 939.46	4 643.60
2019	8 711.09	4 688.24
2020	8 500.43	4 778.01
2021	8 262.85	4 820.58
2022	8 750.61	4 665.35
2023	9 325.76	4 381.32
2024	9 662.83	4 107.40
2025	9 987.78	4 034.62
2026	10 221.36	4 108.26
2027	10 401.36	4 144.92
2028	9 894.72	4 705.65
2029	9 425.42	5 207.22
2030	9 097.07	5 507.73

资料来源：秦玉友，宗晓华.2016—2030年中国城乡义务教育师资需求预测[J].东北师大学报：哲学社会科学版，2017(01)：10.

思 考 题

1. 全面了解"教育预测的基本原理"和"教育预测的基本原则"。
2. 区别什么是"原理"，什么是"原则"。
3. 教育预测的基本原理有哪些？
4. 什么是教育预测的"延续性原理"、"相关性原理"、"相似性原理"、"概率性原理"和"社会性原理"？如何理解这些基本原理。
5. 什么是教育预测的基本原则？
6. 教育预测的尊重事实原则指什么？如何在教育预测实践中贯彻这一原则？
7. 教育预测的反馈性原则是什么？如何在教育预测活动中贯彻这一原则？
8. 为什么强调教育预测的社会性原则？在教育预测中怎样贯彻社会性原则？

第三章　教育预测的类型和基本程序

学习目标

通过本章的学习,要求学生全面地了解教育预测的基本类型;掌握各种教育预测类型的概念和要求;掌握教育预测活动的基本程序;了解教育预测活动基本程序的主要内容。

建议学时

4学时

把复杂的、多样化的问题相对简单化、明晰化的主要手段就是"按照合理的方式划分类型"。预测作为人类的一种认识活动,是有一定的步骤和基本流程的。本章共分为两个部分,第一部分主要介绍教育预测的类型及其每种类型的含义和特点;第二部分主要介绍教育预测的一般程序及其基本内容。

第一节　教育预测的类型

教育预测是一个多样化的、复杂的、综合性的活动,在研究和实践过程中,我们可以按照不同的标准,从不同角度将其划分为多种类型。这里介绍几种比较常见的教育预测的基本类型。

一、宏观教育预测与微观教育预测

按照教育预测范围或层次的不同,可以将教育预测分为:宏观教育预测与微观教育预测。

(一) 宏观教育预测的概念和特点

1. 宏观教育预测的概念

宏观预测一般指针对国家或部门、地区的活动进行的各种预测。

宏观教育预测,是指根据教育本身的发展规律,和社会、经济发展的客观规律,以及根据教育与政治、经济、科技、文化、人口等的相互联系,从全局的相互联系、相互作用的角度,对一个国家、地区或部门的教育发展趋势等进行总体预测的活动。

宏观教育预测的主要内容包括:教育制度、教育功能、教育结构、教育形式,以及教育发展的规模和速度等。

2. 宏观教育预测的特点

（1）宏观教育预测所涉及的范围比较广，预测结果的指向范围较为宽泛，预测过程有一定的难度，所以宏观教育预测一般需要花费较多的人力、物力和财力。

（2）由于宏观教育预测一般都是为政府部门制定政策时服务的，因此，在解决教育预测所需的条件上相对是有保障的。在政府部门的需要和支持下，宏观教育预测一直是教育预测的重要实践领域。

（二）微观教育预测的概念和特点

1. 微观教育预测的概念

微观预测是指针对基层单位的各项活动进行的各种预测。

微观教育预测，是指对教育局部问题的预测，一般是从教育对受教育者个体产生的作用与影响的角度进行的预测活动。

从预测的范围来看，微观教育预测包括：学校发展前景预测、个人教育前途预测等；从预测所涉及的问题来看，微观教育预测包括：生源预测、师资需求预测、教育经费预测、教学内容预测、教学方法预测、教学组织形式预测、课程设置预测、教学手段预测和教学设施预测等。

2. 微观教育预测的特点

（1）微观教育预测的突出特点是，根据教育、教学活动和受教育者生理、心理发展的客观规律，对受教育者在教育、教学活动作用下的成长过程和成就作出预测。

（2）微观教育预测是比较灵活多样的，对教育预测结果的准确性要求也相对较低一些，因此，微观教育预测工作的组织比较容易，花费较小，但微观教育预测的权威性不高，其预测结果不容易得到广泛的承认。

宏观教育预测和微观教育预测的划分不是绝对的。

比如，对于课程的设置、教学的组织形式、教学活动、教学方法、现代教育技术运用等方面所作出的未来发展预测，如果是从考察它们对社会、经济发展的全局发生影响的角度出发，就属于宏观教育预测的范畴；如果是从考察它们对受教育者个体成长过程发生影响的角度出发，则属于微观教育预测的范畴。

二、定性教育预测与定量教育预测

按照教育预测方法的性质，可将教育预测分为定性教育预测和定量教育预测。

（一）定性教育预测的概念和特点

1. 定性教育预测的概念

定性教育预测，是指教育预测者通过教育调查研究，了解实际情况，凭自己多年的教育实践经验和教育理论及业务水平，对教育现象活动发展前景的性质、方向和程度，运用逻辑推理的手段作出判断、进行预测的方法。或者说，定性教育预测是依靠人的直观判断能力，对未来教育的发展和变化作出的性质上的分析、判断和描述。定性教育预测的目的在于，判断教育活动未来发展的性质和方向，当然也可以在情况分析的基础上提出粗略的数量估计。

2. 定性教育预测的特点

（1）定性教育预测的运用，强调的是对教育发展的性质进行描述性的预测。它主要是依赖专家的经验以及他们的分析和判断能力，尤其是在对教育预测对象所掌握的历史数据不多的情况下,或是在影响教育预测对象因素众多、复杂的情况下,在难以作出定量分析的情况下,定性预测方法是一种可行、较好的方法。

(2)定性教育预测的运用,强调的是对教育发展的趋势、方向和重大转折点进行预测。比如,在教育改革初期的教育预测就比较适合运用定性的预测。

(3)定性教育预测主要是指向教育的未来发展性质和方向,相对而言它的灵活性比较强,能够充分发挥预测者的主观能动性。而且,定性预测方法运用简单迅速,可节省一定的人力、物力和财力。

(4)定性教育预测过程,受到预测者的主观因素影响较大。这是因为,定性教育预测的方法主要是依赖于教育预测者的知识、经验及他们能力的大小,因此缺乏成套的数学模型,在预测质量的考量上有难度,而且难以对事物发展作出数量上的精确度量。

(二)定量教育预测的概念和特点

1. 定量教育预测的概念

定量教育预测,是指根据准确、及时、系统、全面的教育调查统计资料和信息,运用统计学的方法和数学模型,通过建立教育发展的数学化模型,来预测教育现象活动的未来发展规模、水平、速度和比例关系。或者说,定量教育预测是根据教育发展的历史和现状的有关数据资料,总结出教育发展的规律,并用数学形式予以描述,通过数学运算,对未来教育发展变化的趋势、状态和动态过程作出的定量分析研究。定量教育预测与统计资料、统计方法有密切关系。

定量教育预测方法一般分为两大类,即时间序列分析预测和因果分析预测。

时间序列分析预测,是指以延续性预测原理作为指导,利用教育活动历史观察值形成的时间序列,对教育预测目标未来状态和发展趋势作出定量判断的预测方法。最常用到的主要有:算术平均法、移动平均法、指数平滑法。

因果分析预测,是指以因果性原理做指导,分析教育预测目标与其他相关教育及社会现象之间的因果联系,对教育活动的未来状态和发展趋势作出预测的定量分析方法,最常用到的主要有:线性回归法、非线性回归法、投入产出预测法。

2. 定量教育预测的特点

(1)定量教育预测强调对教育现象活动的发展数量方面进行较为准确的预测。它主要通过以教育历史统计数据建立相应的数学模型,对教育发展状况作出数量上的预测。

(2)定量教育预测强调对教育现象活动的历史发展统计资料利用的重要意义。

(3)定量教育预测强调在统计的基础上建立数学模型的重要性。随着计算机技术的发展和普及,已经为定量教育预测法提供了良好的技术条件。

(4)定量教育预测偏重于预测教育现象活动的未来发展数量方面的描述。在预测过程中它较少依赖于人的知识、经验等主观因素,而是更多地依赖教育预测对象客观的历史统计资料,利用计算机技术对数学模型进行大量的计算而获得预测结果。

(5)定量教育预测对预测者的素质要求较高。预测者必须掌握数学统计方法、计算机技术及相应的专门理论。定量教育预测的精确度较多地依赖于统计资料的质量和数量,如果预测对象的系统结构发生了质的变化,相应的统计数据也有较大的波动,此时,定量预测法就难以获得满意的预测结果。

(6)定量教育预测的预测结论明确,但预测模型比较复杂。定量教育预测在实际应用中，所花费的人力、物力、财力和时间都比较多。

对定性教育预测法和定量教育预测法的应用，不能简单地说哪个更好，而应当说哪个更适合。面对教育预测的具体任务，应该作出什么样的选择，需要根据教育预测问题的实际情况来决定。当然，在教育预测的实践中，经常看到的是把二者结合起来运用。

三、长期教育预测、中期教育预测与短期教育预测

按照教育预测结果涉及的时间跨度，可以分为长期教育预测、中期教育预测和短期教育预测。

（一）长期教育预测的概念和运用

对于长期教育预测的时间期限，不同的专家、学者有不同的认识。一般认为，是指10年以上的教育预测。长期教育预测，是指对10年以上教育发展前景的预测。当然不是简单地指10年后那个时候的状况，或者15年后那个时候的状况等。如果要完成一个时间跨度为15年的教育预测，一般情况下是把15年跨度分为几个阶段，究竟具体分几个阶段，怎么分段，要视具体情况和具体教育问题的性质来定，然后在充分关注15年预测目标的情况下，以逐步推进的方式得出预测结果。也就是说，每个被分开的阶段，都有在15年预测目标引导下的预测结论，各阶段间的预测结论也有逐步发展、提升的特点，通过各阶段预测目标的完成，最终实现15年的预测目标。

长期教育预测是制订教育未来发展规则，进行教育决策非常重要的基本依据。

（二）中期教育预测的概念和运用

对于中期教育预测的时间跨度，根据长期教育预测的时间限定，中期教育预测一般指对5年到10年教育发展前景的预测。同样的道理，中期教育预测其实也可以在时间跨度上先分为几个阶段，当然也可以不分时间段，这就要看教育预测目标问题的复杂程度和影响要素的具体情况来定，同时还需要考虑参与预测人员方面的具体情况。

（三）短期教育预测的概念和运用

从长期、中期教育预测的时间推断，短期教育预测一般指对5年以内教育发展前景的预测。短期教育预测通常是一所教育机构制订学期计划、年度计划、5年计划的选择。短期教育预测是明确规定发展的某一方面在短期内发展具体任务的依据。

值得注意的是，虽然长期教育预测、中期教育预测比短期教育预测更难把握，但由于教育活动具有周期性长的特点，教育的发展效果，最终要表现为对社会政治、经济、文化等发展的影响和推动，这往往要在十几年以后才能明显地显现出来，所以，长期教育预测与中期教育预测都具有非常重要的意义。但是，根据统计学的原理，一般来说教育预测的时间跨度越长，预测结果的精确度就会越低。

四、单项教育预测与综合性教育预测

根据教育预测指标的多少，可以将教育预测分为单项教育预测和综合教育预测。

（一）单项教育预测的概念和运用

单项教育预测，是指对某一教育发展指标的未来发展趋势作出的预测。我们可以这样理解，对教育中的某一项或者某一类活动进行的教育预测，比如仅是对学校未来的师资进行预测、仅是对学校未来的招生情况进行预测，或者仅是对某地区2018年高中入学率的预测

等,这些都是单项教育预测。

(二) 综合教育预测的概念和运用

综合教育预测,是指对某一教育形式,或对整个教育事业发展的未来趋势作出综合性的预测,它包含着多项有关的教育发展指标。比如,对某地区职业高中发展趋势进行的预测,就是一项综合性的预测。因为这项预测应该包括对未来职业高中学生人数的预测、专业设置发展的预测、师资需求和质量的预测、教育经费的预测等多项指标及预测目标。

在教育预测的实践中,由于在教育系统中,各个组成部分总是紧密相联的,单项教育预测往往不能完全脱离其他有关因素而独立地进行,通常选择的教育预测多数为综合教育预测,而单项教育预测通常融入综合教育预测之中。

第二节 教育预测的基本程序

一、提出教育预测的课题

这是教育预测的第一步。

教育预测是一项较为复杂并在实施过程中存在一定难度的活动,所以要保证教育预测效果的质量,就应当以科学研究的方法开展。当然其主要程序也就要以科学研究的程序为参照。一般科研活动开展的第一步就是提出研究的问题,教育预测活动也类似。

(一) 教育预测课题提出的来源

1. 从社会发展的需要出发,发现并提出教育预测课题

需要开展教育预测工作,或者说有必要开展教育预测工作的,往往是一些在当前社会实践中比较迫切需要解决的、教育事业发展中的重大或重要的问题。这样的课题可能来自社会决策部门提出的任务要求,然后再由教育预测研究者根据相关的要求提出恰当的教育预测课题;也可以由教育预测工作者,根据对社会发展、教育发展需要的分析提出相关的教育预测课题。

2. 从教育实践中存在的问题出发,发现并提出教育预测课题

教育预测工作的重要目标之一就是解决实际问题,所以,针对现实情况提出教育预测的实践性问题,也是教育预测选题的主要方向。从目前我国的实际情况看,尤其应当多考虑在教育改革中反映出来的种种矛盾问题,以及那些落实改革目标的实践问题。

3. 从分析和总结国内外教育发展的信息中,发现并提出教育预测课题

教育发展中的问题有主要和次要、复杂与简单、新与旧、难度大与小、层次高与低等的不同情况,教育预测当然也有类似的问题。这些问题的确认不能凭预测者的主观认识,而是应当去分析、总结当前国内外教育发展的各类信息,包括对世界各国教育科学发展的潮流及发展趋势的分析,以及对引进国外先进教育理论和教育方法的分析,由此延展开来,确定教育预测的相应课题。

(二) 提出教育预测课题的要求

1. 教育预测课题必须符合相应决策的需要

"必须符合相应决策的需要"主要是强调两点,一是社会发展的需要和要求,二是教育事业自身发展的需要和要求。

2. 确定教育预测课题,必须有充分的科学依据

"必须有充分的科学依据"主要也是强调两点,一是课题指向要有充分的事实依据;二是要有教育预测基本原理的基础。

3. 已经确定的教育预测课题,必须具有可行性

"必须具有可行性"指课题是能够被进行研究的,存在着现实的可能性。它主要强调以下两方面的条件:一是客观条件,是指它除了必要的理论准备、人力、资料、设备、时间、经费、技术等条件外,还应具有科学层面上的可能性;二是主观条件,指研究者本人原有的专长、知识、能力、基础、经验,以及他对课题的兴趣,他所掌握的有关课题的材料等。

二、明确教育预测的目的和目标

这是教育预测的第二步。

教育预测最终目的是为进行教育决策而服务的,即教育决策的需要就应该是教育预测的目的。

(一)为什么要明确教育预测的目的

只有明确了教育预测的目的,才能够以此为依据把它转化为教育预测的目标,包括确定教育预测的对象、预测结果达到的精确度,以及最后应该得出的预测结论等预测目标。

(二)明确教育预测的目标需要考虑的几个问题

在所确定的这些目标指引下,需要确定是选择定性预测还是定量预测,具体采用哪类分析技术推测出预测结论,以及完成预测的期限等。这项工作最理想的是能以预测计划制定的方式把它们呈现出来,换句话说,就是要根据预测的任务和预测的目标制定出预测的方案。包括预测对象的范围,预测的内容、项目,预测的环境条件,预测所需要的资料,表征预测对象的指标体系,预测的基本假设,准备选用的预测方法,预测的进程和完成的时间等。还要编制预测的预算,调配各方面人员,组织实施的过程等。

例如,下面这两种教育预测的目的不同,预测的目标也应有所不同。

如果教育预测的目的是要确定教育制度的发展方向,那么预测的范围就应该是国家层面教育制度的各项组成;选择的教育预测内容、项目就是国家教育制度中的分类预测;预测的环境就应该涉及社会政治、经济、文化、人口等宏观领域各因素对教育的影响;预测所需要的资料就是国内现行教育制度的主要内容和特征,以及现行教育制度制定过程中各因素的定位;相应的教育预测方法就应当以教育专家个人预测法、教育专家协商预测法等定性预测方法为主。

如果教育预测的目的是要规划教育机构发展的规模和水平,那么,除了必须要考虑宏观领域的各种因素外,还必须重点考察未来社会对人才需求的趋势和生源的流动状态。为此,相应的教育预测方法就可以采用回归预测法、平均预测法等定量预测方法。

三、收集教育预测所需要的信息资料

这是教育预测的第三步。

预测是根据有关历史资料去推断未来,因此,信息资料就是预测的依据。进行教育预测的一项重要工作就是收集信息资料。作为研究者,必须要认真地根据教育预测目标的具体要求去完成相应的收集信息资料工作。

（一）信息资料的表达形式

信息资料的表达形式主要有：

（1）文字资料：是用自然语言来描述预测对象和相关因素，以及有关过程的定性表达方式。文字资料反映的内容丰富、生动、易于揭示资料的深刻内涵。

（2）数据资料：是用数学语言来描述预测对象和相关因素，以及有关过程的定量表达方式。数据资料反映的内容简明、客观，容易建立起各种因素的复杂结构关系，便于逻辑推理。

（3）图像资料：是文字、数据资料的辅助信息。图像资料包括统计图表、示意图、关联图、流程图、系统框图，以及各类视图等。图像资料的特点是形象、直观，它可以帮助读者理解文字和数据资料中的难点和重点。

需要格外注意的是，收集资料的重点是文字和数据资料，在收集资料的过程中，要予以特别的重视，不能放过、漏掉任何一个可能有价值的文字和数据资料。一般情况下，数据资料的来源较为广泛，比如，相关统计部门可以为我们提供绝大部分的信息，另外像书刊杂志、单位的内部资料等也是可以收集到教育预测所需数据资料的重要来源。

如果以往已有相关的电子信息资料库，资料的收集相对容易一些。但要注意两点，一是仅仅凭借以往保留的电子信息资料是不够的，还需要收集当前实际状况的相关资料；二是对已有资料的运用和解读，一定要有理论作为支撑，要有正确的逻辑，要有实证性的考察。

信息资料对教育预测开展的意义很大，主要表现在：它可以通过对历史的和现实信息资料的分析，寻找和验证教育发展的规律，确定教育发展、变化的相关因素，发现未来教育将要发生某种重大变化的先兆。

（二）信息资料包括的项目

教育预测中所需的资料，一般都包括三大项：

（1）预测对象本身发展的历史资料；

（2）对预测对象发展变化有影响作用的各种相关的历史资料；

（3）上述资料形成的历史背景、影响因素，以及在预测期内可能表现的状况。

（三）筛选资料的标准

筛选资料的标准一般有三个：

（1）直接相关性：筛选的资料务必要与教育预测的目的有直接的关联，突出有关资料的重心，剔除无关的资料。

（2）真实可靠性：筛选的资料必须是来源可靠的，内容都有其真实的出处，不可以任意编写或者杜撰。

（3）来源最新性：筛选的资料最好是教育预测课题方面最新的内容。当然并不是说过去的资料都不能使用，但如果筛选的资料都是过于陈旧的，对于教育预测的结果可能会产生滞后的影响。

（四）收集资料的基本要求

开展预测的一项基础性工作是收集到教育预测所需要的真实资料，这项工作的质量如何，是好是差，直接影响着教育预测的效果。所以，在收集资料这项工作中，必须注意资料的充分性、完整性、有效性和正确性。

（1）充分性：是指收集资料时，覆盖面要广，尽量扩大收集的范围，同时还要求所收集的资料要有明确的代表性。之所以有这项要求，是因为教育预测牵涉的面很广、影响的相关因素较多,所以只有收集到的资料非常充分,才能对教育预测做出较为准确的判断。

(2)完整性:是指收集到的教育预测所需资料基本上是完整的,不能有较大范围的、较多的遗漏,如果不注意资料的完整性,就会影响教育预测的客观性和全面性。

(3)有效性:是指收集到的教育预测所需资料,内容必须准确,而且具备一定的权威性,在业内的认可度较高。并且确定资料不是道听途说的,或者由不可靠的渠道获得的。

(4)正确性:是指收集到的教育预测所需资料,不应该有逻辑方面或者是计算方面的错误,因为,要确保预测准确性的前提之一就是有准确无误的资料。为了保证资料的准确性,对资料要做必要的审核和整理。对资料进行审核,其目的是审核资料来源是否可靠,资料是否完备,资料的准确度有多高,资料是否具有可比性等。

(五)资料整理工作的要求

资料收集之后的第一项工作就是整理资料。

资料的整理主要包括:

(1)对不明确的资料进行查证核实或者删除;

(2)将缺乏可比性的资料调整为具有可比性的资料;

(3)对短缺的资料,通过合理的估计核算方法进行适当的补充;

(4)对总体的资料进行必要的分类与组合。

四、选取适合的教育预测方法

这是教育预测的第四步。

(一)选取适合的教育预测方法的意义

1. 它是教育预测是否准确的关键

决定教育预测准确与否的关键是,在占有资料的基础上,教育预测者要进一步选择适当的预测方法和建立数学模型。

2. 能否尽快选定预测方法体现着预测研究者的水平

预测方法的种类有很多,不同的方法有着不同的适用范围、不同的前提条件和不同的要求。对于特定的教育预测对象可能有多种方法可用,而有的教育预测对象因为受到人、财、物、时间等因素的限制,则只能用一种或少数几种方法。究竟应该作出什么样的决定,反映着预测研究者的水平。

3. 能否有针对性的选定教育预测方法直接影响预测的效率。

不同的教育预测方法各有特点,它们对未来教育发展预测的效果也都不尽相同,只有扬长避短,针对不同的教育预测问题,选取合适的教育预测方法,才能取得事半功倍的效果。

(二)选取教育预测方法时应考虑的因素

在选取教育预测方法时,为了达到"量体裁衣"的目的,应该考虑以下几方面的因素:

(1)特定教育预测方法的适用范围和运用条件;

(2)各种教育预测方法的长处和局限性;

(3)教育预测人员的知识结构和业务素质;

(4)教育预测所需要的时间、资料、财力等的基本状况。

在教育实践中,不能认为选择的预测方法越复杂就越好,而应该以实用为标准来选择比较理想的预测方法。

由于教育预测常常具有很强的综合性,所以,要完成某项教育预测的任务,往往就需要结合使用多种预测的方法。多数教育预测活动,在不同工作阶段或针对不同问题,选取不同的预测方法,主要是考虑针对性和实用性;而有些教育预测活动,选择对同一问题采用多种预测方法作出预测结果,其主要目的是为了达到相互印证。

五、实施教育预测

这是教育预测的第五步,也是核心一步。

实施就是实行,就是具体的操作执行。完成教育预测工作的关键环节就是进行教育预测的实际操作。它的运行情况和质量,直接影响着教育预测的结果。另外,实施教育预测时的难易程度,通常是与所选择的预测方法有密切的关系。虽然不同类型教育预测的实施会有所不同,但一般情况下,大都可以按照以下的步骤进行。

(一) 整理教育预测的原始信息资料

之前收集到的大量原始资料,数量和种类都非常庞杂,而且它们都来自于不同的渠道,因此,需要认真进行筛选和整理,将各种数据进行分类、加工和综合,将各种定性资料进行分析和比较。

1. 整理数据资料的任务

(1) 使来自不同的国家或不同的地区、不同历史时期的数据资料具有可比性;

(2) 要剔除一些在特殊时期和特殊情况下的异常数据,使得数据资料具有一般性的特点。

2. 整理定性资料的任务

(1) 去粗取精,去伪存真;

(2) 将教育预测中的基本情况和要点,用文字的形式展示出来。

在教育预测中,如果轻率地使用了未经认真处理的原始数据资料,往往会出现误用了不可比的,或者是不具有一般性特点的数据去推测教育发展一般规律的问题,其结果只能是产生了对教育发展规律的虚假认识和对教育发展趋势的错误估计,这样的结果甚至可能导致整个教育预测工作的失败。

所以,坚持使用具有一般性和可比性的数据资料,是一种严肃的科学态度,切不可因急于求成而忽视对数据资料的技术处理,更不允许为了迎合教育预测者的个人主观意愿,而使用一些不可比的或者不具备一般性的数据来"糊弄"预测工作,然后制造出虚假的规律。

(二) 建立教育预测的模型

预测模型,是对预测对象发展变化的客观规律的近似模型,预测结果是否有效取决于所建立模型对预测对象未来发展规律近似的真实程度。

教育预测模型,是对教育预测对象及其相关要素关系的一种抽象描述。教育预测模型用于近似地描述教育发展的特征和运动规律,模拟教育发展的功能、机制和动态过程。

建立教育预测模型,需要做两方面的工作:

(1) 要认真地分析有关的信息资料,掌握教育发展的规律和教育的各个组成部分之间的关系,及其它们与诸方面影响因素之间的关系;

(2) 根据预测课题和所选定预测方法的要求,以适当的形式或方法建立预测模型。

教育预测模型因预测目标和预测方法的不同,可以有不同的形式。通常使用最多的是定性教育预测的模型和定量教育预测的模型。定性教育预测的模型是指进行预测的逻辑推理模型；定量教育预测的模型是指以数学方程或方程组构成的数学模型。

教育预测模型是进行教育预测的基本工具，教育预测通常是运用预测模型来完成的，预测模型能否真实地（虽然是近似地）反映预测对象的发展规律和趋势，是决定预测成败的关键。

（三）进行教育预测的运算

预测运算是对预测模型进行求解运算的过程。

在预测模型建立后，根据预测任务，可将整理后的数据资料输入模型进行运算，得出初步的预测结果。预测结果获得后，还要进行初步的检查：

（1）要查看各种预测方法所得到的结果是否基本吻合，如果不吻合，就要考虑其中某些方法或数据资料是否存在问题，是否需要改进或者剔除；

（2）要考查定量分析结果与定性分析结果是否相近，如果相去甚远，就需要考虑模型结构和参数的合理性，或重新论证定性分析的结果。

（四）验证教育预测流程的效果

在预测结果取得之后，应该组织专家对教育预测工作各个环节的效果进行论证，以确认教育预测过程的可靠性。如果有必要，还需要做新的调整和修正。

教育预测流程效果的验证，涉及的主要内容有：

（1）教育预测的思路是否正确；

（2）教育预测的基本资料是否充分、完备；

（3）教育预测的数据资料是否真实、可靠；

（4）教育预测的方法选择得是否科学、恰当；

（5）教育预测模型各种参数的选择是否适合、准确；

（6）教育预测成果的准确程度是否令人满意；

（7）教育预测提供的各种方案是否合理。

（五）报告教育预测的结果

在教育预测工作的每一个环节都通过专家的论证和评价之后，就可以开始撰写教育预测报告。

由于教育预测有一个突出特性，即无论我们采用什么样的预测方法，教育预测的结论都难以达到完全的、真正绝对的精确程度，因此，在分析教育预测结果和报告教育预测结果时，应该特别细致地描述教育预测的过程，真实地说明和解释教育预测的背景材料，客观地说明教育预测结论得出的依据，只有这样，才有利于那些需要预测结果的人员对教育预测结果有较为正确的理解和应用。

在最后提交的教育预测报告中，应该主要包括以下内容：

（1）教育预测的目的和任务；

（2）对教育预测活动整个过程的详细说明；

（3）对多项备选教育预测方案的全面分析和解释；

（4）针对教育预测方案提出相应的对策和建议等。

总而言之，教育预测过程是一个由资料、技术和分析相结合的精密的、复杂的过程。信息资料是教育预测的基础和出发点，预测方法和技术的应用是教育预测的核心，分析则要贯穿教育预测的全部过程。

需要特别重视的是,如果没有分析就不能称其为预测。

在整个教育预测过程中,对教育预测成败影响最大的有两个"分析和处理":

一个是对收集到的资料进行的分析和处理。资料是基础,如果这个基础得不到质量保证,那么建立于这个基础上的教育预测模型也就没有质量。

另一个是对教育预测结果的分析和处理。这是对教育预测效果最重要的检验,它直接决定着教育预测结果的质量,决定着教育预测工作的成败。

以上这两个分析和处理,也最能体现教育预测者的水平。

另外,教育预测的质量还取决于其他一些因素,包括教育预测者对教育预测对象及客观条件的熟悉程度、知识面的广度、对事物的观察能力以及逻辑推理与分析判断的能力。

【阅读材料1】

学前教育经费需求预测

学前教育经费需求预测,必须基于对我国经济社会和学前教育发展现状和目标的科学认识。

1. 在园幼儿总数预测

根据《国家教育事业发展"十三五"规划》,2020年全国幼儿园在园幼儿总数预计4 500万人。

2. 幼儿园生均支出预测

(1) 2020年幼儿园生均支出最低值预测。

2012—2014年,我国幼儿园生均支出年均增速11.35%,较"十二五"我国人均GDP增速高2.35个百分点,处于合理增长区间。考虑到当前我国学前教育投入不足的现状,要维持学前教育发展水平不降低,并将入园率提高10%,2015—2020年幼儿园生均支出年均增速最低应维持在11%左右。2014年幼儿园生均支出为5 059元,由此得出2020年幼儿园生均支出最低值为9 462元。

(2) 2020年幼儿园生均支出合理值预测。

2014年,我国在园幼儿与教职工比例,即生师比为1∶13。国家规定生师比为1∶7—1∶9,鉴于我国经济薄弱、人口众多的国情,暂认为1∶13为"适宜生师比"。保持1∶13生师比不变,以2014年城镇单位就业人员人均工资(56 360元)作为教职工工资合理值,得出当年生均教职工工资性支出合理标准为4 335元,比实际高1 555元。进而得出2014年幼儿园生均支出合理值为6 614元。"十二五"期间,我国城镇职工人均名义工资年均增速10.4%,假定"十三五"期间幼儿园生均支出按照10%的速度增长,可得出2020年幼儿园生均支出合理值为11 717元。

3. 学前教育经费总需求预测

依据上文得出的在园幼儿数、幼儿园生均支出值,本文预测2020年学前教育的经费需求最低为4 258亿元、合理值为5 273亿元。

(资料来源:曾凡亮.2020年我国学前教育经费需求预测[J].江苏科技信息,2017(10):63.)

【阅读材料2】

未来五年教育发展目标数量预测

实现更高水平的普及教育。基于中国教育科学院教育决策模拟系统预测的学前教育3—5岁学龄人口数计算,从2015年到2020年,幼儿园在园人数将从4 132万人增长到4 790万人,学前三年毛入园率从84.1%增长到85.5%;同期,九年义务教育在校生数从13 861万人增长到14 706万人,巩固率从92.9%增加到94.8%;高中阶段在校生数从4 355万人下降到4 238万人,毛入学率从86.6%增加到90.5%;高等教育在学总规模从3 576万人增加到3 736万人,毛入学率将从36.4%增长到45.2%。从目前发展情况看,学前教育和高等教育有可能超出预期目标。

全面提高全社会人力资本水平。到2020年,具有高等教育文化程度人口数从2015年的17 090万人增加到22 974万人,主要劳动年龄人口平均受教育年限从2015年的10.2年提高到10.7年,其中受过高等教育的比例从2015年的18.7%增长到25%;新增劳动力平均受教育年限从2015年的13.8年提高到14.1年,其中受过高中阶段以上教育的比例从91.8%提高到94%以上。

(资料来源:中国教育科学研究课题组.未来五年我国教育改革发展预测分析[J].教育研究,2015(05):20-21.)

思 考 题

1. 教育预测的基本类型有哪些?
2. 什么是宏观教育预测与微观教育预测?
3. 什么是定性教育预测与定量教育预测?
4. 什么是短期教育预测?中期教育预测?长期教育预测?
5. 什么是单项教育预测与综合教育预测?
6. 教育预测的基本程序有哪些步骤?
7. 每一个教育预测步骤中应注意什么问题?

第四章 教育预测的定性方法

学习目标

　　通过本章的学习,正确理解教育预测的定性方法;了解教育专家个人预测法、教育专家协商预测法以及主观概率预测法、因素分析预测法;掌握头脑风暴预测法和德尔菲预测法的含义、特点以及实施过程,能够正确评价和运用头脑风暴预测法和德尔菲预测法。

建议学时

　　4学时

　　定性预测,是依据预测者的知识、经验、能力以及具体实际,对事物未来的发展方向和趋势作出推断的方法,也称作"非数量分析法"或"判断预测",是预测分析的一种基本方法。

　　定性分析的特点是注重事物发展在性质方面的预测,需要的数据量少,能考虑无法定量的因素,具有较大的灵活性,易于充分发挥人的主观能动作用,比较简单可行。因此,定性预测是一种不可或缺的灵活的预测方法。通常,在我们掌握的数据信息不够丰富、不够准确或主要影响因素难以用数字描述,难以定量分析时,定性预测就是一种行之有效的预测方法。

　　为了提高预测质量,在进行定量预测时,也要进行定性预测。定性预测和定量预测并不相互排斥,是可以相互补充的。由于在事物的发展变化中,质制约着量,一定的质决定一定的量。因此,在预测中应从定性分析出发,定量预测要以定性分析为基础。

　　由于定性预测主要依据预测者的经验和判断能力,易受主观因素的影响,缺乏对事物发展作数量上的精确描述,因此,为了提高定性预测的准确程度,应注意:第一、加强调查研究,尽量掌握影响事物发展的有利因素与不利因素以及其变化趋势,从而使预测者对事物发展前景的分析判断更接近实际;第二,在调查研究搜集资料时,做到数据与情况并重,使定性分析定量化,提高定性预测的说服力;第三,将定性预测和定量预测相结合,先进行定性分析,再进行定量预测,最后再进行定性分析,以提高预测质量。

【知识链接】

　　社会预测在历史上大致先后经历了神灵性预测、经验性预测、哲理性预测、实证性预测四种形式。这四种社会预测形式在人类社会的古代、近代和现当代都曾先后占据过主导地位,而且人类早期的预测形式在现当代社会预测活动中也还有不同程度的反映和体现。但总的趋势是后者不断取代前者,或者说是前者不断向后者转变的过程。在这个转变过程中的重要特征是,社会预测中非科学的因素不断消亡,科学因素不断取得主导地位。

哲理性预测是根据社会变化的规律,而不是仅凭现象的重复来对事物的未来作预测。哲理性预测是科学预测的定性形式(与定量相对而言,与后面的实证预测相对而言)。哲理性预测是随着社会生产力和科学技术的发展而产生和发展起来的。许多科学家和哲学家把研究客观世界的本质与规律作为自己的使命,与此同时也开始用科学与理性展望未来,从而使人类的预测活动开始突破神灵性预测的桎梏和经验性预测的局限。进步的哲学家用理性与逻辑对社会的未来进行哲理性预测。哲理性预测的发展在人类历史上呈现出两个阶段:

一是古代的朴素的哲理性预测,随着人们对社会的局部领域运动的规律性的逐步认识,使得人们开始根据客观规律进行预测,如中国古代的《易经》《孙子兵法》中都体现出哲理性预测思想的光辉。从孙膑的马陵之战、围魏救赵之战等战役的预测中,我们可以看到古代确有不少运用哲理性预测的高手。但这一阶段的哲理性预测还比较浅近、模糊、其力量也十分有限,只能使人们在若干局部性问题上获得较浅近的预见,如像军事领域和政治斗争领域,还不能完全脱离宗教占卜预测的桎梏,而在更广阔的社会领域中发挥作用。

二是随着近代自然科学的发展尤其是19世纪中叶马克思主义的诞生而产生的科学的哲理性预测。随着自然科学中不断产生的重大发现和马克思通过历史唯物主义和剩余价值学说对社会发展规律的揭示,使人类的社会预测第一次划时代地上升到科学化的高度,并促使哲理性预测不仅在自然领域,而且在社会领域中发挥更广泛的作用。正如毛泽东所指出:科学预测,尤其是社会历史领域的科学预测,其真正的基石是马克思主义奠定的。他说:"整个人类在马克思主义产生以前对于社会的发展历来没有预见,或者没有很清楚的预见。……资产阶级在自然科学方面有很多好的预见,但在社会科学方面还是盲目的。只有产生了马克思主义,才对社会发展有了预见,使人类对社会的发展的认识达到了新的阶段"。马克思主义的产生才使得科学预测活动真正自然界以外的社会历史领域日益广泛地展开。马克思、恩格斯对社会前景的科学预测,是预测史上的空前壮举和光辉范例。它为科学预测在社会领域中的全面运用打下了坚实的基础,为人们在社会历史领域中进行的各类预测提供了总的科学理论指导和基本依据。不仅如此,马克思主义的科学理论还揭示了整个世界(包括自然界、社会和人类思维)运动的一般规律,提出了一些经典性的未来预测思想原则和科学方法,使人们对整个世界各领域的未来预测状况大为改观。

(资料来源:阎耀军.社会预测学基本原理[M].北京:社会科学文献出版社,2005:19—30.)

第一节 教育专家个人预测法和教育专家协商预测法

一、教育专家个人预测法

(一)教育专家个人预测法的含义和特点

教育专家个人预测法是根据教育专家个人的知识、经验和判断推理能力,对未来教育发展作出直觉预测的一种方法。这种方法的特点是便于实施、节省人力、物力、财力和时间,但它要求预测者必须对预测对象有深入和全面的了解,且掌握丰富的相关资料,否则易产生片面性。

运用教育专家个人预测法,既可以采用口头咨询的方式,以便快速得到预测结果,也可以以书面的形式提出预测的结论,以便专家经过充分思考作出结论。

按口头咨询的标准化程度来划分,口头咨询的方式可分为:标准式口头咨询、非标准式口头咨询、半标准式口头咨询。标准式口头咨询是指在咨询前对咨询中准备提出的问题、提问的顺序、方式以及记录形式都要设计、编排,咨询时依照事先设计的方案进行;非标准式口头咨询是指在咨询前对咨询没有严格的限制,咨询中可以让专家比较自由地发表自己的预测意见;半标准式口头咨询是介于标准式口头咨询和非标准式口头咨询之间的一种口头咨询形式,其特点是部分咨询内容按固定的形式来进行咨询,而其余内容则采用比较自由的形式来获取。

(二)运用教育专家个人预测法应注意的问题

要使口头咨询取得良好的效果,咨询人员在进行口头咨询的过程中应与教育专家建立融洽的个人关系,正确引导谈话的方向,以便获得有价值的预测结果;在使用书面咨询的形式时,应提问清晰、含义明确,便于教育专家回答。

在采用教育专家个人预测法时,选聘合适的专家是一项重要的工作。根据不同的教育预测任务和目标,应挑选不同类型的专家。为了选到合适的专家,选聘工作必须注意:选聘的专家应该是教育领域的权威;选聘的专家不仅具有渊博的相关理论知识背景和丰富的实践工作经验,而且不拘泥于成规,有创新精神和超前意识;选聘的专家要敢于坚持真理、实事求是,既要具有不带成见的眼光,又要具有不惧怕舆论压力的勇气,独立、中肯地发表自己的意见。

二、教育专家协商预测法

(一)教育专家协商预测法的含义和特点

教育专家协商预测法是将若干名专家集中在一起,共同探讨未来教育发展的趋势,判断未来教育的一种方法。采用这种方法的目的是要避免教育专家个人预测法可能发生的片面性错误,通过让专家们面对面的交换意见,可以及时地对他们的见解加以协调,最终得出比较一致全面的教育预测结论。

教育专家协商预测法的特点是能够集思广益,有可能利用不同教育领域专家的知识和经验,使得预测结论更加全面和准确。但是,专家发表个人意见时,极易受到权威和多数人意见的影响,而使正确的预测意见被忽视,同时,专家的自尊心还容易造成预测意见的分歧,使得预测难以形成最后的一致结论。

(二)运用教育专家协商预测法应注意的问题

在利用教育专家协商预测法时,应该考虑选聘年龄、性格和专业领域等不同类型的专家,这样有利于专家在预测素质方面的互补。专家群体可由多学科的专家组成,如预测学领域的专家、教育专业领域的专家、社会学以及其他相关学科的专家等。专家小组的规模不宜过大或过小,一般以7-8人左右为宜,当然这要由预测对象的性质决定。选聘专家时可以采用专家综合比较法、专家成果评定法等方式来挑选合适的人选。

第二节 头脑风暴预测法

一、头脑风暴预测法的含义

头脑风暴法,也称为智力激励法,是针对某一问题,召集有关人员参加小型会议,在融洽轻松的气氛中，与会者敞开思想、各抒己见、自由联想、畅所欲言、互相启发、互相激励、创造性思维"共振"，从而获得众多解决问题的方法。

头脑风暴法是一种发挥人的创造性思维能力的直觉预测方法。它是由现代创造学的创始人、美国学者 A·F·奥斯本于 1939 年首创的一种创造性技术。头脑风暴原是精神病理学上的术语，是指精神病患者精神错乱时的胡思乱想。奥斯本借用此词转意为思维无拘无束、打破常规、自由奔放地联想，创造性地思考问题，畅所欲言，无所顾忌。20 世纪 50 年代，头脑风暴法作为一种创造性的思维方法在预测中得到广泛运用，并日趋普及。

二、头脑风暴预测法的分类

头脑风暴法可分为直接头脑风暴法、质疑头脑风暴法、默写式头脑风暴法等。所谓直接头脑风暴法，是指让专家们直接讨论具体问题，通过共同讨论，互相启发，使之意见逐步趋于一致，从而得出预测结果；质疑头脑风暴法也是召开专家会议，只不过这种会议分两次召开，第一次按照直接头脑风暴的会议形式召开，通过直接讨论得出基本一致的预测意见，第二次会议则是对第一次会议提出的设想进行质疑，通过质疑并寻求解决办法，使设想结论更加全面、正确；默写式头脑风暴法是德国科学家荷利对传统头脑风暴法的改造，每次会议由 6 人参加，每个人在 5 分钟内提出 3 种设想，又称为"635 法"，其程序是：给每个专家分发设想卡并标明 1、2、3，让每个专家在第一个 5 分钟内填写 3 个设想，然后将设想卡交给其他专家，每个专家在第二个 5 分钟内，根据从别人的 3 个设想中得到的启示再写 3 个新设想，再传递给其他专家，如此传递 6 次。

三、运用头脑风暴法的基本原则

在应用头脑风暴法时，为了取得较好的预测结果，应遵循以下基本原则：

平等原则。平等原则是指与会人员最好互不认识，且不介绍与会人员的背景资料，关注问题及观点，平等讨论。领导者不宜参加，以免对与会者产生压力和影响。

鼓励原则。鼓励原则是指会议的组织者要积极支持和鼓励专家们提出各种设想，并不断改进。不管专家们的设想是否适当、可行，都要认真对待，对任何一种设想，都不能作出结论性意见，以便使专家能够大胆发表看法，为准备修改自己设想的人提供优先发言权。

开放原则。开放原则是指在确定会议的主题后，与会专家可以自由地发表自己的见解，不必拘泥于形式。无论专家提出的设想是否适当、可行，都不能加以限制。要创造一种良好、自由的气氛，使与会者尽情发挥自己的想象力和创造性思维能力。

即席原则。即席原则是指参加会议的专家不能宣读事先准备的发言稿，而应当即席发言，与其他参会人员互相启发，激发直觉性思维。

迟判原则。迟判原则是指会议的组织者和参与者不能过早的对某一设想下断言、做结论，避免束缚他人的思维，熄灭创造性思想火花。

精简原则。精简原则是指参加会议的人数不宜过多和会议进行的时间不宜过长。参加会议人员的发言一定要精炼，不需要详细论述，应把时间和注意力集中于关键问题的讨论。长篇大论会减少他人发言的机会，也影响人们思维的创造力，有碍于创造性气氛的产生。

数量原则。数量原则是指在有限的时间里尽可能多的提出不同的设想。设想的质量和数量密切相关，产生的设想数量越多，其中的创造性设想就可能越多，以数量保证质量。

四、头脑风暴法实施的基本过程

（一）会议前的准备阶段

明确会议议题。预测组织者要明确预测的中心问题，并说明对该问题进行预测的原因，提供有关的历史与现实背景。

确定参会人选。根据要解决的问题挑选参加会议的人员。一般以 8-12 人为宜，也可以略有增减（5-15 人），与会者人数太少不利于交流信息、激发思维，人数太多则不容易掌握，且每人的发言机会减少。

邀请通知。在召集会议之前，应以书信的方式将会议的基本程序告知有关专家，说明预测的目的、预测问题以及预测的方式等。

（二）会议的举行阶段

明确分工，如主持人、记录员等。主持人引导、控制会议的进程和气氛。会议开始阶段，主持者可以采取询问的方式，一旦与会者积极性被调动起来，就应该让他们多提预测设想，会议中间，主持者可以按头脑风暴法的原则进行适当引导，不必过多干涉。记录员要以旁观者的态度对会议的内容作翔实记录，以备下一阶段使用。

规定纪律，如积极投入自由畅谈、不能私下议论、互相尊重、禁止批评等，根据头脑风暴法的原则和具体情况确定几条会议纪律。

掌握时间。会议的主持人应根据会议讨论情况控制时间，一般为 30-60 分钟为宜，时间太短，与会者难以畅所欲言，时间太长则容易产生疲劳感，影响会议效果。经验表明，创造性较强的设想一般要在会议开始 10-15 分钟之后逐渐产生。

（三）会议后的整理归纳阶段

头脑风暴会议结束后，由预测的组织者对会议的预测设想进行整理归纳。首先将所有的设想编制成一览表，并加以说明，然后将有关的设想合并，构成综合设想一览表。设想处理的方式有两种，一是专家评审；二是质疑头脑风暴，与会专家再次会议讨论，对每一个设想进行质疑，重点是评估预测设想实现的可能性和可行性，最终形成实际可行的预测设想一览表。

五、头脑风暴法的优缺点

头脑风暴预测法是一种直觉性的预测方法，其优点是：

平等、自由地发表意见，鼓励不成熟的预测设想，因而能激发创造性思维的火花，使参加会议的专家不断涌现出新的设想。

通过联想思维，能够对预测问题进行连续、多角度分析，从而预测因素的考虑比较充分，提出的预测方案的科学性、可行性强。

通过头脑风暴预测法获取的信息量大，考虑的因素和分析的角度多，提供的方案比较全面和广泛。

头脑风暴法虽有明显的优点，但也存在一些缺点，主要有：

易受权威影响。在专家会议期间，如果专家的身份互相了解，则发表意见时就会有所顾虑，创造性思维会受到一定的抑制。

易受表达能力的影响。由于会议时间较短，有些专家虽有很好的创造性设想，但表达能力欠佳,因而无法充分表达个人的想法以引起其他专家的共鸣,也会影响其进一步讨论的积极性和兴趣。

易受自尊心理因素的影响。有的专家过于自信或爱面子,听不进去不同意见,有的甚至明知自己有错,也不愿意公开承认和修改意见,因而影响预测的质量效果。

【案例】

某高职院校试图找出一条适合于自身发展的专业学科改革模式。他们利用"头脑风暴法",召开了一次能让头脑卷起风暴的座谈会,成功解决了这一问题。参加会议的包括院领导、中层干部、各科专业教师与技术人员、行政辅导员,在讨论问题的过程中,没有上下级关系,平等对待,自由发挥。会议规则遵守"头脑风暴法"的各项原则。按照这种会议规则,大家展开了广泛的讨论。有人提出聘请校外专业人才到校任教;有人建议派遣学校教师到校外进修;还有人提出成立研究所,通过研究所实践教学带动学科发展等。对于一个只有专科层次的高职院校通过"成立研究所"带动学科发展的想法,大家心里尽管觉得滑稽可笑,但在会上也无人提出批评。会后,一位院领导认为这个方法可行,他认为通过实践创新带动高职院校的学科创新,是一条可持续发展的好路子。于是,通过多方努力,利用自身的优势,依托学院路桥工程设计学科成立了具有独立法人资格的"交通规划勘察设计所"。该所经建设部、交通部审批,具有公路行业勘察设计乙级资质。设计所主要通过教师带学生从事公路、桥梁和隧道的勘察设计、边坡治理、旧桥加固工程设计等工作实现对外服务。设计所成立三年多,已在江西、广东、福建、湖北等地区承接了43条公路,累计1 380多公里的勘察设计任务。其中有多座大中型桥梁,总长度达15 000多米。在取得了良好的社会效益和办学效益的同时,也创造了数千万元的经济效益。通过这种结合生产实际的勘察设计,在提高教师的实践动手能力和解决复杂问题能力的同时,也大大强化了学生的技能。凡在勘察设计所实习过的学生,毕业后都能更为顺利地找到合适的工作,并能很快适应工作岗位要求,受到用人单位的青睐。可以说,设计所为该校路桥专业的学生职业技能的提高创造了一个优良的教学环境,也为产学研结合的学科创新开拓了新的途径。

(资料来源:许世建,张翌鸣,陶军明.职业教育预测与规划[M].成都:巴蜀书社,2010:72-73.)

第三节　德尔菲预测法

一、德尔菲预测法的含义

德尔菲法本质是一种反馈匿名函询法,是采用同时向多位专家发函征询预测意见,并经过多轮反馈而使预测意见趋于一致的预测方法。

德尔菲是 Delphi 的中文译名,一处古希腊遗址,是传说中神谕灵验、可预卜未来的阿波罗神殿的所在地。20世纪50年代,美国著名咨询机构兰德公司为了提高专家预测法的可靠性,与道格拉斯公司合作研究如何通过有控制的反馈以更好地收集和改进专家意见的预测方法,并以德尔菲命名。

德尔菲预测法针对专家协商预测法和头脑风暴预测法的缺陷,不采用专家会议的形式,而是采用向专家发函调查,这样就能有充足的时间让专家们对所预测的问题提出设想,然后将他们的设想进行整理、归纳,匿名反馈给各位专家,再次征求意见,回收后再加以综合、反馈。这样经过多次反复,最后就能得到一个比较一致的、可靠性较大的预测意见。

二、德尔菲预测法的特点

匿名性。德尔菲法采用匿名函询的方式征求意见,即每位专家的分析判断是在背靠背的情况下进行的。在实施德尔菲法的过程中,应邀参加预测的专家不开会见面,只与预测小组成员单线联系,消除了心理因素对专家判断客观性的影响。由于德尔菲法的匿名性,使得专家无须担心充分地表达自己的想法是否会有损于自己的权威,而且也可以使专家的想法不受口头语言表达能力的影响和时间的限制。因此,德尔菲法的匿名性有利于各种不同的观点得到充分的发表。

反馈性。德尔菲预测法函询专家的意见要经过多个轮次,以使专家的设想逐步趋于一致。预测的组织者对每一轮的预测结果做出统计、汇总,并提供有关专家的论证依据和资料,作为反馈材料发给每一位专家,供下一轮预测时参考。专家们从多次的反馈资料中进行分析选择,参考有价值的意见,深入思考,反复比较,提出更好的、趋于一致的预测意见。

统计性。对各轮反馈意见进行定量处理是德尔菲法的一个重要特点。预测结果的统计特性,也称收敛性。为了科学地综合专家们的预测意见和定量表示预测的结果,德尔菲法采用统计方法对专家们的意见进行处理,专家意见逐渐趋于一致,预测值趋于收敛。

三、德尔菲预测法的分类

我们在这里所定义的德尔菲法,准确地描述了经典德尔菲法的本质。但随着德尔菲法的广泛应用,许多预测学家对经典德尔菲法进行了某些修正,并开发了一些派生方法。派生方法分为两大类:一类是保持经典德尔菲法基本特点,一类是改变其中一个或几个特点。

保持经典德尔菲法基本特点的派生方法主要是对经典方法中的某些部分进行修正,克服德尔菲法的某些不足之处。进行修改时可以针对以下方面:提供时间一览表;向专家提供背景资料;减少应答轮次;对预测事件给出多重数据;进行自我评价;建立置信概率指标。

改变德尔菲法基本特点的派生方法主要是通过改变匿名性和反馈特性,衍生出德尔菲法的新的类别。具体修改之处有:部分取消匿名性以及部分取消反馈。

四、德尔菲预测法的实施

(一)成立预测组织领导小组,确定具体的预测问题

应用德尔菲法需要一个组织领导小组负责全面工作,包括确定具体的预测问题、准备预测问题的背景材料、选聘专家、设计调查表实施调查、统计反馈等。

在征询专家的预测意见时,一般要将总的预测目标分解为若干具体的预测问题,然后由专家根据各预测问题的要求作出相应的预测结论,包括对预测目标作定量估计、对实现条件的简要说明、对实现措施的充分说明等内容。预测问题的确定,可以通过函询调查来确定,也可以有预测组织领导小组通过分析提出。

(二)选聘预测专家

确定了具体的预测问题后,就须要选聘合适的预测专家。一般来说选择的专家应对预测主题和问题有比较深入的研究、知识渊博、经验丰富、思路开阔、富有创造力和判断力的专

业人士。同时,也需要选择边缘学科和相关学科的专家。专家的人数一般以10-15人为宜,对于一些重大的教育问题,专家人数可以扩大,甚至上百人。

(三)设计调查表

德尔菲法的基本工具就是调查表,其质量的好坏直接影响教育预测的效果,因此,设计好调查表是教育预测组织者的一项重要任务。一般调查表主要有问题栏和应答栏两部分。问题栏以简洁、准确的语言表述预测问题,应答栏要求专家按照预测问题的要求填写预测意见。依据教育预测问题的不同,调查表的类型也会有一些变化。

例如预测教育目标完成时间调查表:①

表4.1 某地区小学普及计算机教育情况的预测调查表

问题栏	应答栏		
	实现的时间	实现的概率	简要说明
某地区普及计算机教育的小学达到95%的年份		>0.9	
		0.6-0.8	
		<0.5	

例如实现预测目标途径调查表:②

表4.2 某省中学生均事业费达标途径调查表

预测方案序号	某省中学生均事业费达标途径	实现的时间	实现的概率	详细预测方案附件编号
1				
2				
3				

在进行第二轮以后的预测调查中,还应在调查表的问题栏中给出上一轮预测调查的统计结果。

(四)实施调查

实施调查即预测过程,经典德尔菲法的预测过程一般分为四轮,每轮调查均由预测组织者将调查表函寄给参与调查的各位专家,专家们在完成调查表后,寄回预测组织者。四轮调查的基本内容是:

第一轮,往往仅向专家提供教育预测的主题,由专家提出有关教育预测目标和具体的预测问题。因此,一般第一轮设计的是一个开放式的调查表,所提问题没有固定的格式和内容,主要目的是为了让专家们自由地提出设想。预测组织者收回调查表后,要对专家填写的调查表进行汇总整理,并将主要的教育预测设想编制成一览表,作为第二轮专家调查表提供给每位专家。

第二轮,将汇总整理后的"教育预测设想一览表"函寄给所有专家,让专家对表中所有预测设想提出意见,并要求说明理由,预测组织者根据返回的调查表的意见及其理由,作新

---

①② 徐虹.教育预测与规划[M].沈阳:辽宁大学出版社,2000:92.

一轮的归纳整理,并进行统计分析,取得专家们对各个设想的预测意向和这种意向的集中以及分散程度。一般集中意向用数据的中位数来反映,预测意向的分散程度可用数据的上、下四分位数来表示。

第三轮,预测组织者向专家提供的调查表应包括第二轮归纳整理的专家们的主要意见和预测的统计结果,以及其他补充材料。各位专家接到第三轮的调查表后,可以对整个教育预测设想及其理由作更全面和深入的分析,从而提出新的预测意见和充分的理由。预测组织者综合返回的调查表设想,并作进一步的统计处理,如果专家意见比较集中,可以在第三轮结束函询预测调查,如果还没有达到相当一致的程度,就应进行第四轮预测调查。

第四轮,将第三轮预测调查的综合材料再发给专家,要求各位根据第三轮的归纳的预测结果以及预测过程中获得取的其他信息提出最后的预测意见。预测组织者根据这一轮专家的预测意见进行整理合统计分析,得出最终的教育预测结果。

运用德尔菲预测法,一般经过四轮预测函询调查,专家们的预测设想会基本趋于一致。但在有些情况下,如果在第二轮或第三轮就能取得相当一致的预测意见,函询调查也可以提前结束。

(五)调查结果的统计处理

在运用德尔菲预测法的过程中,须对调查结果进行多轮的统计处理,每次的统计结果都要随调查表反馈给各位专家。常用预测结果的统计计算方法,是以中位数代表专家预测的集中意见,以上、下四分位数代表专家意见的分散程度,上、下四分位数的间隔反映了处于中间状态的50%的专家意见的差异范围。

应用德尔菲法进行预测获得的统计结果,可以用表格、图形等不同形式传达给各位专家。表格形式即是用表格表达预测统计结果的形式,表中列有预测问题的名称和预测统计结果相应的中位数和上、下四分位数的范围;图形形式即用楔形图来表示上、下四分位数的间距变化范围,楔形图的顶点表示中位数,其宽度表示四分位数的间隔。

例如:[①]

表4.3 三轮调查的中位数及四分位数间距变化范围表

预测问题的名称	中位数			上、下四分位数的范围		
	一轮	二轮	三轮	一轮	二轮	三轮
W1	4	5	6	1-20	2-10	4-7
W2	1/40	1/40	1/40	1/20-1/70	1/30-1/60	1/40-1/50
W3	2020	2010	2010	2010-2020	2010-2015	2010-2010

五、运用德尔菲预测法应注意的问题

(一)对德尔菲法作出充分说明

为了使专家全面了解情况,一般在正式开展调查之前,应该向所有的专家介绍德尔菲预测法的实质和特点,以及轮间反馈的作用等。在正式进行调查时,还要在调查表的前言中说

---

① 徐虹.教育预测与规划[M].沈阳:辽宁大学出版社,2000:96.

明预测的目的和任务,以及专家的回答在预测中的作用。同时,还要对德尔菲法的统计意义作出充分说明。这样让各位专家能有效配合德尔菲法的实施,保证整个预测工作的顺利完成。

(二)问题要集中、有针对性,避免组合事件

问题要集中,不要过于分散,要有针对性,要使各个事件构成一个有机整体。问题要按等级排队,先综合后局部。同类问题,先简单后复杂。由浅入深排列易于引起专家回答问题的兴趣。

组合事件即复合问题,一个提问中包含两个以上的问题,尤其是其中某些方面是专家同意的,而另一些方面是不同意的,这时专家就难以作出回答。

(三)提问的语义清晰、明确,方式要适当

德尔菲预测法的主要工具就是函询调查表,调查表的问题质量直接影响预测质量,其中问题的提问方式就十分重要。问题要清晰、明确、简明扼要。提问模棱两可、含混不清、冗长,就会造成专家对问题的不同理解、分歧,甚至无法准确理解而放弃回答问题。例如"您认为大概要花多少年的时间,才能使我市薄弱学校的硬件设施达到重点学校的水平?"在这个问题中,"大概"、"薄弱学校"、"重点学校"、"硬件设施"都是容易引起专家不同理解或分歧的词语。

(四)控制问题的数量和每轮调查的间隔时间

实践经验表明,函询调查的问题数量一般不宜超过 25 个。问题数量不仅取决于应答要求的类型,还取决于专家作出应答的上限。如果问题简单或只要求作出简单的回答,则问题数量可以多一些。如果问题较难且回答较复杂,则数量要少一些。

从实践经验来看,不同的预测轮间时间间隔差别较大。传统的预测函询调查都采用邮寄调查表的方式进行,所需时间较长,而现代预测函询调查表可以采用网络邮件的方式进行,函询时间缩短;如果所聘的专家大多数来自全国各地,完成的时间较长,如果专家主要来自本单位,完成时间较短。

(五)调查表要尽可能简化

调查表的设计应有助于专家回答问题,要让专家的主要精力放在问题的分析、思考上,而不是梳理复杂、混乱的调查表。一般情况下,最好以"填空"的方式列出问题,便于专家作出回答,也便于组织者进行归纳统计。调查表还应留有足够的空间,便于专家提出个人观点。

(六)支付适当报酬

应用德尔菲预测法时,要花费被聘专家的时间和精力,如果不支付给他们相应的报酬,就很容易影响专家回应函询调查表的积极性。要使专家认真负责地参与预测工作,就应该支付给专家适当的报酬,以调动专家参与的积极性。

(七)客观评价德尔菲法,正视其不足

从德尔菲预测法的匿名性、反馈性、统计性等特点来看,德尔菲法有不少优于头脑风暴法或专家协商预测法的优点,但我们也应了解其不足,以扬长避短,提高其应用价值。

六、德尔菲预测法的优缺点

使用德尔菲预测法进行预测具有如下优势:

（1）由于采用非面对面的调查方式，因此参加预测的专家数量可以多一些，这样可以提高预测结果的准确性。

（2）由于预测过程要经历多个轮次反复，且从第二轮预测开始，每次预测时专家们从背景资料上了解到别人的观点，所以专家们在决定是否坚持自己的观点还是修正自己的意见时，需要经过周密的思考。因此专家们提出的预测设想的科学性较高。

（3）由于德尔菲预测法的匿名性特点，参加预测的专家完全可以根据自己的知识或经验提出意见，预测结果受权威的影响较小。

（4）由于最终的预测结果综合了全体专家的意见，集中了全体预测者的智慧，因此预测结果具有可靠性和权威性。

（5）由于德尔菲法采用函询方式，不需要所有的专家坐在一起讨论，因此可以加快预测速度和节约预测费用。

在使用德尔菲预测法进行预测时，要考虑其不足的方面。主要是预测结论受主观因素制约。预测结论取决于已经形成的观点和观点所包含的问题、专家的学识和权威、专家的状态以及专家对预测对象的兴趣程度等。专家的知识、权威以及研究兴趣通常属于某个领域，专家的精力也主要考虑所研究领域的问题变化趋势及其相互关系，因此，专家思维难免会有某种局限性。另外使用德尔菲法预测时，责任容易分散。专家的意见有时可能不完整或不切实际。

第四节 主观概率预测法和因素分析预测法

一、主观概率预测法

（一）主观概率和客观概率

概率，又称或然率、机会率、几率或可能性，是概率论的基本概念。概率是对随机事件发生的可能性的度量，一般以一个在 0 到 1 之间的实数表示一个事件发生的可能性大小。越接近 1，该事件更可能发生，越接近 0，则该事件更不可能发生，其是客观论证，而非主观验证。如某生有百分之多少的把握能通过这次考试或某事件发生的可能性是百分之多少。

概率分为主观概率和客观概率。主观概率是指人们对某一事件在未来发生或不发生可能性的估计，反应个人对未来事件的主观判断和信任程度。主观概率是社会科学领域预测中经常遇到的。客观概率是指某一随机事件经过反复试验后出现的频数，也就是对某一随机事件发生的可能性大小的客观估量。客观概率与主观概率的根本区别在于，客观概率具有可检验性，主观概率则不具有这种可检验性。客观概率计算理论上是直接的，只要决定有关事件发生的相对频率即可。而主观概率的计算仅能通过个人"内省"的办法来决定，即一个事件的主观概率是人们对这种事件出现可能性的一种信任程度，但绝不是主观臆断，是基于对事件已有信息的一种理智上的判断。

（二）主观概率预测法

在教育预测时基于主观概率的基础上作出的预测就称为主观概率预测法，是利用主观概率对各种教育预测意见进行集中整理得出综合性预测结果的方法。由于教育受政治、经济等因素的影响，因此对教育未来发展的预测常运用主观概率法。

常用的主观概率法有主观概率加权平均法和累计概率中位数法。主观概率加权平均法是以主观概率为权数,通过对各种预测意见进行加权平均,计算出综合性预测结果的方法;累计概率中位数法是根据累计概率确定不同预测值的中位数,对预测值进行点估计和区间估计的方法。

二、因素分析预测法

(一)因素分析预测法的含义和作用

因素分析预测是凭借教育理论与实践经验,通过分析影响预测目标的各种因素的作用的大小与方向,对预测目标未来的发展变化做出推断。

因素分析预测法有三个独特的作用:一是能够综合各种因素的影响而作出教育预测推断,使预测结论更为可靠;二是能够揭示教育现象之间的变化关系,在现象间的相互联系中作出有效的预测判断;三是能够采用一定的标准和方法,将诸多因素指标合并为一个综合性的指标,用以评价和预测教育的各项指标。

(二)因素列举归纳预测和相关因素推断预测

因素分析预测有两种,因素列举归纳预测和相关因素推断预测。

因素列举归纳预测是指将影响预测目标变动的因素逐一列举,并分析各种因素对预测目标作用的大小和方向,区分教育因素与非教育因素、可控因素与不可控因素、内部因素与外部因素、有利因素与不利因素,然后加以综合、归纳,推断预测目标未来的变化趋向。如通过列举和分析国家职业教育方针政策、职业教育和普通教育招生比例、高等职业教育发展、社会经济发展、社会培训、政府财政投入、社会投资等因素的变化,可推断未来职业教育变化的规律、专业、类型趋向。

相关因素推断预测是根据现象间的相互联系和相互制约关系,由相关因素的变动方向判断预测目标变动趋向的一种预测方法。其中,顺向关系判断是指两个现象间的变化方向为同增同减的关系,如学龄人数与教育需求量、教育政策的倾斜与教育的发展、财政收入与教育经费投入、在校学生人数与文化用品需求量、师资水平与教学质量,等等,利用顺向关系可以由相关现象的增加或减少,推断教育预测目标的变化趋向;逆向关系是指两个现象间的变动方向表现为此消彼长或一增一减的关系,如普通高中升学率与职业中学招生人数、学校招生规模的急剧扩大与教学质量,等等,利用逆向关系,可由相关现象的增加或减少,推断教育预测目标会向相反的方向变动。

相关因素推断法一般用于预测教育的变化趋向。如果要预测教育变化的数值或幅度,则可测算相关现象间的比例关系,由相关现象的数值推算预测目标的数值。

【阅读材料】

2016—2030年中国城乡义务教育在校生数预测

万人

年份	城市小学	县镇小学	农村小学	城市初中	县镇初中	农村初中
2016	3 130.15	3 590.07	2 645.88	1 560.58	2 154.41	635.07
2017	3 158.61	3 584.32	2 428.41	1 646.02	2 208.49	604.74

续表

年份	城市小学	县镇小学	农村小学	城市初中	县镇初中	农村初中
2018	3 162.78	3 553.70	2 222.97	1 757.60	2 299.79	586.21
2019	3 156.90	3 514.42	2 039.77	1 813.76	2 321.90	552.58
2020	3 146.86	3 472.89	1 880.68	1 883.73	2 366.36	527.92
2021	3 116.75	3 411.46	1 734.64	1 931.24	2 387.44	501.89
2022	3 354.98	3 643.58	1 752.05	1 894.13	2 310.56	460.66
2023	3 625.86	3 908.36	1 791.55	1 797.99	2 169.89	413.44
2024	3 801.36	4 068.10	1 793.37	1 699.44	2 034.23	373.73
2025	3 967.14	4 216.01	1 804.62	1 678.91	1 998.18	357.53
2026	4 090.59	4 317.81	1 812.96	1 715.20	2 034.66	358.40
2027	4 185.51	4 393.85	1 822.01	1 732.06	2 052.81	360.05
2028	3 995.49	4 179.82	1 719.40	1 966.37	2 330.52	408.76
2029	3 811.64	3 981.58	1 632.20	2 175.97	2 578.93	452.32
2030	3 678.85	3 842.87	1 575.34	2 301.54	2 727.76	478.43

资料来源:秦玉友,宗晓华.2016—2030年中国城乡义务教育师资需求预测[J].东北师大学报:哲学社会科学版,2017(01):12.

2016—2030年中国城乡小学师资需求预测   万人

年份	城市	县镇	农村	合计
2016	163.97	194.69	193.84	552.49
2017	165.46	194.38	177.91	537.75
2018	165.68	192.72	162.86	521.25
2019	165.37	190.59	149.43	505.39
2020	164.84	188.33	137.78	490.96
2021	163.27	185.00	127.08	475.35
2022	175.75	197.59	128.36	501.69
2023	189.93	211.95	131.25	533.13
2024	199.13	220.61	131.38	551.12
2025	207.81	228.63	132.21	568.65
2026	214.28	234.15	132.82	581.25
2027	219.25	238.28	133.48	591.01
2028	209.30	226.67	125.96	561.93
2029	199.67	215.92	119.58	535.16
2030	192.71	208.40	115.41	516.52

资料来源:秦玉友,宗晓华.2016—2030年中国城乡义务教育师资需求预测[J].东北师大学报(哲学社会科学版),2017(01):18.

2016—2030 年中国城乡初中师资需求预测　　　　　　　　万人

年份	城市	县镇	农村	合计
2016	124.55	168.31	52.75	345.61
2017	131.37	172.54	50.23	354.13
2018	140.27	179.67	48.69	368.63
2019	144.75	181.40	45.90	372.05
2020	150.34	184.87	43.85	379.06
2021	154.13	186.52	41.69	382.33
2022	151.17	180.51	38.26	369.94
2023	143.49	169.52	34.34	347.36
2024	135.63	158.92	31.04	325.59
2025	133.99	156.11	29.69	319.79
2026	136.89	158.96	29.77	325.61
2027	138.23	160.38	29.90	328.51
2028	156.93	182.07	33.95	372.95
2029	173.66	201.48	37.57	412.71
2030	183.68	213.11	39.74	436.52

资料来源:秦玉友,宗晓华.2016—2030 年中国城乡义务教育师资需求预测[J].东北师大学报:哲学社会科学版,2017(01):18.

思 考 题

1. 什么是定性预测？
2. 什么是教育专家个人预测法？有什么特点？
3. 什么是教育专家协商预测法？有什么特点？
4. 什么是头脑风暴预测法？有什么优缺点？实施的基本原则和过程有哪些？
5. 什么是德尔菲预测法？有什么特点和优缺点？应如何实施？
6. 什么是主观概率预测法？分为哪两种？
7. 什么是因素分析预测法？分为哪两种？

第五章　教育预测的定量方法

学习目标

通过本章的学习,要求学生理解什么是教育预测的"定量方法";掌握平均预测法的概念及应用;掌握算术平均预测法、加权平均预测法、移动平均预测法的概念;理解指数平滑预测法的概念;了解并会应用一次指数平滑法和指数平滑系数 α 的确定;掌握回归预测法的概念和应用。

建议学时

6 学时

定量分析方法是教育预测中一种非常重要的方法,也是许多专家都认为能够较好地保证预测质量的方法。当然,定量方法在理解和运用方面有一定难度。本章所介绍的方法,是最一般、最基本的教育预测的定量方法。

在制定教育发展规划,研究未来教育发展的战略及对策时,不仅需要一般地了解未来教育可能发生变化的性质和方向,而且需要定量地描述未来教育发展变化的趋势和动态过程,用定量预测方法对未来教育发展的规模、速度以及师资需求和教育投资条件等作出详细的描述,这是教育预测的主要任务。

定量教育预测,是指根据准确、及时、系统、全面的教育调查统计资料和信息,运用统计学的方法和数学模型,通过建立教育发展的数学化模型,来预测教育现象活动的未来发展规模、水平、速度和比例关系。简单地说,教育的定量预测法,是依据教育发展的历史资料及相关因素进行分析,并建立数学模型,实现对未来教育发展演变趋势的模拟的一种方法。它是科学的教育预测不可或缺的重要方法。定量预测方法的种类很多,目前在世界预测科学研究领域中,在预测方面所使用的定量方法大约超过两百多种,其中许多方法都适合进行教育预测。但是在教育预测的具体实践中,主要根据课题的要求和人员及设备条件等,选用一种或几种适当的定量预测方法。本章仅介绍几种常用的定量预测方法。

第一节　平均预测法

一、概念及对概念的理解

什么是"平均预测法"?

临近中考了,如果一位初中的班主任想对班上某位学生可能的中考分数做个大概的预测,最方便的方法应该是,把这位学生近一年的几次考试分数拿来,计算其算术平均数,这个计算结果就应该是预测的基本值。因为就一般情况而言,平均数是多次考试分数的典型值、代表值。平均预测法就是推测事物未来发展的期望数量结果的一种比较简单的方法。

平均预测法,就是指将一段时期的数据或者一组同类数据平均而进行预测的方法。一般来说,用来做预测的实际观测数据,应该是按照时间顺序排列出的"历史"统计数据,也称之为"时间序列"。

时间序列表现了预测对象在一定时期内发展、变化的过程,反映着预测对象发展变化的特点、规律和趋势。如果时间序列真实地反映出了预测对象的特点、规律和趋势,那么预测对象未来发展变化的特点、规律和趋势就应该是比较稳定的。于是,我们就可以根据时间序列选择适当的计算模型,推算出预测对象未来发展变化的量值。

平均预测法有多种具体的计算模型,比较常用的有算术平均预测法、加权平均预测法、移动平均预测法、指数平滑预测法等。其中,指数平滑预测法的地位较为特殊,所以下设独立一节介绍。

这些预测方法都有各自具体的计算方法和用途,在使用这些方法进行预测时,要特别注意判断其适用的条件。

二、平均预测法具体的计算模型

(一)算术平均预测法

1. 概念

算术平均预测法,是指将若干同类观察数据的算术平均数作为预测值的预测方法。

2. 计算方法

其计算公式可以表达为:

$$\bar{X} = \frac{X_1 + X_2 + \cdots + X_n}{n} = \frac{\sum_{i=1}^{n} X_i}{n} \tag{5.1}$$

公式中,$\bar{X}$代表算术平均数;$X_i(i=1,2,3,\cdots,n)$代表实际观测数据;n代表实际观测数据的个数。

3. 算术平均预测法的运用

算术平均预测法是最简单的定量预测方法。算术平均预测法的运算过程简单,不需要进行复杂的模型设计和数学运算,常在教育的短期预测中使用。

算术平均预测法,就是把若干历史时期的统计数值作为观察值,求出算术平均数作为下期预测值。这种方法基于下列假设:"过去这样,今后也将这样",把近期和远期数据等同化和平均化。但它既看不出数据的离散程度,也不能反映近、远期数据变化的趋势,因此只能适用于事物变化不大的趋势预测。如果事物呈现某种上升或下降的趋势,就不宜采用此方法。所以算术平均预测法一般在要求不太高的情况下使用。

(二)加权平均预测法

1. 概念

应用算术平均预测法时,假定了每个数据的重要性完全相同,但有些情况下,每个数据的重要性并不完全相同,这时使用上述计算算术平均数的方法估计预测值就不太合适。取而代之的方法就是加权平均预测法,即,应该要把每个数据的重要性在计算平均数时考虑进去,也就是计算加权平均数作为预测值。①

2. 计算方法

具体的计算方法是:

(1) 以一个称为"权数"的数值来反映每一个数据重要性的程度;

(2) 计算每个数据与对应"权数"乘积之和;

(3) 将上述乘积之和除以各个权数之和,得到相应的平均数。

用这种方法算得的平均数称为加权算术平均数,它的权数可以是整数,可以是小数,也可以为项目出现的次数,所求出的平均数值即为测定值。

$$\overline{X} = \frac{W_1 X_1 + W_2 X_2 + \cdots + W_k X_k}{W_1 + W_2 + \cdots + W_k} = \frac{\sum_{i=1}^{k} W_i X_i}{\sum_{i=1}^{k} W_i} \tag{5.2}$$

公式中:$\overline{X}$ 代表加权平均数;X_i 代表第 i 个实际观察数据;W_i 代表第 i 个实际观察数据的权数;k 代表实际观察数据的个数。

3. 加权平均预测法的运用及注意事项

在加权平均数的计算中,权数通常是由有关专家根据掌握的预测对象的本质规律和经验确定的,权数的确定是否合适,直接关系到加权平均的结果,因此,应该认真对待权数的选取。

例如:如果想对某位马上要参加高考的高三学生的高考成绩进行预测,可以选取其高一、高二、高三年级的期中和期末考试成绩及会考、一模、二模的成绩为实际观测数据。显然,其高一的考试成绩在预测中能发挥的作用,就不如高三的作用大;可能会考成绩发挥的作用,又不及两次模拟考试成绩的作用大。因此就需要采用加权平均数的方法进行预测,而各项数据的权数值应该是多少,就需要由经验丰富的教师们发挥群体智慧来讨论决定。权数确定的水平,将影响到预测结果的质量。

(三) 移动平均预测法

前面提到,算术平均预测法只适用于事物变化不大的趋势预测,如果事物呈现某种上升或下降的趋势,就不宜采用此方法。也可以说,对于随机波动的时间序列,如果没有明显的变动趋势,并且波动范围不大时,才适合采用算术平均预测法。而当时间序列的数值,由于受周期变动和随机波动的影响,起伏较大,不易显示出事件的发展趋势时,则应该选用移动平均法。因为移动平均法可以消除这些因素的影响,显示出事件的发展方向与趋势。显然,这是一种比算术平均法更有效的预测方法。

1. 概念

如前所述,时间序列是指将预测对象的统计数据,按照时间顺序排列,以反映一段时间内预测对象的变化规律。

由于分段平均需要大量的历史数据,而且有时分段过长造成数据波动较大,因此,可以

---

① 参阅于清涟,王殿武,王忠仁,黄正.教育预测学[M].长春:东北师范大学出版社,1990:245-246.

采用一种改进的方法,不是把一组数据隔离分段获取平均数数列,而是在平均间隔不变的情况下,每次后移一位求相应间隔平均数,并根据此平均数数列的变化来进行预测的方法,就称为移动平均预测法。

2. 移动平均法的基本思想

移动平均法的基本思想是:根据时间序列资料逐项推移,依次计算包含一定项数的序时平均值,以反映长期趋势的方法。也就是说,移动平均预测法是把算术平均法改为分段平均,即按各时期实际观测数据的时间顺序逐点推移,然后根据最后的移动平均值来预测未来某一期的发展状况。

比如,用于预测某种教育现象活动特点和规律的"时间序列",共有 12 个数据,如果选定分段数为 3,那么第一段的移动平均值,就是时间序列中排 1、2、3 的这 3 个数据的算术平均数;第二段的移动平均值,是时间序列中排在 2、3、4 的这 3 个数据的算术平均数。以此类推第十段的移动平均值,就是时间序列中排 10、11、12 的 3 个数据的算术平均数。

3. 计算方法

计算移动平均数的公式可以表示为:

$$\overline{X} = \frac{X_t + X_{t-1} + \cdots + X_{t-k+1}}{k} \tag{5.3}$$

公式中,$\overline{X}$ 表示 t 时期的移动平均数;t 表示时间序列的时期序号;k 表示选取的分段数;$X_i(i=t-k+1, t-k+2, \cdots, t)$ 表示 i 时期的实际值。

例如:表 5.1 是某省 2001 年到 2010 年职业高中在校人数,以此为基础计算出间隔二年和四年的移动平均数数列。

表 5.1 某省 2001—2010 年职业高中在校人数移动平均值表

年份	自然序号	在校生(万人)	二年移动平均值	四年移动平均值
2001	1	17.8		
2002	2	19.5		
2003	3	22.9	18.65	
2004	4	20.6	21.20	
2005	5	24.6	21.75	20.20
2006	6	21.5	22.60	21.90
2007	7	23.4	23.05	22.40
2008	8	26.1	22.45	22.53
2009	9	22.3	24.75	23.90
2010	10	23.4	24.20	23.33

从表格中表达出来的两列移动平均数数列可以看到,以四年时间分段计算出的数列中,数据的分散程度比两年的要小。因此,以四年的分段数列对 2011 年的在校生人数做预测,应该比两年的好一些。具体的预测人数应该为:

$$Q = (23.4+26.1+22.3+23.4) \div 4 = 23.8(万)$$

如果想对2012年的在校生人数做预测,则应该用2008、2009、2010、2011年的数据计算。具体的预测人数应该为:

$$Q_1 = (26.1+22.3+23.4+23.8) \div 4 = 23.9(万)$$

4. 意义及运用

如果预测对象在某些发展时期中受到一些严重的干扰,那么在这段时期内,预测对象的变化规律就可能偏离正常的发展轨道。这种情况就会表现出时间序列的数值起伏较大,不易显示出事件的发展趋势。而采用移动平均预测法,就能够将这些异常现象修匀,从而得出预测对象发展的正常规律。在这个基础上,再获取相应的预测结果,这就是移动平均预测法的意义。

运用移动平均法进行预测,每次求平均的分段数 k 的选取十分重要,k 值不同,移动平均修匀原数列的效果也不一样。k 值越小,越能反映出时间序列的变化细节,而修匀能力却会下降,就是对随机波动的影响抑制越弱;反之,k 值越大,所得到的移动平均数列反映的变化过程就越趋于平缓,修匀作用越强,但对时间序列变化的反应就越不灵敏。可见,反映数据变化能力和修匀数据能力是成反比的,因此,在实际应用移动平均预测法时,应根据具体情况选择适当大小的 k 值。

5. 移动平均预测法的变化方式

(1) 平稳式

一般情况下,当时间序列的发展趋势无明显变化时,对 k 值的大小没有过多要求,这种变化方式称为平稳式。

(2) 脉冲式

当时间序列仅在一段时间变化比较剧烈,在其他时间变化比较平稳时,应取比较大的 k 值,以便比较好地修匀时间序列的变化趋势,这种变化方式称为脉冲式。

(3) 阶梯式

当时间序列以阶段性的规律发展时,应取比较小的 k 值,这样才能更好地反映数据发展变化的阶段性,这种变化方式称为阶梯式。

(4) 斜坡式

当时间序列的发展趋势变化比较明显时,移动平均数数列落后于实际变化趋势,应取较小的 k 值,以减少预测误差,这种变化方式称为斜坡式。

第二节 指数平滑预测法

一、指数平滑法的基本思想

指数平滑法是布朗(Robert G. Brown)所提出,布朗认为时间序列表达的变化态势应该具有稳定性或规则性,所以时间序列就可以被合理地顺势推延,得出现在还没有在时间序列中反映出来的结果,也就是预测的结论。他认为,时间序列中反映出的最近的过去态势,在某种程度上会持续到最近的未来,所以在对"最近的未来"也就是预测结果做出的推算中,"最近的过去态势"所起的作用应该是重要的,因此要将较大的权数放在最近的资料上。

算术平均法是对时间序列的过去数据一个不漏地全部加以同等利用。移动平均法则不考虑较远期的数据,在移动平均预测法中,将时间间隔内 k 个数据的地位同等对待,如果用加权平均数的计算方法来考虑移动平均数的计算过程,可以将时间间隔内 k 个数据的权重作为 $1/k$,间隔以外的其他历史数据权重系数作为 0,即认为预测值前的 k 个实际数据对预测结果有同等重要的作用,而 k 个实际数据以外的数据对预测结果无任何影响。

然而,从事物发展的一般规律来看,很少有每个阶段的数据所反映的状况地位基本相当的情况存在。表达事物运动变化态势的时间序列的数据中,应该是越近期的数据,对预测事物发展水平的影响越大;离预测时间越远的历史数据,对于预测事物的影响越小。但是不能认为离预测时间较远的历史数据在作出预测中没有作用,只不过这种历史数据对预测事物的影响程度,可能是按时间由近至远呈递减的规律。因此应该在预测时考虑到时间序列中的全部数据,通过构造一种加权平均数来体现按时间由近至远呈递减的规律,即使加权平均数中的权重大小,按时间由近至远逐步递减排序。

加权平均数中的权重大小,按时间由近至远逐步递减排序的数学方法可以有多种,但许多的实践证实,在以时间序列为基础的定量预测中,最适当的方法是使权重系数按照指数规律递减排序。这样做的效果是,可以比较好地控制修匀时间序列的变化趋势,就是对随机波动的影响抑制有意义。从统计学的角度说,这就称为"平滑"。所以这种加权平均预测法就被称为"指数平滑预测法"。

二、指数平滑法的概念

(一) 概念

指数平滑法,是在移动平均法基础上发展起来的一种时间序列分析预测法,它是通过计算指数平滑值,配合一定的时间序列预测模型对现象的未来进行预测。指数平滑法是各类预测中常用的一种方法,常用于中、短期发展趋势的预测,在所有的预测方法中,指数平滑法是使用最多的一种。

(二) 特点

指数平滑法的特点在于给过去的观测值不一样的权重,即较近期观测值的权数比较远期观测值的权数要大。

(三) 分类

根据平滑次数不同,指数平滑法分为一次指数平滑法、二次指数平滑法和三次指数平滑法等。但它们的基本思想都是:预测值是以前观测值的加权和,且对不同的数据给予不同的权数,新数据给予较大的权数,旧数据给予较小的权数。

我们主要介绍一次指数平滑法。

三、一次指数平滑法

(一) 概念

一次指数平滑法就是一种特殊的加权平均法,基本做法是对本期观察值和本期预测值赋予不同的权重,求得下一期预测值的方法。即,对离预测期较近的观察值赋予较大的权数,对离预测值较远的观察值赋予较小的权数,权数由近至远按指数规律递减,所以叫做指数平滑法。

（二）计算方法

一次指数平滑法公式如下：

$$F_{t+1} = \alpha Y_t + (1-\alpha) F_t \qquad ①$$

F_{t+1} 为 $t+1$ 期的指数平滑趋势预测值；

F_t 为 t 期的指数平滑趋势预测值；

Y_t 为 t 期实际观察值；

α 为权重系数，也称为指数平滑系数，其取值范围为 $[0,1]$。

为什么这种方法会叫做指数平滑法呢？从这个公式并没有看到指数的出现，那指数从何说起？平滑又是什么意思？

在①中，最后一个 F_t 又可以写成如下表达式：

$$F_t = \alpha Y_{t-1} + (1-\alpha) F_{t-1} \qquad ②$$

于是我们把②代入①式中，得出：

$$F_{t+1} = \alpha Y_t + (1-\alpha) [\alpha Y_{t-1} + (1-\alpha) F_{t-1}] \qquad ③$$

而 $t-1$ 期的预测值又可以写成：

$$F_{t-1} = \alpha Y_{t-2} + (1-\alpha) F_{t-2} \qquad ④$$

把④代入③式中，得：

$$F_{t+1} = \alpha Y_t + (1-\alpha) \alpha Y_{t-1} + (1-\alpha)^2 \alpha Y_{t-2} + (1-\alpha)^3 F_{t-2} \qquad ⑤$$

同样道理，再进行一次代入运算，得：

$$F_{t+1} = \alpha Y_t + (1-\alpha) \alpha Y_{t-1} + (1-\alpha)^2 \alpha Y_{t-2} + (1-\alpha)^3 \alpha Y_{t-3} + (1-\alpha)^4 F_{t-3} \qquad ⑥$$

那么，通用公式就可以写成如下形式：

$$F_{t+1} = \alpha Y_t + (1-\alpha) \alpha Y_{t-1} + (1-\alpha)^2 \alpha Y_{t-2} + \cdots + (1-\alpha)^n \alpha Y_{t-n} + \cdots + (1-\alpha)^{t-1} \alpha Y_1 + (1-\alpha)^t F_1 \qquad ⑦$$

由⑦式我们可以看出，$t+1$ 期的预测值跟 t 期及之前的所有期的实际观察值按 $(1-\alpha)^n$ 的 n 递增，所以这里就是指数平滑法中的"指数"的意义所在。

由于 $(1-\alpha)^n$ 的 n（整数）按步长 1 一直递增，而 $1-\alpha$ 在 0 到 1 之间，所以 $(1-\alpha)^n$ 的值会越来越小，从⑦式中看，就是说离 $t+1$ 期越久远的实际观察值，对 $t+1$ 期的预测值的影响越小。

在⑦式中，还有最后一项 $(1-\alpha)^t F_1$，F_1 就是第一期的预测值，但数据中并没有第一期的预测值，所以一般取前几期的实际观察值的平均值来代替。实际上这个 F_1 并不重要，因为 $1-\alpha$ 是个介于 0 和 1 之间的小数，当 t 很大时，$1-\alpha$ 的 t 次方（乘方）后，$(1-\alpha)^t F_1$ 已经非常接近 0 了，所以 F_1 在⑦式中的作用并不大。

⑦式用文字描述就是，对离预测期较近的观察值赋予较大的权数，对离预测值较远的观察值赋予较小的权数，权数由近至远按指数规律递减，所以叫做指数平滑法。

第一期 F_1 值确定的一般方法为，如果原数列的项数较多时（大于 15 项），可以选用第一期的观察值或选用比第一期前一期的观察值作为初始值 F_1。如果原数列的项数较少时（小于 15 项），则可以选取最初几期（一般为前三期）的平均数作为初始值 F_1。

（三）指数平滑法的优点和不足

一次指数平滑法的优点在于，它在计算中将所有的观察值都考虑在内，对各期按时间的远近赋予不同的权重，使预测值更接近实际观察值。但一次指数平滑法也存在明显的缺点，它只适合于具有水平发展趋势的时间序列分析，只能对近期进行预测。如果碰到时间序列具有上升或下降趋势时,在这个上升或下降的过程中,预测偏差会比较大,这时最好用二次指数平滑法进行预测。

(四)运用

指数平滑方法的选用,一般可根据原数列散点图呈现的趋势来确定。如呈现直线趋势,选用二次指数平滑法;如呈现抛物线趋势,选用三次指数平滑法。

四、指数平滑系数 α 的确定

在指数平滑法中,预测成功的关键是 α 的选择。

(一)α 的选择的意义

α 的大小规定了在新预测值中新数据和原预测值所占的比例。α 值愈大,新数据所占的比重就愈大,原预测值所占比重就愈小,反之亦然。但 α 的取值又容易受主观因素影响,因此合理确定 α 的取值方法十分重要。一般来说,如果数据波动较大,α 值应取大一些,可以增加近期数据对预测结果的影响;如果数据波动平稳,α 值应取小一些。大家一般采用经验判断法确定 α 的取值,这种方法主要依赖于时间序列的发展趋势和预测者的经验做出判断。

(二)α 的选择的方法

1. 当时间序列呈现较稳定的水平趋势时,应选较小的 α 值,一般可在 0.05~0.20 范围内取值;

2. 当时间序列有波动,但长期趋势变化不大时,可选稍大的 α 值,常在 0.1~0.4 范围内取值;

3. 当时间序列波动很大,长期趋势变化幅度较大,呈现明显且迅速的上升或下降趋势时,宜选择较大的 α 值,如可在 0.6~0.8 选值,以使预测模型灵敏度高一些,能迅速跟上数据的变化;

4. 当时间序列数据是上升(或下降)的发展趋势类型,α 应取较大的值,在 0.6~1 范围内。

五、一次指数平滑法举例

某市从 2001 年到 2015 年,市级重点高中招生总人数的比例如表 5.2 所示。

表 5.2 2001—2015 年市级重点高中招生总人数的比例

时间序号(t)	1	2	3	4	5	6	7	8	9	10	11	12	13	14	15
比例(%)	10	15	8	20	10	16	18	20	22	24	20	26	27	29	29

用一次指数平滑法预测 2016 年市级重点高中招生总人数的比例,即 F_{16}。

为了分析加权系数 α 的不同取值的特点,分别取 $\alpha=0.1$,$\alpha=0.3$,$\alpha=0.5$ 计算一次指数平滑值,并设初始值为最早的三个数据的平均值。以 $\alpha=0.5$ 的一次指数平滑值计算为例:

$$F_1 = (Y_1+Y_2+Y_3)\div 3 = 11$$

$$F_2 = \alpha\cdot Y_1+(1-\alpha)\cdot F_1 = 0.5\times 10+0.5\times 11.0 = 10.5$$

$$F_3 = \alpha\cdot Y_2+(1-\alpha)\cdot F_2 = 0.5\times 15+0.5\times 10.5 = 12.8$$

依次类推,求得 α=0.1,α=0.3 和 α=0.5 时的一次指数平滑值数列,计算结果如表 5.3 所示。

表 5.3　一次指数平滑值计算表

序号	1	2	3	4	5	6	7	8
比例	10	15	8	20	10	16	18	20
F_t ($\alpha=0.1$)	11.0	10.9	11.3	11.0	11.9	11.7	12.1	12.7
F_t ($\alpha=0.3$)	11.0	10.7	12.0	10.8	13.6	12.5	13.6	14.3
F_t ($\alpha=0.5$)	11.0	10.5	12.8	10.4	15.2	12.6	14.3	16.2
序号	9	10	11	12	13	14	15	
比例	22	24	20	26	27	29	29	
F_t ($\alpha=0.1$)	13.4	14.3	15.3	15.8	16.8	17.8	18.9	
F_t ($\alpha=0.3$)	16.0	17.8	19.7	19.8	21.7	23.3	25.0	
F_t ($\alpha=0.5$)	18.1	20.1	22.0	21.0	23.5	25.3	27.2	

按上表可得,2015 年对应的 18.9,25.0,27.2 就可以根据预测公式用来预测 2016 年市级重点高中招生总人数的比例。

以 α= 0.5 为例:$Y_{16}=0.5*29+(1-0.5)*27.2=28.1$,也就是说按照预测结果,2016 年市级重点高中招生总人数的比例应该为 28.1%。

第三节　回归预测法

在现实世界中,每个事物的运动变化都存在必然的内在规律性,所以人们可能通过准确地认识一个事物已经发生的运动变化,对其尚未出现的变化作出预测。此外,任何一个事物的运动变化,总是与其他事物的运动变化相关联的,于是我们也有可能通过对 A 事物运动变化的把握,来分析 B 事物的运动变化特点。

事物之间这样的联系一般可以分为两类:一类为相互之间的关系能够用确定的函数关系来表达的。数学、物理、化学等学科的知识中就有许多相关的表述。另一类为事物之间的确存在相互影响的关系,但至少现在我们还没有找到能够用函数关系来表达的方法,我们认为这种关系不是完全确定的,只能表达出关系可能的一致性程度大小,这样的关系被称之为"相关关系"。在社会学、教育学等学科中,我们分析的大多是存在相关关系的事物之间的运动变化。

尽管事物间相互影响的相关关系无法建构一种精确的函数关系,但是通过大量的调查或实验来获取反映各事物运动变化的数据,我们也可以用统计的方法寻找它们之间近似的函数关系,这种近似的函数关系反映了变量间的统计规律。这种用统计手段找出变量间近似的函数关系的分析过程,就叫做回归分析。运用回归分析对研究对象进行预测,就称为回归预测。之所以叫"回归",就是要回到"通常的情况""一般的情况""自然的情况"。

一、回归分析和回归预测法

(一) 回归分析

1. 概念

回归分析,就是研究相关关系的一种数学方法,是寻找不完全确定的变量间的数学关系式并进行统计推断的一种方法。即,用统计手段找出变量间近似的函数关系的分析过程,就叫做回归分析。它能帮助我们从一个变量取得的值去估计另一个变量的值。在这种关系中最简单的是线性回归。

通常我们将被估计的变量定义为因变量(随着其他变量的变化而变化),而且在一次分析中只有一个因变量,一般用 Y 表示;将影响因变量的其他变量定义为自变量(自我变化的量,在允许的范围内可以自由变化),自变量的个数既可以是一个(这时称为一元回归),也可以有多个(这时称为多元回归),一般用 $x_1, x_2, x_3, \cdots, x_p$ 表示。这样因变量与自变量之间的一般关系可以表示为:

$$Y = f(x_1, x_2, x_3, \cdots, x_p) \tag{5.4}$$

2. 分类

通常情况下,如果按照自变量和因变量之间的关系类型,还可分为线性回归分析和非线性回归分析。如果以自变量的个数为标志,可以将回归预测分为一元回归分析和多元回归分析。一般采取下列综合的分类方式:

(1) 一元线性回归分析

如果在回归分析中,只包括一个自变量和一个因变量,且二者的关系可用一条直线近似表示,这种回归分析称为一元线性回归分析。

(2) 多元线性回归分析

如果回归分析中包括两个或两个以上的自变量,且因变量和自变量之间是线性关系,则称为多元线性回归分析。

(二) 回归预测法

1. 概念

回归预测法,是在分析预测现象的自变量和因变量之间相关关系的基础上,建立变量之间的回归方程,并将回归方程作为预测模型,根据自变量在预测期的数量变化来预测因变量的变化,这种方法称为"回归预测法"。

因为在社会现象和教育领域中,事物间的相互关系大多表现为相关关系,因此,回归预测法是一种重要的教育预测方法。当我们在对某种教育现象未来发展状况和水平进行预测时,如果能将影响这种教育预测对象的主要因素找到,并且能够取得其数量资料,就可以采用回归预测法进行预测。它是一种具体的、行之有效的、实用价值很高的常用教育预测方法。

2. 分类

与回归分析对应,回归预测也可以分为一元回归预测和多元回归预测、线性回归预测和非线性回归预测。在这里,我们主要以一元线性回归预测法为重点,介绍回归预测法的基本过程。

实际上,虽然一个变量(称为因变量)受许多因素(称为自变量)的影响,但往往只有一个起重要的、关键性的作用。这时若把因变量与自变量的对应值在平面直角坐标系上标出,就可得出一系列点,如果这些点的分布呈现出直线型模式,就可采用一元线性回归预测。这两个变量在平面坐标系上所构成点的分布统称为"散点图"。

二、一元线性回归预测及步骤

(一)概念

一元线性回归预测是指成对的两个变量数据的散点图呈现出直线趋势时,采用最小二乘法,找到两者之间的经验公式,即一元线性回归预测模型。根据自变量的变化,来估计因变量变化的预测方法。[①]

(二)步骤

一元线性回归预测法的步骤:

1. 根据预测目标,确定自变量和因变量

明确预测的具体目标,也就确定了因变量。如预测具体目标是下一年度的人均教育经费,那么人均教育经费 Y 就是因变量。通过查阅资料,确定大学的毛入学率与预测目标存在相关影响,那么毛入学率 X 即为自变量。

2. 绘制散点图

以所获取的自变量、因变量的"成对"数据绘制散点图。

3. 进行相关分析

回归预测是对具有因果关系的影响因素(自变量)和预测对象(因变量)所进行的数理统计分析处理。只有当自变量与因变量确实存在某种关系时,建立的回归方程才有意义。如果变量之间不存在相关关系,对这些变量应用回归预测法就会得出错误的结果。因此,作为自变量的因素与作为因变量的预测对象是否有关,相关程度如何,以及判断这种相关程度的把握性多大,就成为进行回归分析必须要解决的问题。进行相关分析,一般要求出相关系数,以相关系数的大小来判断自变量和因变量的相关程度。

4. 建立一元回归预测模型

依据自变量和因变量的统计资料进行计算,在此基础上建立一元回归分析方程,即回归分析预测模型。在这个过程中,关键的问题是利用数理统计中的最小二乘法求出回归系数。

5. 计算并确定预测值

利用一元回归预测模型计算预测值,并对预测值进行综合分析,确定最后的预测值。

三、散点图

散点图又称散点分布图,它是指以一个变量为横坐标,另一个变量为纵坐标,利用散点(坐标点)的分布形态反映变量统计关系的一种图形。

---

① 参阅于清涟,王殿武,王忠仁,黄正.教育预测学[M].长春:东北师范大学出版社,1990:255—257.

散点图的特点是能直观地表现出影响因素和预测对象之间的总体关系趋势。
图 5.1 就是根据对部分女大学生体重与肺活量的调查数据绘制的散点图。

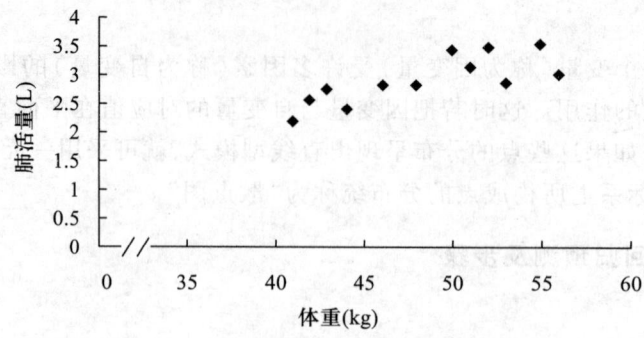

图 5.1　女大学生体重与肺活量散点图

散点图的优点是能通过直观醒目的图形方式,反映出变量间关系的变化形态,以便决定用何种类型的数学表达方式来模拟变量之间的关系。散点图不仅可以传递变量间关系类型的信息,也能反映出变量间关系的明确程度。

四、相关系数的计算

两列变量之间相互影响的关系如何,常用相关系数来表达。相关系数 r 的特征有:

① 相关系数取值范围为: $-1 \leqslant r \leqslant 1$ 。

② 当 $r>0$,称正线性相关,表示自变量 X 上升,因变量 Y 呈线性增加。当 $r<0$,称负线性相关,表示自变量 X 上升,因变量 Y 呈线性减少。

③ $|r|=0$,X 与 Y 无线性相关关系。$|r|=1$,完全确定的线性相关关系;$0<|r|<1$,X 与 Y 存在一定的线性相关关系。一般认为 $|r|>0.7$,为高度线性相关;$0.3<|r| \leqslant 0.7$,为中度线性相关;$|r| \leqslant 0.3$,为低度线性相关。

在一元回归预测中,一般计算相关系数采用积差相关的方法。

$$r = \frac{n \sum XY - \sum X \sum Y}{\sqrt{n \sum X^2 - (\sum X)^2} \cdot \sqrt{n \sum Y^2 - (\sum Y)^2}} \tag{5.5}$$

五、一元线性回归方程

如果仅凭散点图我们很难在影响因素和预测对象之间建立精确的函数对应关系,要想模拟变量之间的关系,只能采取一种近似拟合的方法,即寻找某种理论曲线,使其值与实际观察值的总体误差最小。如果变量之间的关系近似直线,那么,就需要寻找一条"最佳"直线,使其总体上"最接近"实际观察点,所能找到的这条"最佳"拟合直线,通常称为回归直线,其方程的形式如下:

$$\hat{Y} = a + bX \tag{5.6}$$

上述公式称为"一元线性回归方程"。

公式中:$\hat{Y}$ 代表预测对象 Y 的估计值;X 代表影响预测对象的相关因素;a,b 为回归系数。

要想获得一元回归方程 $\hat{Y}=a+bX$，关键是要确定回归系数 a 和 b。

根据回归预测法的基本思想，回归系数 a 和 b 应该满足"使回归直线的点总体上最接近实际观察点"这一条件，为此，我们可以利用数理统计中的最小二乘法求出回归系数 a 和 b。计算回归系数 a 和 b 的公式如下：

$$b=\frac{\sum XY-(\sum X)(\sum Y)/n}{\sum X^2-(\sum X)^2/n} \quad (5.7)$$

$$a=\overline{Y}-b\overline{X} \quad (5.8)$$

公式中 X,Y 分别代表自变量 X 和预测对象 Y 的实际观察数据，$\overline{X},\overline{Y}$ 分别代表变量 X 和 Y 所取实际观察数据的平均值。

按公式（5.7）和（5.8）求出回归系数 a 和 b 后，即可确定一元线性回归方程（5.6），从而可以依据影响因素 X 的取值对预测对象 Y 的取值做出相应预测。

六、一元线性回归预测举例

在高等职业教育的研究中发现，一个地区的经济发展水平与高等职业教育的资金投入存在正相关。如果以国内生产总值（GDP）作为地区经济发展水平的指标，并选定为自变量，表 5.4 呈现了 S 地区 2003 年到 2012 年 10 年中，GDP 数据和高等职业教育资金投入数据。

表 5.4　2003—2012 年 S 地区 GDP、高等职业教育投入资金数据

年份	高等职业教育投入资金（单位：十万元）Y	GDP（单位：亿元）X
2003	11.7	15.3
2004	15.9	18.5
2005	15.0	22.1
2006	13.9	15.5
2007	16.4	19.2
2008	18.0	20.7
2009	19.8	23.3
2010	20.4	24.8
2011	23.3	26.8
2012	26.0	30.5

将数据代入式（5.7）得到：$b=0.86$

根据表（5.4）中的数据计算得到：$\overline{X}=21.67,\overline{Y}=18.04$

将数据代入式（5.8）得到：$a=-0.596$

再将上述计算数据代入式（5.6）得到：

$$\hat{Y}=-0.596+0.86X \quad (5.9)$$

利用式(5.9)就能通过 S 地区某年的 GDP 数据,对该年高职教育的资金投入量进行预测。比如,某年 S 地区的 GDP 为 36.8 亿元,那么,这一年的高职教育资金投入就应该为 310.52 万元。

应该注意到,预测模型 $\hat{Y}=a+bX$ 的使用是有条件的,如果条件发生了变化,则该预测模型就失去了预测的功能。

一元线性回归预测最基本的假设是变量 Y 与 X 之间存在着线性关系。一元线性回归预测的预测效果如何,在很大程度上取决于 Y 与 X 之间线性关系的近似程度。考察变量 Y 与 X 之间的线性关系,可以采用相关性检验,t 检验和 F 检验等方法。其中,相关性检验是根据变量 Y 与 X 之间相关系数 r 的相对大小来作为判断线性关系的依据。相关系数 r 的绝对值越接近于 1,则变量 Y 与 X 越接近于线性关系;r 的绝对值越接近于零,则变量 Y 与 X 越偏离线性关系。一般情况下,只有当 r 的绝对值大于从相关系数临界值表上查出的临界值 r_a 时,才认为变量 Y 与 X 之间存在着显著的一元线性回归关系。

相关系数临界值表给出了在不同自由度(这里,自由度 $df=n-2$)下相关系数临界值 r_a。假如算得的样本相关系数 r 在一定的自由度和显著性水平下超过表上数值,则认为 r 的相关程度显著,即认为变量 Y 与 X 之间存在着显著的一元线性回归关系;假如相关系数小于表上数值,则认为 r 的相关程度不显著,即认为变量 Y 与 X 之间不存在显著的一元线性回归关系。

如果变量 Y 与 X 的关系不是线性关系,而是近似于某种曲线,也可以通过变量转换把曲线关系转换成线性关系,进行非线性回归预测。有时,为了全面地描述预测对象与多个相关因素的关系或多个自变量与多个因变量之间的关系,还可以建立有多个自变量的多元回归预测模型。由于非线性回归预测和多元回归预测的计算方法相当复杂,这里就不再详细介绍。

【阅读材料】

实证性预测是建立在现代科学与技术基础上的一种预测方法,它仍然以哲理性预测作为理论基础,但更显现出鲜明的现代科学技术特点。因此我们也可以称实证性预测为现代科学预测。现代科学预测和传统科学预测区别的显著标志之一是定性预测和定量预测相结合。而真正做到定性与定量相结合的预测,离开现代数学方法、现代数理统计技术、现代信息处理技术、计算机科学以及以"老三论"和"新三论"等为代表的现代科学理论是无法做到的。现代科学预测产生于 20 世纪中叶,当时人类各种社会活动已经达到了前所未有的规模,科学知识加速积累的趋势和整体化的要求越来越强烈,社会信息流的运行和社会变迁的进程越来越快,而比较抽象和笼统的哲理性预测已经不能满足人们指导具体的社会实践的需要。时代要求人们用现代的科学技术手段,更加系统地、高效率地、具体化地预测社会未来,于是现代实证性预测便应运而生了。现代实证性预测的代表作当推西方著名的未来学研究团体罗马俱乐部的第一部研究报告——《增长的极限》,这份报告第一次系统地使用实证性预测的方法,考察了人类科学技术、生产力增长、自然资源、生态环境以及其他一些要素的相关关系,用建立数学模型的方法和计算机技术,做出了未来的增长会在 22 世纪的 2100 年达到极限的震惊世界的预测。他们的这一预测对许多国家的发展战略都产生了重大的影响。

这一世界模型的预测表明现代预测科学是以实证性预测为特征的。但是,实证性预测并不排斥哲理性预测,而是使预测在哲理性判断的基础上走向可计算、可试验、可操作、可模型化的实证阶段。因此我们可以说实证性预测的产生,是预测科学现代化或现代科学预测的重要标志。

（资料来源：阎耀军.《社会预测学期本原理》[M].北京：社会科学文献出版社,2005：30-32.)

思 考 题

1. 什么是定量预测法？它与定性预测法有什么不同？
2. 什么是平均预测法？它包括哪些具体预测方法？什么是算术平均预测法？怎样应用？
3. 什么是加权平均预测法？怎样应用？什么是移动平均预测法？怎样应用？
4. 什么是一次指数平滑法？怎样应用？
5. 如何确定指数平滑系数 α？怎样应用？
6. 某小学 2008 年到 2015 年教学耗材经费（单位：万元）如下表所列：

时间（年）	2008	2009	2010	2011	2012	2013	2014	2015
经费	4.52	2.91	4.43	3.92	3.52	4.23	3.98	4.33

（1）取 $N=5$，建立简单移动平均模型，并求出 2014 年和 2015 年的教学耗材经费的预测值,与实际值进行比较。

（2）取 $S_0^{(1)}=4.52$，$\alpha=0.1$，建立一次指数平滑模型,并求出 2014 年和 2015 年的教学耗材经费的预测值,与实际值进行比较。

7. 什么是回归预测法？
8. 回归分析与回归预测法二者是什么关系？
9. 一元线性回归预测的步骤有哪些？
10. 某市随机抽取 10 所小学,对最近一年班主任主动和家长沟通的比率,以及家长和教师发生的冲突次数进行了调查,调查数据如下表所示：

学校	1	2	3	4	5	6	7	8	9	10
沟通率	81.8	76.6	76.6	75.7	73.8	72.2	71.2	70.8	91.4	68.5
冲突次数	21	58	85	68	74	93	72	122	18	125

如果班主任和家长主动沟通的比率为 80%,请对家长和教师可能发生冲突的次数做估计。

中 篇

第六章 教育规划概述

学习目标

通过本章学习,掌握教育规划的含义和基本特征,基本了解教育规划的分类、范式与模型,能够阐述教育规划在宏观教育管理中的作用。

建议学时

4学时

第一节 教育规划的含义和基本特征

一、教育规划的含义

西方学者乔治·斯纳坦认为:"规划意味着确定理想目标以及确定实现这个目标的方式。"一般认为,教育规划是设计和安排教育事业发展的指导性文件。它是一个国家、地区或者学校遵照国家的教育方针、政策和任务,根据教育发展的客观规律和社会经济发展的需要,对未来一定时期内的教育发展进行设计,力求使教育事业的各个方面朝着最佳方向发展,以期达到预定目标的过程。换句话说,教育规划是一种战略性、全局性安排,它对教育的发展目标、规模、速度、结构、学校布局及其实现的步骤、措施等拟订方案,旨在通过满意的途径实现目标。

科学的教育规划必须对教育的历史发展过程和现状进行充分的调查研究,并根据国民经济和社会发展对教育事业的要求,设计教育事业发展的未来目标,力求使教育事业的方方面面朝着最佳方向发展。教育规划的含义包括以下五个方面内容:

第一,教育规划是一种战略性思维。战略性思维是关于实践活动的全局性思维,是系统性、创造性地思考和规划全局性问题时的思维过程。战略性思维的目的,就是为了把握全局,驾驭全局,追求整体利益。教育规划的制订和实施过程实质上就是战略性思维的过程。因此必须遵循战略管理的有关规律,而且要贯彻到战略制订、实施、评价、控制整个过程中。

第二,教育规划是一个完整的体系。规划是由一系列相互关联的因素所构成的系统,也是从时间和空间上构成的一个完整系统。这些相互关联的因素包括不同的时间段、不同的人物、不同的部门、不同的组织、不同的发展要素,经过不同的发展阶段和不同层次的责任人的共同参与和努力而完成的错落有序、统筹兼顾的完整体系。从规划文本本身来看,教育规划也是一个完整的体系,主要包括教育发展现状的深刻分析与总结(主要包括优劣势分析、机遇与挑战)、编制教育规划的指导思想、教育发展规划的目标与主要任务、教育发展规划实施的政策与保障措施以及落实发展规划的具体工程等。

第三,教育规划是一种动态开放过程。教育规划不是为规划而规划,它不仅仅是一个静态的规划文本或方案,更主要的是动态的规划实施和评估过程。从本质上讲,教育规划是一种过程,而不是一种结果。它包括四个阶段:一是信息收集阶段,主要是收集信息、分析信息,从而对目前现状进行客观评估;二是编制规划,确定教育发展愿景和定位、明确发展目标、选择发展举措和确定保障措施;三是实施规划,将规划方案的可能性转化成现实性的过程;四是评价与控制阶段,对规划实施效果进行评价,看是否完成发展任务、达到发展目标,若与发展目标有偏差,则需要进行战略调整和控制,纠正偏差,使实施过程与发展目标相衔接,而评价与控制阶段表面看起来是规划管理的最后一步。其实,在每一阶段,评价与控制都在发挥作用。上述战略规划的四个阶段是规划的一个循环周期,它不是一个封闭的系统,而是一个开放并不断螺旋上升的过程,完成了一个循环周期,进入下一个周期,循环往复,不断推动教育事业的发展进步。

第四,教育规划是一种发展愿景。教育规划承认未来发展过程中的不确定性,但同时强调人的认识能力是有限性和无限性的统一,强调通过教育工作者的不断探索、不断反思、持续改进来实现教育的预期发展目标。发展愿景反映了国家或地方政府、学校对未来发展的期望,描述了教育未来一段时间内发展的全面景象。愿景是教育发展的纲领性指南,具有明显的激励和导向作用。下面是《国家中长期教育改革与发展规划纲要(2010—2020)》中战略目标的表述:

到2020年,基本实现教育现代化,基本形成学习型社会,进入人力资源强国行列。

实现更高水平的普及教育。基本普及学前教育;巩固提高九年义务教育水平;普及高中阶段教育,毛入学率达到90%;高等教育大众化水平进一步提高,毛入学率达到40%;扫除青壮年文盲。新增劳动力平均受教育年限从12.4年提高到13.5年;主要劳动年龄人口平均受教育年限从9.5年提高到11.2年,其中受过高等教育的比例达到20%,具有高等教育文化程度的人数比2009年翻一番。

逐步实现基本公共教育服务均等化,缩小区域差距。努力办好每一所学校,教好每一个学生,不让一个学生因家庭经济困难而失学。切实解决进城务工人员子女平等接受义务教育问题。保障残疾人受教育的权利。

提供更加丰富的优质教育。教育质量整体提升,教育现代化水平明显提高。优质教育资源总量不断扩大,更好满足人民群众接受高质量教育的需求。学生思想道德素质、科学文化素质和健康素质明显提高。各类人才服务国家、服务人民和参与国际竞争能力显著增强。

构建体系完备的终身教育。学历教育和非学历教育协调发展,职业教育和普通教育相互沟通,职前教育和职后教育有效衔接。继续教育参与率大幅提升,从业人员继续教育年参与率达到50%。现代国民教育体系更加完善,终身教育体系基本形成,促进全体人民学有所教、学有所成、学有所用。

健全充满活力的教育体制。进一步解放思想,更新观念,深化改革,提高教育开放水平,全面形成与社会主义市场经济体制和全面建设小康社会目标相适应的充满活力、富有效率、更加开放、有利于科学发展的教育体制机制,办出具有中国特色、世界水平的现代教育。

形成惠及全民的公平教育。坚持教育的公益性和普惠性,保障公民依法享有接受良好教育的机会。建成覆盖城乡的基本公共教育服务体系。

第五,教育规划是一种管理方式和手段。教育发展规划是国家、地方政府或学校在一定历史时期内为教育事业发展制定的指导性文件。国家和地方政府制定的教育发展规划是一种积极的政府干预,必然反映国家和地方政府的政策和意志,是政府对教育事业进行宏观管理的重要调控手段之一。改革开放以来,我国进行了四次国家教育规划(第一次为1985年,主题是教育体制改革;第二次为1993年,主题是教育优先发展;第三次为1999年,主题是推进素质教育;第四次为2010年,主题是迈向教育强国),每一次规划的出台,均受到党和政府的高度重视,均有纲领性文件出台,均伴随着大量的调研和讨论,都有一系列教育改革的重大谋划与部署,都使我国的教育事业跨上一个新的台阶。[①] 而学校发展规划必然体现学校领导集体的办学思想和办学理念,也是学校管理的有效手段之一。通常情况下,每一所学校都依据国家和地方政府的教育发展规划来制定学校在一定时间内的发展规划。而学校发展规划不仅是学校管理的依据,也是学校管理的一种常规的手段。

二、教育规划的基本特征

教育规划具有系统性、前瞻性、客观性和可操作性等几个基本特征。

(一)系统性

教育规划的系统性是指教育规划是一个系统工程。对教育规划的认知要有全面的、联系的、发展的、整体的眼光。在编制教育规划时,要把教育看成一个系统,既要规划从学前教育、初等教育、中等教育、高等教育的纵向结构,又要分析普通教育、职业教育、继续教育等不同的类型,整体分析教育内部的层次、结构及其功能。此外,还要兼顾政治、经济、文化、科技等方面发展与教育发展的互动关系,使教育发展规划与社会发展规划具有协调性。

(二)前瞻性

教育规划编制的一个重要方法是SWOT分析法。所谓SWOT分析,即基于内外部竞争环境和竞争条件下的态势分析,就是将与研究对象密切相关的各种主要内部优势、劣势和外部的机会和威胁等,通过调查列举出来,然后用系统分析的思想,把各种因素相互匹配起来加以分析,从中得出一系列相应的结论。运用这种方法,可以对研究对象所处的情景进行全面、系统、准确的研究,从而根据研究结果制定相应的发展战略、计划以及对策等。可见,教育规划是在深入分析组织内部、外部环境基础上,着眼于未来一段时期内组织整体发展而提出的指导性意见,教育规划建立在科学预测的基础之上,因而对未来教育事业的发展具有一种超前性。教育规划不是把教育的现在作简单的延伸,而是在尊重教育规律的前提下,把社会、经济和科学技术等外部因素对教育未来可能产生的影响充分地体现出来,以保证制定的教育规划方案具有先进性。

(三)客观性

教育规划虽然是规划编制人员主观活动的结果,具有主观性,但同时又是客观的。所谓客观性,是指教育规划的编制要以教育发展的客观现状为基础,教育规划方案要符合社会和

---

① 杨思帆,徐辉.改革开放以来我国四次国家教育规划的特点、影响及问题[J].现代教育管理,2012(7):23-24.

教育发展的客观规律。如果不以事实为依据,不顾教育发展的规律,盲目追求教育政绩和发展速度,就会造成教育规划目标与实际相脱节。这在我国教育发展历史上有过深刻的教训。教育规划目标过高,很可能使规划成为空洞的口号,而难以使它真正成为教育工作行动的具体指针;反之,目标制定过低,则失去了教育规划应有的指导意义和前瞻性。

(四)可操作性

教育规划的目标在于指导教育未来的发展。规划既规定了政府或学校一定时间内发展的目标,同时也指明了达到这一发展目标的路径,因而具有可操作性。教育规划的根本价值在于指导教育实践,指明教育发展的根本路径。因此,可操作性应该成为制定教育发展规划的根本原则之一,以防止规划的制定与实践脱节的现象发生。教育规划的研制要实现研究者和实践者的有机结合,规划编制要发扬民主,规划方案要广泛征求和吸纳广大教育实践工作者的意见和建议。要创新规划研制模式,形成以行政部门为主导、以研究部门为主体、一线教育工作者和社会各界参与的模式,把规划制定过程作为凝聚共识和明确任务的过程,使规划制定与实施有效衔接。

总之,教育规划的意义就在于它能调动各部门采取统一协调的联合行动,并使每一种行动都为推动实现教育事业的发展目标服务。

第二节 教育规划的分类、范式与模型

一、教育规划的分类

根据教育层次、类型以及教育规划涉及的时间、范围、任务的不同,可以将教育规划分为如下几类:

(一)依据教育层次的规划分类

不同的教育规划在规划目标、内容、措施方面都有各自相应的要求。以教育层次为依据,教育规划可以分为幼儿教育发展规划、基础教育发展规划和高等教育发展规划。幼儿教育发展规划主要是通过对学龄前儿童人数的预测,对幼儿园的招生人数、幼儿师资的需求和培养、幼儿园的建设和投资等作出长远的安排。基础教育发展规划的重点是确定小学、初中、高中的招生人数和发展速度,拟订三级学校之间的比例关系,考虑基础教育与职业技术教育、普通高等教育之间的比例关系,同时,也要对师资的需求和培养、各级学校投资的比例作出规划。高等教育发展规划的任务是制定高等教育的发展战略、规模、速度,确定各类高校的比例关系和各专业的发展方向,安排教育经费的筹集渠道等。

(二)依据教育类型的规划分类

以教育类型为依据,教育规划可以分为普通教育发展规划、职业技术教育发展规划、教师教育发展规划、成人教育发展规划、特殊教育发展规划、民族教育发展规划、继续教育发展规划等。普通教育发展规划主要是对中、小学的发展目标和措施进行设计与安排。职业技术教育发展规划是根据社会各行各业的需要,对职业技术教育的规模与速度、类型与层次等发展目标所作的规划。教师教育发展规划是对教师教育的办学方向与规模、师范生的培养规格与费用、教师的继续教育等进行的规划。成人教育发展规划是对成人的扫盲、初等、中等和高等教育的学历和非学历教育目标所作的安排。特殊教育发展规划是对盲、聋、哑以及

其他心理、生理具有较大缺陷儿童的教育作出的安排。民族教育发展规划是根据少数民族的特点和地域分布作出的相应的教育发展规划。继续教育发展规划是对未来一段时间内，继续教育发展的目标和措施所做的设计和安排。以上规划类型的分类属于第一级划分，在此基础上还可以进行第二级或者更进一步的划分。

（三）依据时间长短的规划分类

根据规划涉及时间的长短，教育规划可以分为短期教育规划、中期教育规划和长期教育规划。短期教育规划的期限一般为1—3年，它是体现中、长期教育规划战略的近期具体执行计划，因此，其内容比较具体和贴近现实。中期教育规划的期限一般为5年，由于其期限长短比较适中，所以是教育规划中的一种基本形式。中期教育规划中的各种因素的发展变化具有相对的稳定性，因此，其规划目标较为容易实现。长期教育规划是一种战略性的发展规划，其期限一般在10年以上。长期教育规划的任务是为教育的持续发展制定一份纲领性文件，根据它所指明的战略目标，可以保证制定的中、短期教育规划具有连续性。

（四）依据范围不同的规划分类

教育规划依据规划范围的不同，可以分为国家教育规划、地方教育规划、区域教育规划和学校教育规划。国家教育规划是根据社会发展的总体布局，编制的全国教育事业发展的宏观规划，其重点在于教育发展战略和大政方针的提出。不同的历史时期有不同的主题，是进行其他教育规划的重要依据。地方教育规划是以国家教育规划为指南，结合本地区的社会、经济、人口以及教育等因素的特点，制定的适合本地区教育发展的规划。具体包括省级教育规划、地（市）级教育规划和县级教育规划。区域教育规划是以跨行政区的特定经济区域为对象编制的教育规划。区域教育规划除了体现"跨行政区"的规定之外，还需要把规划的对象定位在"特定经济区域"。编制区域教育规划的目的是为了适应和促进"特定经济区域"的经济、社会和教育发展的要求，而不是针对某个"教育区域"。一般而言，国家和地区教育规划的编制主体是各级政府及其教育行政部门。学校教育规划是从本校的实际和发展需要出发，对学校的发展目标、内部资源配置、规划实施的方法和措施等进行的设计和安排。学校是教育规划最基本的编制单位和执行单位，学校规划是微观规划。一般来讲，学校规划目标明确、措施具体，具有很强的可操作性。

（五）依据任务不同的规划分类

按教育规划任务的不同，可以将教育规划分为教育综合规划和教育单项规划。教育综合规划是对教育发展的各个方面所作的全面谋划。虽然国家教育综合规划、地区教育综合规划和学校教育综合规划的侧重点有所不同，但它们都要对人才培养的规格和规模、学校的人员编制和素质要求、经费的筹集和使用等基本方面制定切实可行的规划目标，并提出实现这些目标规划的对策和措施。教育单项规划是对教育工作的某一方面作出长远安排所进行的规划。比如，招生工作规划、师资队伍建设规划、教育装备设施投资规划、教育经费投入规划、校园基本建设规划、校办产业发展规划、学科建设规划、教材建设规划、科研发展规划、思想政治工作规划等。教育单项规划的任务更加明确，因而，落实起来也比较容易。

二、教育规划的范式与操作模型

教育规划建立在不同的思想基础上，有不同的模式与方法，依据主观与客观、互动与理性,教育规划可以划分为两类不同范式和三种操作模型。①

(一) 教育规划的两类假设及其范式

对教育规划属性的认识一直有争执,由此派生出客观与主观两种范式,形成了互动与理性两种模型。在科学主义思潮的影响下,相当长一段时间里,客观范式占据教育规划的统治地位,这样的规划思想移植了价值无涉的社会科学和自然科学的积极假设,认为教育规划是对客观规律的认识过程,虽然真理是相对的,但客观规律是一个不断接近的认识过程,相信客观存在着"真正科学"的规划,为此,这样的规划主张更多依赖数量计算作为教育规划的方法和手段。

与客观范式相对应,还存在着另一种主观范式,认为教育规划更多受到主观世界影响,相信是每个个人创造了他的生活世界,任何关于社会、社会制度、社会进程的理解都取决于参与者的主观观点,规划是人们思想及其实现的过程,是人们的主观努力奠定了规划实施的基础。尤其随着建构主义在教育界的影响不断扩大,主观范式产生的影响也越来越大。

按照客观范式,教育规划形成了"理性模型",这一模型强调规划是一系列关于实现既定或衍生目标方法的分析,否认规划中的主观成分。它有三个基本假设:第一个是规划所需要的知识是客观的、不断积累的、并且能够用抽象的系统化语言表达;第二个是带有流程图、劳动力矩阵、成本—收益公式和策划语言的规划说明一个价值中立的、科学的过程是可以实现的,这一过程并能够为及时有效的变革提供法则;第三个是规划模型和方法具有普遍性或者很少需要适应环境变化。

与理性模型相反,主观的规划思想形成了互动模型,互动模型提供的方法虽缺少系统性,但更利于参与、更具有适应性。这些方法通常被描述为"政治的"、"交易的"、"拥护的"、"学习—适应的",并承认观点与知识之间相互转化的价值,同时成为互动模型的松散的一个部分。因此互动模型下的规划过程通常缺少结构性、缺少预先规定的方法,而且强调诠释实践的重要性、信息交流的意义,以及个体和系统在各自的环境中相互作用的动态特征。

(二) 教育规划的三种操作模型

因理性与互动、客观与主观,教育规划形成了三种操作模型,即专家模型、政治模型和协商模型。专家模型是理性模型中最为客观的那部分;政治模型包括了互动模型中倾向客观、理性的那部分;协商模型是指互动模型中纯主观的那部分。

1. 专家模型

专家模型通常被认为是理性模型的代表,尽管其衍生出很多不同形式,但基本特征还是相当明显的。专家模型是专家推动的决策过程,它把教育体系看作是一个"黑箱",严格限制作为可变量的数量,把规划制定过程看作是确定的变量导致的可以测量的结果,即规划投入后产出的必然结果。同时认为实施规划就是按照规划确定的方向执行,所谓实施应当是直线式改革过程中位于规划方法之后和规划评价之前的一个阶段,评价的结果作为调整实施的反馈或者下一规划过程的投入因素,通常不被用于调整本次执行的规划本身。

专家模型在二战后的半个世纪里影响了世界各地的教育变革规划,成为教育决策活动中一种理想追求。教育规划中常用的劳动力方式、成本—收益分析方式,主要依赖专家模型

---

① 戚业国.教育规划的本质、发展与基本模型[J].教育发展研究,2008(23):22-23.

的基本架设。然而,由于教育通常与人的理性诉求联系在一起,与政治、文化和价值不可分离,专家模型的不断优化却没有提高其有效性。管理和行政领域的专家通常也更加青睐专家模型,系统分析和科学管理的方法在规划中被广泛使用,这些方法虽然技术性强、容易操作,但在实际教育活动中并没有发挥太大作用,因为其所依据的假设、基础数据通常并不是非常可靠。即便如此,专家模型在很多情况下仍然受到欢迎,现阶段仍然是教育规划中的一种重要方式。

2. 政治模型

政治模型包括互动与理性的中间部分,互动中有理性、理性中渗透互动,最主要是一种政治的导向。教育规划在实际的制订过程中,经常会受到政治权利、意识形态的影响,即使有关纯粹的技术任务都不能摆脱。政治模型把教育规划看作是交易、谈判和权力运作的过程,看作是相互影响和交换的动态转变过程,不完全支持理性模型的多数假设。当然,理性规划者通常也会把政治因素作为规划的投入因素,作出选择时也会采用客观的考察和合理性分析。政治模型把规划的实施看成一个不断接近(而不是实现)目标的过程,作出规划之前的谈判和交易被看成是规划的主要标志。

政治模型在20世纪60年代后才得到认可,60、70年代规划中的社会需求方式、职位需求方式都特别强调关注规划的政治背景。也有些学者把教育决策统统看成一种政治活动,把规划看作是政治的结果。即使关于教育未来的替代方案能够被量化,最优的教育投资能被准确地说明,这样的方案的量化也只能在政治竞争、政治冲突和权力运作中才有意义。

3. 协商模型

协商模型是比较典型的互动模式,它认为教育是一个开放系统,处在一个不确定、不连续的以至于难以概括的环境中,在这样的环境里,理解是有意义的教育行动的前提,一致同意是立法行动的前提。因此,教育变革的成效取决于参与变革的各方对这些变革意义的理解与接受程度,成功的教育规划取决于沟通、理解、协商,而不是政治权力、交易或者专家知识。教育规划的目标不应是规划成功与否的标准,而是可以改变的。协商模型的变形还包括学习——适应模型、交易模型、社会学习模型和情境规划模型等,他们与政治模型都强调谈判基础上达成共识,但协商模型更加重视特殊环境、执行者以及规划行为当前的环境。

协商模型表明,在规划教育变革时,有意义的行动需要获得信息、技术以及这项行动的背景,参与对话、相互学习和达成共识等活动本身就需要知识、训练和经验,教育规划协商模型成功的意义在于专家和公众一起排除障碍,营造沟通和交流的条件,并在决策过程中团结一致。

概括起来看,教育规划的理性模型最适合用于人们对于教育问题及其本质具有强烈共识的情况下,互动模型允许对现象和问题进行不同的诠释,重视规划的"生成性"。在实践中要解决既定问题的不同方面,就需要多样化的模式,在不同环节里灵活运用不同模式解决不同的问题,既要充分利用各种理性的技术方法,更要充分考虑到教育中的价值问题,认识到对教育问题理解和体验不同所导致的分歧。只有将主观范式与理性模式有机结合,才能更好地解决教育规划问题。

第三节 教育规划在宏观教育管理中的作用

教育规划在现代教育管理活动中具有非常重要的地位。可以说,没有科学合理的教育规划,就不可能有科学有效的教育管理。不管教育规划作为一个单独的指导教育事业发展的文件,还是作为国民经济和社会发展规划的重要组成部分,其制定的科学性和有效性,对整个国民经济和社会的发展以及对教育事业本身,都具有不可低估的重要意义。

一、教育规划是教育事业发展的重大推动力量

上世纪 90 年代之前,我国使用的都是计划。1992 年,党的十四大正式提出建立社会主义市场经济体制之后,计划经济色彩较浓的"计划"转变为市场经济色彩较浓的"规划"。尽管规划比计划更宏观、更原则,更少指令性,更多指导性,但是,从规划学和教育学的角度来说,两者本质是一样的,不做区分。在国际上,教育计划和教育规划也是同样的意思,英语里都是 plan。

现代意义上的教育规划是与计划经济体制紧密联系在一起的,甚至可以说是计划经济的产物。苏联立国之后,国内的农奴制色彩还比较重,经济文化与西欧主要资本主义国家相比有很大的差距,整个社会十分落后,国家安全缺乏基本的保障。面对这种艰难紧迫的局面,国家急需工业化。而要实现工业化,必须首先在短时间内大幅度提高国民教育文化水平。因此,与政治上的中央集权、经济上的计划体制相适应,苏联在全世界率先制定教育规划。当时这种教育规划是短期的,仅仅延至下一个财政年度,内容主要是发展初等教育和扫除文盲。几年的教育实践证明,这些规划发挥了十分重要的作用,特别是在比较短的时间在一个大国大面积地扫除文盲,这在人类历史上还从来没有过。到二次大战前,经过几期教育规划,苏联国民教育水平发生了很大的变化,国家也基本实现了工业化,为卫国战争的胜利提供了必要的物质、技术和国民素质的保障。二次大战后,苏联强化了教育规划工作,并且一般是研制和实施五年中期规划。东欧社会主义阵营国家也普遍跟随研制和实施自己的教育规划。

苏联在经济上迅速实现工业化,这使得全世界感到迷惑和震惊。尤其是 1957 年,人类第一颗人造地球卫星在苏联成功发射,震动了全世界特别是西方世界。西方国家在分析总结苏联成就的原因时进行了这样的因果推理:教育规划—成功的教育—高素质的人才—雄厚的科技工业基础—经济科技的飞跃。于是,首先是一些国际组织,如联合国教科文组织、世界银行、经济合作与发展组织开始关注教育规划。联合国教科文组织甚至于 1963 年在巴黎成立了世界上唯一的国际级的国际教育规划研究所。

新中国成立后,我国政府开始学习苏联,制定国民经济五年计划,其中部分内容属于教育计划。1982 年,在改革开放起步不久,国家强烈感受到人才不足,提出制定人才规划。1983 年,进行了第一次全国人才现状调查和人才需求预测。并且在这项工作的基础上,尝试着进行中长期教育预测。1985 年,进行了第二次全国人才现状调查和人才需求预测。从"八五"规划开始,制定五年教育规划成为常态工作。

改革开放以来,我国教育事业取得了突飞猛进的发展,整体上已经从追求数量扩张进入到了追求质量提高的新阶段。在这个过程中,各级各类教育规划起了重大推动作用。特别是对各级政府的政绩评价中,发展规划具有强烈的指标作用。如果完不成规划规定的任务,本届政府的政绩就会受到影响。在这种体制下,各级政府有增加教育投入、扩大教育规模的冲动。这也是我国目前教育在规模上已经基本达到要求的原因之一。[①]

---

① 谢敏.制定中长期教育战略规划的三个问题[J].教育学术月刊,2009(6):22-23.

现在,国内外已经普遍认可教育规划对于教育发展有重大意义和价值。在世界大部分地方,大到国家,小到城市、学校,都纷纷制定自己的教育发展规划。2010年国务院印发的《中长期教育改革与发展规划纲要(2010—2020)》,是我国经济社会和教育发展进入新阶段的关键时刻出台的,描绘了我国未来教育改革和发展的宏伟蓝图。2017年1月,国务院又印发了《国家教育事业发展"十三五"规划》,各级政府和各级各类学校也出台了自己的《教育事业发展"十三五"规划》,描绘出各自"十三五"期间教育发展的目标、路径和重大政策措施,这对于加快推进教育现代化,推动创新型国家和人才强国建设,必将发挥重大作用。

二、教育规划能够促进教育资源的合理分配与使用

教育规划的制定与实施,既能有效促进教育事业同国民经济与社会发展相适应;又能较好地理顺教育内部的各种关系,合理和有效地利用教育资源,避免教育发展的大起大落,从而达到推进教育事业持续、协调发展的目的。

改革开放以来,我国经济持续高速增长,成为世界经济发展史上的奇迹。但我们必须清醒地认识到,我国是一个发展中国家,还处于社会主义初级阶段。而且还存在着教育发展不平衡、不协调的问题,城乡、区域之间教育差距仍较大,优质教育资源总量不足、布局不合理,学前教育、职业教育、继续教育仍是教育体系中的突出短板,人才培养的类型、层次和学科专业结构与社会需求不够契合。因此,在制定与实施教育规划时,要从经济和社会发展的需要出发,保证办教育所需的人力、物力、财力的合理分配和有效使用,自觉地确定教育的社会需求与社会供给,并使两者达到大体平衡,避免发展过程中顾此失彼,而造成过大的起伏波动。

现代教育的发展,牵涉经济和社会各个领域,是一项极其复杂的社会系统工程,必须按照统一的规划来进行。在各项教育事业的发展过程中,如何建立合理的教育规模,保持适当的发展速度,调整改革教育结构,取得良好的经济效益和社会效益等等,都必须通过教育规划的制定与实施,全面规划各级各类教育事业的发展,稳妥而有步骤地推动教育体制改革的深入进行,才能使教育事业与影响其发展的各方面因素相互促进,形成教育与经济社会文化发展良性互动的局面。

教育资源的分配是否合理的客观标志是看其是否能保证教育结构与产业结构相适应。为了使教育资源分配合理,必须做好调查研究和预测工作。一是根据已确定的一定时期内的经济和社会发展目标,预测该时期内国民经济结构和社会需求的变化;二是预测国民经济各部门、各行各业需要补充的各级各类劳动力和专门人才的数量和规格;三是确定教育结构、各级各类学校招生数、在校生数、每生年均教育费用;四是计算教育资源在各级各类学校之间的比例。在此基础上,统筹兼顾、全面安排,制定出教育资源分配的最佳方案。从世界各国教育资源分配的历史和现状看,一般有以下三个特点:第一,在初等教育未普及时,优先保证初等教育;在初等教育基本推广后,优先保证发展中等教育;在中等教育基本推广后,再侧重发展高等教育。第二,越是经济发达的国家,大、中、小学生人均年教育费用之间的差距越小。第三,随着职业教育的发展,各国用于职业教育的投资在教育资源分配总额中所占的比重有上升的势头。

三、教育规划为教育行政管理工作提供目标和依据

教育规划的制定,是教育行政管理工作的重要组成部分,教育规划既是协调全社会力量

办好教育的行动纲领,也是对教育事业实行科学行政管理的目标和依据。

教育如何真正成为现代化建设的战略重点,应该作出哪些符合国情国力的决策,制定哪些适应现阶段社会实际状况的政策措施,要求提供多少办学的资源,等等,都要通过规划来实现。没有目标的行动必然是盲目的行动。教育规划的确定,使教育事业发展有了明确的努力方向,各级教育行政管理部门,就可以根据规划目标的要求,制定具体的工作步骤,采取相应的对策措施,从而有效地调节、控制和督促各项教育工作的进行,使各项教育行政管理工作少走弯路,更富有成效,发挥出规划管理这一中心环节的作用。

为了更好地发挥教育规划的功能和价值,充分体现教育规划的作用,我们必须清楚地认识到,当前教育规划工作水平仍然不能适应教育现代化和建设教育强国的要求,许多方面还有待于不断完善,如科学的教育规划体制和完整的科学的教育发展指标体系尚未建立;教育规划和决策还具有传统性特征,决策程序的科学性还不够高;教育规划中对部分问题的实施缺乏保障机制,个别问题多年没有结果;规划人员的素质还不够全面,等等。这就要求我们在今后的工作中,必须高度重视规划的科学性和合理性,并通过科学民主制定和严格实施教育规划,来维护教育规划的严肃性。

【阅读材料】

改革开放以来我国四次国家教育规划

改革开放以来,我国共进行了四次国家教育规划。每一次规划的进行,都伴随着一系列教育改革的谋划与部署,进而使我国教育事业跨上一个新的台阶。以四次国家教育规划为坐标点,可以清晰地勾勒出改革开放三十多年来我国国家教育战略发展过程的轮廓。

(一)第一次规划:改革教育体制

1985年5月15日—20日,在北京召开了改革开放以来的第一次全国教育工作会议。来自各省市、部委以及各教育单位的负责人和代表共608人参加了会议。会议的主要任务就是学习邓小平等中央领导关于教育工作的重要指示,商讨完善《关于教育体制改革的决定(草案)》,以及如何落实该决定的相关措施。会上,邓小平同志做了题为《各级党委和政府要把教育工作认真抓起来》的重要讲话。同年5月27日,我国正式颁发了《中共中央关于教育体制改革的决定》。由此,教育体制改革在我国声势浩大地铺展开来。

(二)第二次规划:教育优先发展

随着经济社会的发展,特别是我国社会主义市场经济体制改革的不断深化,我国教育发展迫切需要与时俱进。1993年2月,我国颁发了旨在适应市场经济发展的教育发展框架——《中国教育改革与发展纲要》。第二年的6月14日—17日,为贯彻党的十四大和十四届三中全会精神,动员全国人民落实《中国教育改革与发展纲要》,改革开放以来的第二次全国教育工作会议在北京召开。来自全国各地的党政领导、教育负责人、代表共约180人参加了会议。这次会议确立将"教育优先发展"作为我国发展战略,并明确了未来教育工作的重点是"两基"(基本普及九年义务教育和基本扫除青壮年文盲)。

(三)第三次规划:推进素质教育

随着新世纪的临近,世界科技与教育发生着急剧变化,国际竞争日趋激烈。面对新的国际国内形势变幻,特别是知识经济的挑战,我国于1999年6月15日—18日在北京召开了改革开放以来的第三次全国教育工作会议。参会人员有全国31个省(市、区)党政主要领导、教委主任、各级学校代表约 300 人。会议的主题是:动员全党同志和全国人民以提高民族素质和创新能力为重点,深化教育体制和结构改革,全面推进素质教育,振兴教育事业,实施科教兴国战略,为实现党的十五大确定的社会主义现代化建设宏伟目标而奋斗。在会议期间,我国颁发了《中共中央、国务院关于深化教育改革全面推进素质教育的决定》。

(四) 第四次规划:迈向教育强国

21 世纪,我国教育进入了新的阶段,面临着新的形势。为了落实科学发展观,认真总结改革开放以来教育发展的成就和经验,在改革创新中努力促进教育科学发展,我国于 2008 年启动了国家中长期教育规划纲要的起草工作。2010 年 7 月 13 日—14 日,我国改革开放以来的第四次全国教育工作会议在北京召开。胡锦涛总书记和温家宝总理在会上做了重要讲话。会议主会场在北京,另在全国设 428 个分会场。会议结合《国家中长期教育改革与发展规划纲要(2010——2020)》的实施,围绕"到 2020 年,基本实现教育现代化,基本形成学习型社会,进入人力资源强国行列"的战略目标进行了全面部署,由此发出了迈向教育强国的动员令。

(资料来源:杨思帆,徐辉.改革开放以来我国四次国家教育规划的特点、影响及问题[J].现代教育管理,2012(07))

思 考 题

1. 简述教育规划的内涵。
2. 教育规划的基本特征有哪些?
3. 教育规划的三种操作模型的含义和内容是什么?
4. 根据教育层次,教育规划可以分为哪几类?
5. 根据教育类型,教育规划可以分为哪几类?
6. 根据教育规划的范围,教育规划可以分为哪几类?
7. 教育规划在宏观教育管理中的作用表现在哪几方面?

第七章 教育规划的指导思想、原则与依据

学习目标

通过本章的学习,能够正确理解教育规划的指导思想、原则与理论依据,并能做出正确的表述与解释;能够清楚认识影响教育规划的主要因素,正确分析它们对制定科学、合理的教育规划所具有的影响与制约作用。

建议学时

4学时

教育规划是世界不同制度、不同发展水平的国家与地区实施教育管理的有效工具,是其各级政府、各级各类学校推进教育事业发展的重要手段。自人类迈进21世纪以来,面临着现代化、全球化、知识经济、多元文化等诸多新的社会发展要求。在此背景下,人力资源已跃居为第一资源,终身教育已不再仅是一种教育理念,构建全民性、终身性、多样性的教育事业自然成为世界各国所面临的必然挑战。因此,如何科学规划和发展各国的教育,是影响各国人力资源可持续开发乃至各国未来发展的重大战略问题。而要制定教育规划,首先要确定教育规划的指导思想与原则。

第一节 教育规划的指导思想与原则

一、教育规划的指导思想

指导思想作为教育规划的灵魂,是制定科学、合理、可行的教育规划的主要依据。2017年10月18日,习近平总书记在中国共产党第十九次全国代表大会报告中指出,"中国特色社会主义进入新时代,我国社会主要矛盾已经转化为人民日益增长的美好生活需要和不平衡不充分的发展之间的矛盾",因此,"要在继续推动发展的基础上,着力解决好发展不平衡不充分的问题,大力提升发展质量和效益,更好满足人民在经济、政治、文化、社会、生态等方面日益增长的需要,更好推动人的全面发展与社会的全面进步。"促进教育与人口、经济和社会的协调发展正是教育规划的重要职责和任务,因此,教育规划应坚持以促进人的全面发展作为教育发展的出发点和落脚点,坚持以创新、协调、绿色、开放、共享的发展理念统领教育发展。

坚持以促进人的全面发展作为教育发展的出发点和落脚点。教育不再仅限于知识的传播,而要不断满足个体的多方面需求,致力于对个体的身心、道德和能力的全面培养,以实现个体的全面发展为目标。因此,教育规划要坚持人本思想,坚持学生与教师的主体地位,努力做到"教育以育人为本,以学生为主体;办学以人才为本,以教师为主体"。以学生为主体,重视学习、尊重学生、注重人才,确保教育活动真正成为师生共同构建的双边活动,提供学历教育与非学历教育,兼顾职前教育、职后教育、继续教育与终身教育。以教师为主体,重视教师专业发展的设计与规划,满足不同发展阶段教师的多样化需求,开展灵活多样、切实可行的教师专业发展活动,实现全面化、持续化、终身化的教师专业发展。

坚持以创新、协调、绿色、开放、共享的理念统领发展,不仅是国民经济与社会发展的重要指导方针,也是教育规划的重要指导思想。改革与创新是发展的根本动力,因此,在制定教育规划的过程中,要不断深化教育综合改革,将理论设计和实践探索有机结合,充分调动基层特别是各级各类学校、教师、学生的积极性、主动性、创造性,创新教育体制、机制与人才培养模式;要充分利用国内外丰富的教育资源,广泛借鉴与吸收国际先进理念与经验,不断提升教育事业的对外开放水平;通过改革创新、对外开放解决教育改革与发展难题,进一步激发活力、推动发展。同时,树立协调、共享、绿色、可持续的发展理念,教育规划要在牢牢把握中国特色社会主义事业总体布局的基础上,既满足教育自身发展的需要,又促进教育与经济社会的协调发展;既着眼当下,又关注未来。具体来讲,要正确处理教育规模、结构、质量和效益的关系,努力实现它们之间的协调发展,让全体人民、每个家庭的孩子都有机会接受优质教育,让教育成果更好地惠及全体民众。要正确处理教育发展与经济社会发展的关系,自然资源开发与人力资源开发的关系,促进教育与人口、经济、环境的协调发展,从而保障教育与经济的绿色、持续发展。[①]

因此,教育规划必须突出统筹兼顾,精准扶贫。统筹区域教育、城乡教育、国民教育与继续教育、普通教育与职业教育、学生的全面发展以及人才培养与社会服务,以促进东部地区与中西部地区、城市与农村、教育与社会、人与自然的协调发展;面向中西部地区特别是边疆、贫困地区精准扶贫,增加对家庭经济困难学生的帮扶,以促进教育公平,加快推进教育现代化。

二、教育规划的原则

原则是根据事物内在关系和联系的规律性去解决问题的观点和方法,因此,科学的指导原则是制定科学的教育规划的准绳。概括起来,主要有四个指导教育规划的基本原则,即主动适应原则、均衡发展原则、系统整体原则与适度超前原则。

(一)主动适应原则

主动适应原则是指教育规划必须主动适应一个国家或地区的经济社会发展状况,包括政治体制、生产力发展水平、经济实力、经济结构、人口状况等。教育的社会制约性与社会功能表明教育与政治、经济、文化、人口等社会各因素之间具有相互影响与作用的密切关系。作为对教育未来发展的谋划,教育规划如果仅凭主观臆断而脱离现实的客观要求,无论其详尽、细致程度如何,都不可能具有良好的可行性。正如著名的教育规划专家菲利普·H.库

---

① 高书国.教育战略规划——复杂-简单理论[M].北京:教育科学出版社,2009:12.

姆斯所强调:"教育规划应该与更广泛的经济和社会发展规划相融合。教育如果想以最有效的方式为个人和国家的发展作出贡献,并最有效地利用稀缺资源,那么它就不能自行其是,对周遭的现实不闻不问"。① 因此,主动适应原则是制定教育规划时必须遵循的一个重要原则。

教育规划要重视全面掌握并主动适应经济社会的发展状况,因为教育的改革与发展需要从经济社会的发展中获得物质支撑与技术条件,也就是说,经济社会的发展水平决定着教育改革与发展的物质基础及外部环境。具体而言,政治体制、生产力水平、城镇化进程、经济发展状况、产业结构优化、科技创新、社会文化等都对教育的改革与发展及人才的培养规格与模式具有重要的影响作用。同时,教育规划必须重点分析、研究人口的数量、质量及其变化。例如,劳动年龄人口和老年人口数量的持续增长,将使得民众对继续教育与终身教育的需求持续增加;城乡居民的收入水平和生活消费水平的不断提高,将使得民众对优质教育与多元化教育的需求不断提升。② 因此,制定教育规划时,必须根据一个国家或地区的方针政策、生产力水平、经济实力、经济结构、人口状况等,调整各级各类教育的发展规模、人才培养的方向、规格与模式,优化各级各类教育的布局结构与专业设置,并通过制定合理的政策措施来改善办学条件、提高教育质量、提升各级各类学校对社会的服务能力。

总之,教育规划必须动态地发展和适应经济社会客观环境的变化,并不断修改、调整与完善自身以适应新的环境。只有这样,才能科学、理性地谋划教育事业发展的速度、规模、结构、质量、效益以及所需的保障措施,从而促进教育与经济社会的协调发展,保障经济的持续发展与社会的和谐进步。

(二) 均衡发展原则

均衡发展原则是指教育规划必须统筹城乡教育与区域教育,从而缩小并最终消除各种教育差距,实现各种教育均衡发展。教育公平是目前国际社会的焦点,也是我国和谐社会构建的基石。我国面临的教育公平问题日渐复杂,主要表现为城乡公平、地区公平、阶层公平和配置公平的缺失等。因此,势必要将实现教育公平作为教育规划实践的基本价值取向,将均衡发展原则作为教育规划制定的重要指导原则,从而实现在弱势补偿、教育的可选择性、教育机构之间公平竞争、教育资源的均衡配置等方面作出新的制度安排。③

三农问题是事关我国现代化建设全局的根本性问题。城乡二元化经济结构仍未根本改变,农村教育的发展速度、层次、水平及教育质量均明显低于城市教育。因此,制定教育规划时,必须坚持均衡发展原则,摒弃城乡分割的发展观,在发展战略、政策措施与工作机制上树立城乡统筹的思想,构建社会主义市场经济体制下平等和谐的城乡关系。教育规划更要把发展农村教育作为教育事业的重心,摆在突出地位,并在教育经费和政策方面适当倾斜,进一步加快农村教育的发展;要加强城乡之间的教育联系,完善城镇的教育功能,充分发挥大中城市的辐射、带动作用以及小城镇的农村教育、文化中心作用,逐步减少城乡教育差距,实现均衡发展。

城乡教育之外,均衡发展还要体现在区域教育上。区域包括东部、中部和西部,以省、自

---

① 联合国教科文组织国际教育规划研究所.教育规划基础[M].上海:上海教育出版社,2009:27.
② 汤贞敏.我国教育规划的基本特性及"十三五"教育规划的制订[J].中国教育学刊,2016(03):2-3.
③ 王鹏.论教育规划实践范式的转型[J].教育发展研究,2009(21):39.

治区和直辖市为单位的区域,以及以城市群为主导的经济社会和教育发展区域。在制定教育规划的过程中,要分辨不同区域的特点与优势,根据不同区域的发展条件和教育现状,制定符合区域经济社会发展要求的指导方针、发展目标及政策措施,实行分区规划、分类指导,以缩小区域教育差距,促进区域教育健康、均衡发展。例如,为了逐步扭转东、西部地区教育差距扩大的趋势,要统筹协调地区间的教育发展,在继续发挥各地区的优势和积极性的同时,从宏观政策上支持革命老区、少数民族地区、边疆地区和贫困地区等薄弱地区加速发展教育事业,并在教育经费方面实现倾斜政策;大力推进薄弱学校的改造,使更多的地区拥有优质教育资源;发展较快的东部地区要采取各种措施支援西部,逐步形成各地区间的良性互动,构建优势互补、均衡发展的格局。

缩小并最终消除各种教育差距、实现教育均衡发展是一项长期的任务。教育规划必须始终坚持均衡发展原则,实现薄弱环节、欠发达地区、弱势人群教育的超前发展,从而达到消除各种教育差距,解决各种教育发展不均衡问题的目标,以保障每个学生、每个公民接受教育、接受同样高质量教育的权利平等与机会公平。

(三) 系统整体原则

系统是由相互作用、相互依赖的若干要素组成的、具有特定功能的有机整体。教育既是由诸多要素构成的一个独立的系统,又是社会大系统的一个子系统。因此,教育规划必须遵循系统整体原则,即教育规划既要实现教育系统内部各要素间的整体协调发展,又要实现教育与社会大系统的整体协调发展。

整体优先于局部是系统整体原则固有的特征。从教育系统自身来看,教育系统整体的发展是系统内部各要素之间相互影响与作用的结果。整体并不是各部分的简单相加,教育系统自然不是各要素构成的简单集合体。在系统整体原则的指导下,教育规划要对教育事业发展及人才培养作整体设计,重大教育规划更是要涵盖学前教育、义务教育、普通高中教育、职业教育、高等教育以及终身教育体系与学习型社会的构建。"在教育系统中,下一级教育的毕业生是上一级教育的生源,各级各类教育是相辅相成的。在各种因素的影响下,不同的历史时期,不同的地区,会有不同的发展重点,各级各类教育将有不同的发展速度和规模,形成新的合理结构,因此,编制教育规划时,必须要有全国一盘棋的观点,局部最优要服从于整体最优,实现教育的协调发展。"①

作为社会大系统下的一个子系统,教育是一种复杂的社会现象,它的改革与发展必然要在与政治、经济、文化、人口等其他社会子系统的互动中进行。因此,教育规划不能把教育置于广阔的社会背景之外,不能孤立地研究教育问题,而应从教育发展的整体观出发,充分反映执政者的主张,尽力满足经济社会发展的战略需求,使得教育子系统的发展适应并助力社会大系统的发展与进步。

由于教育发展既具有自身内在的规律,又与外在的社会环境相互影响与作用,加之教育规划所依附的教育内部环境和外部社会环境不易掌控,教育规划的系统整体性必然是复杂的,也是至关重要的。教育规划者也必然要着眼于整体,运用科学方法,进行综合分析,以使教育发展达到最佳效果。

---

① 杨晓青,等.教育规划理论与实践[M].北京:中国大百科全书出版社,2006:17.

（四）适度超前原则

适度超前原则是指教育规划必须科学预测并尽力满足一个国家或地区经济社会的未来发展对教育所提出的在人才培养、科技进步、文化服务等方面的需求，实现教育的适度超前发展。正如现代管理学之父彼得·德鲁克所言，战略规划是为未来作现在的决策。教育的先行性和教育规划的未来性决定了教育规划必须遵循适度超前原则，教育规划者必须具有超前意识与前瞻思维，着眼于未来，未雨绸缪。①

在整个社会的进步与发展中，教育承担着为经济、科技与社会的发展培养人才的重任，在一个国家或地区的发展中占有突出重要的战略地位。由于教育固有的周期较长、见效缓慢、影响深远的特征，教育规划必须遵循适度超前原则，保证教育先行与适度超前发展，从而为社会发展预先培养人才。正所谓今天的教育决定了未来几十年的人才质量规格与经济发展模式，进而决定了明天的社会发展状况与水平。

教育规划具有未来性，需要对未来一定时期内的教育发展与人才培养进行预测，并确定目标，提出发展思路、任务、具体举措，用以指导教育事业的发展及各级各类学校的进步与提升。因此，教育规划必须对教育的现状与未来、外部环境等多方面因素作全面研究分析，特别要把握未来一定时期内世界、国家、区域经济社会以及科技文化的发展趋势，从而预测教育在该周期内所应达到的发展状态、可能实现的发展目标以及实现发展目标所需要的各种条件。② 所以，教育规划者不仅要立足现实，而且要洞察未来，科学预见未来教育及其内外部环境的发展变化，从而实现教育的适当超前发展。

第二节　教育规划的理论依据

教育规划期望为个人与社会创造一个更美好的教育未来，而仅凭总结经验不可能全面、科学地把握教育发展的未来趋势，科学、合理的教育规划需要有坚实的理论基础。教育规划的发展历程表明，除了受到教育科学本身发展的影响外，自然科学和社会科学的成果都为其提供了重要的理论基础和方法手段。20世纪以来，哲学、社会学、经济学、政治学、法学、数理统计方法、灰色系统（也称黑箱理论）、环境科学等社会科学、自然科学的发展，使得教育规划研究的视野越来越开阔；生态学、系统论、信息论、耗散结构论、协同论、突变论、复杂理论等新兴理论的涌现，为现代教育规划理论的发展奠定了科学的基础。同时，随着教育与经济、社会文化、科技之间的互动越来越密切，教育社会学、教育经济学等交叉学科的兴起，也为教育规划研究提供了分析社会与教育之间关系的新的视角。

如上所述，从比较宽泛的意义上讲，教育规划的理论基础可追溯到众多的社会科学和自然科学，无法一一赘述。而本节重在阐述教育规划应遵循的六个基本理论，即可持续发展理论、满足需求理论、协调发展理论、适度超前理论、资源配置优化理论、基础优先理论。

一、可持续发展理论

1987年联合国环境与发展委员会将"可持续发展"表述为"既满足当代人的需要，又不

---

① 杨天平.教育战略规划与管理[M].重庆：重庆大学出版社，2010：187.
② 汤贞敏.我国教育规划的基本特性及"十三五"教育规划的制订[J].中国教育学刊，2016(03)：1.

损害后代人满足需要能力的发展"。这表明,教育规划要有超前意识,既能考虑到当前和近期的需要,又能预见未来教育的变革,使教育主动适应未来的需要。① 因此,在制定教育规划时,必须以可持续发展理论为指导,坚持教育资源的合理与连续使用,确保教育质量得以不断提升,以及教育事业的先导性、全局性与基础性作用得以持续发挥。

在制定教育规划过程中,要正确处理教育发展与经济社会发展的关系及自然资源开发与人力资源开发的关系,建设资源节约型、环境友好型社会,促进教育与人口、经济、环境协调发展,从而保障教育与经济的持续发展,使广大民众在良好生态环境中生产、生活。这就要求,教育的发展要与经济、社会为教育提供的物质基础相协调,不能缺乏必要的物质支撑,以免导致教育质量下滑;既要重视教育规模的扩大,更要重视教育的质量与社会效益的提高;既要满足全体民众受教育的基本需求,又要努力满足其享有优质教育的需求,从而提高其生活质量;要实现教育公平,努力加快贫困地区教育与弱势人群教育的发展速度;要不断提高各级各类学校办学条件的配备标准,制定相应的改善措施;更要致力于高素质师资队伍的建设,不仅保证各级各类教育发展所需师资的数量,而且优化师资在年龄、专业、职称等方面的结构,通过强化教师群体与个体的持续专业发展,不断提高在职教师的学历层次、教学水平与科研水平等。

二、满足需求理论

教育既要满足社会发展的需要,又要满足个体发展的需要。因此,满足需求理论是指一个国家或地区的教育规划要保证教育事业的未来发展既满足经济社会发展多方面的需求,又满足个体全面发展的需求。

为了满足经济和社会发展的多方面需求,教育首先要大规模地、高效地、高质量地培养经济建设、政治建设、文化建设、社会建设和生态文明建设所需的人才,满足经济和社会发展对各级各类人才的需求,推动人才强国的建设。其次,教育要提高劳动者的素质,不断增强各级各类劳动者的就业能力和创新能力,从而提高民众的生活质量和整体素质。此外,教育要通过促进科学技术的创新与发展、优秀文化的传承与创新,为社会提供优质的科学技术和文化知识。一方面,教育的发展为科学技术的持续发展提供源源不断的人才资源;另一方面,高等学校本身及其高新科技企业都是科技创新产品的重要孵化器。因此,教育的发展要在发展基础研究、应用研究、高新技术和科技成果转化等方面发挥重要作用,为国民经济培育新的增长点。

教育不仅要满足社会发展的需要,又要与个体的身心发展相适应,满足个体发展的需要,促进个体的全面发展,使其潜能得以充分发挥、创造性得以充分发展。为此,教育要努力满足民众接受更多的、公平的、高质量、高层次教育的需求。这就要求,在制定教育规划时,既要大力发展各级各类教育,又要促进各种民办教育、短期培训与职业教育的发展,为民众提供更多的受教育机会;既要详细规划正规教育,又要兼顾非正规教育,重视继续教育和终身教育的发展;既要保障基础教育的发展,又要抓好高、精、尖人才的培养,不断改善各级各类学校的硬件和软件,提高其教学水平,使民众享受公平而有质量的教育。

---

① 朱佳生,殷革兰.教育规划几个基本理论的探讨[J].辽宁高等教育研究,1999(03):36.

三、协调发展理论

教育是社会系统中的一个子系统,它的发展必须与社会的发展保持协调一致,因为教育既受到社会的经济、政治、文化、人口等要素的影响与制约,又对社会的经济、政治、文化、人口等起能动的促进作用。因此,"教育既要满足经济和社会发展对教育提出的各种需求,又要在经济和社会所能提供的支撑下实现自身的发展。所以,在编制教育规划中测算教育事业发展目标时,考虑到办学条件和规模速度、教育投入和产出等相互依存、相互制约的因素,必须进行供需平衡计算,坚持规模、结构、质量和效益的统一。"[①]

协调发展理论在教育规划中的具体应用不仅体现在教育与社会之间的整体协调上,而且体现在教育系统内部各子系统之间的整体协调上。教育系统本身即是一个由若干子系统组成的、相互关联的整体。其子系统具体包括学前教育、初等教育、中等教育、高等教育等,彼此之间相互衔接、相互影响。只有教育系统内部的各子系统实现了协调发展,才能保证整个教育系统的健康发展。所以,在编制教育规划时,必须要以实现最佳的整体发展为目标,统筹各级各类教育的协调发展,坚持整体最优高于局部最优。

此外,协调发展理论在教育规划中的具体应用还体现在实现区域教育的协调发展上。由于不同区域如我国东、中、西部地区的经济社会发展不平衡,其教育往往具有不同的发展速度、规模与重心。因此,在制定教育规划的过程中,要保证本地区的教育适应本地区经济和社会发展对人才的实际需求,根据本地区实际情况处理好教育发展与社会其他方面发展的相互关系,并且要加强国家宏观调控的力度,旨在有力地推动、协调各地区的教育发展。只有这样,才能逐步缩小直至最终消除各地区之间的教育差距,实现教育更协调、公平、持续的发展。

四、适度超前理论

教育具有周期较长、见效缓慢、影响深远的固有特征。一般来讲,一个人需要十六年的时间完成从初等教育到高等教育的学习,还需若干年在工作实践中的锻炼,才能逐渐成为一个有用的人才,在未来四十年或者更长的时间里实现个人价值、服务社会;而如果一个人需要完成硕士乃至博士研究生教育的学习,社会则需要更长时间的等待才能看到教育的效果。这也就决定了,在整个社会的发展中,作为国家或地区发展的重要基础建设的教育必须先行一步、适度超前发展,为经济、科技与社会的发展预先培养人才。因此,在制定教育规划时,必须充分考虑教育的迟效性与滞后性,以适度超前理论为指导,提前一个周期安排人才的培养。只有坚持教育先行、适度超前,才能实现教育为促进社会发展所承担的培养人才、智力支持、知识创新及文化传播等重要的功能。

其次,适度超前理论不仅关系到人才培养的规划,而且关系到教育发展相对落后的地区或者教育阶段的规划。在制定教育规划时,为了确保教育本身的均衡发展,针对那些教育发展相对落后的地区或者相对滞后的教育阶段,要以相应的倾斜政策与措施加快其发展速度,实现其适度超前发展,从而尽快缩小乃至彻底消除各种教育差距。

此外,适度超前理论还关系到教学内容、教学方法、办学条件的配备等方面的规划。在

---

① 杨晓青,等.教育规划理论与实践[M].北京:中国大百科全书出版社,2006:18.

条件允许的情况下,教育规划者要具有适度超前的意识,尽可能更新各级各类教育的教学内容,采用先进的科学技术、教学方法与手段,提高各级各类学校办学条件的配备标准,做到与时俱进。

五、资源配置优化理论

当前世界各国教育面临的一个共性问题是社会和个人对教育日益增长的需求与教育可能提供条件之间的矛盾。为了解决这一矛盾,各国在开辟教育资源的同时,越来越关注教育资源配置的优化,力图以此充分发挥教育资源的作用,达到发展教育的目的。教育资源优化配置通常分为宏观、中观和微观三个层次。宏观层次是指国家将教育资源优化配置于不同地区和不同类别的教育;中观层次是指地方政府在本地区内优化配置教育资源;微观层次是指学校内部对教育资源的有效开发、组织与利用。①

国家和政府投入的教育资源主要由国家和政府宏观调控;非国家和政府投入的教育资源,如社会力量办学,往往是由市场机制来调节。②教育资源的优化配置,必须要讲究效益,提高资源的利用率,使有限的教育资源发挥出最大的效益,培养出更多更好的各级各类合格人才,以满足经济社会发展的需要。因此,在制定教育规划时,需要考虑到各级各类教育的比例是否科学、各级各类学校的布局是否合理、规模是否合适、科类结构是否符合经济和社会发展的需求、师资配置是否优化、教育质量如何等,这些都是直接影响教育资源配置效益的问题。同时,必须正确处理教育资源的整体优化与局部优化的关系,坚持局部优化服从于整体优化。

在我国已进入中国特色社会主义新时代的背景下,规划教育的未来发展时,要以社会发展与个体全面发展的需要为导向,通过调节人民日益增长的美好生活需要与不平衡不充分的发展之间的矛盾以及供给与需求之间的矛盾,优化教育结构;要以非义务教育阶段学校作为教育市场的竞争主体,激发学校参与竞争的意识、积极性与主动性,在竞争中促进教育资源的优化配置,实现人才培养数量的增加与质量的提升,努力让公平而有质量的教育惠及更广大的民众;在精简教育机构和人员编制,避免教育资源浪费的同时,要充分利用新兴的远程教育和先进的现代化信息技术,在最大范围上实现优质教育资源的共享以及更大的教育资源优化配置的产出效益。

六、基础优先理论

基础优先理论是指一个国家或地区的教育规划要突出基础教育的优先发展与素质过硬且结构优化的师资队伍的优先建设。

一方面,教育规划始终坚持把发展基础教育放在首位。基础教育是国民接受基础知识、基本技能、基本方法和基本态度的教育,是整个学校教育系统的基础。它不仅是社会生产力发展的客观要求,而且是现代社会对每个公民素质的最基本要求。基础教育不仅影响高等教育的质量,决定国民的素质,而且是现代社会文明和进步的重要标志。所以,世界上大多数国家都以法律的形式规定适龄儿童、少年接受一定年限的义务基础教育。以我国为例,自国民经济和社会发展第九个五年计划(1996—2000)开始,"基本普及九年义务教育,基本扫

---

①② 朱佳生,殷革兰.教育规划几个基本理论的探讨[J].辽宁高等教育研究,1999(03):37.

除青壮年文盲"工作(即"两基"工作)就成为教育工作的重中之重。为确保全国"两基"攻坚任务的顺利完成,中央与地方各级政府加大了资金支持的力度;国家不但增设了专项资金(如"国家贫困地区义务教育工程"、"危房改造工程"等),而且给予了政策倾斜,以引导社会资金的流动方向,促进基础教育的优先发展。在全面实现城乡免费义务教育之后,我国致力于实现更高水平的普及教育,包括巩固义务教育普及成果,提高义务教育的质量,推进义务教育在校际、城乡、区域之间的均衡发展以及加快普及高中阶段教育。

另一方面,教育规划要始终坚持优先建设素质过硬且结构优化的师资队伍。正所谓"百年大计,教育为本;教育大计,教师为本",教师的素质是制约教育事业发展的重要因素,是教育事业持续发展的基石。换言之,优先建设一支数量充足、素质过硬、结构优化、稳定发展、持续进步的师资队伍,是不断提高各级各类教育质量,实现教育系统整体稳步发展的重要保证。因此,在编制教育规划时,必须给予优先考虑,只有优先满足教育系统对各级各类教师在数量、质量与结构上的需求,才能保证教育事业稳定、持续的发展。

第三节 教育规划的影响因素

教育规划是设计和安排教育事业发展的指导性文件。它对各级各类教育的发展目标、规模、速度、结构、学校布局及其实现的步骤、措施等拟订方案,旨在通过最优途径实现预期目标,是国家促进教育事业发展和政府对教育事业进行宏观调控的重要手段。对于一个国家或地区的教育乃至社会经济能否健康发展而言,制定科学、合理的教育规划都是至关重要的。然而,教育规划的制定并非易事,而是一个分析与决策交融其中的复杂的过程,必须在充分考虑客观环境和未来可能条件下进行方案的优选。因此,科学、合理的教育规划的制定必然受制于诸多主观与客观因素。在此,本节从教育规划者的视角出发,着重探讨以下几个影响教育规划的重要因素。

一、教育规划理论与方法

教育规划理论与方法本身是否科学、完善势必会影响到制定的教育规划的科学性、合理性。然而,在当前教育学、管理学或经济学的学科发展中,规划领域,特别是教育规划领域相关理论与方法的研究却较为薄弱、不够科学与完善。这可能与教育规划兴起较晚、发展历程波折有关。

自1928年苏联率先编制了第一个教育规划,到20世纪50年代,制定教育规划成为各国的普遍做法;60年代,理性主义规划思想与方法盛行,教育规划处于兴盛时期;进入70年代,石油危机引起理想与现实的冲突,使教育规划面临危机,质疑之声迭起;80年代,随着1980年哈佛大学教育与发展研究中心的关闭,教育规划步入衰落期;90年代以来,资本主义国家中新国家主义和转型国家中社会主义市场经济理论兴起,全球经济一体化进程加快,教育规划重新复兴,进入一个新的发展期。纵观几十年的教育规划历史,其发展历程较为艰辛,有着诸多的发展困境。

教育规划的发展困境除了源于教育所处的外部环境的复杂多变而导致的不易掌控,非常重要的还是源于教育规划理论和方法论本身的不完善。时至今日,不但各国学者们对于教育规划的基本概念、基本方法等都没有达成共识,而且教育规划实践成为各种规划理论与方法论此起彼伏、相互比较并展露各自优缺点的舞台。例如,"各种理论和方法论都片面扩大了教育,尤其是高等教育与社会经济发展的关系的某一侧面;有的方法论,其基本假设或基本原理缺乏坚实的实践基础或经不起逻辑的推敲;有的方法论仅仅停留在纸面上,没能找到走出象牙塔的路径。"[①]

在当今复杂的国内外形势下,教育的现实和不确定的未来都呼唤教育规划理论与方法的变革与完善。没有科学的理论指导的实践是盲目的实践,所以,要制定科学、合理的教育规划,有必要深入开展教育规划理论与方法论的研究,构建科学、完善的教育规划理论体系,也有必要在全面了解各国教育规划理论与方法的基础上,在实践中探讨适合特定国家或地区实际情况的相关理论与方法。

二、教育规划者的专业素质

教育规划者的素质是影响教育规划的重要因素。教育规划者的专业素质是指教育规划者所具备的胜任本职工作的基本知识与能力,主要包括他们所秉持的教育理念、所具有的对教育与社会之间关系的认识,以及所掌握的教育规划知识与技术。毫无疑问,教育规划者能否科学地认识教育的最终目的、教育对社会发展与个体发展的作用,能否正确地分析教育与社会发展之间相互影响、相互作用的关系,以及能否熟练掌握并灵活运用教育规划的相关理论与方法等,势必会影响到最终制定的教育规划是否科学、合理。

教育的基本职能是为社会发展培养劳动者和专门人才,而教育的发展又取决于社会发展可能提供的资源条件,因为经济、科技、人口等因素构成了教育发展的宏观背景,是教育赖以生存的基础与未来发展的起点和需求。因此,准确地把握教育与社会发展之间的关系,对于教育自身的发展以及对于教育如何主动适应和促进社会的发展具有十分重要的意义和作用,这不仅是教育规划者应具备的专业素养,更是他们在制定教育规划时必须深入研究的重要问题。

如前所述,教育规划既要基于教育与社会发展的历史与现状,更要面向它们发展的未来。因此,教育规划者应该精确地分析与把握教育本身以及与教育相关的一切社会因素的发展历史与现状,并且尽量准确地预测教育与社会未来的发展方向与趋势。一方面,教育规划者要全面掌握社会发展状况。因为社会的经济、科技、人口等要素的发展水平决定着教育发展的物质基础、技术条件及外部环境。另一方面,教育规划者要全面掌握教育自身的发展状况。要清醒地认识教育自身发展所处的历史方位,包括成就与经验、困难与问题、机遇与挑战,以及未来社会发展对教育所提出的在人才培养、科技进步、文化服务等方面的客观要求。只有这样,教育规划者才能科学、合理地确定各级各类教育发展的目标、规模、速度、结构、质量、效益及相应的政策举措等,制定出完善的教育规划。

当然,由于社会各要素并不是线性发展的,其发展过程中充满了各种很难作出精确预测的变数和不可预知的因素,因此,教育规划者也很难精确预知它们对未来教育的发展所提出的要求。尽管如此,为了制定科学、合理的教育规划,实现教育与经济社会的协调发展,教育规划者必须与其他领域的规划者一起,运用科学的、先进的预测与规划理论与方法,尽可能

---

① 毛建青.高等教育宏观规划的理论与方法研究——聚焦中国高等教育规模的规划[M].北京:中国社会科学出版社,2015:41.

准确地预测未来社会与教育的发展,最大限度地减少误差,并针对各种可能发生的状况提出有效的应对策略。

三、政策与政治因素

鉴于教育与政治之间相互影响与相互作用的关系,教育规划必然会受到社会政治与政策因素的影响。"要制定一个成功的规划,规划者从规划之初就需要考虑身处其中的政策和治理结构,并予以回应。"[①]而且,作为一门应用性学科,教育规划具有较强的实践性与应用性。一旦教育规划过程与决策的制定和执行完全脱离,教育规划只能成为纯粹的学术活动,既不能在实践中应用,更不能通过实践来检验其实效。或许这就是一度流行的"规划规划,墙上挂挂"的原因所在。

显然,教育规划的制定与执行并不只是教育部门的事情,因为一个国家的其他政府部门往往会对教育规划所确定的发展目标、教育规划能否得以执行以及具体如何执行等产生影响。类似的案例国内外皆有,例如,受政府政策和政治的影响,1999年我国高校实施大规模的扩大招生。这是为了一定程度上拉动内需,政府临时作出的决定。且不论这一决定带来哪些积极或消极影响,这样的政府行为是有违教育本身的发展规律的;再且不论原有的教育规划具有怎样的科学性与合理性,这一政策的出台使其失去了应有的意义。因此,在制定教育规划过程中,教育规划者需要在政治与教育的关系上采取谨慎态度,既要充分考虑各种政治因素,又要尽量减少政策与政治因素对教育发展的过度干预,确保教育本身的相对独立性。

【阅读材料】

中华人民共和国国民经济和社会发展第十三个五年规划纲要

第四章 发展理念

实现发展目标,破解发展难题,厚植发展优势,必须牢固树立和贯彻落实创新、协调、绿色、开放、共享的新发展理念。

创新是引领发展的第一动力。必须把创新摆在国家发展全局的核心位置,不断推进理论创新、制度创新、科技创新、文化创新等各方面创新,让创新贯穿党和国家一切工作,让创新在全社会蔚然成风。

协调是持续健康发展的内在要求。必须牢牢把握中国特色社会主义事业总体布局,正确处理发展中的重大关系,重点促进城乡区域协调发展,促进经济社会协调发展,促进新型工业化、信息化、城镇化、农业现代化同步发展,在增强国家硬实力的同时注重提升国家软实力,不断增强发展整体性。

绿色是永续发展的必要条件和人民对美好生活追求的重要体现。必须坚持节约资源和保护环境的基本国策,坚持可持续发展,坚定走生产发展、生活富裕、生态良好的文明发展道路,加快建设资源节约型、环境友好型社会,形成人与自然和谐发展现代化建设新格局,推进美丽中国建设,为全球生态安全作出新贡献。

---

① CALSON, R V, AWKERMAN, G. Educational planning: concepts, strategies, and practices [M]. New York: Longman. 1991: 109.

开放是国家繁荣发展的必由之路。必须顺应我国经济深度融入世界经济的趋势,奉行互利共赢的开放战略,坚持内外需协调、进出口平衡、引进来和走出去并重、引资和引技引智并举,发展更高层次的开放型经济,积极参与全球经济治理和公共产品供给,提高我国在全球经济治理中的制度性话语权,构建广泛的利益共同体。

共享是中国特色社会主义的本质要求。必须坚持发展为了人民、发展依靠人民、发展成果由人民共享,作出更有效的制度安排,使全体人民在共建共享发展中有更多获得感,增强发展动力,增进人民团结,朝着共同富裕方向稳步前进。

坚持创新发展、协调发展、绿色发展、开放发展、共享发展,是关系我国发展全局的一场深刻变革。创新、协调、绿色、开放、共享的新发展理念是具有内在联系的集合体,是"十三五"乃至更长时期我国发展思路、发展方向、发展着力点的集中体现,必须贯穿于"十三五"经济社会发展的各领域各环节。

(资料来源:中华人民共和国国民经济和社会发展第十三个五年规划纲要.中国教育部政府门户网,2017-08-01.内容有删减)

思 考 题

1. 怎样理解教育规划的指导思想?
2. 教育规划的基本原则有哪些?
3. 教育规划应遵循的基本理论有哪些?
4. 怎样理解教育规划者的专业素质?
5. 举例分析教育规划的主要影响因素。

第八章 教育规划目标

学习目标

通过本章的学习,能够识记教育规划目标的含义、分类与特点以及教育规划目标预测的基本过程;能够正确理解教育规划目标在教育规划中的作用,比较定量目标与定性目标以及高、中、低目标方案,能够对选择教育规划目标数量指标与确定教育规划目标的影响因素作出正确的表述与解释。

建议学时

4 学时

没有明确的目标,就没有充分的基础去明智地规划教育事业发展的未来,或者明智地评价教育系统的绩效。如果教育发展目标与社会发展的主要目标不一致,那么教育系统与社会之间必然会出现失调,社会的需求就难以得到满足。同样,如果教育系统中各子系统的具体目标与整个系统的总体目标互不相容,那么这个系统将陷入混乱,不但基本目标将不能实现,而且学生将成为最大的输家。由于上述种种原因,要改进教育系统的实用性和提高绩效,制定科学、合理的教育规划,必不可少的第一步是重新审视并阐明教育发展的基本目标,以及每个子系统更为具体的目标,确保这些目标之间互不冲突,并与社会发展、个体发展的需求相一致。①

第一节 教育规划目标的分类、特点与预测

教育规划目标是指在一定时期内,一个国家或地区的教育发展要达到的预期结果。它是各级各类教育的发展在一定时期内所要达到的规模、结构、质量、效益的目标集合,是对教育事业发展前景的描绘和具体量度,是教育规划的重要组成部分。"在计划经济体制下,作为发展目标的计划指标具有很强的规定性。在市场经济体制下,由于管理体制和机制的不同,目标在更大程度上是对事业发展的导向,既有一定的刚性,也具有一定的弹性。"②在教育规划的制定过程中,选择、预测与确定教育规划目标是制定工作的主要环节。

---

① 联合国教科文组织国际教育规划研究所.教育规划基础[M].上海:上海教育出版社,2009:49.
② 杨晓青,等.教育规划理论与实践[M].北京:中国大百科全书出版社,2006:65.

一、教育规划目标在教育规划中的作用

规划是对未来的合理期望以及要达到这种期望所进行的各种谋划,而这种期望本身正是规划的目标。作为教育发展战略思想的具体体现,教育规划目标在教育规划中具有凝聚社会共识、动员各方力量、进行宏观调控的重要作用,引导着教育事业的发展方向以及教育规划领域内各相关主体的工作方向。

具体来讲,教育规划目标指明了教育事业未来发展的方向、速度与重点。例如,2010年《国家中长期教育改革和发展规划纲要(2010-2020年)》提出,"到2020年,基本实现教育现代化,基本形成学习型社会,进入人力资源强国行列。"具体表现为实现更高水平的普及教育,形成惠及全民的公平教育,提供更加丰富的优质教育,构建体系完备的终身教育,以及健全充满活力的教育体制。又如,在教育事业发展十二五规划圆满收官、《国家中长期教育改革和发展规划纲要(2010-2020年)》确定的阶段性目标如期实现的基础上,2017年《国家教育事业发展第十三个五年规划》提出,"'十三五'时期教育改革发展的总目标是教育现代化取得重要进展,教育总体实力和国际影响力显著增强,推动我国迈入人力资源强国和人才强国行列,为实现中国教育现代化2030远景目标奠定坚实基础。"具体包括全民终身学习机会进一步扩大,教育质量全面提升,教育发展成果更公平地惠及全民,人才供给和高校创新能力明显提升,教育体系制度更加成熟定型。显然,上述教育规划目标的提出,对于凝聚社会共识,动员各级政府、教育领域乃至全社会的力量推动义务教育的均衡发展、高中阶段教育的普及、终身学习的现代教育体系的构建以及教育公平的实现,都起到了重要的导向作用,也反映出我国教育发展已进入提高质量、优化结构、促进公平的新阶段。

教育规划的阶段性与区域性目标也是教育发展阶段性与区域性任务的量化尺度。有的教育规划对教育事业的年度发展提出了具体指标,将规划时限内的发展任务量化为年度任务,从而分阶段地完成总体规划目标。还有的教育规划为了体现分区规划原则、发挥分类指导作用,提出有针对性的区域性目标,如针对城乡或者东部、中部和西部等不同区域提出不同的教育发展目标,使得不同区域均能准确定位,并按照符合实际情况的发展方向、速度与重点推进各自教育事业的发展。

二、教育规划目标的分类

教育规划目标有多种分类方法:从时间维度看,包括长远目标和阶段性目标;从层次看,包括总体目标和子目标;从指标类别看,包括定性目标和定量目标。以下仅就定性目标和定量目标进行简要介绍。①

(一)定性目标

近年来,教育规划的宏观性和战略性增强,所关注的领域增多,教育规划目标所涉及的范围也随之扩大。相比之下,以往的教育规划一般重在教育的规模与速度,而当前的教育规划则倾向关注教育的结构与质量。同时,鉴于一些新领域难以量化或预测,教育规划者只能用定性目标描述其发展状况。尽管定性目标在明确性、易于掌握与便于监测方面不及定量目标,但就明确教育发展方向而言,具有不可替代的作用。教育规划中的定性目标通常用在

---

① 参阅杨晓青,等.教育规划理论与实践[M].北京:中国大百科全书出版社,2006:66-68.

以下方面：

1. 教育改革

有关教育改革的规划目标具体涉及办学体制改革、学校管理体制改革、运行机制改革、教学改革、招生、收费和毕业生就业制度改革等方面，因其大多无法使用数量指标表征，常使用定性目标。如《国家中长期教育改革和发展规划纲要（2010-2020年）》提出，"把改革创新作为教育发展的强大动力。教育要发展，根本靠改革。要以体制机制改革为重点，鼓励地方和学校大胆探索和试验，加快重要领域和关键环节改革步伐。创新人才培养体制、办学体制、教育管理体制，改革质量评价和考试招生制度，改革教学内容、方法、手段，建设现代学校制度。"

2. 教育体系

作为教育规划中常见的总体目标之一，教育体系的规划目标因难以用数量指标表征其发展状况，均使用定性目标描述。例如，在国家教育事业的"八五"和"十五"规划中都将建立适应经济和社会各方面需要的具有"中国特色的社会主义教育体系"作为我国教育工作的总体目标。《国家中长期教育改革和发展规划纲要（2010-2020年）》在其战略目标中提出，"构建体系完备的终身教育"，具体表述为"现代国民教育体系更加完善，终身教育体系基本形成，促进全体人民学有所教、学有所成、学有所用。"此外，在教育规划中，各级教育之间的关系，各类教育包括全日制教育与成人教育、普通教育与职业教育等之间的关系也常用具体的定性描述。例如，《国家中长期教育改革和发展规划纲要（2010-2020年）》中提出，"学历教育和非学历教育协调发展，职业教育和普通教育相互沟通，职前教育和职后教育有效衔接。"

3. 教育结构

教育结构具体包括层次结构、类型结构、专业与科类结构、学校布局结构等。尽管一些数量指标常用来表述一部分教育结构方面的构建目标，但教育事业发展的内外部环境复杂多变导致难以准确预测、量化满足社会发展与个体全面发展需求的专业与科类结构、学校布局结构等，因此也常采用定性描述。如《国家教育事业发展第十三个五年规划》提出，"协调推进教育结构调整"，具体包括在学校布局方面，完善基础教育城乡教育布局规划制度和学校布局调整机制，加强农村学校布局规划；完善职业学校布局结构；推进高等教育分类发展、合理布局，提高应用型、技术技能型和复合型人才培养比重。在学科专业结构方面，大力培养现代农业人才，加快培养战略性新兴产业急需人才，加强现代服务业和社会管理服务人才培养。

4. 教育质量

教育质量的规划目标难以用学生知识、能力增长方面的数量指标来直接反映，所以，除了使用保留率、升学率等指标间接反映外，多使用定性描述。如《国家中长期教育改革和发展规划纲要（2010—2020年）》中提出，"努力把提高质量作为教育改革发展的核心任务。树立科学的质量观，把促进人的全面发展、适应社会需要作为衡量教育质量的根本标准。树立以提高质量为核心的教育发展观，注重教育内涵发展，鼓励学校办出特色、办出水平，出名师，育英才。建立以提高教育质量为导向的管理制度和工作机制，把教育资源配置和学校工作重点集中到强化教学环节、提高教育质量上来。制定教育质量国家标准，建立健全教育质量保障体系。加强教师队伍建设，提高教师整体素质。"《国家教育事业发展第十三个五年规划》将"教育质量全面提升"作为主要目标之一,具体描述为"教师素质进一步提高,学校办学条件明显改善,教育信息化实现新突破,形成信息技术与教育融合创新发展的新局面,学习的便捷性和灵活性明显增强。教育教学改革取得重要进展,学生的思想道德素质、科学文化素质、身心健康素质明显提高,社会责任感、法治意识、创新精神和实践能力显著增强,学业水平和自主学习、终身学习能力全面提升。"

5. 办学水平

有关办学水平的未来发展目标常以定性方法描述。如《国家中长期教育改革和发展规划纲要(2010—2020年)》提出,"到2020年,高等教育结构更加合理,特色更加鲜明,人才培养、科学研究和社会服务整体水平全面提升,建成一批国际知名、有特色、高水平的高等学校,若干所大学达到或接近世界一流大学水平,高等教育国际竞争力显著增强。"

此外,其他无法用数量指标表征未来发展预期的教育规划目标,均可采用定性描述,如教育与社会各子系统的结合程度、教育的开放与合作、素质教育的推进、各级各类学校基础设施的配套情况等。

(二)定量目标

随着教育管理体制改革与办学体制改革的不断深化以及各级政府宏观调控职能的增强,教育规划越来越强调宏观性与战略性,而不再是规定性与任务性,定量目标在教育规划,尤其是国家级和省级教育规划中的数量逐渐减少。尽管如此,定量目标作为教育规划目标中最常用的形式,具有定性目标所不具备的清楚明确、便于监测与调控等优点,仍然在教育规划中具有不可缺少与替代的重要作用。教育规划中的定量目标通常主要使用以下数量指标:

1. 教育投入

教育投入的规划目标常使用教育经费总支出及其占GDP的比例、预算内教育经费支出及其占GDP的比例、生均教育经费支出、生均预算内教育经费支出、生均公用经费等数量指标。

2. 教育规模与普及水平

不同层次的教育规划通常使用不同的数量指标来表征教育规模与普及水平方面的发展目标,如国家级、省级规划多使用各级教育的入学率或毛入学率、普及教育的人口覆盖率及在校生规模等数量指标,而基层规划则要包括各级、各类教育的招生人数、毕业生人数等数量指标。

3. 教育结构

教育结构的规划目标通常使用同级但不同类型教育间在校生比例,不同层次教育间在校生比例及不同专业间在校生比例等数量指标。

4. 教育质量

教育质量的规划目标难以用有关学生学习情况的数据来直接反映,因此常使用一些数量指标来间接反映,主要包括初中级教育保留率、辍学率、毕业生升学率、超大班额比例、实验达标率等。

5. 办学效益与水平

各级各类学校的校均规模、生师比、专任教师占教职工总数的比例等数量指标常用来表征办学效益的发展状况,而高校的学位授予点、毕业生就业率等常用来表征办学水平的发展状况。

6. 办学条件

一般使用反映生均办学条件的数量指标表征,具体包括生均校舍面积、生均教学行政用房面积、生均图书、生均教学仪器设备值、生均计算机台数、建立校园网的学校数及比例等。

7. 教师队伍建设

教师队伍建设的规划目标主要使用各级各类教育专任教师的学历合格率、较国家标准要求高一级学历的教师比例、教师职称结构、年龄结构、特定专业专任教师的学历合格率等数量指标。

8. 综合指标

综合表征教育最终成就的数量指标包括国民人均受教育年限、国民或从业人员受教育情况等。

【知识链接】

《国家教育事业发展第十三个五年规划》的主要目标

"十三五"时期教育改革发展的总目标是:教育现代化取得重要进展,教育总体实力和国际影响力显著增强,推动我国迈入人力资源强国和人才强国行列,为实现中国教育现代化2030远景目标奠定坚实基础。

全民终身学习机会进一步扩大。形成更加适应全民学习、终身学习的现代教育体系,现代职业教育体系更加完善。学前教育机会显著增加,义务教育普及成果进一步巩固提升,普及高中阶段教育,高等教育发展进入普及化阶段,继续教育参与率明显提升,学习型社会建设迈上新台阶。

教育质量全面提升。教师素质进一步提高,学校办学条件明显改善,教育信息化实现新突破,形成信息技术与教育融合创新发展的新局面,学习的便捷性和灵活性明显增强。教育教学改革取得重要进展,学生的思想道德素质、科学文化素质、身心健康素质明显提高,社会责任感、法治意识、创新精神和实践能力显著增强,学业水平和自主学习、终身学习能力全面提升。

教育发展成果更公平地惠及全民。完成教育脱贫攻坚任务,精准扶贫、精准脱贫的效果充分显现。实现家庭经济困难学生资助全覆盖,困难群体、妇女儿童平等受教育权利得到更好保障。义务教育实现基本均衡的县(市、区)比例达到95%,城乡、区域、学校之间差距进一步缩小,建成覆盖城乡、更加均衡的基本公共教育服务体系。人民群众高质量、个性化、多样化的学习需求得到更好满足。

人才供给和高校创新能力明显提升。创新型、复合型、应用型和技术技能型人才培养比例显著提高,人才培养结构更趋合理。各类人才服务国家和区域经济社会发展、参与国际竞争的能力显著增强。提高高等教育发展水平,若干所大学和一批学科进入世界一流行列,若干学科进入世界一流学科前列,在高校建成一批服务国家战略的创新基地和新型智库,创新服务能力全面提升,涌现一批重大创新成果,促进培育新动能,推动文化繁荣和社会进步,增强国家核心竞争力。

教育体系制度更加成熟定型。教育法律法规体系和执法体制机制更加健全,教育标准、监管、评价、督导、投入保障、教师队伍建设等基础性制度体系更加完善,社会力量举办教育、参与教育改革发展的制度更加完备有效。基本实现管办评分离,形成政府依法管理、学校依法自主办学、社会各界依法参与和监督的格局,教育治理体系和治理能力现代化水平明显提升。

教育事业发展和人力资源开发"十三五"主要目标

指　　标	2015 年	2020 年	属　性
学前教育			
在园幼儿数(万人)	4 265	4 500	预期性
学前三年毛入园率(%)	75.0	85.0	预期性
九年义务教育			
在校生(万人)	14 004	15 000	预期性
巩固率(%)	93.0	95.0	约束性
高中阶段教育			
在校生(万人)	4 038	4 130	预期性
其中:中等职业教育	1 657	1 870	预期性
毛入学率(%)	87.0	90.0	预期性
高等教育			
在学总规模(万人)	3 647	3 850	预期性
在校生(万人)	3 511	3 680	预期性
其中:研究生(万人)(含全日制和非全日制研究生)	250[191]	290[230]	预期性
其中:普通本专科(万人)	2 625	2 655	预期性
毛入学率(%)	40.0	50.0	预期性
继续教育			
从业人员继续教育(万人次)		35 000	预期性
人力资源开发			
新增劳动力平均受教育年限(年)	13.3	13.5	预期性

注:1. 高等教育在校生含普通本专科、成人本专科、全日制和非全日制研究生在校生。
　　2. [ ]内为全日制研究生在校生数。
资料来源:国家教育事业发展"十三五"规划.中华人民共和国中央人民政府门户网,2017-08-01.内容有删减

三、教育规划目标的特点

尽管不同的教育规划各有特色,但它们所制定的教育规划目标却具有一定的共性,具体表现在以下方面:

(一)数量与质量相统一

教育规划目标的表述形式可以多种多样,但必须在对规划目标进行定性描述的基础上作出适当的定量说明,从而实现数量与质量的统一,既清楚明确、便于实施、监测与调控,又有助于相关主体及社会大众对发展预期的深入解读与领会。

(二)综合性

作为设计和安排教育事业发展的指导性文件,教育规划必须关注整个教育系统的协调

发展,这也就决定了它所制定的教育规划目标必须具有综合性的特点,能够综合反映整个教育事业在一定时期内所要达到的在规模、结构、质量、效益等方面的发展水平。

(三)阶段性

为了保证教育规划目标切实可行,必须科学预测在规划时限内不同时期教育事业的发展状况,制定出相应的阶段性规划目标,以利于教育规划总目标的逐步落实和最终实现。例如,《国家中长期教育改革和发展规划纲要(2010-2020)》在其战略目标中明确提出教育事业发展与人力资源开发分别在 2015 年与 2020 年预期达到的阶段性目标。

(四)相对稳定性

教育规划目标并非一成不变,由于教育所处的内外部环境复杂多变且充满变数,势必需要在实践中对规划目标不断进行修正与补充。但是,这绝不意味着可以朝令夕改。作为教育工作的行动指南,教育规划目标引导着教育事业发展的方向,一经确定,就必须保持相对稳定性。相反,如果在制定和实施教育规划时缺乏严谨的工作态度,频繁更改教育规划目标,必然会使实施者无所适从,从而失去工作的热情、积极性以及对教育规划的信任。

(五)先导性

教育自身所具有的周期较长、见效缓慢、影响深远的特点,决定了教育必须先行一步,才能为社会的发展预先培养人才。而教育规划是对未来一定时期内的教育发展所进行的谋划,必须要科学预测教育与社会发展的未来趋势。因此,教育的先行性与教育规划的未来性决定了教育规划目标具有先导性的特点。此外,教育规划目标的实现要经历一个相当长的时期,而这期间教育系统内外部的环境难免会发生很大的变化。因此,在制定教育规划时,要确保规划目标既符合长远的社会发展的需求,又符合未来的人的全面发展的需求。

四、选择教育规划目标数量指标的影响因素

如前所述,很多数量指标可以用来表征教育规划目标。因此,在确定教育规划目标时,必然要进行选择。当前,教育规划越来越突出强调战略性和宏观性,使得定量目标逐步减少。这就决定了在确定教育规划目标时,更要科学地选择数量指标,才能以尽可能少量的指标尽可能全面地反映教育事业的整体发展状况。选择教育规划目标的数量指标通常需考虑以下主要影响因素:

(一)规划层次与规划时限

不同层次的教育规划是对不同规模、范围的教育事业未来发展的规划,自然会选择不同的数量指标来表征规划目标。例如,国家级的教育规划突出宏观性、战略性,通常选用普及义务教育的人口覆盖率、各级教育的毛入学率等比较宏观的、全社会比较关注的关键性数量指标。相比之下,基层教育规划尤其是市、县级的教育规划是对本地区教育事业发展的谋划,主要涉及中等以下教育,通常选用义务教育阶段的人口覆盖率、毛入学率、学校数、逐年的招生人数、毕业生人数、班级数、教师数等比较微观、具体、详细的数量指标。同样,长期的教育规划出于在较长的规划时限内预测与调控的需要,通常选用较少的数量指标反映其规划目标,而中短期的教育规划则选用较多的数量指标。

(二)战略重点与调控的需要

在规划教育发展时,教育规划者应首先关注教育事业发展的战略重点,而这些重点也通

常是教育领域和全社会关注的重点,需要选用相应的数量指标描述明确的发展目标。同时,教育规划要协调各级各类教育在规划时限内的发展,也需要以特定的数量指标反映相应的导向性的规划目标。

(三) 数量指标的通用性与可比性

通常选用通用性较强且便于国际比较的关键性数量指标来表征教育规划目标。如前所述,众多数量指标可用来反映教育发展目标,甚至多项可反映同级教育发展状况,如义务教育阶段的毛入学率、学校数、班级数、在校生人数、招生人数、毕业生人数、学生增长速度、生师比等。但在确定教育规划目标时,没有必要全部用到,而应精选少量关键性的数量指标,如各级教育的毛入学率等。

(四) 数量指标的可预测性与可监测性

作为一定时期内教育事业发展要达到的预期结果,教育规划目标应尽可能科学、准确,才能以此为标准对教育规划的实施与效果进行监测与评价。而要确定科学、准确的规划目标,一方面离不开科学、先进的预测技术与方法,另一方面则有赖于尽量选用比较准确的、易于预测与监控的数量指标。

五、教育规划目标的预测过程与方法

教育规划目标的确定需要在科学预测教育事业发展的基础上综合多方面因素,因而对教育事业发展的科学预测则成为确定教育规划目标的基础与前提。

(一) 教育规划目标预测的基本过程

"预测是对事物发展走向和态势的预估和推测,即根据过去和现在的历史资料或统计资料预估未来发展的规律,或根据已知事物的演变过程,经过逻辑与推理,推测其未来的发展趋势、方向、规模、结构和关系。"[①]对教育规划目标的预测实际上即是对教育事业未来发展的预估与推测,去探索教育事业发展的规律,并尽可能合理地判断影响其发展的变量。其目的在于得到可以计量的、可以规定其时限的且可以研究其责任的目标。

教育规划目标预测的过程必然是一个反复测算、不断拟合的过程,这是由预测的复杂性所决定。教育规划目标预测的基本过程通常包括以下步骤:

1. 搜集数据与信息

教育规划目标的确定要以广泛的研究为前提,如深入分析规划时限内六至二十二岁学龄人口的变化情况;在以需求定发展理念的指导下,全面分析教育需求与供给能力,综合考虑社会的发展与人的发展的需求,兼顾政府与市场的供给能力;分类研究教育需求,从整体到局部,涵盖对教师、土地、校舍、经费及设备等的需求;分项研究各级各类教育的发展历史、现状与未来及相关政策等。

搜集相关数据与信息是预测教育规划目标工作的第一步。除了要收集由权威机构发布的过去若干年内教育事业与经济社会发展的统计数据、现状数据外,还要以实地调查、抽样调查、专家座谈研讨等多种形式深入调研,以便尽可能获取准确、充分、完整、及时的信息资料。

---

① 高书国.教育战略规划——复杂-简单理论[M].北京:教育科学出版社,2009:163.

2. 分析数据

教育规划目标的确定是在发现一定时期内教育事业发展规律的基础上,科学预测教育事业的未来发展趋势与状况的过程,这个过程自然离不开科学的实证研究。因此,教育规划者要科学、系统地分析所收集到的有关教育与经济社会的数据与信息,发现教育在速度、规模、结构、质量、效益等方面的发展变化以及教育发展与经济社会发展的相互关系,从而为教育规划目标的最终确定提供客观依据。

3. 选择预测方法或模型

如教育预测部分所述,预测的技术与方法众多。要根据不同类型的、不同发展阶段的教育规划目标以及不同的目标指标等来选择适当的预测方法或模型。

4. 确定可变参数与边界条件

在预测教育规划目标时,教育自身或经济社会的变化导致一些参数具有可变性,即其预测值不是唯一的。因此,需要对这样的参数进行测算与选择。例如,多种因素的影响之下,教育规模的增长速度即是一个可变参数。

5. 检验目标的可行性

运用选定的预测方法或模型完成教育规划目标的测算后,教育规划目标的预测工作并没有结束,必须检验规划目标是否合理、可行。如果规划目标过高或过低、不切实际,就需要改变参数或者变更预测方法、模型,重新测算、检验,以使规划目标的预测更趋合理。

(二)教育规划目标预测的方法

预测理论与技术是教育规划研究的重要理论与方法,也是教育规划必不可少的支持系统。正如教育规划目标可分为定性和定量两类一样,教育规划目标的预测方法也包括定性方法和定量方法。

1. 定性预测方法

作为社会发展的重要范畴,教育事业发展的很多方面均难以量化,更难以进行数学化、模型化处理。因此,教育规划的制定与教育规划目标的预测必然需要主要借助定性分析和经验判断的定性预测方法。常用的定性预测方法有头脑风暴法和德尔菲法等(方法详见第四章)。

2. 定量预测方法

定量预测方法是在较为充分的统计数据与资料的基础上,主要借助各种数学模型进行科学预测的方法。由于定量预测的数学模型种类很多,规划者需要根据不同的预测对象和目标进行科学地选择。预测教育规划目标时,常用的定量预测方法有平均预测法、指数平滑预测法、回归预测法等(方法详见第五章)。

"教育发展与任何其他事物相同,都存在一定的必然性和偶然性,在偶然性中蕴藏着必然性。教育目标预测是在对教育系统内外各种因素相互作用基础上,找出其本质的内在联系,从偶然性中发现必然的趋势。"[①]为此,教育规划者要尊重预测规律,制定科学的预测程序,灵活运用预测理论与技术,以定量与定性相结合的方法预测教育事业发展的未来趋势与状况,从而制定科学、可行的教育规划目标。

---

① 高书国.教育战略规划——复杂-简单理论[M].北京:教育科学出版社,2009:164.

第二节 教育规划目标的确定

一、教育规划目标确定的影响因素

教育规划目标确定的影响因素主要有政治、经济、文化、科技及教育自身等来自内部与外部的多种因素。①

(一) 政治因素

在平衡各级各类教育规划目标时,首先要考虑一个国家或地区的政治形势,因为政治的稳定与否决定了其教育事业能否稳定发展,政治的不同取向决定了其教育事业发展的不同思路与重心。例如,我国政府自新中国成立后,坚定不移地选择了优先发展与普及基础教育的道路。2005年教育部发布的《中国全民教育国家报告》指出,2004年我国继续加强"两基"工作,人口覆盖率达93.6%,西部12个省、直辖市已按要求全面推进"两基"的实现。2008年,西藏已基本实现扫除农牧区青壮年文盲的目标。"2009年8月,教育部政策法规司司长、法制办公室主任孙霄兵指出,我国教育事业实现了'两个跨越',一是全面普及九年义务教育,2008年,全国小学净入学率达到99.5%,初中毛入学率达到98.5%,青壮年文盲率降低到3.58%以下;二是高等教育进入到大众化发展阶段。"②可见,政治因素迅速地提高了我国的教育普及水平,极大地提升了国民的整体素质,有力地促进了经济社会的发展,取得的成就为世界赞叹。相比之下,出于政治制度不同,同为发展中国家的印度选择大力发展高等教育的道路,致使其国民的文盲率明显高于我国而平均受教育水平明显低于我国。

(二) 经济因素

由于经济的发展状况最终决定着教育的需求与供给,经济的发展水平对教育事业的发展有着重要的影响作用,直接影响着教育的资本、人力投入量的多少。就某一特定时期而言,一个国家的经济发展水平较高,则它的教育发展水平也会较高;而相反,一个国家的经济发展水平较低,则它的教育发展水平也会较低。近年来,我国的经济快速增长,带来各级各类教育投入的不断加大,使得我国的教育在已实现全面普及九年义务教育目标的基础上,向着更高的水平发展,包括巩固义务教育成果、实现义务教育均衡发展、逐步普及高中阶段教育、建设世界一流大学与一流学科及构建终身教育体系与学习型社会等。但值得注意的是,作为人口大国,且经济发展水平有待进一步提高,我国必须高度重视各级毕业生的就业问题。因此,在预测与平衡教育规划目标时,必须科学、合理地处理毕业生人数与预期就业岗位之间的关系,避免置经济发展的客观需求与就业市场的吸纳能力于不顾而盲目、快速地发展教育。否则,"毕业即失业"将导致严重的人才浪费、教育资源浪费,甚至危及社会的安定。

(三) 社会、文化因素

不同的国家或地区具有不同的社会形态、社会结构与文化传统,往往形成对教育不同的认识与观念,会对教育事业的发展产生重要的影响。正是由于社会与文化方面存在的明显

---

① 参阅杨晓青,等.教育规划理论与实践[M].北京:中国大百科全书出版社,2006:84-86.
② 杨天平.教育战略规划与管理[M].重庆:重庆大学出版社,2010:88.

差异,在世界范围内,即便不同的国家具有同等的经济发展水平,它们的教育发展水平也不尽相同;甚至在同一个国家的不同地区,这种教育发展上的差异仍然非常明显。例如,在一个等级观念鲜明、贫富差距巨大、社会保障匮乏的国家,弱势群体享有公平、优质教育的权利无法得到保障,他们接受教育的积极性和可能性自然会受到严重的消极影响,进而会对整个教育事业的发展产生负面影响。再如,一些具有悠久的尊师重教文化传统的国家或地区常常具有较高的教育发展水平,高于虽具有同等经济发展水平却不重视教育的其他国家或地区。

(四) 科技因素

科学技术的飞速发展给人类社会生产、生活的方方面面带来广泛而深远的影响,教育事业的发展自然也无法置身事外。由古代中国的"六艺"、西方的"七艺"到信息技术、遗传工程、控制论、信息论、系统论,由个别教学到班级授课制,由传统的讲授、讨论到慕课、微课、翻转课堂,由实物、图片到幻灯机、投影仪、电脑、网络等,都是以科技的发展为前提条件的。可见,科技的发展冲击着教育固有的思维与习惯,不断地对教育理念、教育内容、教育方法、教育手段等提出新的要求与挑战,从而既为教育事业的发展提供动力,也为其指明方向。早日实现教育现代化是我国教育事业发展不变的追求,而依托于科技进步的教育信息化既是教育现代化的一个重要特征,又是加快教育现代化进程的一个关键因素。试想,如果教育发展相对落后的地区能够充分利用现代化信息技术实现与教育发达地区优质教育资源的共享,必将一定程度上弥补当地教育在师资与资讯方面的匮乏,从而有利于其教育质量与升学率的提高、辍学率的降低,影响其各级教育在校生数量的预测。因此,在确定教育规划目标时,要统筹考虑教育信息化方面的目标。

(五) 教育因素

如前所述,教育系统既是社会大系统的一个子系统,又是一个由诸多要素构成的、自身相对独立的系统。除了满足经济社会发展与个体全面发展的需求外,教育的发展还具有自身的目的、规律与特点。因此,在确定教育规划目标时,要充分考虑教育自身的特点,尊重教育发展的规律,坚持创新、协调、绿色、开放、共享的发展理念,努力实现教育的规模、结构、质量与效益四者之间的协调发展,优化教育的层次、类型、专业与科类及学校布局结构,逐步缩小直至消除校际、城乡、区域之间的教育差距。只有教育规划目标能够综合平衡上述这些关系与结构,才能实现教育事业的协调、持续发展,才能让教育发展的成果惠及全体民众。

(六) 整体发展的需要

在确定教育规划目标时,要综合考虑教育事业整体发展的需求,因为教育规划本质上是通过宏观调控一定时期内教育事业的发展来促进其整体的协调、持续发展的。因此,如果过度关注导致某类或某级教育发展过快而与其他各级各类教育的发展倾向于失衡时,教育规划者就要针对此类或此级教育发展选取较低的目标以降低人们的热情;反之,如果缺乏关注导致某类或某级教育发展过慢而滞后于整体教育发展水平时,教育规划者就要相应确定较高的目标以充分调动人们的热情与积极性。例如,2001年《全国教育事业第十个五年计划》提出了2005年实现高等教育毛入学率达15%的目标,与1998年《面向21世纪教育振兴行动计划》提出的2010年高等教育毛入学率达到15%相比,在时间上提前了整整5年。但事实上,我国高等教育的毛入学率早在2002年就已达标,到2003年已达17%,与规划相比,高等教育早已提前进入"大众化"发展阶段。又如,尽管1993年《中国教育改革和发展纲要》

提出20世纪末实现国家财政性教育经费支出占国民生产总值比例达4%的发展目标,但2001年该比例才达3.19%,未能如期实现规划目标。为此,《国家中长期教育改革和发展规划纲要(2010-2020)》提出"提高国家财政性教育经费支出占国内生产总值比例,2012年达到4%"的目标。至2016年,国家财政性教育经费支出占国内生产总值的比例已连续四年超过4%。

(七)人的全面发展的需要

随着社会的进步与教育的发展,人们已认识到社会本位论与个体本位论的缺陷,力求通过二者的有机结合,努力使得教育的发展既能满足社会发展的需要、为社会的发展服务,又能满足社会成员个体全面发展的需要,促进个体在知识、技能、思想、品德、潜能以及个性等方面的充分发展,为个体实现个人价值奠定坚实的基础。2016年教育部公布了中国学生发展核心素养体系,该体系以培养"全面发展的人"为核心,具体包括文化基础、自主发展、社会参与三大领域,人文底蕴、科学精神、学会学习、健康生活、责任担当、实践创新六大素养。显然,这一体系的提出正是针对只重社会发展的教育目标所进行的调整。因此,在确定教育规划目标时,无论是协调教育的规模、结构、质量与效益之间的发展,还是优化教育的层次、类型、专业与科类及学校布局的结构,都要兼顾社会的发展以及个体全面、持续发展对教育所提出的要求。

二、教育规划目标的确定

由于教育事业发展的影响因素众多,有多种发展的可能性,往往可以形成多种教育规划目标方案。为了决策方便,一般会形成高、中、低三种目标方案。一般而言,高方案反映了规划者对教育未来发展的高度预期,是一种比较乐观的方案;相反,低方案则反映了规划者对教育未来发展的较低预期,是一种比较悲观、保守的方案;而中方案则相对稳健,介于高、低方案之间,反映了规划者对教育未来发展的中等期望值,故常被认为是一种优选方案。

(一)教育规划目标方案的编制

在编制教育规划目标方案时,依据不同,往往导致不同目标方案的形成。一般来讲,规划者可依据对目标预测影响最大的关键因素的不同预期,编制不同的规划目标方案。例如,作为教育事业发展最根本的保障条件,教育经费自然是影响目标预测的关键性因素,那么规划者依据对国民经济增长的不同预期所形成的对教育经费增长的不同预测,可以编制不同的规划目标方案。此外,规划者也可依据对教育事业发展重点的不同选择,编制不同的规划目标方案,如选择优先发展基础教育或高等教育作为教育事业发展的重点。在不同的目标方案中,规划者都要制定相应的实现目标的基本途径、保障措施,设想实施过程中可能遇到的困难、障碍以及目标会给教育、社会带来的可能影响等。

(二)教育规划目标方案的论证与选择

教育规划者通过科学预测、统筹考虑完成教育规划目标不同方案的编制工作后,需要对不同规划目标的科学性、可行性进行论证与优选。教育规划目标方案的选择往往是整个教育规划方案选择的一部分,因为教育规划目标能否得以实现以及实现程度如何均与教育事业与经济社会发展的形势判断是否准确、实现目标的保障条件与政策措施是否得力等有着密不可分的关系。

教育规划目标方案的论证与选择要通过多方案比较、优选来完成,需要对不同方案的不同指标进行综合比较、可行性研究。"可行性研究是一个需要多次反复调整,最后达到比较接近实际的目标方案和敏感分析方案的多次简单重复。制定教育规划,选择教育规划目标方案,应当是一个认真测算加综合分析、权衡利弊的过程。"①

一般来讲,教育规划者在对不同目标方案的可行性进行科学论证时需要考虑诸多方面,如目标方案是否符合国家或地区的政治经济制度与经济社会发展的要求,对关键因素的选择与预期是否合理,各级各类教育发展目标是否可行、协调,保障条件与政策措施是否得力,以及与同级、上下级教育规划是否协调等。在综合考虑各方面因素、系统比较不同目标方案的利弊后,教育规划者选定最终方案。为确保目标方案论证与选择的科学与民主,教育规划者要广泛征求教育领域及相关领域专家、预测与规划专家、教育工作者及社会各界人士的意见与建议。

由于教育规划目标设定了教育事业发展在一定时限内的总任务,最终选择的规划目标既要鼓舞人心,又要切实可行。例如,东莞市某镇将其教育规划目标确立为:"到2015年,高标准高水平普及从学前教育到高中阶段教育的15年基础教育,高等教育奠定发展基础,终身教育体系基本形成,全镇教育综合实力位居全省同类镇区前列,基本实现教育现代化;到2020年,高水平高质量普及从学前教育到高中阶段教育的15年基础教育,高等教育形成规模办学,各级各类教育特色鲜明,教育品牌知名度凸显,国民教育体系和终身教育体系协调发展,全镇教育综合实力位居全国同类镇区前列,全面实现教育现代化。"②不难发现,该地方教育规划目标不切实际,难以实现。究其原因,此类地方教育规划愿景设置偏高主要是受地方政府相互攀比、高估所拥有的教育资源的影响。这也表明,在确立高目标时,地方政府并没有科学测算能否提供达到目标所必需的办学经费、卓越师资、办学条件等保障措施,缺乏科学的可行性分析与论证。

教育规划者必须清醒地认识到,我国教育改革发展虽然取得了显著成就,但尚不能完全适应人的全面发展与社会发展的需要,仍存在一些突出的问题。例如,科学的教育理念尚未牢固确立,促进学生全面发展的育人模式与环境有待完善,产教、科教融合的协同培养机制尚未形成,学生创新创业能力的培养有待加强;教育发展仍存在诸多不平衡与不协调,城乡、区域教育差距较大,优质教育资源总量不足、布局不合理,学前、职业与继续教育仍是突出短板,人才培养的类型、层次、学科专业结构与社会需求的契合度不够;教师队伍的素质、结构不能适应提升质量与促进公平的新要求;学校办学活力不强,多方参与教育治理与评价的体制机制不健全等。为了尽快解决这些问题,尽早实现教育现代化,教育规划者首先要树立教育现代化的理念,深入研究教育现代化的特征与要求。只有这样,才能确定科学、合理的教育规划目标,从而引领教育事业的健康发展,培养出现代化人才,促进经济社会进一步发展。

【阅读材料】

教育现代化的基本特征

1. 受教育者的广泛性和平等性

普及教育是现代工业的产物,随着社会的发展,普及教育的程度逐渐提高。现代发达国

---

① 杨晓青,等.教育规划理论与实践[M].北京:中国大百科全书出版社,2006:86.
② 李根,葛新斌."三个结合":地方教育规划编制的关键[J].教育发展研究,2015(11):25.

家已经基本上普及了高中阶段教育,高等教育也已经跨过了大众化进入了普及化的阶段。现代教育必须满足不同群体对教育的不同需求,也就是我们通常讲的,办好人民满意的教育。这里面包含了教育公平和教育质量。我国社会已经进入了一个新的历史阶段。党和政府正在根据科学发展观的指导思想建设社会主义和谐社会。教育是现代化和谐社会建设的基础。逐步实现受教育者的广泛性和平等性,促进人的全面发展,从而促进社会的现代化发展。

教育的公平有几个层次:包含教育机会的公平、教育过程的公平、教育结果的公平。教育能够做到的主要是教育机会的公平、教育过程的公平,包括教育条件、教师的质量、教育各种资源的配置也应该基本上是公平的。教育结果的公平只能表现在每个人的潜能都得到充分的发展。因为教育结果还取决于每个人的遗传天赋、环境以及个人努力的程度。

教育公平还应包括为不同的群体和个人施以不同的教育。对所有儿童提供的教育机会是平等的,但所提供的教育要因人而异,才能真正使学生的潜能得到充分的发展。

2. 教育的终身性和全时空性

终身教育思潮是20世纪最重要的思潮,也是教育现代性最基本的特征。终身教育的思想产生于20世纪初,流行于20世纪60年代。它是由于现代科学技术的迅速发展引起生产和社会的不断变革,促使人们必须不断学习才能适应这种变革而产生的。终身教育强调教育应该贯穿人的整个一生,主张学校教育、社会教育和家庭教育相互沟通,相互促进。终身教育不是只搞一个系统,而是把一切教育都纳入到终身教育体系。

所谓教育的全时空性,是指教育已经不限于学校,也没有年龄的限制,而是全民学习,时时学习,处处学习。特别是现代传播技术的发展,人们可以从多种渠道获得信息。因此,教育现代化需要有全时空的大教育观的视野,把正规教育与非正规教育、正式教育与非正式教育统一起来,把学校教育、家庭教育、社会教育、自我教育有机地结合起来。

3. 教育的生产性和社会性

教育与生产劳动和社会生活相结合是现代教育的普遍规律。工业生产要求与科学技术相结合,要求教育为它培养掌握科学技术的人才,信息社会尤其如此。因此,现代教育只有打开大门,与企业和社会各种团体相联系,为社会经济发展服务,为社会发展服务,才能适应社会的需要,同时教育自身也才能得到发展。尤其是高等学校,固守过去的学术象牙塔已经不可能了。工业革命以后就打破了大学封闭的传统。战后,大学的产学研结合是大家都很熟悉的。

4. 教育的个性性和创造性

人的发展既有共性,又有个性。共性更多地体现社会的要求,个性则较多地体现个体的要求。工业社会强调标准化、统一化,个性不能得到充分的发展。信息社会强调个性化、多样化。信息网络化也为个别学习提供了可能,这就为个性发展提供了条件。个性的核心是创造性。科学技术的迅猛发展要求教育培养具有创造能力的人才。同时社会上的激烈竞争也需要人才具有个性、有创造能力和开拓精神。

5. 教育的多样性和差异性

教育的个性性和社会的多样性必然要求教育的多样性。教育的多样性表现在教育目标的复杂性和多样化。现代社会不仅要有一批高水平的管理者,而且要有一大批科学技术和文化艺术的专业人才,有高素质的熟练工人和农民。从个体来讲,人是有差异的,教育要为每一个人的发展提供条件,重视差异教育,培养特殊人才。公平而有差异是现代教育的基本原则。

要区别大众教育与精英教育。有些人总认为我国高等学校扩招后质量一定会下降。他不明白,多数人能够上大学的大众教育与只有少数大学生的精英教育在性质上已有很大不同,不能用精英教育的标准来衡量大众教育。大众教育的时代,高等教育是多层次、多样化的。当然大众教育时代并不排斥培养精英。要重视培养杰出创新人才。一流大学的质量不能降低,一流大学要培养杰出人才。

6. 教育的信息化和创新性

信息化已经成为现代社会的基本特征。教育信息化就是教育现代化的特征之一。信息技术在教育中的应用正在引起一场教育革命。它引起了教育观念、教育过程、教育模式、教师角色等一系列变革。教育已经冲破了学校的樊篱。学生可以随时随地获得信息。学校教育不能不考虑如何控制、利用学生的多渠道信息。教师已经不是知识的唯一载体,教师的作用更多的是设计教学,引导学生选择正确的学习路线和策略,教会学生正确处理信息,使他们在信息海洋中不至于迷失方向。信息技术在教育中的应用不仅改变了教育模式,而且为终身学习创造了条件。

教育要不断变革和创新。社会在变革,教育也必须不断革新,才能适应形势的发展。信息社会要求学校成为信息的策源地。高等学校尤其要创造新的知识,创造新的价值观和思维方式。

7. 教育的国际性和开放性

全球化带来了教育的国际化。随着科学技术的发展,国家间的交通越来越便捷,信息交流越来越快捷,地球变得越来越小,某一国家的某项教育改革能迅速传遍全世界。教育的国际性和开放性表现在国际的人员交流、财力支援、信息交换(包括教育观念和教育内容)、教育机构的国际合作和跨国的教育活动等方面。只有坚持开放,才能更好地吸收一切世界优秀文化,充实和丰富我国的教育。

教育国际化的另一个重要内涵是培养具有国际视野、关心和了解国际形势和发展、具有国际交往能力的人才。没有这种人才,我们很难去与别人竞争。日本早在1984年教育咨询报告中就提出要培养国际的日本人,韩国也早已提出教育国际化的问题。

8. 教育的科学性和法制性

现代教育是建立在高度理性基础上的,反映了社会发展和个体发展的规律。现代教育不是凭经验,而是更多地依赖于科学的决策,教育行为的理性加强了。科学决策的失误往往会影响到整个教育的发展,甚至社会的发展。因此,现代教育必须重视教育研究,重视教育政策的科学决策。教育的科学性还包含了教育的法制性。现代社会是法制社会,现代教育也是法制的教育,教育行为都要由国家的立法来规范。

以上是我所理解的教育现代化的基本特征。教育现代化的内容很广泛,包括教育观念的现代化、教育制度的现代化、教育内容的现代化、教育设备和手段的现代化、教育方法的现代化、教育管理的现代化。其中教育观念,也即教育思想的现代化是关键,是灵魂。如果教育管理工作者和教师缺乏现代化的教育理念,其他现代化都对教育失去了效力。

(资料来源:顾明远.做好区域教育规划 促进教育现代化[J].高等理科教育,2010,27(02):1-4.内容有删减)

思 考 题

1. 怎样理解教育规划目标在教育规划中的作用?
2. 教育规划目标从不同角度可分为哪些类型?
3. 比较定性目标与定量目标的优、缺点。
4. 教育规划目标的特点有哪些?
5. 举例说明选择教育规划目标数量指标的影响因素。
6. 教育规划目标预测的基本程序包括哪几个步骤?
7. 举例说明确定教育规划目标的影响因素。
8. 怎样理解高、中、低教育规划目标方案?

第九章 教育规划的基本程序

学习目标

通过本章的学习,能够识记拟定教育规划步骤、教育规划衔接、教育规划论证等名词;能够正确理解教育规划的基本程序,并能够分别对准备阶段、制定阶段与实施阶段的基本内容作出正确的表述与解释。

建议学时

4 学时

在全球化背景下,站在从工业时代向知识时代转折的十字路口上,系统地研究教育规划理论,创新教育规划方法,建立科学、民主的教育规划制定程序,对于世界各国的教育发展与人力资源开发都是十分重要和有益的。尽管在制定不同类型的教育规划时,其程序会有所不同,但大致可分为三个阶段,即准备阶段、制定阶段与实施阶段。

第一节 准备阶段

准备阶段是为制定科学、合理的教育规划做准备的阶段。为了教育规划工作的顺利开展,在准备阶段,需要做好建立规划组织与广泛调查研究等基础性工作。

一、建立规划组织

科学的组织机构是教育规划制定工作顺利完成的基本保证。教育规划工作是一个系统工程,在搜集规划资料和制定规划过程中都需要多部门的共同研究与协调配合。为了实现各方面的通力合作,建立完备的规划组织机构、配备结构合理的规划人员是十分必要的。

作为一个国家或地区最大的公共事务,教育应该是一个最大的民主协商平台。随着经济的发展与社会的进步,教育对经济社会发展、家庭及民众的重要性愈发凸显,世界各国政府已就教育不仅能改变个人的命运,而且能有效消除弱势群体的代际贫困达成共识。教育的这种多元化需求正是民主参与教育规划的动力。联合国教科文组织指出,有效的教育规划应遵循民主原则,专家团队在国家的授权下承担教育规划的专业责任,但同时应该允许广大民众发表相关的意见与建议,诸如教育规划的目的界定、目标选择与建议措施等。①

科学的教育规划组织应结合政府部门与研究机构,配备知识结构、专业结构、能力结构和部门结构优化的规划人员,因为政府是一个国家或地区教育规划的决策者、制定者和主要执行者,而专家咨询与参与是确保教育规划科学、合理的必不可少的力量。政府职员拥有独特的信息优势、宏观政策走向的"科层式"认知及解决政策问题的独到见解;而专家学者则拥有宽阔的理论视野、丰富的理论知识及解决政策问题的独特方法,在观念领域能够引导、倾听、解释、论证及整合各方意见,在实践领域可以渗透、推广、转化及运用理论于教育规划实践。② 所以,政府职员与专家学者之间的紧密合作既能发挥政府在教育规划中的主导作用,又能以专家咨询、专业人员参与为依托提高教育规划的科学性与可行性。教育是全社会的教育,教育规划的制定自然应该以全社会的参与为基础和保障。教育规划组织应通过直接吸收家长、教师、校长、企业、社区等方面人士参与,广泛听取社会各界人士对教育改革和发展的意见与建议,来实现社会参与,保证教育规划的民主与公平。总之,教育规划的主体呈现多元化的发展趋势。

在我国,多元主体参与的教育规划组织体系正在形成与完善。"我国教育规划编制的主体不再为单一的党委、政府职能部门,专业学术机构及专家团队的参与成为流行趋势,其中教育研究机构和有关高校成为重要的参与力量。各级政府及教育行政部门在教育规划编制过程中,通过软科学采购、招标,以及项目合作、直接委托等不同方式与高校、科研机构合作,从而有效提高教育规划的民主化程度和科学化水平。"③在计划经济时期,由于政府既是教育资源的唯一拥有者、支配者,也是教育投资的唯一受益者,制定教育规划自然成为政府单一主体的行为。由于政府职能部门承担着教育规划的研究者、编制者、决策者、执行者等多重角色,这种单一主体模式易具有自身的价值偏好、认识局限等难以克服的弊端。然而,在完善的社会主义市场经济时期,不但政府的角色由教育的唯一供给者转变为提供者、引导者及服务者,而且除了政府行为外,教育事业的发展中出现了市场行为、社会行为及公民个人行为。显然,随着教育发展的行为主体由政府单一主体转变为涉及政府、学校、企业、社会、个人的多元主体,随着教育投资者与受益者由唯一的政府转变为政府、学校、企业、社会及个人,教育规划的主体必然呈现同样多元化的发展趋势。④

二、广泛调查研究

广泛的调查研究,搜集与整理各种有关的信息、数据与资料是教育规划制定中最基础的,也是最重要的工作。也就是说,教育规划的制定必须建立在科学、广泛、系统的调查研究与充分、可靠、完整的信息收集的基础之上。以此为基础,才能深入探寻教育从过去到现在的发展势态与倾向,准确分析现状,科学预测未来,从而为教育规划目标的确定、规划方案的拟定与优选提供依据。

---

① 滕珺.价值理性与工具理性的抉择:联合国教科文组织教育政策的话语演变[J].教育研究,2011(05).
② 李根,葛新斌."三个结合":地方教育规划编制的关键[J].教育发展研究,2015(11):24.
③ 汤贞敏.我国教育规划的基本特性及"十三五"教育规划的制订[J].中国教育学刊,2016(03):3.
④ 高书国.教育战略规划——复杂-简单理论[M].北京:教育科学出版社,2009:72-73.

调查研究涉及诸多内容,包括教育发展的历史与现状,社会与个人对教育的需求情况,社会、经济、文化等与教育相互影响的状况,以及教育规划理论与实践技术的新问题等。具体的信息资料大体包括教育系统内部的信息、与教育有关的社会经济方面的信息及有关教育规划理论与实践研究的信息。教育系统内部的信息主要包括:学生方面的信息,如数量、专业、教育层次、入学率、升学率、淘汰率、毕业率等;教师方面的信息,如各级各类教师的数量、质量(学历、职称等)、师生比等;学校方面的信息,如各级各类学校数、班级数、班容量、专业设置、校舍设备、建筑面积等;以及补习教育、成人教育及在职培训等方面有关信息。与教育有关的社会经济等方面的信息主要包括:经济方面的信息,如国民生产总值、国内生产总值、人均国民收入、财政对教育的投入及各自的增长率;人口方面的信息,如人口数、人口增长率、人口的年龄构成、性别构成、地区分布等;人力与就业方面的信息,如各主要经济部门的人力数,各不同职业类别的人数、年龄、性别、文化程度,经济部门及各种职业的变化流动情况,社会的就业情况等;以及教育与科技对社会进步贡献方面的信息等。[①]

有关教育规划的信息资料有不同的形式,包括文字、数据、图像等。尽管数据信息资料对于分析教育发展规律、教育发展变化的相关因素都具有非常重要的作用,但教育规划的制定不能仅依靠数据信息资料,文字信息资料对于预测教育发展未来趋势的意义不容小觑。各种信息资料主要来自于有关部门公布的统计数据、书刊杂志、单位的内部资料以及通过问卷调查、访谈等调研方法获取的信息资料。在搜集信息资料时,一要注意信息资料的相关性、可靠性与现实性;二要注意信息资料的发展变化过程,即要统观它的过去、现在与未来;三要注意兼顾国内外相关信息资料的收集,以便对比与借鉴。[②]

调查获得的海量原始资料往往内容繁杂,有数据、典型材料、群众反映、历史资料,等等,必须加以分析判断、归类整理,以便去粗取精、兼收并蓄。在整理信息资料的过程中,要考虑信息资料的广泛性、完整性与时效性,并根据教育规划任务与所选规划方法的需要进行必要的归类整理,以确保信息资料的充分、优质。原始资料经过归类整理后,描述性的文字资料可直接供规划者查阅、参考,而大量的数据资料则需作进一步的技术处理,并可将整理后的相关信息制成教育规划信息库,为预测提供数据支撑。

总之,准备阶段至关重要,它是整个教育规划制定工作的起点和基础,准备阶段的工作做得是否充分直接决定着整个教育规划的成败得失。

【知识链接】

教育部制定《国家中长期教育改革和发展规划纲要(2010—2020年)》的20个问题

2009年2月7日,《规划纲要》工作小组办公室举行新闻发布会,提出将就社会关注度高、影响教育改革发展全局的20个重大问题继续公开征求意见。这20个重大问题涉及加强农村教育、深化教育教学以及管理体制改革、解决各级各类教育中突出问题、保证教育投入和健康发展等四个方面。一方面,工作小组办公室通过网络和来函形式向社会各界征求意见和建议,希望社会各界围绕切实解决所公布的四个方面、20个问题进一步出主意、想办法,提出实招、硬招、新招;另一方面,针对这20个问题,教育部成立了20个深度调研组,每

[①] 杨天平.教育战略规划与管理[M].重庆:重庆大学出版社,2010:195-196.
[②] 杨天平.教育战略规划与管理[M].重庆:重庆大学出版社,2010:196.

个组负责一个问题。他们将下到基层学校、单位、企业、乡镇听取意见。

（资料来源：杨天平.教育战略规划与管理[M].重庆：重庆大学出版社,2010:196-197.内容有删减）

第二节 制定阶段

制定阶段是在调研准备的基础上，拟定教育规划目标与步骤，进而根据规划目标草拟教育规划书面文本，对其进行科学的论证，并最终作出选择的阶段。

一、教育规划的编制

教育规划的编制是教育规划制定工作的关键环节，是在准备阶段的基础上，实现从感性认识到理性认识的飞跃。这个阶段，要反复深入地研究信息资料，经过不断地修改完善、甚至重新构建，直至最终形成科学、合理的教育发展总体规划构想。在编制过程中，教育规划者首先要在系统、充分地掌握相关信息的基础上，确定教育规划目标，拟定教育规划步骤；其次，要通盘考虑整个教育系统的规划，做好教育规划的衔接工作；最后，根据教育规划目标拟定教育规划文本。

教育规划者要在明确教育规划的范围、重点与内容的基础上，根据信息资料的分析与整理，科学地预测教育规划目标。不同层次的教育规划通常具有不同的规划范围、重点与内容。一般来讲，教育规划涵盖范围越广，概括性越强，从战略上考虑则越多，规划时间跨度较长。如国家级教育规划主要从战略上谋划全国教育事业的发展，是一种宏观教育规划；相对而言，校级教育规划则比较具体、细致，属于微观教育规划。如前所述，作为对一个国家或地区教育事业发展前景的描绘和具体度量，教育规划目标引导着教育事业发展的方向及教育规划领域内各相关主体工作的方向。因此，确定教育规划目标时，通常既要有对教育发展目标定性与定量的阐述，又要有对教育发展总目标与各分目标的阐述。

明确教育规划目标之后，规划者还要拟定教育规划步骤。拟定教育规划步骤是指对制定教育规划的人员分工、时间安排、经费使用等作出具体规定。如前所述，作为一项复杂的系统工程，教育规划的制定工作需要众多部门与人员的分工协作，需要花费大量的调研时间。为了提高工作效率，确保高质量、按时完成规划工作，在拟定教育规划步骤时，规划人员就必须全盘考虑各项工作的协调开展，尽可能使人员分工、时间安排、经费使用达到均衡、高效；还必须充分考虑搜集资料与调研的难易程度，围绕教育规划目标，结合实际情况，确定工作方针与任务要求，再据此确定具体的办法、措施、时间与进度等。

在教育规划的编制过程中，要通盘考虑整个教育系统的规划，做好教育规划的衔接工作。一是根据下级规划服从上级规划、专项规划或区域规划服从总体规划、同级规划相互协调的原则，在总体规划和专项规划、上级规划和下级规划、同级规划之间就规划目标、政策措施与手段、重大教育基础设施、教育资源开发、区域发展方向等内容进行衔接；二是继承过去规划中行之有效的方法与措施，继续完成过去规划尚未完成的任务指标。

基于上述各项工作与全面考虑，起草小组着手起草教育规划文本。教育规划文本作为教育规划的书面文件，是教育规划的载体，使其指导思想、规划目标、规划措施、教育资源等清楚化、系统化、可视化。因此，教育规划文本的形成是教育规划编制的主体性工作。起草小组首先通过集体讨论编制提纲，然后根据通过的提纲起草文本，形成初稿，再经反复讨论，提出规划草案。随后,要通过多次调研、座谈、听证等多种渠道广泛听取有关单位、专家、社会各界人士的意见与建议,集思广益,并根据提出的意见与建议进一步修改、完善规划草案,最终形成教育规划文本。显然,教育规划文本的形成过程,不仅是起草小组成员不断讨论与争论,进行思想交流与观点碰撞的头脑风暴的过程,也是全社会公开、广泛地参与教育规划编制工作的过程。

值得注意的是,在制定教育规划的过程中,会出现解决同一问题的多种途径,而这反映到教育规划的编制上来,就会有不同的教育规划文本。针对教育规划的多个方案,应进行初步的对比分析,通过对目标实现程度、过程繁杂程度、成本与收益等多方面进行比较,找出各个方案的优势、特点与不足,并就何种情况适宜采用何种方案提出建议,以供正式论证时作为重要参考。

此外,在教育规划的编制过程中,政府部门、研究机构与全社会共同参与,实现自上而下与自下而上相结合、政府决策与专家研究相结合,成为保障教育规划质量与水平的重要环节。教育规划的编制过程成为教育系统与社会各界统一思想、凝聚智慧、共同创新的过程。而且,在正式公布前以大范围的调研、大量的座谈、听证等多种形式广泛征求意见成为教育规划编制的必经程序,从而使教育公平、教育民主在教育规划的编制过程中得到较好的体现与落实。

二、教育规划的论证

教育规划的论证是在教育规划的制定阶段,对教育规划文本的必要性与可行性进行检查审定的过程。它是教育规划制定全过程的重要组成部分,是保证教育规划质量必不可少的环节,旨在向教育决策者或上级部门提供有关教育规划科学性、合理性、可行性的评价意见,并给出有价值的教育规划背景资料的分析结论。

教育规划论证具有重要的意义,主要体现在以下几个方面。[1] 其一,通过查证、核实制定教育规划所依据的信息资料的真实性、可靠性来检验教育规划的必要性、可行性。这些信息资料主要涉及上一规划期内规划执行情况、教育发展现状、经济社会发展趋势、人才需求预测、社会环境条件以及教育领域人员关于教育改革、创新教育等思想意识状况等。其二,为教育规划方案的选择做准备,提高方案选择的科学化、民主化水平。结构优化的团队、科学民主的方法与程序既可以提高方案选择科学、公正的程度与水平,也可以克服官僚主义。其三,让全社会了解、参与教育规划的论证,既可以保证教育规划切实可行、内容丰富,又可以调动社会各界力量来关心教育、支持教育。

因此,教育规划文本完成以后,不能马上交付审批,而是要组织教育部门与相关部门的决策人员、教育与相关领域的专家、教育规划的实施者及社会各界人士对教育规划文本进行集体论证。针对每一个方案,分别就教育事业发展的指导思想的正确性、规划目标的恰当性、规划方法的科学性、规划参数的准确性、教育结构的合理性、规划措施的可行性、实现目标的保障条件的充分性及实现目标可能产生的后果等方面进行论证。针对不同方案,通过多方面、多维度地比较、分析与论证,证明其必要性、可行性的程度以及必要性与可行性相统一的程度,并且比较分析有利、不利条件的程度,从而评判哪一个方案相对来说更可行、更合

---

[1] 参阅杨晓青,等.教育规划理论与实践[M].北京:中国大百科全书出版社,2006:120-121.

理、更科学。

三、教育规划方案的选择

教育规划方案的选择是在教育规划的制定阶段,通过对比分析、权衡两个以上不同规划文本,并从中选择一个相对优化的规划文本的过程。作为对不同教育规划方案进行评价与优选的过程,教育规划方案的选择具有十分重要的意义。其一,教育规划方案的选择是对教育规划论证工作的一次评估与再论证的过程。因为它是在对不同教育规划文本的必要性与可行性进行论证的基础上,作出决断、进行优选的过程。其二,教育规划方案的选择是使教育规划文本实现从理论到实践的过程。教育规划文本只有被采纳,才能实现从"样品"向"产品"的过渡,才有可能实现从理论到实践的飞跃,从而实现自身的价值。

教育规划旨在使教育从现行状态向目标所预计的方向与状态转化,方案的选择环节则是要选择出最可能实现这一转化的某一具体方案,是一个决策的过程。因此,在教育规划方案选择的过程中,坚持科学化与民主化至关重要。首先,要坚持从教育发展的基本事实出发,遵循教育发展的基本规律,树立正确的教育规划的指导思想。其次,要以科学、理性的决策取代单纯凭借经验的决策。例如,制定并严格执行科学的决策程序与制度,组建具有相关科学理论知识与能力的专家团队,采用定性与定量分析相结合的方法等。最后,要以民主决策取代家长式专断决策或专家个人决策。通过广泛听取社会各界人士的意见与建议、充分的民主讨论来提高方案选择的可靠性与民主化的程度。

从教育规划文本的形成,到对其进行论证,再到作出优选,构成了完整的教育规划制定阶段。这是一个复杂的过程,各个部分既有区别,又有联系。每个部分都有自己的固定任务,每个部分的某些环节、某些因素又有所重叠、交叉、延续、深化。

第三节 实施阶段

教育规划文本经过论证和方案选择,并不意味着教育规划工作的终结。正如俄罗斯寓言大师克雷洛夫所言:"现实是此案,理想是彼岸,中间隔着湍急的河流,行动则是架在川上的桥梁。"教育系统内外部环境复杂多变,在具体实施教育规划时,需要经过若干中间环节,涉及诸多随机因素,有时还会遇到一些预想不到的干扰因素,面临一些新情况、新问题。因此,教育规划的实施是将规划构想转化为现实绩效的过程,但规划实施又不只是实现文本的过程,而是动态的、变化的过程,是根据需要不断调整、修改、完善规划本身的过程。

一、教育规划实施的准备

教育规划的实施是为实现规划目标而对教育规划的执行。在具体执行之前,需要从行政、思想、人员与物质等方面做好充分的准备。

(一)行政发布

教育规划是一个国家或地区在其行政管辖范围内,对未来一定时期内教育发展所作出的具有行政效力的总体谋划与安排。在具体实施之前,要通过行政渠道予以发布,以赋予其行政权威和约束力。例如,《国家中长期教育改革和发展规划纲要(2010—2020年)》由中共中央政治局会议审议并通过后,由中共中央与国务院印发,要求各地区各部门结合实际贯彻执行；省级教育规划通常由省级政府审核批准后，以省级政府名义印发，要求全省各地市、各部门贯彻执行。

教育规划的行政发布对其顺利实施具有重要的意义。其一，通过行政发布使教育规划成为一个国家或地区具有行政权威的战略决策与行动纲领，为其实施提供强有力的体制支持与组织保证；其二，有利于把教育规划切实纳入经济社会发展的总体规划，统筹各级政府、各部门共同予以实施；其三，有利于动员全社会共同关心、支持教育的发展，为教育营造良好的社会氛围。

（二）思想动员

要实施教育规划，只有规划的行政发布是不够的，还必须深入开展思想动员工作。通过广泛的宣传教育与信息传播，使教育规划的思想、内容被广为认识、认同与接受，使规划目标、任务深入人心，并成为协调各级政府、各类部门、相关人员共同行动的纽带。具体来讲，通过思想动员，使影响范围内的绝大多数人都能从积极方面理解规划，从而关心与支持规划的实施；使规划实施机构的工作人员能正确地理解规划，并认真贯彻执行。此外，思想动员应贯穿在规划实施的过程中，通过及时总结、宣传实施规划的典型机构、个人及其经验，发挥启发与带动作用，促进全面有效地落实规划。

教育规划的思想动员可以采用多种形式：一是行文转发，即转发下级各单位，通过组织学习之后提出结合本地区、本单位的实际来贯彻实施的具体要求和意见，在工作中进行全面的宣传和安排；二是媒体传播，即通过报刊、广播、电视、网络等现代化传媒手段广泛宣传，使公众了解教育规划所展示的蓝图；三是活动推介，即以组织形式多样、通俗易懂、生动活泼的活动的方式进行宣传，寓教于乐，如报告会、演讲会、宣传日、宣传周、文艺宣传活动等。

（三）人员培训

教育规划的落实最终依靠的是规划实施人员，他们素质的高低直接影响着规划实施的成败。因此，教育规划实施前，要组织关于教育规划的专门学习，加强人员的培训，这有利于将教育规划确定的发展理念转化为各部门、人员的意志，将规划目标、任务转变为各部门、人员的行动指南。

教育规划的培训可以是多层次、多形式的，如针对不同层次教育规划的分层次培训，旨在准确把握上一级规划的精神、目标、任务及要点，实现与本级教育规划的有机衔接；针对不同类型教育（如基础、中等、高等、成人教育等）的分类培训，范围相对集中，指向性较强，培训更加深入；以及针对教育规划的重大项目、工程的专题培训，围绕相关项目的实施环节，突出操作性、技术性，旨在促进项目、工程有组织、有计划地顺利推进。

（四）物质准备

规划实施的物质准备实质上就是资源的配置。正所谓"巧妇难为无米之炊"，任何完善的教育规划，任何精干的规划实施者，都离不开一定的资源。资源配置为教育规划的实施提供了物质基础与保障，而教育规划也决定了资源配置的方向与重点，对资源的使用效率起到放大或缩小的作用。在资源配置的过程中，需要遵循两个基本原则：一是与规划方向相一致的原则，即资源配置必须符合教育规划的基本要求；二是确保重点的原则，即"集中力量办大事"，因为任何组织的资源都是有限的，只有将有限的资源集中在最关键的领域作出成绩，才能通过一个个局部优势取得最终的整体优势。

二、教育规划实施的具体方案

教育规划通常是对一个国家或地区教育事业发展的总体构想,是把握总体战略、方针、目标与对策的宏观纲领,旨在解决整体上的大政方针问题,难以在具体实施与操作上做到详尽、具体。因此,为提高教育规划的可操作性,保证其得以落实到实处,需要根据实际情况制定教育规划实施的各种具体方案。①

首先,在总体规划框架之下,构建具有分解细化和组织实施功能的子规划体系。一般来讲,子规划体系包括纵向的分层子规划体系和横向的分类子规划体系。按照上下级关系衔接的分层子规划体系是教育规划在地域上的分解执行与支撑体系,旨在制定落实总体规划目标、任务、政策、措施的区域性、局部性子规划,保证总体规划逐级、切实落实到基层。例如,国家要组织、指导省(自治区、直辖市)与直接管辖的高校制定教育规划;省(自治区、直辖市)要组织、指导所辖地市与直接管辖的高校制定教育规划;地市要组织、指导所辖县(市)制定教育规划;最后,县(市)要组织所辖乡镇与中小学校制定学校的发展规划。按照左右并列关系衔接的分类子规划体系是就某一级教育规划而言,相应的职能部门针对不同的教育类型或教育相关因素制定详尽、具体、可操作的子规划,并组织实施、进行管理。例如,按照教育类型,制定基础教育规划、中等教育规划、高等教育规划等;按照教育相关要素,制定教育基建规划、师资建设规划等。

其次,以"依据总体规划制定年度计划,依靠年度计划实施总体规划"为原则,制订中长期教育规划的年度计划。中长期教育规划是对一个相对较长的规划时限结束时教育发展状况的总体规划与预测,它的实施必须依托规划时限内年度计划的逐年衔接、分步推进。因此,通过制定年度计划,从时序上分解细化总体规划,实现中长期教育规划与年度计划的有机衔接,有利于确保教育事业向着规划所既定的方向与目标健康有序地发展。

最后,针对总体规划中一些重大的工作、项目、目标、政策及措施,还需要编制行动计划。作为对整体教育事业发展的谋划,教育规划突出战略性与宏观性。而行动计划作为针对重大项目、目标等的专项规划,具有切实可行、操作性强的特点,自然成为总体规划的延伸与补充,能够更鲜明地突出规划重点,更有力地实施攻坚,从而促进教育规划更好地贯彻落实。层次越高、涉及范围越广的教育规划越需要编制行动计划。例如,我国"在国家总体战略规划指导下,形成以教育发展'纲要'为载体的中长期教育发展战略规划;据此研究和编制五年教育规划,并与政府任期相一致,形成服务于五年教育规划的教育振兴行动计划;将中长期发展战略和教育规划变为可操作的教育行动,用来指导和制订年度教育计划。"②

三、教育规划实施的保障

艾利森指出:"在实现政策目标的过程中,方案确定的功能只占10%,而其余的90%取决于有效的执行。"③为确保教育规划的有效实施,各级政府应突出教育的战略地位,把教育

---

① 参阅杨晓青,等.教育规划理论与实践[M].北京:中国大百科全书出版社,2006:141-142.
② 高书国.教育战略规划——复杂-简单理论[M].北京:教育科学出版社,2009:182.
③ 毛建青.高等教育宏观规划的理论与方法研究——聚焦中国高等教育规模的规划[M].北京:中国社会科学出版社,2015:39.

规划作为重要组成部分切实纳入经济社会发展总体规划、统筹实施;切实保障教育发展所必需的条件,为教育创设良好的发展环境;定期检查、监督、指导教育规划的实施,引导教育事业沿着规划的方向协调发展;动员全社会和各部门,形成关心、支持教育发展的社会风气。总之,需要从以下几方面为教育规划的有效实施提供组织与政策保障。

(一)实施过程管理

教育规划的实施必须自始至终坚持全过程的管理,即以行之有效的管理模式、灵活多样的管理手段把握规划实施的整个过程,准确监督、调控规划实施的速度、节奏、水平,以保证顺利完成既定的规划目标。实施过程管理时,既要关注规划时限内年度计划的落实,准确把握规划实施逐年的动态发展过程,又要关注重大项目、工程等行动计划的实施,以此为突破口落实规划目标。

(二)建立监测与评价机制

完善的监测与评价机制是教育规划顺利实施的重要保障。只有优化监测指标体系,构建完善的评价机制,才能及时监控教育规划的实施,根据规划目标及时评价规划实施情况,并随着教育内外部环境的变化而进行及时的调整,减少盲目性与随意性。可见,该机制具有描述、反馈、预警、预测等功能。要充分发挥监测与评价机制的上述功能,应赋予公民一定的参与机会,拓宽公民参与的渠道,形成一套国家与民间互荐的监测、评价、管理体系。通过建立信访制度、听证制度、对公职人员的评议制度、公民批评建议制度、民意调查制度、新闻媒体介入制度等,赋予公民参与教育规划实施的机会,并采取相应的激励措施,鼓励公民通过正当途径为教育规划的有效实施作出贡献。[①]

【知识链接】

中国教育监测与评价统计指标体系(2015)

为全面贯彻落实《国家中长期教育改革和发展规划纲要(2010—2020年)》精神,充分发挥教育统计工作对教育管理、科学决策和服务社会的重要作用,教育部组织专家对1991年发布的《中国教育监测与评价统计指标体系(试行)》进行了修订。修订工作广泛征求了教育部各司局、省级教育行政部门、有关高等学校、科研机构和专家学者以及国家教育咨询委员会委员的意见,并根据反馈意见对监测指标进行了进一步完善和测算验证。

本次修订更加关注促进教育公平和科学监测教育发展的需要,参照国际教育统计监测指标体系,结合新修订的教育统计报表,在原监测指标的基础上,删减了部分陈旧指标,新增了教育信息化、学生体质健康、学校安全以及教师培训等相关指标。同时,修订了部分指标统计口径和计算方法,进一步明确了指标定义、适用范围和数据来源。

修订后的指标体系分为五类(包括综合教育程度、国民接受学校教育状况、学校办学条件、教育经费与科学研究)102项,与修订前的指标体系相比,保留原指标9项,修订原指标18项,新增指标75项;修订后的指标有12项为国际组织的常用教育指标,如毛入学率、净入学率等;有9项借鉴了国际教育指标,并基于我国教育事业统计工作需要和实际情况进行了适当调整,如新增劳动力平均受教育年限、毕业生初次就业率等。

本指标体系可用于指导各级教育行政部门和学校科学开展教育事业发展监测与评价工

---

① 王鹏.公民参与是保证教育规划执行有效性的重要途径[J].内蒙古社会科学:汉文版,2011,32(03):140.

作。各地可结合本地实际,参照使用。

(资料来源:中国教育监测与评价统计指标体系.中国教育部政府门户网,2017-08-01.内容有删减)

(三) 完善教育政策体系

"教育政策体系是指导宏观教育层面和基础教育、职业教育、高等教育、成人教育等各级各类教育的公共教育政策,主要包括教育体制政策、教育质量政策、教育经费政策、教育人事政策、国家学制政策、课程与教学政策、学历与学位政策、教师教育政策、考试与评价政策、招生与就业指导政策、语言文字政策等多个方面。在这个政策体系中,教育体制政策、教育质量政策、教育经费政策、教育人事政策、课程与教学政策、学制政策是最基本、最重要的教育政策。这些教育政策所要解决的是一个国家教育改革与发展中最关键、最基本的问题。"① 因此,教育政策体系的完善对教育规划的实施具有重要的影响作用。例如,教育体制政策具体涉及教育管理体制、教育投入体制、办学体制等诸多方面的政策,旨在解决各级各类教育的发展问题与各种教育管理之间的协调问题,是影响教育发展方向、速度、质量的重要因素。只有不断创新教育体制,完善教育体制政策,才能为教育事业的发展注入新的活力,为教育规划的顺利实施提供可靠、必要的政策保障。

(四) 强化法律制约

要保障教育规划的实施,相关法律、法规必须先行。只有依法治教,才能确保教育事业健康、快速、协调的发展。"在实施规划的过程中,要充分发挥法律、法规对规划实施的规范、引导和保护作用,运用法律、法规来协调有关方面的关系,依据法律、法规来解决规划实施过程中的矛盾和问题,利用法律、法规来限制不规范的行为。规划实施过程中的法律制约作用是广泛和多向的,既指向教育内部,也适用于社会各方面;既针对各类机构和团体,又针对每一个人。根据国家已经颁布或将要出台的有关规划的法律、法规,规划的实施者和相关者都将要对规划的实施承担相应的法律责任,由此体现法律保障服务于经济社会发展的严肃性和权威性。"②

【阅读材料】

《国家中长期教育改革和发展规划纲要(2010—2020年)》制定的进程

2008年8月29日,中共中央政治局常委、国务院总理、国家科技教育领导小组组长温家宝主持召开国家科技教育领导小组第一次会议,审议并原则通过《国家中长期教育改革和发展规划纲要》(以下简称《规划纲要》)制定工作方案,正式启动了《规划纲要》的调研制定工作。这是进入21世纪以来我国第一个教育规划,是指导未来12年教育改革和发展的纲领性文件。

《规划纲要》研制工作历时21个月。前期调研过程中,调研的人群涉及各省(区、市)和80多所高校、8个民主党派中央、4个社会研究机构、6个教育学会,调研的触角触及国内和境外,相关国际组织和海外各领域的高层次专家也被邀请参与进来,参与人员约23 000人次,形成500多万字的调研报告。在文本起草阶段,共有200多名知名专家学者、有关部委

---

① 杨天平.教育战略规划与管理[M].重庆:重庆大学出版社,2010:226.
② 杨晓青,等.教育规划理论与实践[M].北京:中国大百科全书出版社,2006:143.

司局长、地方教育部门负责同志、大中小学校长和教师等直接参与起草修改和论证工作。文本初稿形成后,又先后4次大范围征求意见,全国人大、全国政协、民主党派中央、中央有关部委、地方教育部门和学校、企事业单位以及海外教育界人士等500多个单位、1 300余人共提出意见建议近5 000条,前后对文本进行了约40轮大的修改。

2009年1月初,教育规划纲要面向全社会开展第一轮公开征求意见工作,工作组公布了20个开放性话题,截至2月6日,共收到公众意见建议210万多条,信件14 000多封。在纲要文本出台以前,便广泛向民众征求意见,这在我国尚属首次。

2010年1月11日至2月6日,国务院总理温家宝在中南海先后主持召开5次座谈会,就正在制定的《规划纲要》听取社会各界人士的意见和建议,首次把学生和家长代表请进了中南海。

2010年2月28日,《规划纲要》第二轮向社会各界征集意见建议。3月28日征求意见工作顺利结束,一个月以来,共收到意见建议27 855条,其中电子邮件8 317封,信函1 064封,教育部门户网站网友发帖18 474条。此外,从媒体和网络收集的报道评论与意见建议249万多条。

2010年4月5日,温家宝总理主持召开国家科技教育领导小组会议,审议并原则通过了《规划纲要》。

2010年5月5日,国务院总理主持召开国务院常务会议,审议并通过《规划纲要》。《规划纲要》的研究制定历时一年零九个月,两次向社会公开征求意见,目前已基本成熟,正式文本尚未公布。

(资料来源:杨天平.教育战略规划与管理[M].重庆:重庆大学出版社,2010:199-200.内容有删减)

思 考 题

1. 教育规划的基本程序有哪几个阶段?
2. 教育规划的准备阶段有哪些基本工作?
3. 怎样理解科学的教育规划组织?
4. 教育规划的制定阶段有哪些基本工作?
5. 怎样理解教育规划的衔接?
6. 如何坚持教育规划方案选择的科学化与民主化?
7. 在教育规划实施前要做哪些准备工作?
8. 教育规划实施的具体方案有哪些?
9. 为教育规划的实施提供的保障有哪些?
10. 怎样理解教育规划主体多元化?

第十章 教育规划的主要方法

学习目标

通过本章的学习,了解教育规划的系统动力学方法、计划评审技术、系统分析方法的含义和特点;掌握教育规划的人力需求法、社会需求法、成本收益法、国际比较法、数学模型法等主要方法的含义和特点;理解国内外学者对教育规划主要方法的评价。

建议学时

4 学时

第一节 教育规划的主要方法及评述

纵观教育规划的历史发展,我们不难发现教育规划的历史其实就是各种规划方法论此起彼伏、相互比较、展示或暴露各自优缺点的历史。随着人们对教育与经济间关系的认识不断深化,各种教育规划方法相继出现,并不断自我完善。

一、人力需求法

(一)人力需求法概述

人力需求法是应用最广、影响最大的教育规划方法,在操作层次的教育规划中占据支配地位的重要方法,尤其是20世纪60年代初的教育规划,以人力需求预测为基础。人力需求法从教育与社会经济的密切关系出发,以社会经济发展对人力需求的预测为基础,根据社会经济发展需要,根据社会各行业、各部门对各级各类人才的需要,制定教育事业发展规划的方法。其基本假设前提是社会经济发展有赖于促进经济增长所需的受过教育和训练的各种人才;其基本理论依据是教育发展应当以满足社会经济发展对各级各类人才的需求为目的;其核心是人力供求预测;其基本步骤是预测未来某一时期国民生产总值、设定各经济部门的产值、实现上述预测所需劳动力数量及劳动力职业构成的预测、教育供应预测、对教育系统的培养能力和需求水平综合平衡、决定各级各类教育发展的规模与速度。

最早运用人力需求法的国家是苏联,1928 年苏联进行了专门职业类型的人力需求预测。二战后,许多国家都将人力规划与教育规划紧密联系在一起。海雷斯(Harris,1949)和沃尔弗尔(Wolfle,1954)分别预测了美国大学生的供求和未来科学家的需求;英国科学人力委员会在20世纪50年代和60年代初持续作出预测,指出科学家和工程师的缺乏;法国一直热衷于人力预测,20世纪50年代以来,人力需求法成为法国全面指标性计划的一部分。

在发展中国家,社会经济增长、结构变革、工业和公共部门的本土化,要求大力发展教育,以人力需求为基础的教育规划为多数发展中国家所采用,其中最早的是尼日利亚,1960年阿什比委员会作出了未来20年高中级专门人才需求的预测。到1970年,有20个非洲国家对人力需求作出了预测。

1965年,经合组织(OECD)在秘鲁召开研讨会,讨论"地中海区域规划"的方法论在拉美运用的可能性,这表明拉美国家对人力需求方法的广泛兴趣。根据1968年联合国教科文组织的一次调查,所调查的91个国家中有73个国家制定了教育规划,而其中有63个国家使用的是人力需求法(布劳格,1970)。其中,最典型的应用当属美国俄亥俄州立大学的帕纳斯(Parnes)为经合组织所做的地中海区域规划(MRP)。下面以地中海区域规划为例对人力需求法作一阐述:

帕纳斯承认,为了确定教育的需求而进行的人力预测,其实并不存在唯一的方法或大家都接受的方法。大多数这方面的工作都涉及了预测高层次的人力需求,其中用到了大量的技术,主要包括通过雇主访谈来估算未来的需求、过去趋势的外推、将职业的就业人数与总就业人数等这样的变量进行回归分析等方法。尽管如此,人力需求法还是必须解决一些共同的基本问题,因而存在共同的基本步骤。在地中海区域规划中,帕纳斯概要性地指出了作为教育规划基础的人力需求法的基本步骤,主要包括以下八个方面:[①]

(1)按照各行业、职业、教育水平、年龄阶段等列出基年的劳动力状况。

(2)估计目标年的劳动力规模,也就是劳动力总供给。

(3)估计目标年各经济部门或行业总就业人数。由于各个部门或行业间差异比较大,所以这一步是非常关键的。

(4)把各经济部门或行业的总就业人数在各个不同的职业间进行分配,即各职业的人力分类需求。

(5)把各职业需求的预测转化为各级各类教育资格需求的预测。

(6)估计目标年各级各类教育的劳动力供给情况,这要基于以下几点:现有存量;现有教育系统的预期流出量以及由于死亡、离退休等原因的自然减员量。

(7)对目标年的需求预测和供给预测进行平衡。

(8)计算每年各级各类教育的招生人数。

应该说,这八个步骤对于制定教育规划缺一不可,而且前一步的预测精度决定后一步的预测精度,因此被称为逐步规划法。据经验分析表明,人力需求预测的每一步骤都存在较大的预测误差可能性,因此,帕纳斯承认,其实在这八个步骤中,每一步所涉及的方法和技术都是非常困难的,但是,困难绝不意味着不能预测。

(二)人力需求法评述

人力预测法从一开始提出便遭到人们的激烈批评,有的外国学者讥称此法为"现代占卜术"。批评者认为此法是建立在教育规划者不切实际的假设上,因为无人能够准确地预测一个国家长期的经济发展变化以及特殊的人才需求(尤其在市场经济条件下),所以依据人力预测法制定的教育规划不过是教育规划者一厢情愿的梦想而已。

[①] 参阅毛建青.高等教育宏观规划的理论与方法研究[M].北京:中国社会科学出版社,2015:47-48.

有些批评者认为,即使是在计划经济条件下,即使能获得主要经济部门可靠的资料,也不可能得到充分的、足够的、精确的人力需求预测,从而可以制定出与经济各部门发展吻合的教育规划,而且实际表明大多数这类的预测都是无效的、无用的。

还有人注意到,因为有了这些问题,许多国家依照人力预测法制定了教育规划,却难以贯彻执行,因为国家决策者往往是依据国民的政治要求而非规划者不可靠的计算结果来提出教育发展的方针政策。

总结各种批评意见,有学者认为主要涉及这样几个问题:

第一,教育的作用问题,人力需求法夸大了教育对经济发展困难作出的贡献,同时忽略了教育的非职业目标;第二,非常重要的一个问题是人力需求对教育系统的实施究竟有没有影响,如果各级各类教育的学生参与完全是一个自治过程,基本上没有规划或控制,那么人力需求就不会有显著影响;第三,人力需求法的关键环节——职业与教育的"一一对应"关系及职业需求对教育需求的转换问题,人力需求法估计所要求的理想职业分类程度,仍是一个悬而未决的问题;第四,人力需求法丝毫不考虑培养额外技术力量的成本问题,人力需求被假定是绝对的、刚性的,其结果是任何设计出来的人力供求缺口都被认为应该通过教育扩张,一般是中、高等教育的扩张来填补,而中、高等教育的投资耗费往往是比较大的。总之,人力需求法虽在实践中备受教育规划者的青睐,但其本身的一些技术和方法问题仍未得到较好解决,还有许多缺陷。

当然,人力需求法不是一无可取之处。人力需求法思路简单明了,一直非常流行,在实际规划工作中被广泛采用,它在为某个确定的而且入门资格限制较严的行业制定相关的短期教育规划时颇有用处。比如,如何根据社会上医生、教师、律师行业的人才需求或地方企业行会所提出的劳动力需求,调整相关专业的教育规划或技术技能培训的就学名额。

一般来说,人力需求法适合用于微观、短期的教育规划,而不适用于宏观、长期的教育规划。如果要达到教育经费的合理使用,人力预测则是必需的。20世纪80年代后期国外教育学者赞成谨慎地、明智地并和其他规划方法结合在一起使用人力需求法,从而更合理、科学地规划未来教育的发展。

二、社会需求法

(一)社会需求法概述

社会需求法是以个人的教育需求为依据制定教育规划的方法。社会需求法中所指的"社会需求",实际上是个人的教育需求的汇总,与社会政治经济发展对人力的需求没有直接关系。社会需求法的理论依据是发展教育事业就是为了满足个人的受教育要求,因此,教育规划的关键就是要对个人的教育需求进行预测,并根据预测结果制定教育发展目标,即提供足够的受教育机会,以满足"社会需求"。由于义务教育具有强制性,所以进行义务教育规划时,社会需求法为人口预测法所代替,社会需求法只适用于非义务教育,较多地用于高等教育规划。

通常,采用社会需求法必须具备以下前提:一是了解全国人口增长情况,各年龄段人口构成状况以及各级学校适龄青少年的人数;二是调查社会经济因素,例如家长的收入、职业、种族、教育程度及其他对学生入学的影响因素;三是分析政府采取的入学政策、经济政策、就业政策、工作政策以及在学费、贷款、公立学校设置地点和类别等方面所采取的措施对入学率的影响等。其中第一项所显示的是对教育的最大潜在需求,第二、三项是对这种需求的制约因素,将这两方面加以综合分析和概括,就可以得出人们对教育的社会需求。

社会需求法的最典型应用当属英国罗宾斯(Robbins)报告(1963年)。罗宾斯报告是英国最著名的有关国家高等教育系统的研究。20世纪60年代初期,英国大胆摒弃了人力需求的观点而在社会需求的基础上提供教育。罗宾斯报告指出,社会需求预测取决于:中等教育提供的水平,尤其是五、六年级;高等教育允许入学的特定标准;中等和高等教育的直接成本水平,尤其是学生补助的水平;受过教育者所得的收入水平,这不仅是由于这些收入代表了额外教育水平的就业机会和收益,还由于这些收入构成了继续上学所放弃的间接成本。

(二) 社会需求法评述

随着社会需求法的出现,批评意见接踵而来:第一,有学者认为社会需求模型不是一个真正的教育规划模型,其原因在于,预测社会的教育需求只是为了给未来学生提供足够校舍才被动地预测未来学生数,它意味着适应而不是积极地改变;第二,有学者认为,表面来看确定教育的社会需求(未来学额)很简单,但实际上要真正弄清楚教育需求绝不是一个简单的事情,因为影响教育社会需求的因素是很多的,包括外部条件(人口、职业前景、经济状况、学生资助、学费等)和自身条件(智力、学业成绩、兴趣、家庭背景等),且这些因素经常变化,未来若干年内,以往的影响因素是否将持续影响、影响程度多大等都无法确定;第三,有学者认为社会需求法的一个致命弱点在于,无视教育社会需求与教育政策的相互影响,规划者试图通过计算未来的学额需求来确定未来教育需要,并据此制订政府未来的教育政策;第四,有学者认为这种方法难以预测社会到底能为有能力并愿意上学的人提供多少入学机会,因为设想所有青少年进入中等和高等学校既不可能也无必要,所有学生进入各级学校,其边际收益必然低于边际社会成本;第五,有学者认为社会需求法忽视了社会提高空缺岗位能力的限制,因为在一个混合经济体制中,劳动力市场是高度刚性的,高水平人力的过渡生产将造成中低水平劳动力的长期失业,至少是就业不足,从而造成人力资源的巨大浪费;此外,还有学者认为教育的供给不完全依赖于教育的需求,还要受到其他很多因素的制约,如政治、财政能力、领导人的重视程度等。①

总之,运用社会需求法预测教育发展,一般会高估人们的教育需求,低估教育成本,从而导致生均教育成本的下降,进而影响教育的质量和效益。其实,社会需求法在各国现实的教育规划中应用并不广泛,其之所以有一席之地,主要是由于这种方法对我们知道决定教育社会需求的各种因素是非常重要的。

三、成本收益法

(一) 成本收益法概述

成本收益分析是指以货币单位为基础对投入与产出进行估算和衡量的方法。教育规划的成本收益法是从单纯经济观点来考虑教育的发展,其理论基础是教育经济学的基本观点。这一方法产生于20世纪60年代。由于认识到人力需求法的缺陷,教育规划者又回到以前由美国经济学家舒尔茨、贝克尔和其他学者所建议的成本收益分析或"教育投资收益"分析上去。

---

① 参阅毛建青.高等教育宏观规划的理论与方法研究[M].北京:中国社会科学出版社,2015:61-63.

教育的成本收益法是从教育的目的是提高效率的前提下引申出来的。它试图把提供某种教育或培训的所有可计量的成本形式以及由这种投入所带来的所有收益全部计算进去。

因此，至少从理论上收益率方法有可能评价初等教育、中等教育、高等教育水平的额外学习所获得的结果，从而决定未来教育发展的重点和规模，即如果折现后的收益高于成本或收益率高于标准率，这就被规划者解释为扩大的信号，反之则被解释为不能扩大的信号。这与一般的经济学投资方法是相一致的。教育具有投资的性质。

教育的收益常常按其影响范围分为私人收益和社会收益。私人收益是那些由受教育者个人所得的收益，也叫内部收益。社会收益则还包括本人不能占有的，为社会其他成员所得的收益。与此相对应教育成本也可以分为私人成本和社会成本，从而可以分别计算出教育的个人收益率（内部收益率）和社会收益率。

但必须注意的是，上述私人成本与社会成本的区分是直观的，在经济学上成本不只包括相当于直接支出的成本，成本概念首先是机会成本概念。也就是说，教育成本并不与支出相等，原则上，本期成本不仅包括直接支出，如由学生或其家庭支付的学费、学习用品费用、往返学校的交通费用、额外的吃穿住费用等和学校支付的成本，还应包括机会成本，其中有些是间接而不是直接以货币支付的成本，如学生由于选择继续上学而放弃工作的收入、免税成本、内涵地租（放弃把学校的建筑物、土地和设备租给非教育部门使用的机会）等。不难看出，全面地、准确地计算教育投资的收益率是非常困难的，实证研究中往往需要进行估计和省略。

（二）成本收益法评述

教育的成本收益分析常常被认为是人力需求法的一个替代，但与人力需求法一样，成本收益法在理论前提和技术方法上都受到广泛批评。

第一，成本收益法假定存在完全竞争的劳动力市场。但在绝大多数国家里，这个假设不成立，工资并不是完全由市场决定的，实际上是由习俗、社会传统、裙带关系以及不追求利润最大化的雇主（如公共部门）等因素共同决定，所以，劳动力市场的不完全竞争使收益率的计算并不能准确反映工资与边际生产率的关系，不能反映教育的真正收益；第二，否定边际生产率假说的另一些意见是"能力论据"和"筛选理论"。根据"能力论据"，大学毕业生的收入差异不完全是教育带来的收益，因为大学毕业生比中学毕业生能力更强，即使他们不上大学也能获得较高收入。通常，为了正确估计教育的收益，将40%的收益归因为能力因素，将余下的60%归因为教育效应，但有证据表明，能力效应并不像想象的那么大，当同时考虑能力和教育两个因素时，教育与收入的关系或多或少是稳定的。根据"筛选理论"，雇主从过去的经验中懂得，不同层次的教育中获得的态度和教育成就有一定的关系，因此，教育资格是招聘雇员的筛选装置，当雇主对雇员的自然能力倾向一无所知时，理所当然地付给受过更多教育的人以更高的工资；第三，教育对收入的影响以及教育作为收入均等的分配机制受到众多怀疑。教育收益中的收入并不一定都是由教育引起的，可能还包括个人的禀赋、家庭背景、社会阶层等原因；第四，成本收益分析无法准确计算投资一定教育水平的真正教育成本和收益。由于数据可得性、不可量化性等原因，成本收益分析中对成本尤其是机会成本的精确计量非常困难，对收益的计算也只能计算一些可量化的货币性收益，而非货币的消费收益无法计量。①

因此,根据成本收益分析所得到的一些结论虽然可以在教育规划中应用,但收益率方法能否作为一个决定扩展或限制国家教育投入的标准或指标仍值得探讨。

四、国际比较法

(一)国际比较法概述

在早期教育规划的实践中,规划者常常采用国际比较法。"教育规划的国际比较法是根据预测原理的类推原则,采用他国教育发展的规律作为规划国的预测规律,从而预测规划国的教育规划指标。"②

根据使用的数据资料情况,以相关分析为主的国际比较法有两种基本方式,即横截面分析与纵剖面分析。所谓横截面分析,就是在时间轴上固定某一年份,而以国别的经济、人力指标作为观察点参数,进行回归分析。这种方法是人力规划最早使用,同时也是这一领域中国际比较的主要方法;纵剖面分析是利用有关国家的历史资料指导本国的规划。这一方法有时是单独使用,但通常是与其他方法配合起来使用。

国际比较的具体方法很多,在教育规划中采用比较多的通常有三种比较法:人口比较法、经济比较法、技术构成比较法。人口比较法通过比较寻找各级各类教育就学人数在总人口、各类人口中的合理比例,把这样的"合理比例"作为教育规模发展的规律,寻找这些规律用以确定某国家或地区教育发展的规模目标;经济比较法就是比较不同经济规模和发展状况中各类教育的规模,寻找经济量与教育规模之间的一定比例关系,以此作为确定一个国家和地区未来教育发展规模的参照,这种方法又分为经济总量比较与人均经济量的比较两种方法;技术构成比较法较复杂,引入了经济活动"技术构成"这样的指标,不仅要比较经济规模,更要比较经济的技术构成。分析不同国家在不同技术构成的情况下,其经济总量对应的教育比例结构,以此预测社会经济发展到一定阶段后的教育结构。

国际比较法在教育规划中应用十分广泛,尤其是 20 世纪 60 年代亚洲国家的教育规划和中国 20 世纪 80 年代的教育规划研究。

(二)国际比较法评述

有部分学者认为,总体上说,国际比较法是一种非科学的方法,非科学的方法不足以为教育规划提供科学依据。首先,国际比较法存在的一个主要问题是采用了因果关系中的单向关系,即只考虑从教育到国民收入的关系。虽然强调国民收入和教育之间的积极关系是正确的,但我们难以确定因果关系或因果关系中的相互影响;其次,对国际比较法的根本性批评是它假定存在一条全世界共同的经济增长道路,每一个国家都由同样的产出构成,因而有统一的职业结构和教育结构,所有发达国家的经验可以为不发达国家所模仿。但经验表明,过去的根据不一定适用于未来,一国的经验也不可能轻易地适用于另一个国家;再次,借助相关系数和他国人力结构来规划教育,必然看重人力性较强的中高等教育,在发展中国家尤其可能造成不良后果。③

---

① 参阅毛建青.高等教育宏观规划的理论与方法研究[M].北京:中国社会科学出版社,2015:70-71.
② 毛建青.高等教育宏观规划的理论与方法研究[M].北京:中国社会科学出版社,2015:71.
③ 参阅毛建青.高等教育宏观规划的理论与方法研究[M].北京:中国社会科学出版社,2015:75-76.

但是，也有学者认为，国际比较法并非一无是处，它是教育规划中经常使用的一种方法，特别是一个国家在早期制定教育目标、判断教育发展未来趋势上，简单有效；在方法论上，国际比较法也是有其科学依据的。

一般认为，各个国家应该谨慎使用国际比较法。一个可行的建议就是增加一些代表"国家特征"的变量，即在分析经济和人力发展模式时考虑国土与人口规模、经济社会体制以及人文、地理、政治、历史传统等因素。特别要注重识别规划国和参照国之间国家特征的不同，或者识别参照国不同发展模式以供本国选择。

五、数学模型法

（一）数学模型法概述

通常，数学模型方法是一种重要的研究方法。数学模型就是根据研究目的，对所研究的过程和现象的主要特征、主要关系，采用形式化的数学语言，概括地表达出来的一种结构，也就是构造数学模型。而通过研究事物的数学模型来认识事物的方法，称为数学模型方法。

在教育规划中，人力规划和数学模型方法在很大程度上可以说是20世纪60年代建立的"社会核算模型"的一个部分。从经济预测规划使用的经济核算方法、体系和模型中受到启发，这种方法大量使用了经济分析方法（计量经济模型、投入产出模型等）和数学规划模型（线性规划、目标规划等）。发展的过程是从教育部门与其他部门相互联系的宏观模型，到教育部门本身及其内部的中观、微观模型。

通常，宏观模型可分为两类：其一是荷兰经济学家丁伯根提出的经济计量法——以全国产出作为外生变量和少许部门的模型。这个模型是属于经济计量中比较简单的模型，但远比人力需求法复杂得多。该模型通过一个描述教育和非教育产出对国民总产值影响的集合生产函数，力图使教育系统与经济的人力需求之间的关系公式化。该模型与人力需求法的基本区别是不研究目前的人力条件，而注重根据生产可能性来预测未来对熟练人力的需求。目的在于描述生产和教育机构所预期的各种合格人力的需求流量，并有助于为劳动力市场政策提供教育规划方法；其二是英国经济学家斯通提出的模型——依据开放的动态投入-产出模型建立的具有若干部门的模型。斯通模型是对丁伯根模型的发展，考虑了教育系统的多部门模型，不是将自己局限于初、中、高三级教育本身，而是考虑了各种教育和培训形式。模型包含一系列流量方程（基本类似于开放动态的投入-产出模型），在方程中，学生某一年的活动水平被表示为未来进入劳动力队伍毕业生的向量的函数。模型的基本功能是能够推出教育系统理想的增长途径，来作为理想的未来产出水平和熟练人力结构的函数。

而美国经济学家鲍尔斯提出的中观模型是把教育部门从整个经济社会中分离出来（称为"部分均衡分析"）。在鲍尔斯模型中，目标函数是使经适当贴现并归因于教育过程的终生收入增量达到最大值。用这些贴现的终生收入估算数作为构成目标函数的各级教育入学人数的权重。约束因子包括教育系统的短期生产可能性集，各种教育投入的可得性和限制政策手段的边界条件。

微观模型典型例子当属美国的普莱斯纳、福克斯和桑约尔设计的艾奥瓦州立大学经济系4年期综合计划模型，是适用于大学中一个系的资源配置的模型。

（二）数学模型法评述

数学模型有着明显的弱点。以投入产出模型为例，作为经济科学的工具，它描述为了生产某一单位的产品,需要多少必要的成分。作为整个经济活动的简化图像,它假定了许多与真正的生产过程不同的刚性——无法适应性的变化。运用于教育,也必须假定人力的可替代性等于零,而这与现实经验是不相符的。

事实上,数学模型法由于需要大量的统计数据、烦琐的计算以及费力的分析与实用价值的权衡得失的争论,很少有实际规划者依赖数学模型作教育规划。它"充其量不过是便利各种规划方式的计算工具"(OECD,1980),与社会核算模型的命运相仿,更多地停留在理论探讨的层面上。

第二节 系统动力学方法、计划评审技术、系统分析方法简介

一、系统动力学方法

(一)系统动力学方法的含义和特点

系统动力学(简称 SD—system dynamics)是美国麻省理工学院的福瑞斯特教授于1958年为分析生产管理及库存管理等企业问题而提出的系统仿真方法,最初叫工业动态学,是一门分析研究信息反馈系统的学科,也是一门认识系统问题和解决系统问题的交叉综合学科,是一门综合自然科学和社会科学的横向学科。系统动力学运用"凡系统必有结构,系统结构决定系统功能"的系统科学思想,根据系统内部组成要素互为因果的反馈特点,从系统的内部结构来寻找问题发生的根源,而不是用外部的干扰或随机事件来说明系统的行为性质。

系统动力学方法是一种以反馈控制理论为基础,以计算机仿真技术为手段,通常用以研究复杂的社会经济系统的定量方法,其主要特点是:适用于处理长期性和周期性的问题;适用于对数据不足的问题进行研究;适用于处理精度要求不高的复杂的社会经济问题;强调有条件预测。

在教育规划中,"系统动力学方法是根据控制论的原理,借助物理学中"流"的概念,利用计算机仿真技术,对规划系统进行模拟试验的一种规划方法。"[①]

(二)系统动力学方法用于制定教育规划的基本步骤

第一,确定系统的目标和重要因素。系统动力学方法是把规划对象系统看作是一个动态系统,通过分析动态系统变化过程中各种因素的因果关系和反馈环节,来确定规划系统所要达到的目标。

第二,建立系统模型。系统动力学方法所构造的系统模型,一般要涉及大量的变量和众多的变量方程。构造出系统运动中,教育系统、经济系统、人口系统、科技系统等子系统的基本结构和因果关系反馈流程,是建立系统模型的基础工作。动态系统中各因素的关系可以通过系统流程图来仿真模拟,并经过定量化得到一系列的模型化方程组。

第三,编制系统模型计算机语言程序。利用系统动力学方法所建立的动态系统是一个比较复杂的运算系统,其仿真运算有不小的工作量,实际应用中需要编制计算机语言程序,系统动力学中有专用的计算机仿真语言——DYNAMO 语言来完成这一工作,必要时也可以采用其他计算机语言。

---

① 孙绵涛.教育管理原理[M].广州:广东高等教育出版社,1999:99.

第四,分析运算结果。通过计算机的仿真运算,可以获得动态系统若干年的变化发展状态。

分析大量的运算结果,可能会发现其中存在的某些问题,对这些问题作进一步的研究后,提出完善模型的修改意见,然后将修正的系统模型再一次地运行,直到取得较为满意的仿真结果。

二、计划评审技术

(一)计划评审技术的含义

"计划评审技术是用图解的方式进行规划的方法。它在分解规划系统整体结构的基础上,对完成规划的各项工作顺序和逻辑关系进行详细的分析,并用符号和网络图的形式表现出来。"①其功能是协调整个计划的各道工序。PERT(Program Evaluation and Review Technique)即计划评审技术,最早是由美国海军在计划和控制北极星导弹的研制时发展起来的。

(二)运用计划评审技术的基本步骤

第一,构建计划评审技术网络。首先需要将完成教育规划的各个项目进行必要的逻辑分类,并删除一些不重要的项目,然后根据项目的顺序关系,将它们逐一编上序号,最后依照连接项目所产生活动的顺序,绘制出网络图。

第二,活动过程的名称说明。为了使网络图便于理解,可以在代表各活动的项目连线上标明活动的名称,必要时还可以标明负责某项活动的机构名称和资源分配情况。

第三,完成活动的时间安排。在勾画出规划系统所有活动逻辑关系的同时,还需要对完成活动的时间作出安排。计划评审技术有一整套的时间估计方法。首先估计出活动完成的时间,然后估计出活动最早开始的可能时间和最晚开始的可能时间。利用完成活动时间的浮动范围,便可机动地安排活动所需的各种资源。

第四,确定关键路线。在系统网络中,凡是时间没有缓和余地的活动就叫做关键活动,这种活动的延迟将直接造成整个规划目标完成的延误。因此,这些活动就构成了系统的关键路线,在实施规划的过程中应集中力量完成关键路线上的活动,以保证整个目标按时实现。

第五,规划目标实现期限的总体估计。因为关键路线上的活动时间最长,所以,将关键路线上各关键活动所需时间相加,就是实现整个规划目标的时间。

三、系统分析方法

(一)系统分析方法的含义

通常,系统分析方法是指把要解决的问题作为一个系统,对系统要素进行综合分析,找出解决问题的可行方案的咨询方法。系统分析最早是由美国兰德公司在二战结束前后提出并加以使用的。兰德公司认为,系统分析是一种研究方略,它能在不确定的情况下,确定问题的本质和起因,明确咨询目标,找出各种可行方案,并通过一定标准对这些方案进行比较,帮助决策者在复杂的问题和环境中作出科学抉择。

系统分析方法来源于系统科学。系统科学是20世纪40年代以后迅速发展起来的一个

---

① 孙绵涛.教育管理原理[M].广州:广东高等教育出版社,1999:100.

横跨各个学科的新的科学部门,它从系统的着眼点或角度去考察和研究整个客观世界,为人类认识和改造世界提供了科学的理论和方法。它的产生和发展标志着人类的科学思维由主要以"实物为中心"逐渐过渡到以"系统为中心",是科学思维的一个划时代突破。

系统分析方法的具体步骤包括:限定问题、确定目标、调查研究收集数据、提出备选方案和评价标准、备选方案评估和提出最可行方案。

(二)教育规划的系统分析方法

教育系统就是社会大系统中的一个子系统,且教育系统本身又可以分为若干个子系统。教育规划的系统分析方法就是运用自然科学和社会科学相结合,科学技术和领导艺术相结合,政策分析、定性分析和定量分析相结合的方法,确定所研究的规划涉及的范围;分析其具备的功能和相应的环境条件;收集、分析和处理有关的历史及现状数据、信息;确定约束条件;建立数学模型;测算规划目标和办学条件;对系统进行模拟计算;根据反馈信息修改设计;供需平衡后提出规划方案及相应的政策、措施等。

关于上述教育规划主要方法及其选择,国内外学者的看法有所不同。

英国教育经济学家萨卡罗普洛斯认为,在选择教育规划方法时,通常应该从以下三个维度进行考虑:一是教育规划所应用的国家类型;二是所要规划的教育级别;三是政策制定者对不同对象的重视程度。而在进行宏观教育规划的实践中,这三点经常被忽视。他认为,成本收益模型比较适合于发达国家和一些比较大的国家,这主要是因为这些国家的替代程度较高,劳动力储备也比较多;而社会需求法也适用于发达国家,因为在发达国家中,没有人能规划初级教育,社会需求会自动关注这一级的教育;但在欠发达国家中可以对初级教育进行规划,如设定义务教育普及年限、普及率等;中等普通、人文学科可以根据社会需要来规划,而中等技术、某些高等教育类(医学、工程等)可根据成本收益分析来规划。他认为,不同经济发展水平的国家,其教育规划者的规划目标不尽相同,而不同的规划目标可能需要不同的方法,如教育规划者的某些目标可能包括产出的最大化、收入的分配、就业的创造、瓶颈的避免、识字率或社会需求的满足等。如对发达国家而言,可能比较关注于收入分配、为满足社会需求而牺牲效率;欠发达国家可能比较关注产出最大化、识字率提高和瓶颈的避免等。他指出,未来的宏观教育规划的发展,首先更依赖于模型的解决。其次劳动力市场为基础的模型仍然占主导地位,而不是人口统计学或马可夫链为基础的方法。社会需求法主要会用于评估需求方,也要依赖于相对收入。再次是倾向于周期性、非固定的大范围规划。

英国教育经济学家布劳格认为,因为教育需求与供给总是相互影响的,所以人力需求预测必须和社会需求预测结合起来。不同教育的成本是不同的,收入也是不同的,这自然就引入了收益率分析。因此在教育规划中所用的人力需求法、社会需求法和成本收益法是相互补充而非排斥的。他认为,如果学生对于工作收入信息充分,机器可以代替技术工人,工人之间在不同工种之间可以自由流动、弹性充分、完全替代,并且专业技能可以在工作中学到,那么在这种世界中,人力需求就没有任何意义,只需要做社会需求预测和成本收益分析。

经济合作和发展组织在评价以往教育规划理论和实践的基础上,提出了未来教育规划首先要注重教育规划的信息基础,认为教育规划者必须充分掌握影响教育发展的各种趋势,如社会对教育的重视程度、学生对教育和就业的态度、教育研究的成果、教育系统的功能和操作、劳动力市场的功能和未来发展、计算机对教育技术的影响以及经济的可能发展等。

我国学者朱佳生1989年出版的《教育系统工程》提出,教育规划工作是一项庞大的系统工程,应以现代方法为主,将传统方法与现代方法相结合。所谓现代方法就是系统工程的方法,把教育看作经济、社会这个大系统的重要有机组成部分,而教育系统本身又分成若干多层次、多渠道、各有特点又相互联系的子系统来研究。朱佳生认为,教育规划工作分成两部分:经济社会发展和人才需求预测及教育规划,前者是教育规划的基础和前提。而经济社会发展和人才需求预测部分的基础工作包括经济社会发展水平预测、产业结构预测、行业人才结构预测、人才现状调查和国民收入及其分配预测等五项工作。根据这部分的工作结果,提出经济社会各部门对各种人才的需求量(教育系统除外,教育系统内部的人才需求由教育规划部分算出)连同人口现状和预测数据,供教育规划部分应用。

综合以上国内外学者的观点,我们认为,为了更好地满足经济发展的需要以及人民群众对教育的需求,为了更好地利用有限的教育资源,我国的教育规划在方法论的选择上应运用系统分析的观点,坚持人力需求法和社会需求法的相互结合,既考虑社会经济发展对教育的要求,又考虑人民群众的教育要求,并适当考虑成本收益,应用现代科学技术与手段,从而使有限的教育资源得到最大化的使用和合理的配置,促进教育发展。以我国高等教育发展规划为例,高等教育的未来发展问题,不单纯是高等教育本身的问题,更多的是属于整个社会发展战略的大课题,它涉及国家经济、人口、就业等许多教育以外的问题。因此,在制定高等教育规划时,应从系统的观点出发,考虑影响高等教育供给和需要的内部、外部因素。内部因素即高等教育自身的内部客观规律、高等教育发展目标和教育资源内部配置等,外部因素即政治形势、经济发展水平、居民的高等教育需求、就业吸纳能力、科学技术进步等。除此之外,未来的发展必然建立在现状的基础之上,因此,也需要对各方面的现状作出调查和准确的分析。总之,我们必须用一种系统的观点和思路来进行高等教育的宏观规划。

【阅读材料】

美国经济学家丹尼森(1979 年)研究了 1948—1973 年间美国经济增长,认为劳动力对经济增长的贡献为 28%,其中劳动力教育的贡献为 11%,资本的贡献为 23%,其余 40% 要由全要素生产率增长来解释,在这 40 个百分点当中又有 29 个百分点要归功于"知识和其他杂项"。丹尼森认为,从广义上讲,这种知识包括非正式教育以及通过从有组织的研究到日常的观察和体验等一系列手段获得的技术和管理知识。因此,他将教育的直接贡献(11%)和知识进步的间接贡献(29%),归结为人力资本对经济增长的贡献。

分析 1978—2000 年有关中国经济增长来源的研究发现,有形资本的贡献在 37.4%~38.5% 之间,劳动力的贡献为 16.5%~18.7%。在劳动力的贡献当中,劳动力教育的贡献为 42.7%~45.7%,大于劳动力数量增长的贡献(份额达 8.6%~9.9%),成为经济增长的主要来源。未来 20 年,教育对经济增长的直接贡献大体保持在 7% 左右,而劳动力数量增长的贡献则下降到 4% 以下。相比之下,劳动力教育成为劳动力贡献于经济增长的主要方式。

(资料来源:中国教育与人力资源问题报告课题组.从人口大国迈向人力资源强国[M].北京:高等教育出版社,2003:151)

思 考 题

1. 什么是人力需求法?简要评述。

2. 什么是社会需求法？简要评述。
3. 什么是成本收益法？简要评述。
4. 如何理解国际比较法和数学模型法？
5. 系统动力学方法、计划评审技术、系统分析方法的含义？
6. 你认为我国的教育规划方法论的选择是什么？

第十一章 教育规划文本的形成和论证

学习目标

通过本章的学习,要掌握教育规划文本是如何形成的,了解教育规划文本形成的条件与过程;理解教育规划文本的形成是编制教育规划的主体性工作。把握教育规划论证的意义及其内容,了解教育规划论证的组织与程序。

建议学时

6学时

规划文本是由一定时期内组织各类活动的规划文件所组成的文件,是规划制定的成果。教育规划文本作为教育规划的载体,对优质教育的发展具有重要意义。编制教育规划文本是制定教育规划的一项重要内容,教育规划文本的形成是编制教育规划的主体性工作。本章就如何形成教育规划文本以及如何对教育规划文本进行论证分别予以论述。

第一节　教育规划文本的形成

一、教育规划文本形成的条件与过程

编制教育规划时,通常需要制定教育规划编制工作方案,这是编制教育规划文本的前提性条件和基础。这个编制工作方案将影响整个教育规划文本形成的过程,对能否编制出一个科学的、切实可行的教育规划起着重要的作用。

(一) 教育规划文本形成的条件

1. 教育规划编制工作方案

凡进行教育规划编制的部门,均应制定规划编制方案,或者说是规划编制工作方案的计划。这个计划应当包括以下几个方面:

(1) 明确教育规划的必要性,即回答为什么要编制此规划。这个问题的回答应从教育的重要性,从一个地区经济社会发展对教育以及人才需求的状况,从一个地区人民群众的整体素质的提高以及终身教育、建设学习型社会需要的角度等多方面来回答和论述,阐明编制该规划的必要性。

(2) 明确目的。在回答前面提出的几个需要的基础上,应重点明确编制的教育规划在

期内所要达到的目标、任务。不论编制哪一个级别(省级、县级)的教育规划、学校规划,都必须有明确的编制规划的目的。

(3) 现状调查。目的明确后,要对所规划的教育现状有一个深刻的认识和把握,掌握基本情况,具备一定的条件,才能取得预期效果。在此基础上编制实施的教育规划,才有可能进一步促进教育良性发展。

(4) 科学的预测。就是要根据经济社会发展对教育的要求,按照教育自身发展规律,在正常的发展情况下,到规划期终结教育事业能发展到什么程度。要对教育发展趋势进行全面的分析认识和预测。科学预测是对教育最基本的预测。

(5) 编制工作方案。在上述几个方面都基本相同的情况下,有可能会编制出不同方案的教育规划,此时必须遵循需求的差异性原则。

(6) 确定教育规划编制的组织形式。

(7) 确定教育规划编写的进度与措施办法。要把编制教育规划的整个过程分成若干个工作环节及进程,要将每个环节所需的时间进度、相应人员条件以及所要完成的任务都要一一予以明确。

2. 对教育规划编制工作方案意见的征求

编制教育规划方案的组织机构,在其编制的规划工作方案结束以后,并不能马上组织论证决策与实施,而是要广泛征求组织内部的意见以及下属部门的意见。经过反复讨论、修改后,还应当报送同级发展规划主管部门确认,经主管部门确认后方可进行论证决策与实施开展工作。

(二) 教育规划文本形成的过程

在讨论教育规划文本的程序前,首先要明确我国教育规划的等级类型。我国的规划一般分为三级、三类。按行政层级,规划分为国家级规划、省(自治区、直辖市)级规划、市(设区的市、自治州)县(县级市、自治县)级规划;另外按对象和功能,又可将规划分为总体规划、专项规划、区域规划。

1. 教育规划文本的一般程序

这一章所讨论的教育规划文本的形成是指没有经过论证决策的规划文本,即初步方案,是有待于科学论证和行政决策的教育规划文本。

教育规划文本形成的一般程序大体有以下几个方面:

(1) 提出编制教育规划的问题。一般应在与国家制定经济社会发展长期规划相适应的时期内提出。

(2) 制定教育规划编制工作方案,应及时公告规划编制的起止时间。

(3) 教育规划的编制工作方案完成后,要征求同级主管部门的意见,同时,要对涉及公民、法人和其他组织切身利益的问题,规划编制单位应当采取公示或听证会的形式听取意见。

(4) 具体实施规划的编制工作方案。

(5) 起草拟定教育规划文本。这个需要组织人员在做好各项调查研究准备工作的基础上进行。

(6) 征求有关各方对教育规划文本的意见。经过这些主要的程序后,即可形成教育规划文本,若形成正式方案,还要经过衔接、论证和决策程序。

2. 教育规划文本的衔接

初步形成的教育规划文本,一定要与有关各方进行有效衔接,在进行科学论证之前,不可孤立地确定。

(1) 将教育规划文本送同级发展规划主管部门,由发展规划主管部门负责与总体规划即经济社会发展规划进行衔接,并与之相适应。

(2) 将教育规划文本送予其相关的同级政府有关部门,由有关部门负责与其编制的专项规划进行衔接;假如与相关专项规划之间衔接不成,出现矛盾,由同级发展规划主管部门进行协调。

二、教育规划文本的基本内容与形式

教育规划文本形成以后,必然会通过某种形式表现出来,这种表现形式一般为:文字和表格两大部分。

(一) 教育规划文本的基本结构与内容

1. 明确编制教育规划的指导思想

编制教育规划的指导思想,就是以书面文本的形式明确并回答好为什么要编制教育规划这个问题。也就是要回答如何保证教育能够健康可持续发展,使教育培养的各级各类人才,能适应经济社会发展对教育提出的人才需求。对此要从以下几个方面考虑:

(1) 如何满足经济建设对人才数量、质量、层次以及结构方面的需求。这就要清楚经济建设对教育发展提出了哪些要求、有什么样的任务,否则编制教育规划就会无的放矢,不会取得预期效果。

(2) 如何满足社会发展对人才数量、质量以及层次、结构方面的需求。从教育规划工作开始之初,就要重视社会发展、社会科学的发展,以及对相应人才的需求与培养。要从源头、从培养人才的教育方面抓起。

(3) 考虑社会成员自身发展对教育的需求。要充分考虑个体差异,如年龄、性别、民族、职业、地区分布,以及各自的兴趣爱好;尤其是人民群众的终身教育的发展,学习型社会的形成及小康社会的建设,都需要不断满足人民群众对优质教育的需求。

2. 教育发展状况的深刻分析与总结

编制教育发展规划并使之能顺利实施,就要对教育发展现状进行深刻的分析研究与总结。这是规划顺利实施的出发点和前提条件之一。需要从以下几方面着手:

(1) 从总体上看,包括以下几个方面:教育发展现状如何,成绩在哪,优势何在,特点、特色是什么,与经济社会发展的需求程度如何,有多少差距,与人民群众的需求尚有多少差距。

(2) 从存在的不足方面看,包括:教育发展的现状还存在什么问题,表现在哪些方面,产生问题的原因是什么,特别是主要原因,应当怎样解决。再分析上一期教育规划执行情况如何,总结经验教训,查漏补缺。

(3) 还要和全国、周边地区的教育发展情况相比较,找出差距并分析其原因。

(4) 要进行教育发展趋势分析。在分析总结教育发展现状的基础上,要进一步分析教育发展趋势及动因,这对编制教育发展规划十分重要。

3. 确定教育发展规划的目标与主要任务

确定教育发展的目标对编制教育规划很重要。换句话说,就是论证清楚编制一个什么样的教育规划。有了目标,才能有目的地围绕目标进行一系列的规划,即规划所需的人力、物力、财力,尤其是确定各级各类在校生规模,进一步确定教育发展速度和每年招生规模。在教育规划发展目标的基础上确定教育发展的主要任务就比较容易了。

4. 教育布局结构的优化调整与协调发展

考虑教育布局结构的合理,满足教育自身整体的优化,保证其协调发展。这个问题解决不好,将会直接影响教育发展,影响对人才数量和质量的培养,而且还会导致教育资源浪费的现象。

5. 教育发展规划实施的政策与保障措施

明确了教育发展规划的指导思想,确定了教育发展目标和任务以后,一个很重要的问题就是采取什么政策措施来保证完成任务。这涉及如何实施教育规划的问题。

首先,要制定完成教育规划所应采取的政策。显然,要明确地把教育放在优先发展的战略地位上来,要采取跨越式或跳跃式的发展战略,不然难以适应全面建成小康社会和两个一百年奋斗目标对人才的需求。各地方要根据区域发展的实际情况,采取不同的配套政策,促成教育规划的顺利实施。

其次,要切实制定好实施教育规划的各种措施办法,不断满足各种办学条件的需求,以保证教育规划顺利进行。

将上述几个方面综合起来,就构成了教育发展规划文本的基本结构和基本内容。当然,各地可根据自己的实际情况和需要予以增加,但上述环节不可或缺。

另外,一旦教育规划文本被行政决策确定采纳以后,一定要制定一个教育规划的具体实施方案,这个方案要比教育规划文本中的教育规划实施的政策措施更全面、更详细、更具可操作性。

(二)教育规划文本的基本形式

教育规划文本的形式主要表现在两大方面:文字形式和表格形式。其中以文字形式为主,表格形式是对文字形式的进一步表述、解释和补充。表格形式部分,应简捷直观地表述教育规划的各项指标。根据需要表格应附说明,表明指标的定义、覆盖范围以及相互之间的关系。

三、教育规划的多方案及规划文本编制说明

(一)教育规划的多方案

由于科学技术的迅速发展和普遍应用,特别是知识经济的出现以及信息时代的到来,使得教育在经济社会发展中的地位日益显著,作用也更加突出;反过来,经济社会各方面发展对教育的进步与发展也会有更加广泛而深刻的影响。因此要编制教育规划,就必然要考虑到经济社会发展的各个方面对教育发展的影响。教育规划多方案的编制,应主要从以下几个方面进行。

1. 对教育规划要确定几种不同的目标和任务

确定发展规划的目标和任务是教育规划内容当中最关键的部分。目标是教育规划的核心指标内容,并由此派生出一系列的内容和指标,目标不同,教育规划的内容也会不同。任

务则是表现目标的各种不同的具体表现形式。

2. 教育发展战略的不同会编制出不同的教育规划方案

由于教育发展战略不同,对教育发展的现状分析、发展的战略目标、战略要求以及所要采取的政策、措施也都不一样,由此产生的教育发展规划也必然有所不同。

3. 对教育规划实施要求的难易度不同,也会产生不同的规划方案

这不仅涉及一个地方或一个基层单位领导班子和群众的思想作风与精神状态问题,同时也会涉及某个时期的工作重点问题,所以对教育规划的完成情况会有不同的要求。

4. 制定不同的对策措施来实施教育规划所确定的目标任务,将得到几种不同的实施结果

如果实施结果不同,就意味着任务完成的的程度不同,所需的时间长短也不同。反过来,由于政策实施的不同,也可能产生与实际不同的教育规划方案。

(二) 教育规划文本的编制说明

完整的教育规划文本还有一个重要的辅助性内容,即教育规划的编制说明。教育规划文本初步形成以后,要进行征求意见和可行性论证,并形成可行性论证报告;同时还要搞好教育规划文本的编制说明,有了这几个方面的内容材料,才可以同时报送给编制教育规划的决策单位,对其规划文本进行决策审批。

1. 对规划文本中的有关内容应当作出说明

我国由于从上个世纪 70 年代开始实行计划生育政策,这使小学适龄儿童的人数在大中城市呈现逐步减少的趋势,对义务教育发展规模的进一步扩大产生了影响;由于大量农民工进城务工而出现的流动人口中的儿童上学问题以及大量留守儿童问题,对流入和流出地的义务教育发展规划的影响问题;由于某地区发生严重自然灾害,出现大量校舍倒塌,急需增加教育基本建设投入问题;由于高等学校管理体制改革、资源重组,高校撤销、合并、提升后学校数量以及性质层次的变化问题;规划方案中确定的目标、任务偏大或偏小的问题;关于民办教育急需发展问题;规划实施办法中有关加大改革力度,出台有关政策的问题等,均应在规划的编制说明中予以说明。

2. 对履行规划编制程序情况的说明

前文已论及了规划编制一般程序的六个方面。这六个方面是否按规定程序全部履行,执行中是否有出入,没有做到位等有关情况,均应说明理由。

3. 对规划文本要征求几个方面的意见和有关方面的衔接情况予以说明

这里要说清有关各方对本规划文本的意见同意的程度,以及与其本地区的经济社会发展的总体规划和与相关部门的专项规划是否相衔接,形成一个有机的总体规划,互相支撑,并得到社会及有关单位的支持。

4. 对来自各有关方面未被采纳的重要意见应当说明理由

这是一个重要的说明,尤其是对那些民主意识程度不高的地区单位,更要重视对这个问题的说明,以防止出现那些正确或者重要的意见被否定的情况。所谓重要性是指涉及确定教育规划的指导思想、目标、主要任务、重大措施、公告方案等方面的问题,这些方面对规划文本的主要内容以及实施效果将会产生重大作用和影响。

总之,针对教育规划的多种方案,应进行初步的对比分析,找出各个方案的优势、特点和相对不足的方面,并分别就不同情况提出用何种规划方案的建议,以供论证专家在正式进行

论证时作为重要参考。这不仅是编制教育规划各方案的直接目的,同时也是进行教育规划论证工作的基础。

第二节 教育规划文本的论证

前文已论及教育规划论证的意义,它是提高国家及教育相关部门管理水平的重要方法,也是各部门决定重大事项的重要环节。教育规划方案完成以后,就要进入到教育规划过程的下一个重要阶段或环节,即规划的论证阶段。

一、教育规划论证的内容

(一)教育规划的必要性论证

在教育规划论证的整个过程中,规划的必要性和可行性问题的论证是两个关键性的问题,要予以论证清楚。同时还要将规划内容的合理性以及对规划整体进行综合性的对比分析,并最终确定理想的规划方案。

所谓论证教育规划的必要性,就是要解决制定的教育规划需要不需要、必要不必要的问题,这也是确定教育规划的最基本的一个问题。若论证的结果根本不需要制定这个计划,也就没有必要再行决策了,起码是要先调整这个计划;或者是这个规划不合适,也需要重新调整修改。

究竟怎样论证其规划的必要性,大体要论证解决下面两个问题:

1. 经济社会发展需求方面的论证

教育规划是具有一定的时空界限的。在某一个时空界限内,其经济社会的发展对教育提出了什么要求,教育规划是否反映了这些要求;或者说制定的教育规划对其经济社会发展来说是必要的、必需的,也是不可或缺的。这具体表现在:

(1)教育发展对经济发展来说是必需的。在任何一个时空内,经济的发展是有一定规模、速度、结构和层次的。经济的发展都必须有相应的数量和质量的人力资源和人才资源相支撑,这些方面都会反馈到教育发展方面来,教育发展的规模、速度、结构、层次等方面也都要相应地予以解决,满足这些方面的需求。

(2)教育发展对社会发展来说是必需的。除了经济发展的需求之外,社会的发展是全方位的,还有很多方面的发展,都迫切需要教育予以配合、满足。

(3)人的自身发展的需要,尤其是精神生活提高的需要。社会人主要有两大类生活,即物质生活和精神生活,并且这两类生活也是互相促进互相影响的。这就要求教育规划的编制必需满足社会大众对教育的各种不同层次的需求。

2. 教育自身发展需求方面的论证

(1)教育发展有其自身的规律,因此编制教育规划必须遵循教育发展规律,凡是违反教育规律而制定发展规划是不可能促进教育发展的。

(2)编制教育规划是有一定的时空界限的,也总是有一定的目的和指导思想的。在一定的时空内,编制的教育规划的目的、目标与任务是否明确、恰当,是否符合这个时空的条件要求,是需要顾及的。

(3)教育规划重点问题的论证。既然是教育规划就必然有规划的重点目标、任务和措施。在一定的意义上,没有重点目标、任务的教育规划,也不是一个好的规划。

(4) 各级各类师资队伍的培养与培训问题,这是教育自身的一个关键问题。教育是由各级各类教育构成的,发展各级各类教育就必须有相应的质与量都符合要求的各级各类师资队伍建设问题。

(二) 教育规划的可行性论证

教育规划论证过程中的第二个关键问题,即规划的可行性论证问题。所谓可行性,通俗地说就是规划是否切实可行,其对措施是否有力、有效,能否保证其规划顺利实现。在对规划进行必要性论证的基础上,还必须进行以下几方面的可行性论证。

1. 教育发展的整体性

要对教育事业中各级各类教育的整体性进行分析。在编制教育规划时,不仅要单独看某一类教育的发展是可行的,还要从教育发展的整体性角度分析,看其发展是否可行,也就是说要看教育内部各级各类教育发展是否协调,其可行性发展的程度如何。

另外,还要看教育发展与经济发展的需求是否相适应。地区经济社会的经济结构、产业结构、产品结构的变化,以及生产技术设备的革新改造更新,对人才结构状况及素质水平的需求也必然有很大的变化和相应的要求。

2. 教育发展的办学条件

这一点就是要对教育规划期间所需的人、财、物进行认真的计算和综合性分析,就是从规划发展所需求的人、财、物与所提供的人、财、物是否相当,是否能满足需要或满足需要的程度。

这里所说的办学条件,简要地说就是办学的硬件和软件两个方面。主要是指教育发展所需的土地、校舍、实习基地、教学设备、图书、正确的办学理念和思想,专任教师数量、质量,管理人员队伍建设,教育管理的经验与规章制度,保证教育规划完成的相关政策措施,以及要适应其发展的有效运行机制等。

3. 教育规划实施的政策措施

教育规划的可行性还要看保证实施教育规划的政策措施的可行性如何、是否有效。如果教育规划的内容、目标、任务、要求等论述的极为明确、清楚、必要,但实际执行的政策措施却不到位、不配合、不得力,就会减弱教育规划的可行性程度。因此,必须要有能保证教育规划实施的有效运行机制。

4. 教育规划实施的社会效益和经济效益

一个教育规划是否可行,要分析其成本如何,社会效益和经济效益如何,即要进行经济社会效益分析。社会主义市场经济条件下,在教育和管理的过程中,必须引入教育成本、教育成本预算、教育经济效益、教育投入、教育产出等相关的教育产业的概念,以此改革传统的教育发展、教育管理等方面不合时宜的观念和思想。

教育规划的实施要把遵循教育发展规律和遵循经济发展规律有机结合起来。教育活动,既是社会活动过程也是经济活动过程。只遵循教育规律,不遵循经济规律是既片面的,也是不符合客观实际的。

5. 教育发展的可持续性

教育规划的可行性的关键就在于能保证教育发展的可持续发展。既要把教育发展放在整个进程中分析,也要把教育发展的过去、现在和未来统一分析,作为一个发展过程来分析。

这个规划的制定应能保证教育事业稳步健康发展,更为以后的发展打下基础、创造条件。

(三) 教育规划的合理性论证

1. 要认真了解分析编制教育规划所依存的教育发展现状

一切从实际出发是解决一切问题的基本方法,同样也是论证教育规划的基础。由于每个人的能力水平以及所思考问题的角度不同,对同一事物或问题可能得出相异的结论。教育规划的论证专家必须掌握第一手材料,必须从中得出自己最基本的认识。

2. 深入分析教育所处的社会环境条件以及发展的前景

对前期所掌握的教育发展的基本情况还要作进一步分析,例如,教育适应本地区的经济社会发展的程度如何,和国家及周边地区的教育发展情况相比大体趋势如何,还要进一步预测分析在这样的基本条件形势之下,其未来的发展趋势如何,会有几种什么样的基本可能。这些方面主要就是论证专家凭着长期的实践经验、分析能力和理性思考,就可以从教育发展的态势方面分析判断其规划的必要性的程度。

3. 论证专家们通过个人对第一手材料的分析、认识和对教育发展所依存环境发展及发展态势的分析,进行集体交流,充分交换论证意见

所论证的基本问题有以下几个:各类教育发展规模与办学条件,教职工,教育经费投入的关系;各类教育的布局结构的合理程度如何;这一地区教育发展的优势何在,存在哪些问题以及存在问题的原因,最突出的弱势是什么;教育发展所处的社会环境如何;与周边地区、与国家的平均发展水平相比较如何;教育发展趋势特点何在;如何充分利用,等等。

4. 逐步形成大多数专家统一的认识

统一的认识,即规划的必要性程度:是必要还是不必要,或是基本上是必要的。对此论证专家意见也可能是全部一致的,认为必要或不必要;也可能是大多数认为必要或不必要,或少数人认为不必要或必要。总之,要在充分讨论的基础上尽可能达成统一的认识。

(四) 教育规划的综合性论证

对教育规划的可行性论证必须进行综合性分析论证,把必要性和可行性进行统一论证,否则,不可行或可行、不必要或必要,都是没有实际意义的。

教育规划的必要性和可行性论证最大区别是必要性论证偏重于定性论证,即必要或不必要的问题;可行性偏重于定量论证,即可行或不可行的问题。可行性论证是建立在必要性论证基础之上的,没有规划的必要性,也就没有可行性而言;而可行性论证也是必要性论证的进一步深入。尤其是教育规划的必要性、可行性的同时存在,方能进入教育规划的综合性论证阶段,并为下一步教育规划的决策提供必要、可靠的对象。

教育规划的综合性论证分析,最根本的在于看其是否贯彻了"以人为本"的教育思想。这里有两层意思:一是在教育规划的整个内容中,是否真正突出地体现了贯彻发展人力资源、人才资源这个核心主题。二是在实施教育规划的过程中,也同样要切实贯彻落实"以人为本"的思想。

以上四个方面的论证过关,综合起来形成一个综合性的论证结论,并经论证专家签字,这样就基本上能通过教育规划的论证程序。

二、教育规划论证的组织与程序

进行教育规划的论证,首先必须组织参加论证的人员,再由论证人员按照一定的程序,采取一定的办法予以论证。

（一）教育规划论证人员的构成

教育规划论证人员的构成，要有明确的标准而不能随意构成，需根据教育规划自身规律和实施的要求而选定。参加论证的人员必须由以下这些方面的人员构成：教育规划方面的专家教授；长期从事教育规划方面的实际工作者；教育事业部门的行政领导；教育所涉及的计划、财政、人事、劳动、城建、土地等部门的有关领导和有经验的实际工作者；将具体执行教育规划的具体部门和学校领导人，尤其是各部门、单位、学校所选派的领导和工作人员必须是这方面的专家，是真正关心教育，对教育有所研究和思考的人。

（二）教育规划论证的程序

选定的教育规划论证人员所组成的专家论证组要按照一定的程序进行论证。我们这里的论证程序，从完整意义上说只是整个论证决策过程的一个程序——分析论证和方案的比较。而整个过程的论证决策程序共有八个环节，即调查研究，提出制定教育规划问题→确定教育规划发展目标→选择衡量规划的价值标准→拟定规划方案→分析论证和比较→方案选择决策→试行实施→普遍全面执行。

所有上面提及的论证程序，只是进行分析论证和比较这一个环节中具体的工作步骤而已。在一般的情况下，论证的过程有这样几个步骤：必要时，在论证前可先进行一定时间的调查，研究与教育规划相关的基本情况，组织论证的单位领导首先报告论证的内容、目的、要求→论证人员阅读论证材料（规划的不同方案），论证人员进一步分析材料，初步形成个人的意见和看法→论证人员集中开会讨论，对其必要性、可行性充分发表个人的意见，特别是对于不同意见要展开深入讨论、研究分析，尽量形成一致的意见→专家论证组在组长的召集下，从必要性、可行性两个方面的综合角度形成一个对规划论证的整合性的书面意见，提交组织论证的单位领导→接受论证组织单位的提问和质疑。

【阅读材料】

《国家教育事业发展第十三个五年规划》共十一章四个部分

2016年12月30日上午，国新办举行国务院政策例行吹风会，介绍《关于扩大对外开放积极利用外资若干措施的通知》和《国家教育事业发展第十三个五年规划》的有关情况。教育部副部长李晓红介绍说，《国家教育事业发展第十三个五年规划》（以下简称《规划》）是全面建成小康社会决胜阶段推进教育现代化的五年规划，12月28日经国务院常务会议通过。《规划》共十一章，分为四个部分。

第一部分是《规划》的总领。在全面总结"十二五"成就的基础上，根据"十三五"教育改革发展面对的形式、任务和挑战，提出了"十三五"工作的指导思想、基本原则、主要目标和主题主线。

第二部分是《规划》的主要发展任务。《规划》贯彻落实五大发展理念，集中阐述了全面落实立德树人根本任务，并放在很重要的位置。以及改革创新驱动教育发展、协调推进教育结构调整、协调营造良好育人生态、统筹推进教育开放、全面提升教育发展共享水平六大战略任务。

第三部分是《规划》的保障措施。分别从教师队伍建设、教育治理现代化、加强党的领导三个方面展开，为教育发展提供坚强的人才、制度、投入和政治保障。

第四部分是《规划》的组织实施。重点从组织领导、机制保障、监测评估、社会监督等方面,对规划实施提出了具体要求,确保规划落实。

(资料来源:中国国务院新闻办公室门户网,2017-09-01)

思 考 题

1. 什么是规划文本?
2. 教育规划编制方案包括哪几个方面?
3. 教育规划文本形成的一般程序是什么?
4. 教育规划论证的内容有哪些?
5. 论证教育规划的必要性需要从哪些方面考虑问题?
6. 如何进行教育规划的可行性论证?
7. 教育规划的合理性论证包括哪些方面?

第十二章 教育规划实施的监测

学习目标

通过本章的学习,掌握教育规划实施情况监测的意义、步骤、方法,掌握教育规划实施情况监测指标体系构建的基本要素与功能。

建议学时

6学时

教育规划形成后,必然要制定相应的实施细则,更要注意在实施过程中根据不同的情况进行必要的调整,采取不同的指标进行检测。这样才能真正将教育规划所体现的思想、内涵贯彻到具体的执行过程中,达到指导教育事业发展的根本目的。本章将主要介绍教育规划实施和监测的步骤、方法等知识。

第一节 规划实施情况监测和滚动调整

一、规划监测的内容

(一) 对规划总体的监测

对教育规划实施状况的监测,应把握宏观总体。把握住规划实施的大局,才能突出重点,获取与教育事业发展方向、水平、速度等主体要素紧密相关的重要信息,并用以调整和矫正规划运行的基本姿态,确保方向的正确和路径的合理。对规划实施总体监测的关键在于选择一批能反映总体姿态的总量指标进行监测,主要包括:

1. 教育事业发展规模

对教育事业发展规模的监测,能直接反映教育事业发展的总体规模状况,反映教育总量的大小及变化情况,是最为直观的基础指标。具体而言,教育事业发展规模指标包括教育机构(即各类教育校、点数量)、学生数、教职工数及基本办学条件四大基本指标。由此可分析得出教育事业规模容量,可提供的各类教育的学位以及服务条件及质量状况。

2. 教育事业发展结构

对教育规划实施的监测和引导,不仅要解决发展规模的问题,还必须要解决好结构合理协调发展的问题。因此,对于教育规划实施过程中教育事业发展结构的监测也是十分必要的。通过对结构指标的监测,可以及时掌握教育规划实施过程中各内部要素之间关系失调、比例失衡的问题,引导各类教育事业健康协调发展。例如:高等教育的层次结构、科类结构、专业结构等,师资队伍的学历结构、年龄结构、职称结构等,中小学的布局结构和学生的年龄结构、性别结构等,所有这些都是对教育发展是否协调、均衡有重要影响的结构指标。

3. 教育事业发展水平

对教育规划实施的监测主要运用量化监测手段。即建立监测指标体系,采集规划运行过程中的大量相关数据,进行加工、分析、处理,得出有效的信息进行规划调整和引导运行。量化监测的数据体系主要有两大块构成,一类是绝对数,一类是相对数。绝对数直接反映出规模、体量的大小,而相对数则将反映出水准、水平状况。在实际操作中只有将两者结合分析、归纳,才能全面、准确、科学地反映教育事业发展的真实情况。因此,在分析教育发展规模的同时,必须结合教育的结构和发展水平进行综合分析。发展水平监测指标可根据实际需要灵活设置,反映出教育事业发展的水平、质量和效益状况。

4. 政策落实的条件保障

支持规划实施的相关政策落实情况以及条件保障状况是规划能否顺利实施的重要相关因素,也应纳入规划实施的监测反馈和评价,以此来促进规划实施相关政策的落实和条件保障的切实到位。

5. 不同时期不同阶段的新情况新问题

教育规划实施过程中,随时间推移和情况变化,将会出现某些无法预见的新情况新问题,由此产生的新矛盾也将会成为影响规划顺利实施的障碍因素。因此,规划实施过程中不同时期不同阶段产生的新情况新问题也应纳入规划监测的范围予以关注,以便能及时反映这些新情况新问题,提请有关方面重视并研究制定应对措施,甚至还可能成为决策者进行规划调整的重要依据。

(二)对重大工程的监测

在对教育规划的实施进行监测的同时,还必须选择一批带有战略性和全局意义、对实施教育事业规划有重大推进作用的重大项目、重点工程进行专项监测,从而对规划的实施产生强有力的带动和推动作用。监测点的选择要选取在事业发展中有典型意义和带动作用的项目,一般以重点工程居多。例如:"教育信息化"工程、"贫困县普九扶贫"工程等,都是教育规划实施的具体形式。通过对一些重大项目、重点工程的个案监测,可以及时反映规划项目进展的实际状况,辅助规划管理过程中的决策调整。这是实现过程管理的重要手段,也是规划实施监测工作中突出重点、带动一般的运作形式。抓点带面、聚木成林,是对教育规划实施个案监测的初衷和最终目的。通过对重大工程的监测,使之与规划总体的监测相辅相成,可以更为有效地促进教育规划的顺利实施。

二、规划监测的形式

对规划实施监测有多种可供选择的形式,如何选择要根据需要和实际条件而定。每一种形式,都有其自身的特点和适用范围,都需要根据规划实施的不同阶段和需要,灵活运用,综合协调,才能达到监测的目的,取得监测的实效。

(一)按时序划分的分期监测

教育规划的实施过程是一个按时序渐进的过程,监测的形式自然也就赋予了依时序切入的特点。在上所述几种形式中,中期监测是对规划期内判断"时间过半,任务是否过半"的专项监测,它具有承前启后的重要作用,是教育规划过程管理的重要切入点。期末监测则是终结性监测,具有对规划实施的效果进行期末总结和评价的作用。年度监测是反映规划期内每一个年度的规划运行情况,对规划实施进行动态监测的基本单元,是最重要的过程管理手段。它能及时与通常的年度工作计划衔接起来,提供信息,反馈调整,为下一年度的事业发展做好铺垫与衔接。

(二)按范围划分的分项监测

与前述反映全局全貌,注重整体性和宏观性的总体监测不同,分项监测则是对总体监测的细化和必要补充,是抓住重点、突出关键、局部与全局有机结合的有效形式。分项监测应选择实施期内具有全局性带动作用和典型意义的重大工程、重点项目,实现以点带面、以点促面,起到牵一发而动全身之效。分项监测应注重过程化和具体化,具体和细化应建立在合理的基础上,以够用为度,过分的具体和细化会适得其反,反而影响监测的有效性。

三、监测工作方法简介

(一)机构与队伍

对规划实施情况的监测,应有相应的职能机构和相对稳定的人员来执行完成,以保证这项工作的连续性和稳定性。可以说,监测工作的质量在很大程度上取决于机构和队伍。一是机构的设置是否稳定,运转是否有效,职能的配置是否完善,将直接影响监测工作能否顺利开展和有效推进;二是人员配备及素质状况将直接影响监测工作的效能和质量。

(二)建立监测指标体系

对规划实施情况的监测通常较多地使用量化监测的手段,建立监测指标体系是科学量化所必需的。监测指标体系的构建应紧密结合教育规划提出的目标任务,依据实施规划所提出的政策、措施以及行动计划的运行、落实情况,选取一系列能够多层次、多角度和全面反映规划实施主要情况的观测点,设置相应的指标,构成监测指标体系。从规划监测的全过程来看,监测指标体系应当具有动态性,应当随着教育规划的动态调整,调整规划监测的观测点和指标体系,以适应对规划实施情况进行及时、有效的监测的需要。

(三)调查与数据采集

教育规划监测工作中既有定性分析,也有定量分析,二者应有机结合灵活运用。其中定量分析往往占有较大比重,是一种经常采用的监测分析方法。就定量分析而言,一般可采取统计调查的有关方法分析所需的数据。如果需要全面采集规划监测的各项量化数据,就应使用全面调查的统计方法,如教育事业学年初统计报表就是一种全面调查的统计方法;如果不需要或者不可能全面采集各项指标数据,可使用典型调查、抽样调查、重点调查等非全面调查的统计方法采集有关数据。

(四)层次及角度

教育规划监测工作应当是多层次和多角度进行的。就层次而言,有国家层次、省级层次、地市层次、县级层次等等。上一层次对于下一层次有引导和制约作用,下一层次应与上一层次衔接并对上一层次负责。规划监测的多层次,既有上一级对下一级的监测,也有本级对本级的监测。为了使规划监测更具客观公正性,还可委托中介机构进行监测。通过多层次和多角度的规划监测,使教育规划监测更加客观准确地反映教育规划实施的实际状况。

（五）监测报告及预警

教育规划监测工作的成果可以有多种表现形式，例如统计公报、专题分析报告、信息发布会等。其中，依据对教育规划实施全过程的监测而形成的、较为系统全面的监测报告是最重要的形式之一。监测报告的撰写需要重点围绕以下几方面：

一是分析和评价规划目标任务完成情况。一般按年度目标或项目目标完成情况进行基础分析和评价，在此基础上，最终形成综合性的分析和评价。

二是回顾和总结，分析得与失，并从中寻找一些带规律性的东西，为下一步规划的实施提供有益的借鉴，也为规划的调整提供重要的依据。

三是提出有针对性的措施和政策建议，反映相对集中和比较突出的热点、难点问题。对这些问题的反映，应注意把握及时性和准确性。只有做到及时和准确，才能对解决热点、难点问题具有实际意义。

四是注意发挥监测报告的预警功能，对教育规划实施过程中反映出来的趋势性的、可能进一步发展变化的问题和情况，要通过监测报告及时发布预警，提请有关方面关注和重视，采取措施进行控制、化解，把问题解决在后果形成之前。预警要着重把握科学判断、准确预测这一关键，为教育规划的顺利实施保驾护航。

四、规划的滚动调整

国家大政方针的调整自然会影响到教育规划的调整。例如"九五"计划初期，我国高等教育规划的五年发展规模极其有限。"九五"计划中后期，随着国家总体规划的战略调整，中央决定扩大高等教育招生规模，从而使我国高等教育以发展规模为突破口，获得了举世瞩目的快速发展。因此，不管是从以往的时间或是今后的需要来看，规划的滚动调整将伴随规划实施的始终，成为组织规划实施不可或缺的重要工作环节。

（一）密切关注和研究经济社会发展动态，以经济建设社会发展的需求和国家政策导向作为规划滚动调整的依据

要把教育规划的调整置身于经济社会发展的大环境中，与国家经济产业结构调整、高新技术发展紧密结合，以人为本，以人才培养为中心，突出教育为经济社会发展提供人才支持和知识贡献的作用。

（二）注意与上一级规划调整的纵向衔接

不论哪一个层次的教育规划，都必须与上一级教育规划紧密衔接，形成有机整体，而不能孤立存在。在实践中，一是要在上一级教育规划的精神、方针、目标、政策指导下，组织本级规划的编制、实施和调整，使之成为上一级规划的有机构成和支撑体系。例如"九五"计划中后期，中央因势利导，决定扩大高等教育招生规模，国家规划及时调整政策，省一级也必须相应地适时调整，把中央的决策落到实处。

（三）注意与本级部门规划调整的横向衔接

教育规划是教育系统的行业性规划，但作为社会的子系统，与其他各行各业和部门有着紧密的横向联系。因此，教育规划从制定到实施乃至调整，都必须与本级的其他部门或行业规划进行横向衔接，这样才能把教育规划真正融入经济社会发展总体规划之中并成为有机组成部分，才真正具有生命力和活力。

（四）规划调整必须做到实事求是、切实可行

一方面，规划调整的具体操作一定要紧密结合规划适用范围内的具体实际，不可脱离实际，好高骛远。另一方面，规划的调整要注意保持规划的系统性和连续性，保持规划的相对稳定性。

总之，规划的滚动调整关系到规划实施的成败与否，是规划实施过程中的一项重要工作。我们必须把握实事求是和与时俱进的原则，在规划实施的全过程中，审时度势，科学合理地调整好规划，使教育发展更贴近实际，更好地适应经济和社会发展的需要。

第二节　规划实施情况的监测指标体系

对教育规划实施情况进行动态监测是社会经济体制和教育体制改革不断深入的新形势下，对教育规划的实施和运行管理提出的新要求。教育规划实施情况的动态监测需要一系列科学可行的技术手段作为支撑，建立动态监测指标体系就是对教育规划实施进行监测得以实现的极为重要的基本手段。

一、监测指标体系构建的基本要素与功能

教育规划实施是不断对教育发展的进程及其所处环境的变化进行识别、判断，从而通过评价、反馈、调整等手段使教育规划目标优化的一个动态的过程。规划实施涉及的教育要素种类繁多，且经常处于相互影响、相互促进的运动中，这就需要制定一套相应的指标体系进行监测，以保证规划目标的不断优化和顺利实施。

（一）教育事业规划实施情况监测指标体系构建的基本要素

1. 应设置一套能全面、系统地反映教育发展和规划实施进程的指标

规划实施进程不是对教育规划实施情况的机械反映，而是紧密结合规划目标和遵循教育发展的规律，对其本质特征和发展轨迹进行的观察分析。用以反映教育活动的指标很多，但指标的设立一定要服从于所属指标体系的功能与目的，指标体系要遵循必要、精当、经济的原则。对指标必须进行科学的筛选，否则，庞杂繁多的指标不但使得监测十分困难，还往往产生不必要的干扰信息，不利于进一步开展分析和判断。选择监测指标要做到：

（1）能客观反映教育发展和规划实施的基本情况和特征，以此观察和分析其基本走势与发展进程。

（2）能及时对教育发展和规划实施进程中的新情况、新问题作出灵敏的反应。新情况、新问题往往会导致教育规划实施过程产生较大的波动甚至出现严重偏离规划目标等一些异常的情况。如果不对此作出灵敏反应与及时判断，势必使教育规划的实时进程失去控制，规划目标的优化更无从实现。

（3）体现各类指标的关联度。教育的许多要素在教育系统中既独立存在，又相互依存并在发展中互动，这就需要设置一些能反映相关领域、相关要素运行的协调程度的指标。

（4）具有指标的可比性。一是指标的定义、统计口径应该具有可比性，才能在不同时间、不同地点上进行考察和比较。二是除了要有反映数量的绝对指标外，还要设置反映比例比率的相对指标，才能对不同人口规模地区的教育发展水平进行考察和比较。三是具有国际的可比性，这有利于反映国际教育发展水平的横向比较和成果交流，同时也要反映教育国

际化程度的发展情况。

（5）具有操作上的可行性。监测是实施管理的手段也是一项实践活动,所以指标的选择不但要有科学性,还必须能实际操作,也就是说这些选择的指标要能够采集、统计或聚合,能够为分析、评价、监控提供反映数量、程度、趋向乃至调整的依据。

2. 应建立能适应教育发展动态监测要求的稳定性与开放性相结合的指标体系架构

构建基本稳定与开放的教育规划实施监测指标体系,是为了能及时对教育发展的新情况、新要求、新趋势进行观察,实现教育规划实施情况的动态监测。

教育规划实施的监测既是对教育发展进程的监视测评,也是对教育规划实施的规律性的探索和验证。

3. 应设置能提供多方面、多角度监测的视角

教育事业规划实施情况监测是不断反馈、调整优化等多阶段合成的管理系统,需要多种方法、工具和监测手段共同发挥作用。根据建立监测系统的目的和要求,以及我国教育规划实施监测的多年实践经验,一套比较科学且符合实际的监测指标体系应该具有以下功能：

（1）指标体系提供的相关数据统计、分析,能对各类教育发展情况和教育规划实施基本进程进行客观的描述和评价。

（2）指标设置能进一步沟通社会对教育评价的学习反馈渠道,通过多种方法手段广泛了解和吸收学生、家长、社会各方面、各阶层,及社会各用人单位对教育质量、教育政策以及教育规划监测运行和监测结果的意见建议。

（3）指标设置能及时分析判断教育规划实施的进程及其阶段性的新要求和新动向,以便能及时对教育政策实施结果、教育质量、教育的社会效益等教育发展的深层次问题进行分析。

通过上述多种视角的监测,有利于形成对教育事业规划实施的过程监督与目标监督相结合、内部评价与外部评价相结合的动态管理机制。

（二）教育事业规划实施情况监测指标体系的功能

教育规划监测指标体系预设的功能是服务于教育自身目标的,因此建立的指标体系应该具备如下功能：

1. 对教育发展和规划实施情况进行监测的功能

对教育发展和规划实施情况进行监测是建立教育事业规划实施情况监测指标体系的基本功能。监测功能就是对教育规划实施观察提供动态分析、判断的尺度,为教育规划实施政策、目标的调控和优化提供客观科学的依据。

2. 对教育发展和规划实施的导向功能

教育发展是在多个要素的合力作用下实现的,教育规划实施也是在多个层面的共同努力下实施的。在发展进程和实施过程中往往会出现冲突和曲折,对此要有正确的导向以保证教育的持续健康发展和规划的顺利实施。

3. 监测指标体系自身具有不断完善的功能

监测指标体系和其他管理制度、管理手段一样,都要经历不断完善的过程。尽管教育规划监测指标体系要求建立在对教育发展和教育规划规律性的把握基础之上,但是否能进行科学、有效的监测,指标体系本身还需要在监测的过程中得到检验并逐步完善,以利于监测

目的与要求的实现。

二、教育事业规划实施情况的监测指标体系

(一) 监测指标体系的构建

在设计和构建监测指标体系时首先要考虑到教育是一个复杂的系统,因此对教育规划实施情况进行监测的指标体系的构建,必须要遵循这个系统组成、运行的原理和基本特征。建立一个比较科学、可操作的教育规划实施情况检测指标体系,应该具备和体现以下要求:

1. 集合性

需反映教育发展和规划目标的多个要素,教育规划目标不是单一的,而是多级的,我国一贯坚持贯彻教育"规模、结构、质量、效益"的协调发展,教育规划总体目标的实施实现也是由诸多教育要素共同作用的结果。所以教育规划的实施监测指标体系必须是多个教育目标要素的集合,以便从多维视角反映教育的整体发展水平。按照这个要求建立的监测指标体系大体上需要有三方面的多个指标群的集合:

一是反映教育的数量发展、教育的各类结构、教育的质量情况等。反映高层次人才培养和科研水平的高校学科建设与科研活动、教育国际化程度等教育发展的重要方面,进行监测。

二是反映保障教育活动正常进行的各种条件要素,教师、各种教育设施、图书信息资源以及相应投入的教育经费是教育活动得以开展和持续的基本条件,对教育规模发展和质量保障有着促进或制约的作用,也应该成为监测指标体系的重要组成部分。

三要反映影响和促进教育发展的外部的环境因素,一定时期的人口和经济社会的发展水平决定了对教育的需求和对教育的支撑能力,是衡量教育效益和教育持续发展的根本标准。

2. 层次性

教育规划的实施监测指标体系面对纷繁庞杂的教育活动,要提供观察的窗口、分析判断的依据,必须要形成有多个子系统构成的复杂系统。对教育规划的实施情况进行监测也如同认识其他事物一样,总是从考察基本的物象开始,首先要获得能描述和反映教育活动的客观状况的基本数据指标。但是这些基本数据指标难以反映规划实施过程的基本特征和重点,也难以对规划目标导向作出价值判断。这就需要在此基础上通过对众多数据指标的筛选、连接、组合,给出能反映教育的某一方面发展特点、水平和发展趋势的监测指标。单个监测指标不利于对教育发展情况的整体把握,还必须进一步组合、关联,才能够对教育的规模、结构、质量、条件、环境等要素层面的活动进行监测。最终,对教育规划实施进行监测的根本在于促进教育的协调发展和可持续发展,监测指标体系的构建还要能够对教育发展和规划实施情况进行综合评价,对教育规划实施的规律性进行不断的探索和揭示。我们期望建立的教育规划实施情况监测指标体系就是基于基础信息反映、逐次聚合,形成综合判断的分级分层的监测系统。

(二) 监测指标体系的框架

根据上述监测指标体系构建要求与特征,初步建立的监测指标体系由综合评价层、要素层、基础指标和基本数据指标四级层次组成。

1. 综合评价层

综合评价根据建立的监测指标体系,运用量化指标和非量化指标相结合的分析方法、评价教育规划实施和教育发展的总体水平。综合评价层涉及评价教育各要素的发展水平、各要素之间发展的协调性、相互匹配促进程度的评价、教育规划实施进程与实施政策相互适应促进的分析以及教育与经济发展协调程度的评价。

2. 要素层

要素层根据教育系统组成的本质特征和教育系统运行的基本要求,在对诸多基础指标梳理、筛选的基础上进行聚合,得出以下九大类指标集:教育规模发展及普及水平、教育结构、教育质量、教师队伍建设、办学条件、教育经费、高教学科建设与科研活动、教育国际化程度、经济社会学水平九大要素。

(1) 教育规模发展。主要从量化角度反映国家和地区所能提供的教育培养能力、可能达到的人民和社会对教育需求和人力资源发展要求的满足程度。

(2) 教育结构。教育结构是教育整个体系各个部分的比例关系及其结合形式,主要反映教育内部构成和空间布局的状况。

(3) 教育质量。是衡量教育效益最根本、最重要的指标,能反映衡量教育培养目标实现的程度。监测评价教育质量,要按照各级教育本身的要求,更要重视经济发展的要求和社会的评价。

(4) 教师队伍建设。教师是人类文化知识得以薪火相传的主要承担者,监测的必要性、重要性自不待言。教师队伍建设的考察要做到数量配备与资格水平相结合,教师的使用与教师进修培训等自身发展相结合,教师的教学业务与师德、师风相结合。

(5) 办学条件。主要反映各级教育赖以运行、发展的基础设施配置情况,同时也是考察教育投入效益的重要窗口。

(6) 教育经费。教育经费投入反映了经济对教育运行和发展的现实支撑能力和支持程度。在当前加速推进社会主义市场经济和教育大发展的形势下,要注重多渠道筹措资金投入,同时也要根据义务教育与非义务教育的区分,对政府、社会、个人投入与承担能力进行相应的监测。

(7) 高等学科建设与科研活动。根据我国目前的实际情况,主要监测重点学科建设、重点实验室建设、高校科研活动的投入与产出以及学校高等科技企业的发展情况。

(8) 教育国际化程度。主要反映教育、学术国际交流的规模、类型和频度。包括:出国、来华留学生数,出国和来华任教、研究考察、学术交流人数,国内举办和赴国外参加的国际学术会议次数、参加人数和交流论文数,国际合作办学等情况。

(9) 经济社会发展水平。经济社会发展水平主要通过经济发展水平、人口与社会结构、劳动力与就业情况、科技发展水平等多方面进行综合考察。

【知识链接】

经济合作与发展组织教育指标体系

经济合作与发展组织(OECD)教育指标即《教育概览》每年发布一次,自 1992 年首次发布以来,已经走过 20 年,对 30 多个国家的教育系统进行了深入的分析,成为比较教育研究的旗舰刊物。《教育概览》的指标包括 INES(OECD 提供的有关全球教育系统的精确比较的研究信息的一项活动,是一个国际网络型项目,由参与统计的国家构成的统计网络提供数据支持)和其他补充指标。其他补充指标包括OECD其他的出版物和调查项目的指标数据。比如国际学生评估项目(Program for International Student Assessment,PISA)、教与学国际研究项目(Teaching and Learning International Study,TALIS)、国际成人能力评估项目(Programme for International Assessment of Adult Competencies,PIAAC)等。

《教育概览》包括四个部分:A部分是教育成果,包含学业达标率、结业率、毕业率、就业与失业率、公共与个人教育支出收益、教育社会产出等指标。B部分是教育经济资源投入,包含生均教育支出、教育支出占GDP的百分比、教育公共支出与个人支出比例、教育公共支出、学生学费与资助、影响教育支出的因素等指标。C部分是教育机会、参与和发展,包含入学率、国际学生比例、学前教育等指标。D部分是教学环境,包含学生学习时间、教师工作时间、班级规模、师生比、教师工资、年龄、性别比例等指标。

以上是《教育概览》的总体框架,尽管每年的数据不同,但这个框架通常不会改变。但是随着国际教育的发展变化以及指标评价的变化,OECD会对部分指标进行完善,或者增加一些新的指标。例如,在《教育概览2014》中,增加的新指标有:C部分增加"C6"和"C7"指标。"C6"指标从教师入职教育、教师职业发展、新教师流失率、教师职业替代路径等方面反映教师知识和技能的发展情况。"C7"指标从机构权力、资金、招生、学生社会背景、学生表现等方面反映私立教育机构的情况。

另外,随着OECD其他项目的发展,《教育概览》还将加入其他项目的调查结果作为补充信息。例如,增加PISA项目中关于学业表现与学生数量和毕业率关系的数据等;增加TALIS项目中的后进班级与班级和学校规模关系的数据等;增加PIAAC项目中的能力代际传递分析的数据等。

(资料来源:艾蒂安·阿尔比瑟,崔俊萍.走进OECD教育指标体系[J].世界教育信息,2014,27(17):49.内容有删减)

(三)监测指标及其含义说明

尽管用以反映教育活动的指标十分繁多,但指标的设立一定要服从于所属指标体系的功能与目的,应当遵循建立指标体系要求的必要、精当、经济的原则。否则,庞杂繁多的指标不但使得监测十分困难,还往往产生不必要的干扰信息。

1. 教育规模发展

选择的监测指标有两种。

(1)对教育规模发展情况的客观描述指标。如各级各类学校数及其增长率,各级各类教育招生、毕业生、在校生数及其增长率。

(2)对教育规模发展情况的评判指标。选择的主要指标有:大、中、小学、幼儿园各级教育适龄人口的入学率,反映义务教育普及水平的"两基"的地区人口覆盖率,成人中当年参加教育培训的比例。

2. 教育结构

构建合理、协调的结构是教育持续健康发展的基本要求,对此要从多个角度来进行监测。

(1)学校布局结构。学校布局结构是反映学校所在地域空间分布的合理性和均衡度,区域的人口规模是考察学校布局合理的首要因素,而城市、农村人口分布又有较大差异。高等学校的设置除了考虑人口因素以外,对经济、科技和学术的环境要求较高,高校较多集中在大城市的区域,非均衡分布在国际高等教育发展的历史进程中显示出其规律性特征,但随着高等教育逐步向"大众化"阶段迈进,紧密服务于当地经济文化的社区性高等学校成为地区高等教育发展的新生长点,所以考察高校布局的指标还可选择"设置高校的中小型城市的比例"。

（2）教育层次结构。是反映各级教育发展协调性的重要指标,如反映教育总体各层次的初中、高中、大学当年招生数的比率;反映高等教育内部层次的专科、本科、研究生等各层教育之间当年招生数的比率。

（3）教育类型结构。反映根据社会需要和学生个人发展意愿设置的多种不同培养规格的教育发展协调性。

（4）学科结构。反映根据社会经济发展需要开设培养各种专业、技术人才教育发展情况的指标。

（5）办学主体结构。反映了教育体制改革和社会多元化办教育的进程,选择的指标有:各级教育中民办学校数、学生规模及其占总数的比例。

3. 教育质量

对教育质量的监测是项复杂的工作,需要运用教育内部考察和社会评价相结合、量化和非量化评价相结合等多种方法手段。

（1）反映学生学业完成情况。如各级教育学生辍学率、按时毕业率、升学率、各科考试合格率、体育达标率等。

（2）学生学习成绩、学习能力的标准化的考查、测试结果。为了更全面准确地反映学生学习的动态情况,除了常规性的学校考察外,还需要开展一些地区性校际间的统一、标准化的考查、测试,鉴于客观存在的地区、校际间的学生水平差异,可以根据教学大纲设置多种考核标准,以期反映分层学生的水平,便于因材施教。

（3）教学质量社会评价指标。教育是服务性极强的行业,应该通过多种渠道获取社会评价意见,如向学生家长和社会各界征询教学质量的评价意见、监测职业技术教育毕业生和高等教育毕业生的就业情况,以及通过跟踪调查了解录用单位对毕业生评价意见,毕业生工作后的工资水平和职务晋升等情况。

4. 教师队伍建设

（1）各级教育教师数量配备和更新情况。主要有:教师数量及其增长情况、师生比、班师比,从现阶段实际情况来看,"代课教师占专任教师的比例"尤其在农村地区有必要监测,以及反映教师更新情况的当年新增教师的比例。

（2）教师质量水平。教师取得资格证书的比例、专任教师学历合格率和学历提高情况、具有中、高级职称教师的比例、教师当年参加进修培训的比例、师德、师风的系统内部评价与社会评价结果。

5. 办学条件

（1）各级教育基础设施配置水平。生均教学行政用房面积、生均教学仪器设备资产值、生均图书藏书册数;反映办学条件配置均衡度的基本办学条件达标学校的比例;反映办学条件更新改善程度的当年交付使用校舍面积占总面积的比重;当年新增教学仪器设备占总值的比重和当年新增图书占总数的比重;以及生均教学业务费支出水平。

(2)教育信息化建设水平。建立校园网学校的比例、每百名学生拥有计算机台数、使用计算机课程的比例。

6. 教育经费

(1)国家、地区对教育的经济支持总体水平和提高程度。主要包括社会教育经费总投入、总支出、总投入与总支出之比,人均支出水平及其增长率,社会教育经费占 GDP 的比例。

(2)政府的教育投入努力程度。主要是"中央和地方政府教育拨款要高于财政经常性收入的增长"、"各级教育生均预算内公用经费支出比上年增长"、"国家财政性教育经费占 GDP 的比例"、"财政预算内教育经费占财政支出的比例"(简称"三个增长、两个比例"下文同)。

(3)多渠道筹资。社会企业教育经费投入占社会总投入的比例及其变动度、非义务教育阶段学杂费占本级教育总投入的比例及其变动度。

(4)各级教育经费经常性经费投入水平。各级教育生均事业性经费支出及其增长率、各级教育生均公用经费支出及其增长率。

(5)支持各级教育扩大、改善、发展的各级教育基建投入经费(监测连续年份)。

(6)教育经费在各级教育分配的合理性。社会教育经费总投入各级教育中分配的比例、财政性经费投入在各级教育中分配的比例、各级教育生均经费之比。

7. 高校学科建设与科研活动

(1)学科培养能力。具有培养硕士、博士的学科点数,研究生数以及学科分布数,博士的招生数以及占全国的比重,国家重点学科所占比例。

(2)重点实验室建设水平。重点实验室的个数及其学科分布、研究人员数及其中高级研究人员的比例、专项投入、获得科研成果数。

(3)高校科研水平。高校 R&D 经费投入总额及人均水平,从事 R&D 活动人员数及其占教师比例、科研成果数及其中获得省级、国家级奖数,发表论文、专著总数及每百名教师发表数。

(4)高校科研成果转化。申请专利数和科研成果转让额,高校高科技企业产值。

8. 教育国际交流与合作情况

(1)留学生规模。出国留学生数、国外来华留学生数、国外来华留学生占本级教育学生的比例,出国留学生数与来华留学生数之比。

(2)国际学术交流情况。出国和来华研究考察与学术交流的人数,国内举办和赴国外参加国际学术会议次数、参加人数和交流论文数。

(3)国际合作办学情况。

9. 经济社会发展水平

(1)经济发展水平。这是教育发展根本动力和支撑能力的基础。

(2)人口与社会。反映各级教育发展基本要求和社会文化发展对教育发展提高的要求,具体指标为:人口总数、人口密度、各学龄段人口数及其变动情况、15~64 岁人口平均受教育年限、城市化水平、居民教育文化支出占消费支出的比重。

(3)科技发展水平。反映社会对人力资本和高层次教育提高、发展的要求,具体指标为:科技在国民经济发展中的贡献率、高新技术产业产值及占国民生产总值的比例、每百万人拥有科学家工程师人数。

【阅读材料】

教育规划实施监测的基本问题分析

随着《国家中长期教育改革和发展规划纲要（2010—2020）》和各地方教育规划的颁布实施，人们一改以前只重视规划制定而轻实施的局面，开始强调对教育规划实施过程及其阶段性发展的结果进行监测，使得教育规划实施监测成了新的教育发展热点问题。教育规划实施监测作为教育规划的组成部分，对于教育规划的制定、实施、评估、调整等过程具有重要作用，教育规划本身已越来越成为基于监测的一个动态发展过程。从目前主要的教育规划理论研究来看，教育规划实施监测在监测主体、监测目的、监测对象、监测方式、监测结果及其运用等方面都有不同的内容与含义，反映了实践当中教育规划实施监测的多样性、复杂性。为了把握和分析教育规划实施监测的实践发展，本文基于教育规划及教育规划实施监测是政府教育管理职能的基本理解，对教育规划实施监测所涉及的几个基本问题进行研究和梳理。

一、教育规划实施监测的主体

教育规划实施监测作为政府履行教育管理职能，实施教育规划的一种行为，本质上其主体是政府，即政府负责规定教育规划、负责组织实施教育规划并负责教育规划实施监测及评估，进而负责对教育规划进行调整。从政府行为来说，教育规划实施监测是一种提供教育规划实施情况的监测行为，是政府对于教育规划决策、教育规划实施的一种自我反思与自我监控行为。再进一步细分，政府行为可以分为不同部门的行为，可以对教育规划的各个环节或过程进行不同的部门职能分工，将教育规划决策、教育规划实施、教育规划实施监测、教育规划评估等分别给予不同的部门、机构或人员，从而尽可能避免自我决策、自我实施、自我监测、自我评估的一体化、主观化。

尽管教育规划实施监测的根本主体是政府，但政府履行教育规划实施监测的职能可以是多种方式的，既可以通过设立专门的教育规划实施监测机构来做，也可以通过将教育规划实施监测职能外包的方式吸引市场力量来做，还可以委托给专门的监测中介机构来做，从而实现教育规划实施监测主体的多样化，推动教育规划实施监测的自我内部监测、外部监测、第三方监测等多种方式的良好协作与相互配合。

就教育规划理论与实践发展来看，教育规划越来越多强调多主体的参与，越来越强调政府、社会、市场及教育机构等多方面力量的相互合作，同样的，教育规划实施监测也越来越强调监测主体的多元性，强调不同主体从不同的角度、不同立场开展教育规划实施监测，尽可能全面地呈现教育规划实施的状况，更好地发挥教育规划的功能，推进教育事业的科学发展。

二、教育规划实施监测的目的

教育规划实施监测的主体不同，则其目的就存在差异。虽然从教育规划实施监测作为教育规划的组成部分而言，教育规划实施监测的根本目的是为了教育规划的更好实施，是为了达成教育规划的教育发展目标，但由于教育规划本身及其实施涉及多方主体，教育规划的教育发展目标也涉及不同利益群体的不同利益分配，这就导致教育规划实施监测的目的会存在或大或小的差异。

就政府而言，教育规划实施监测的目的是了解和把握教育规划实施的进展情况，对教育规划实施过程中遇到的问题进行及时的反映与反馈,从而对教育规划实施所涉及的人、才、物、信息等资源或要素进行更为合理的调整与配置,更好地实现教育规划的目的与目标。

就政府不同部门而言,教育规划实施监测的目的是为了了解和把握本部门在教育规划实施中的行为及其结果,并根据本部门利益最大化的目的来使用教育规划实施监测的相关数据、信息和结论,尽可能地解决本部门所遇到的问题,推进本部门的工作。

就社会而言,教育规划实施监测的目的是为了解和把握教育规划实施过程中所带来的对特定社会人群的教育利益的影响,代表特点的社会主体的利益对教育规划实施提出意见,期望政府作出有利于特定社会主体的教育规划调整。这种教育规划实施监测更多的是通过独立的社会专业中介机构来实施,或是特定社会主体委托相关专业人士来实施监测,来发布报告,来营造舆论,来影响政府。

就相关国际组织而言,教育规划实施监测的目的是了解和把握教育规划所产生的普遍性影响,并从国际比较的角度提出改进教育规划实施的相关建议,推动国际教育规划与教育发展的知识交流,如OECD的教育规划实施监测和联合国教科文组织的教育规划实施监测。

三、教育规划实施监测的对象

教育规划实施监测的对象从根本上说服从于教育规划实施监测主体的需要及其监测目的,但从其作为教育规划的一部分而言,监测对象大致可以分为以下几类。

一是教育规划本身的实施,即监测教育规划所确定的各种行为的实施、资源的配置、目标的达成等情况,监测重点是教育规划所规定的各方主体的责任及其责任的履行情况。从教育规划主要是政府行为的角度而言,教育规划实施监测的主要对象就是政府各部门履行教育规划所确定的责任的进展情况,完成相关规定任务的情况。

二是教育规划实施所带来的各种影响,即对实施教育规划所产生的教育、社会、经济、政治等各方面的影响进行监测,反映教育规划实施给社会各个群体所带来的利益变化情况。从OECD等国际组织开展的教育规划实施监测而言,其监测的主要对象就是相关群体利益通过教育规划实施所产生的变化。

三是教育规划实施所面临的外部环境变化情况,即对教育规划实施所面临的社会、经济、政治、生态等外部环境的变化进行监测,对教育发展所面临的新挑战、新条件、新问题进行监测,从而动态地调整和实施教育规划,不断满足新的特定需求。从战略规划理论对教育规划实施监测的需求而言,教育规划实施监测作为战略规划实施的支持体系,需要不断地对教育外部环境变化进行监测,推动教育适应变化,推动教育不断变革。

四、教育规划实施监测的方式

教育规划实施监测的方式是根据不同主体、不同目的、不同对象而决定的具体监测方式,在实践中并无统一的模式。大体上,可以按照内部监测、外部监测、第三方监测的方式来进行划分。(略)

这三种教育规划实施监测方式仅仅是一个大致的分类,在实践当中教育规划实施监测方式往往是综合运用的,各种监测方式各有自身的特点、优势和弱势,综合运用更有利于全面、客观、公正地对教育规划及其实施进行监测,能够更科学有效地发挥教育规划实施监测对于教育规划实施及教育发展的促进功能。

五、教育规划实施监测的程序

教育规划实施监测作为伴随教育规划进程的一个过程或一个行为,有着自身的一套实施程序或规范要求。大体上,教育规划实施监测包括以下几个步骤或程序。

其一,教育规划实施监测指标体系的制定。

其二,教育规划实施监测人员的组织与培训。

其三,教育规划实施监测人员实施监测及信息转送。

其四,教育规划实施监测信息的集中收集、处理与分析。

其五,教育规划实施监测结果的处理与运用。(略)

六、教育规划实施监测的方法。

广义的教育规划实施监测的方法一般涉及信息或数据的采集、整理、传递及分析的方法,包括相关技术手段运用的方法,如现代信息技术、现代传播技术以及传统的信息媒介手段等的运用,特别是现代信息数据平台或信息数据库的建设与运用方法。狭义的教育规划实施监测的方法主要指教育规划实施相关信息或数据的采集方法。教育规划实施监测信息的采集方法主要包括定点采集、定时采集、随机采集方法。(略)

七、教育规划实施监测的机制建设途径

教育规划实施监测的机制作为教育规划机制的组成部分,主要指关于教育规划实施监测的主体及其行为方式的制度规定,包括监测主体、目的、对象、方式、过程、方法、结果等内容要素的组合互动的运行机制。结合教育规划机制的建设,教育规划实施监测的机制建设主要有以下三种途径。

其一,教育系统内部的层级监测机制建设。

其二,政府部门之间的合作监测机制的建设。

其三,政府与社会的多元合作监测机制的建设。(略)

应该说,教育规划实施监测机制建设的途径在不同国家不同阶段会有不同的选择。如何根据本国或本地区实际,结合世界先进水平,针对性地开展教育规划实施监测机制建设,正是当前各国实施教育规划所要考虑解决的问题。我们也应该结合我国教育规划实施及其监测的实际需要,在相关理论指导下,稳妥地加强教育规划实施监测机制建设,更好地服务于教育规划工作,服务于教育事业科学发展。

(资料来源:李政.教育规划实施监测的基本问题分析[J].教育科学研究,2014,(10):38-42.内容有删减)

思 考 题

1. 对规划总体的监测要选择哪些内容?
2. 教育规划实施监测的程序是什么?
3. 教育监测指标体系应具备哪些基本要素?
4. 教育规划监测指标体系应具备哪些功能?
5. 如何构建合理、协调的教育结构?
6. 监测报告的撰写需把握哪些重点?

下 篇

苗木

第十三章 教育发展战略

学习目标

通过本章的学习,掌握"教育发展战略"这个基本概念及其意义和内容;了解教育发展战略的历史演变;理解并领会教育发展战略制定的基本过程;掌握教育发展战略的各个环节及其内容。

建议学时

8 学时

教育发展战略是对教育发展的长远性、方向性、全局性问题所作的一种整体谋划,属于宏观教育研究与决策的一部分。制定教育发展战略,就是在把握教育发展的历史、现状和未来趋势的基础上,寻求未来一定时期内教育发展的预期目标及其实现的行动策略。面对飞速发展、日新月异的信息社会,教育发展战略已经成为世界上不同制度、不同发展水平国家,提高综合国力和核心竞争力的一种有效手段和重要管理职能。可以说,21世纪是一个战略谋划的世纪。

第一节 教育发展战略概述

一、教育发展战略的概念、意义和内容

(一)教育发展战略的含义

教育发展战略是对教育发展的宏观性、全局性、长远性、方向性问题所作的整体谋划,它是一个通过对影响和制约教育发展的各种内外部因素及其内在关系的综合分析、判断,在考虑社会和个人发展需求的基础上,对教育的未来发展方向与路径进行全方位思考并作出抉择的过程。[1] 教育发展战略是为了实现未来一定时期内教育的预期发展而制定的一种愿景、目标、路径和行动方略。教育发展战略的基本落脚点有三:一是明确愿景及目标。把教育整体目标,按层次、时间段、空间区域或科类的系统分解,确定在某一时间、空间或科类系统范围内的目标图景,从而确定教育各项目标的内在规格或标准;二是确定规模或速度。在

---

[1] 参阅杨天平.教育战略规划与管理[M].重庆:重庆大学出版社,2010:70-82.

前述定性分解目标的基础上,确定教育发展的量化目标并对目标进行定量描述;三是选择行动方略。对分解后的每个目标,都要确定逐步逼近目标的措施、步骤与方法,明确前进的方向与路线。

总之,教育发展战略就是教育行政管理机关对未来一定时期内教育发展的宏观性根本性问题及其内外环境相关因素进行综合分析,把握自身发展的优劣势,确定教育发展目标,理清发展思路,制订行动方案的过程。教育发展战略是一个关系到千家万户并在社会各界广泛参与、协作下的决策过程。

(二) 教育发展战略的意义

教育发展战略作为一个国家或一个地区在未来一定时期内教育发展的宏观的、全局性的、长远的、导向性的谋略和策划,在教育规划中有着十分重要的意义:[①]

第一,教育发展战略为制定教育规划提供丰富的宏观背景。教育发展战略的研究要为教育规划提供公共政策、体制改革、制度创新、资源配置等方面的指导思想、规划思路与策略选择,为教育规划提供前提和背景,把握未来一定时期内教育的发展趋势。编制教育发展规划与制定教育发展战略高度协同,它们都是国家各级教育行政管理机关通过公共政策支持或通过体制改革以及制度创新而进行的资源配置过程。无论是国家还是区域性的教育发展规划,都要以教育发展战略为基础,着眼于近期和中长期发展需要,体现出前瞻性、方向性和长远性的战略思考。

第二,教育发展战略为制定教育规划提供全局性、导向性的判断取舍。首先,教育发展战略侧重于战略思想和战略决策的方向性、趋势性研究,为教育行政管理机关作出宏观决策、制定相应政策和规划提供依据。教育发展战略为教育规划提供了未来教育发展的方向、趋势和若干战略要点的整体思路,从全局角度协调整体利益关系、维护长远利益;其次,教育发展战略为中长期教育规划提供指导思想和基本原则,指明长期和稳定的发展路径;再次,教育发展战略能够围绕教育发展的核心目标按特定次序合理配置资源,从而形成重大方针政策体系,为教育规划提供行动方略。对于教育的发展而言,教育发展战略与教育规划属于不同层次的谋划,教育规划与教育发展战略互为前提,教育规划的编制为制定教育发展战略提供了动力和条件,教育发展战略的制定也为教育规划的编制,提供了更为深厚的思想理论基础和广阔的社会视野。

(三) 教育发展战略的基本内容

教育发展战略的主要内容包括:① 宏观背景分析。主要是研究经济基础、社会发展水平等外部因素对教育产生的影响;② 教育发展现状。主要是对教育发展水平、教育发展中存在的问题与矛盾作出合理的判断与评价;③ 教育发展需求。主要是对未来一段时期内各种经济社会因素对教育提出的需求以及教育自身的内在发展趋势,作出科学的分析;④ 战略方针。主要研究教育发展所遵循的指导思想和政策依据,指明教育发展的航向;⑤ 战略目标。主要是提出未来一段时期或不同历史阶段教育发展的任务和预期结果;⑥ 战略重点与战略步骤。主要是对实现战略目标的主次、先后顺序以及具体步骤作出规定;⑦ 对策建议。主要是提出一套战略目标得以实现的保障条件和具体措施。[②]

---

① 参阅杨晓青,等.教育规划理论与实践[M].北京:中国大百科全书出版社,2006:32.
② 参阅杨晓青,等.教育规划理论与实践[M].北京:中国大百科全书出版社,2006:31-32.

二、教育发展战略的演进

（一）教育发展战略的早期发展

国内外教育发展规划的历史表明,教育发展战略源于教育规划工作的现实需求与推动。从20世纪50年代开始,苏联将教育规划作为计划经济的主要组成部分,1957年发射了人类历史上的第一颗人造地球卫星,震撼了全世界,同时也引起了世界各国尤其是以美国为首的西方市场经济国家对于苏联科技和教育的关注。苏联的教育规划注重教育发展同社会经济发展的有机结合,从宏观决策层面上统筹资源的配置,极大地促进了社会经济的发展和科学技术的进步。

20世纪60年代,以美国为代表的西方主要发达国家掀起了对教育在社会发展中的地位和作用的重新探讨。1961年10月在美国首都华盛顿召开了经济合作与发展组织第一次会议,大会主题就是教育与经济的关系问题。在这次会议上,西方发达国家一些有远见的政治家和知名的专家学者首次从战略高度认识到教育在促进社会政治、经济、科技等方面发展的巨大作用,从而开启了世界各国教育发展战略的研究。这次会议形成了如下共识：

第一,重新定位教育的作用。认为教育除了原有的价值外,还具有促进社会经济持续增长和促进充分就业的功能。这个时期的人力资本理论更是提出,教育不仅仅是一种消费,同样也是一种投资。会议认为,教育投资有助于促进经济增长的观点,是对教育价值观认识上的一次飞跃。

第二,倡导制定10年远景规划,开展教育发展战略研究。会议认为,发展中国家应该按照人力需求原则,发达国家则可以按照社会需求原则进行战略规划。会议确定了到1970年教育发展目标和教育投资增长比例的高低两种目标方案,并且提出了比较科学的规划方法。这次会议后来被研究者们普遍认为是教育发展战略研究的开端。

第三,强调了人力资源理论在教育发展战略中的重要性。从人力资本理论出发,帮助并要求经合组织中的欠发达国家开展教育发展规划研究：首先,调查本国教育发展现状、劳动力和各类专门人才与技术人才现状、预测社会经济发展的人才需求;其次,根据社会对各类人才的需求确定各级各类教育的发展目标,尤其是培养高级专门人才的目标;再次,制定教育投资计划及其相应保障政策。尽管这次会议没有明确提出"教育发展战略"的概念,但是这种规划思路体现了战略思想、战略目标和战略重点,研究内容基本上涉及了教育发展战略的主要领域。

（二）教育发展战略的近期发展

20世纪70年代,西方发达的市场经济国家经历了两次经济危机和长期滞胀后,出现了结构性失业、国家的教育投入减少、教师薪酬下降、学龄期人口上升、教育质量滑坡等问题,因此,教育发展战略的有效性不可避免地受到了质疑。20世纪80—90年代,随着以计算机为核心的信息技术的迅猛发展所引起的社会形态的变革,教育在促进社会政治、经济、科技、文化、环境、人口以及人力资源等要素的协调发展方面的作用日益显现,教育发展战略重新开始被重视起来。联合国教科文组织下设的国际教育规划研究所,适时地举办了教育发展战略相关会议,并对各国相关人员进行了培训,从而搭建起了一个开展国际教育发展战略研究的沟通与交流平台。这一时期的教育发展战略,借鉴吸收了系统理论思想及其研究方法。这一时期,西方一些发达国家纷纷开始制定15~20年的教育发展战略,并对教育发展进行了战略定位。

1983年,美国成立了国家高质量教育委员会,发布了《国家在危险中,教育改革迫在眉睫》的战略研究报告。同年,日本制定了《教育改革七条设想》和《面向21世纪教育改革的五项原则》的报告。1988年,法国总统密特朗发表了《告全国人民书》,把教育置于头等重要的战略地位,并且提出了"教育立国、科技立国"的战略思想。这些报告的发布,无疑体现了西方发达国家对教育发展问题的战略思考与谋划。

进入21世纪后,世界各国根据复杂的国际环境和区域经济一体化、全球化的背景,相继制定了本国面向21世纪的教育发展战略。新世纪之初,英国率先编制了《2002—2006年国家教育战略框架》,紧接着美国出台了《美国教育发展战略计划(2003—2007)》,几乎同一时间,俄罗斯也发布了《21世纪教育—战略性的优先发展及俄罗斯2010年前的教育现代化构想》,韩国则制定了《21世纪韩国教育改革计划》等等。

中国自20世纪90年代以来,十分重视从战略角度谋划教育事业发展,全国十几个省(直辖市、自治区)以及部分行业部门开展了地区以及行业教育发展战略研究,珠江三角洲、长江三角洲、京津冀等经济协作区及一些城市、地区相继组织了区域教育发展战略研究。1993年我国发布了《中国教育改革和发展纲要》,确立了到2000年教育改革与发展的基本目标、重点任务和战略举措,从而使我国的教育发展规划上升到宏观性、全局性的战略高度,奠定了我国教育发展战略的坚实基础。90年代中后期,随着社会主义市场经济体制的确立和科教兴国战略的贯彻实施,教育发展战略不断拓展和深化,逐步明确了教育发展战略的框架体系、学科特点、研究范畴和基本方法。"九五"期间教育发展战略研究取得明显进展,有30多项研究课题立项,并且都取得了显著研究成果,在各级政府的教育决策中发挥了较好的参考作用。

进入21世纪后,我国对教育在社会经济发展中的战略地位进一步明确,"百年大计,教育为本"已经成为举国共识。尤其是从把教育事业"第十个五年"计划改成"十一五"规划开始,标志着我国对教育规划的认识,正式进入了更加注重宏观性和全局性的战略谋划阶段。2010年7月我国发布了《国家中长期教育改革和发展规划纲要(2010—2020)》。其后,2012年6月和2017年1月又分别颁布了《国家教育事业发展第十二个五年规划》和《国家教育事业发展"十三五"规划》,这几个规划,更加突出了教育发展的宏观战略眼光和长远的战略思想,基本实现了从教育规划向教育发展战略的转变。

第二节 教育发展战略制定

制定教育发展战略是实施教育发展战略的核心工作。它是依照战略的逻辑,在对教育发展的宏观环境分析的基础上,预测教育发展的趋势、确定教育发展的战略方针、战略重点、战略目标、战略步骤的过程。教育发展战略制定的过程,也是一个寻求和选择教育发展的宏观定位、竞争优势以及特色路径的过程。

一、教育发展的宏观背景分析

教育的发展不仅受其内在规律的支配,同时还受到外界各种社会因素的制约。教育发展的宏观背景是指教育系统之外的影响教育发展的社会及其环境性要素,包括经济、政治、科技、文化、人口和自然等方面的因素。各种相关因素在教育发展的不同阶段所起的作用是不同的,这就需要对其进行分析,以此作为制定教育发展战略的基础和前提。①

（一）国情研究

教育发展宏观背景分析,其实主要是国情分析。全面、客观、准确的国情分析,有助于认清教育赖以生存的社会环境基础与未来发展的起点。

经济社会的发展水平在一定程度上决定了教育发展的历史进程。21世纪相当长一段时期,中国都将处于社会主义初级阶段,认识这个阶段我国经济社会发展的实际,是教育发展战略研究的根本出发点。

2012年的党的十八大对我国全面建成小康社会提出新的目标要求:经济持续健康发展。转变经济发展方式取得重大进展,在发展平衡性、协调性、可持续性明显增强的基础上,实现国内生产总值和城乡居民人均收入比2010年翻一番。科技进步对经济增长的贡献率大幅上升,进入创新型国家行列。工业化基本实现,信息化水平大幅提升,城镇化质量明显提高,农业现代化和社会主义新农村建设成效显著,区域协调发展机制基本形成。对外开放水平进一步提高,国际竞争力明显增强。

2014年以来中国经济社会发展进入了"新常态"。新常态主要有三个特征:一是经济增速换挡回落。经济增长从过去10%左右的高速增长转为6%~7%的中高速增长将是新常态的最基本特征。环顾世界,当一个国家或地区经历了一段时间的高速增长后,都会出现增速"换挡"现象。二是经济结构调整优化趋势明显。新常态下,经济结构发生全面、深刻的变化,不断优化升级。产业结构方面,第三产业逐步成为产业主体。2016年第一产业占国内生产总值的比重为8.6%,第二产业增加值比重为39.8%,第三产业增加值比重为51.6%,我国服务业尤其是现代生产性服务业存在着巨大的发展空间。三是经济发展需要新动力。新常态下,中国经济将从要素驱动、投资驱动转向创新驱动。制造业的持续艰难表明,随着劳动力、资源、土地等价格上扬,过去依靠低要素成本驱动的经济发展方式已难以为继,必须把发展动力转换到科技创新上来。在经济发展新常态的背景下,我国社会发展实际上进入一个"新成长"阶段。社会发展呈现从以数量导向为主向以质量导向为主转变的趋势。适应"新常态",关键是在战略上要有定力,客观地分析我国经济发展中出现的新情况、新问题,在转变经济发展方式、提高经济发展质量和水平上下工夫。

2017年10月召开的党的十九大提出了中国特色社会主义进入了新时代,这是我国发展新的历史方位。十九大报告指出:"这个新时代,是决胜全面建成小康社会、进而全面建设社会主义现代化强国的时代……进入新时代,我国社会主要矛盾已经转化为人民日益增长的美好生活需要和不平衡不充分的发展之间的矛盾。……必须认识到,我国社会主要矛盾的变化,没有改变我们对我国社会主义所处历史阶段的判断,我国仍处于并将长期处于社会主义初级阶段的基本国情没有变,我国是世界最大发展中国家的国际地位没有变。"

【知识链接】

综合分析国际国内形势和我国发展条件,从二〇二〇年到本世纪中叶可以分两个阶段来安排。

---

① 参阅杨晓青,等.教育规划理论与实践[M].北京:中国大百科全书出版社,2006:43—48.

第一个阶段,从二〇二〇年到二〇三五年,在全面建成小康社会的基础上,再奋斗十五年,基本实现社会主义现代化。到那时,我国经济实力、科技实力将大幅跃升,跻身创新型国家前列;人民平等参与、平等发展权利得到充分保障,法治国家、法治政府、法治社会基本建成,各方面制度更加完善,国家治理体系和治理能力现代化基本实现;社会文明程度达到新的高度,国家文化软实力显著增强,中华文化影响更加广泛深入;人民生活更为宽裕,中等收入群体比例明显提高,城乡区域发展差距和居民生活水平差距显著缩小,基本公共服务均等化基本实现,全体人民共同富裕迈出坚实步伐;现代社会治理格局基本形成,社会充满活力又和谐有序;生态环境根本好转,美丽中国目标基本实现。

第二个阶段,从二〇三五年到本世纪中叶,在基本实现现代化的基础上,再奋斗十五年,把我国建成富强民主文明和谐美丽的社会主义现代化强国。到那时,我国物质文明、政治文明、精神文明、社会文明、生态文明将全面提升,实现国家治理体系和治理能力现代化,成为综合国力和国际影响力领先的国家,全体人民共同富裕基本实现,我国人民将享有更加幸福安康的生活,中华民族将以更加昂扬的姿态屹立于世界民族之林。

(资料来源:摘自习近平《在中国共产党第十九次全国代表大会上的报告》2017.10.18)

(二)需求分析

经济社会的发展往往会对教育产生需求,主要表现为经济发展、劳动力市场需求、人口结构变动、社会文明进步、科技发展以及国际竞争等对教育的影响和要求。

1. 经济发展

社会经济发展对教育的影响和需求,主要表现为经济发展对教育的支撑能力和产业结构变动对人才数量结构的影响。我国是人口大国,也是人力资源大国,但远远不是人力资源强国,人均受教育年限相对较短,人口素质与社会主义现代化建设的需求相差尚远。随着社会改革和经济发展对高素质劳动者需求的不断增长,把沉重的人口负担转化为人力资源优势,既是中国特色社会主义现代化建设的迫切需要,也是我国未来一定时期内教育发展面临的严峻挑战。

教育以及社会发展的历史表明,经济发展的水平在一定程度上制约或决定着教育发展的规模、速度和质量。教育发展战略着重研究经济发展对教育发展的促进或制约作用。经济发展水平与教育发展水平两者之间存在着正相关。经济发展水平不断提高,则其各级教育入学率也不断增长,受教育者的受教育年限亦相应增加。一个国家一定时期经济增长率越高,各级教育的规模扩张越大,教育发展速度也越快,对教育的质量要求也越高,从而教育的发展水平也相应提高。

2. 劳动力市场需求

教育是实现人力资源向人力资本转化的基础工程,是配置劳动力市场的重要手段。劳动力市场的变化也会对教育的质量和数量提出相应的要求。劳动力市场竞争的加剧,会使社会对教育的需求增强,从而为教育的持续发展营造良好的外部环境。一个国家或社会,在基本温饱问题解决后,劳动力的就业问题就自然而然地成为新的发展难点。随着产业结构调整、国有企业的改革、资本和技术对劳动的替代以及劳动年龄人口的持续供给,经济增长的就业弹性不断下降,我国现在每年最多能够创造 1 000 万左右的就业机会,却有 2 000 多万人竞岗。全国城镇登记失业人数从 1995 年的 519.6 万人上升到 2015 年的 966 万人,21

年间上升了45.42%。城镇登记失业率从1995年的2.9%上升到2015年的4.05%。当前,我国经济社会正处于结构调整和新旧经济转型升级阶段,结构性失业问题严重,在制定教育发展战略时,要充分考虑新经济和未来人工智能发展以及机器人替代等对劳动力市场需求的新特点和新变化。

3. 人口结构变动

人口结构对教育结构产生直接的影响,一个国家人口的年龄结构及其分布直接影响着这个国家教育的布局。人口的年龄结构及其学龄人口结构、文化程度结构、地域结构、职业结构是确定教育发展速度、规模、结构和质量的重要依据。了解人口的具体状况有助于认清教育政策问题的范围和程度,同时人口的数量、质量和结构(包括受教育程度、社会地位和经济水平)也有助于界定教育政策问题发生的原因及表征。在制定教育发展战略的时候,要充分认识到人口因素对制定教育发展规划及政策体系中的影响,并积极采取相应的对策。

4. 社会文明进步

社会文明进步表现为社会制度、生活方式等一系列因素对教育的影响和需求,综合体现了教育发展的社会期望。教育要得到健康、稳定、可持续发展,需要一个稳定的社会环境和合理有效的政治体制与社会运行机制。实践经验表明,凡是社会稳定、政治体制合理、社会运行机制有效、政策持续性强的时期,教育事业的发展就会呈现出健康、良好、可持续的局面。

城乡居民收入与消费结构的变化会影响教育消费结构。城乡居民生活水平、生活方式与教育支付都会随着居民生活水平的提高与生活方式的改变而改变,对教育的要求和需要也会随之产生相应的变化。在市场经济条件下,由于教育对自身素质的改善、个人生活的便利、家庭社会声望的提高都会产生积极的影响,而且对未来个人收入预期也有直接影响。所以,有一定经济能力的个人或家庭,会倾向于优先选择有更高质量保障的优质教育或名校。可见,居民生活水平的提高往往会导致家庭教育消费水平的提高和对教育投入的加大。教育发展战略要充分考虑到社会文明进步对教育公平和优质教育的社会期望。

5. 科学技术发展

科学技术的发展也会对人才的质量和规格提出新的要求。主要表现为:教育结构、教育质量要与生产力发展水平相适应,要满足科学技术发展的需要;学校的教学内容和课程设置,必须反映科学技术的最新成果;培养目标和人才规格,必须合乎最新科学技术发展所需要的知识结构和能力素质。当今时代,科学技术特别是信息技术发展对教育的目标、内容、组织形式、方法手段等提出了创新性、革命性的要求,同时,信息技术在教育领域的应用,对教育发展的规模、质量、结构、布局等所产生的深刻影响,越来越引起教育形态的变革。

6. 国际竞争

经济全球化、政治多极化和社会信息化,必然要求我们把教育发展问题置于国际背景下来进行权衡和统筹。通过比较分析,明确我国或本地区本领域在国际上所处的发展水平,研究并借鉴世界上其他国家教育发展过程中的经验教训,同时了解掌握各国教育发展态势和教育发展指导思想,提出应对策略。世界各国经济社会发展的模式差异很大,美国的以法治立国、德国的社会市场经济、日本的经济奇迹、亚洲四小龙外向型经济的成功等,都取得了经济高速增长与教育迅速发展的骄人业绩。这些经验,都为我们制定教育发展战略提供了依据。

二、教育发展趋势预测

教育发展战略是对未来教育发展的预先设计,需要全面分析各个相关要素对教育的影响,科学地阐明供给与需求的辩证关系,预知未来发展趋势并在此基础上进行合理规划。在深入分析我国经济、政治、科技、人口、文化、生态等因素对教育发展的影响和要求的基础上,对教育发展趋势作出合理预期和分析预测,是确立战略方针、制定战略目标以及提出对策建议的依据。一般来说,分析教育的未来走势需要把握以下几个方面:①

(一)教育理念的变革

教育发展战略规划首先需要关注教育思想上的重大变化与历史脉络。不同历史时期的教育理念,会对教育发展的方向产生不同的影响。传统的教育观念是以学科和教师为中心,教育的目的在于把人类积累的知识精髓传递给下一代,这些知识集中地体现在学校设置的各门学科里。随着知识经济的兴起、社会价值取向多元化、现代教育信息技术普及,以受教育者为核心的新型的教育理念和终身教育、学习型社会等已成为现代教育的主导思想。

研究教育发展战略,还要重视考察教育发展观的变革。我国在相当长的时期内,教育发展更多侧重于外延扩展,每当确定加快经济发展的方针时,总是伴随教育规模的扩张。但是,教育本身有其内涵发展的内在要求。因此,每次外延发展之后,随后又会出现一个结构调整和强调质量的阶段,彰显出传统教育"发展观"的局限性。近年来,我国确立了新的经济社会发展观,2015年11月召开的中共十八届五中全会明确提出"创新、协调、绿色、开放、共享"的五大发展理念,它是我国教育理念变革的重要指导原则,有助于我们正确认识并形成终身教育、学习型社会、个性化教学、选择性课程、创新型国家等现代教育新理念。

(二)教育人口预测

进行教育人口预测是估算未来教育规模及其结构的基础工作。教育人口包括学龄期人口和各类成人预期受教人口。其基本预测方法主要是根据人口政策和人口生育水平,以人口基数为依据来推算未来人口变动曲线,继而推算学龄段人口和教育规模。2010年的第六次人口普查的数据显示,同2000年第五次全国人口普查时的12.65亿人相比,十年共增加7390万人,增长5.83%。平均每年增加739万人,年平均增长率为0.57%,已属世界上人口增长最慢的国家之一。2015年末,中国大陆总人口13.74亿人,全年出生人口1687万人。近几年每年出生人口均在1600~1700万之间上下波动,变化不大。据《国家人口发展战略研究报告》(2007)预计:中国人口发展战略目标确定,到2033年达到峰值15亿左右。

(三)教育结构调整

纵观世界各国的教育,可以看到教育发展是一个结构重心逐步上移的过程。其一般规律是:在经济发展的基础上,由基础教育、职业技术教育到高等教育,再扩展到继续教育、终身教育,逐步形成比较完整的现代教育体系,以满足不同历史时期社会政治、经济、科技、文化发展的需要。根据教育适度超前、重心逐步上移的原则确立教育发展战略的目标和重点,把握教育的需求导向与供给约束之间的平衡。教育体系对社会发展的适应性是整体的、永续的,不仅要适应当前发展的需要,更要适应未来的需要,满足受教育者对终身学习的需要,促进社会的可持续发展和全面进步。

---

① 参阅杨晓青,等.教育规划理论与实践[M].北京:中国大百科全书出版社,2006:48-52.

（四）教育投入水平分析

制定教育发展战略规划，需要对教育投入水平进行分析，研究教育经费来源和支出结构以及投资效益问题。教育经费占GDP的比例，是国际通用的衡量一个国家教育投入水平的基础线。据统计，在国家财政性教育投入占GDP的比例上，目前世界平均水平为7%左右，其中发达国家达到9%左右。我国国家财政性教育经费占GDP的比例由1993年的2.51%上升到2002年的3.41%。经过多年的不断努力，终于自2012年起，国家财政性教育经费占GDP的比例连续五年超过《教育法》规定的4%标准。2016年全国教育经费总投入为3.89万亿元人民币，其中财政性教育经费达到3.14万亿元。2012—2016年五年间，全国财政性教育经费累计投入13.5万亿元，超过了1952—2011年累计投入总和。当然，与世界平均水平相比，我国的教育投入水平还存在较大的差距，与发达国家相比，更是任重道远。显然，教育的战略地位尚需落实到提高教育投入水平上。

（五）教育条件

教育发展预测包括教育条件的预测，如校舍、师资队伍、教育设施设备、教育技术的预测等。对教育条件进行分析预测，一方面可以使制定的目标脚踏实地，另一方面对未来办学条件的改善与提高也能提供一定的参考。就我国目前的办学条件而言，由于受教育投入不足等因素制约，基础教育尤其是欠发达地区的基础教育，办学条件仍然比较差，教学基础设施也比较落后。信息技术的发展和网络教学、线上教育的出现，改变了传统意义上办学条件的概念，使得经济欠发达地区可以通过发展网络教育实现办学条件的跨越式改善，因此，教育信息化建设越来越成为办学条件的重要指标。总的看来，根据发达国家的经验和国内少数大城市的试点，班额减小以及由此导致的师生比下降，将成为我国基础教育在进入21世纪20年代之后的主要趋势。

三、教育发展战略选择

教育发展战略的核心问题是战略选择。对宏观环境背景的分析和对未来教育发展的预测，只是明了教育发展的目前处境和未来教育发展的可能趋势，教育发展战略要解决的关键问题是在众多的可能性中选择下一阶段的发展方向、目标以及相关的行动策略。也就是说，教育发展战略的最重要工作是对战略方针、战略目标、战略重点、战略步骤作出选择。①

（一）战略方针

教育发展战略方针是教育发展战略选择中必须遵循的根本原则，是指导教育发展方向和战略布局的基本出发点和基本思想，是整个发展战略的"灵魂"，战略方针是教育发展战略中具有方向性、纲领性的要素，对于整个教育发展战略的制定和实施具有统领作用。

1. 指导思想

教育发展指导思想是根据经济社会发展的整体要求以及教育内在的发展规律，所提出的教育未来发展需要遵循的基本要求和思想准则。它既受社会政治思想的制约，也受教育价值观的影响，反映了执政党在教育问题上的意识形态观点。教育发展指导思想在不同历史时期表现出不同的内容。因此，确定指导思想必须立足时代，阐明教育与经济社会发展的重大关系和未来走向。战略指导思想的研究，就是通过对战略时期内所涉及的教育发展的

---

① 参阅杨晓青，等.教育规划理论与实践[M].北京：中国大百科全书出版社，2006：53-59.

需求与供给、规模与速度、结构与效益、公平与质量等重大关系问题的研究,对教育发展进程中的各种因素进行分析、比较和选择,提出指导教育未来发展的基本准则。指导思想要体现扩大教育资源供给、优化教育结构、深化教育改革与创新、促进教育公平、提高教育质量、完善教育体系等方面的战略意图。近些年来,"科教兴国"、"人才强国"、"教育先行"、"育人为本"等先后成为我国教育发展的战略指导思想。

【知识链接】

教育发展"十三五"规划提出的指导思想是:全面贯彻党的十八大和十八届三中、四中、五中、六中全会精神,以马克思列宁主义、毛泽东思想、邓小平理论、"三个代表"重要思想、科学发展观为指导,深入贯彻习近平总书记系列重要讲话精神,认真落实党中央、国务院决策部署,紧紧围绕"五位一体"总体布局和"四个全面"战略布局,树立道路自信、理论自信、制度自信、文化自信,以创新、协调、绿色、开放、共享的发展理念统领教育改革发展,坚持党的领导,坚持社会主义办学方向,全面贯彻党的教育方针,全面深化教育改革,着力提高教育质量,着力优化教育结构,着力促进教育公平,加快推进教育现代化,推动创新型国家和人才强国建设,为全面建成小康社会和实现中华民族伟大复兴的中国梦作出更大贡献。

(资料来源:《国家教育事业发展"十三五"规划》,2017.1)

2. 战略思路

教育发展战略思路是对教育发展的内涵、规模、速度、结构、布局、效益等关键要素及其相互间的关系作出的概括和描绘,从宏观上领悟和把握未来教育发展的路径与图景。一般来说,一个国家的教育发展战略思路,需要提出纵向和区域资源配置的主要构想。在纵向配置资源的问题上要提出不同时期各级各类教育改革与发展的任务,在区域教育资源配置的问题上要提出分区规划、分类指导的设想。

以往制定教育发展战略,往往注重扩大外延、扩大规模。现在制定教育发展战略更加强调内涵发展,从总体上提高教育的规模效益,做好教育结构调整和转型升级。过去在教育规模、质量、结构、布局等的发展上,忽视了不同发展阶段的需要,因此出现了阶段加速或阶段放缓的现象。而现在的战略规划按照实际情况,或快或慢,或均衡或非均衡,主要突出不同发展阶段的各自特点。在教育发展的布局上,突出教育发展战略的长远性和全局性。坚持适度的规模,优化的教育结构,以公平和质量为中心,选择内涵发展和转型升级的路径,是现代教育发展战略的基本思路。《国家中长期教育改革和发展规划纲要(2010—2020)》确定的战略思路是:优先发展、育人为本、改革创新、促进公平、提高质量。

3. 教育发展观

教育发展观直接影响教育发展战略的实现形式,制约着教育发展的战略导向、战略选择和政策安排。由于教育发展观具有典型的时代特征,因此在确定发展战略的目标、任务重点、步骤以及对策前,要首先按照政治、经济、科技、文化、人口等对教育的综合影响和原则,确立适合新时代国情的教育发展观。为此,2015年我国提出了创新发展、协调发展、绿色发展、开放发展、共享发展的新时代五大发展理念。借助新时代发展观,需要对现行教育发展模式与战略选择进行调整,厘清教育发展的内涵。教育发展观主要包括对如下问题的认识:教育总量增长;教育结构调整;教育公平改善;教育质量提高;教育体制机制变革;教育机会的扩展;教育制度创新;教育国际交流的扩大等。

(二) 战略目标

教育发展战略目标是指教育发展主体在一定时期所要实现的基本任务和所要达到的总体要求,通常要用有关综合指标或多元性的指标体系来反映。战略目标有广义和狭义之分。广义的目标包括规模、结构、质量等多方面的发展水平,狭义的目标主要指教育发展的规模和速度。教育发展的战略目标是在一定时期内教育生存发展中带全局性、方向性的奋斗目标,是对教育未来发展趋势的科学预见和创新性思考。可以说,教育发展的战略目标的设定是整个教育发展战略的核心。

1. 目标定位

首先进行目标分类,如何从众多的指标中筛选出战略目标,需要权衡。通过科学的比较分析和研究,在充分考虑现实需要与未来需求的基础上,进而决定目标选择的合理性。教育战略目标的正确定位是制定教育发展战略的前提,也是制定阶段性发展计划的重要依据。制定教育发展的战略目标必须坚持实事求是、尽力而为和量力而行相结合的原则。作为今后相当长时期需要业界奋力追求的教育发展战略目标,应该是一个令人鼓舞的、充满挑战性的目标。

【知识链接】

中长期教育改革和发展规划纲确定的战略目标是:到 2020 年,基本实现教育现代化,基本形成学习型社会,进入人力资源强国行列。2017 年 1 月发布的"十三五"时期教育改革发展的总目标是:教育现代化取得重要进展,教育总体实力和国际影响力显著增强,推动我国迈入人力资源强国和人才强国行列,为实现中国教育现代化 2030 远景目标奠定坚实基础。

(资料来源:《国家中长期教育改革和发展规划纲要(2010—2020)》,2010.7.和《国家教育事业发展"十三五"规划》,2017.1)

2. 数量目标、结构目标与质量效益目标

数量目标是指发展战略所涉及的规模、速度等指标,是教育发展的外部形态显示。因此,制定战略性数量目标具有重要的指导意义。根据我国现阶段国情,教育发展的规模只能是"适度的"或"有限的",教育的社会供给不能满足社会需求的矛盾将会长期存在。因而,在教育事业发展规划中研究何为"适度"或"有限",并据此确定并保证教育发展重点十分重要。

结构目标主要是指各级各类教育的合理比例和组合。教育结构既同经济社会结构的变动相联系,又与教育制度的衍变和教育系统内各个部分之间功能与比例的变化相联系。我国正处于产业结构、技术结构、人口结构、就业结构、城乡结构迅速变动的时期,教育体制和教育制度也处于改变过程之中,要从构建面向未来的现代化教育体系的角度出发,对牵动教育发展与改革的教育结构问题作出回答。

质量目标又可以视为效益目标,预示教育质量、办学效益要达到的要求。它既可以指教育效果,也可以指教学质量。进入 21 世纪以来,许多国家都把建设高质量的教育作为发展本国教育的重大决策。教育事业始终面临着普及和提高的双重任务。如何在普及过程中保证基本的质量要求,如何从现代化人才素质的角度研究教育质量目标及其指标体系,如何以此为导向推动教育思想、课程体系、教育内容、教育方法和手段等方面的改革,也是战略规划的基本内容。

教育的数量、结构和效益三者关系到教育整体的发展水平,关系到教育为经济、社会发展服务的能力。制定以上三个教育发展的战略目标需要协调好两个关系:一是教育系统与社会大系统的关系,二是教育系统内部各个子系统的关系。前者意味着教育的发展必须考虑影响、制约及为其提供基础并向其提出客观需求的外部环境,考虑政治体制、经济增长、科技进步、文化传统、人口变动等因素对教育普及程度、人才规格和人才素质等方面的不同要求;后者表明要正确处理好教育系统内部各个子系统之间的关系,力求充分发挥教育的整体效益。

制定目标要考虑教育发展的起点。由于传统发展观的影响,我国的教育发展在相当长的时期内沿袭重规模重数量、轻质量轻效益的速度型增长模式,片面追求数量目标而影响了质量、结构、效益,导致发展过程中产生较大的波动。因而,在制定我国教育发展战略目标时,必须注重改变教育增长方式,使数量、结构、质量三者相互协调与促进,最大限度地发挥教育的整体效益。

(三)战略重点

教育发展战略重点是指影响或制约教育整体发展的关键因素,或对教育整体发展成败具有决定意义的重大问题。一般来说,对教育整体发展具有决定意义的"重点"有二:一是具有前沿导向作用的关键要素,例如教育创新以及创新型人才培养问题、教育现代化建设问题等,关注并解决类似的重大问题往往会促进教育的整体发展和教育质量的全面提升;一是制约教育整体发展的薄弱环节,例如教育公平问题、基础教育均衡化发展问题等,解决类似的重点问题则会带动影响教育整体发展的"短板"问题的突破。合理地确定教育发展的战略重点对于实现教育发展的战略目标具有重大意义。

在教育投入占GDP的比例远远落后于世界平均水平导致教育资源非常有限的情况下,更加需要根据教育资源的现实制约因素,并考虑当下社会经济发展的需要,选择并确定教育发展的战略重点。可以把制约或影响教育整体发展的重大问题或薄弱方面纳入战略重点的选择范围,也可以把巩固和发展现有教育的特色、强项或比较优势作为战略重点。战略重点的选择要视野开阔,要与国际国内区域经济、社会、科技、文化的发展相适应,体现出国际化和区域化的特点。在不同战略规划期,战略重点要有所区别。如"十一五"教育发展规划确定了教育结构调整和制度创新是教育发展的战略重点;《国家中长期教育改革和发展规划纲要(2010—2020)》确定的重点是面向全体学生、促进学生全面发展,着力提高学生服务国家服务人民的社会责任感、勇于探索的创新精神和善于解决问题的实践能力;2017年党的十九大后,则可以把实现教育现代化和建设人力资源强国作为今后相当长一段时期的教育发展战略重点。

在制定教育发展战略的过程中,可以根据当前国家教育发展存在的主要问题有针对性地确定一些重点领域,例如教育体制机制改革、教育理念更新、校长职业化队伍的建设、教师专业化水平的提高等;也可以在教育投入严重不足的情况下,为了提高教育的社会效益和经济效益,确定一些教育发展的优先任务,例如优先发展职业教育、优先促进基础教育均衡化发展、优先解决高等教育的双一流学科建设问题等。

(四)战略步骤

实现教育发展的战略目标一般要分为若干相互联系的阶段和可供选择的行动策略或路径方案。战略步骤就是将战略目标的实施过程按阶段由远及近具体化和细化,选择每个阶段的目标和重点及其实施途径。一般来说,一个教育发展战略周期大约需要经历近期准备、中期推进、远期完善三大步骤。有了战略步骤,就能将未来的目标与现在的状态联系起来,使发展战略的实施具有现实可操作性。

解决教育发展中存在的各种问题不可能靠一次性的教育改革完成,而且在教育发展以及在教育改革过程中也会不断出现新的制约因素或者关键问题,这就需要根据教育发展的优先任务、重点领域以及教育自身的发展趋势和外部经济社会因素的影响,来确定教育改革的步骤。教育发展和改革战略的选择和确立,必须从国情出发,遵循量力而行的基本原则,既要考虑国家、地方和社会组织的人、财、物资源,也要摸清社会各阶层人群的经济承受力等。

四、教育发展战略保障条件

教育发展战略保障条件主要是指教育发展战略对策,即贯彻教育发展战略方针、实现战略目标、实施战略重点和步骤的基本策略、措施。这是整个教育发展战略中具有较大权变性、灵活性、针对性的要素。作为战略对策,在具有全局意识的前提下,必须从现实条件出发、针对具体问题找到具有可操作性的解决策略或办法,并对可能的效果作出科学论证和测试。所谓战略的保障策略和措施,就是要研究如何使得教育发展战略的实施在法律、政策、体制、机制上得到切实保障,从而有效地实现战略目标。[①]

(一)法制建设

教育发展战略研究必须依靠一定的法律法规与制度,以实现预定的教育目标以及战略步骤和措施。也就是说,一定的法律法规和制度建设,是实现教育发展战略的必要条件。这就要求在制定战略对策时,首先提出相应的法律与制度依据,同时需要提出立法建议,修改或完善现行法律法规,以适应战略发展的需要。

1. 立法建议

当前,依法治国和依法治教的观念已经深入人心。依法治教的关键,在于依法行政,依法办学。当今时代,依法行政就是要根据有关法律、法规,明确政府及其教育行政部门与社会组织各自的法律定位和其边界,例如通过《教育法》的相关条文,确保教育在经济社会发展中的战略地位,硬性规定国家财政性教育投入占 GDP 的 4% 的法律底线;通过《教师法》规定教师的权利、责任和义务等。依法办学就是要建立现代学校法人治理结构。国内外的教育实践表明,建立现代学校法人治理结构是 21 世纪教育体制的核心。如何保证学校作为法人恰当地行使权力和履行义务,已成为我国学校管理体制改革的关键。学校法人治理结构的健全和完善,就是通过有关的机构设置、人员配备、职能划分,使权利、义务和利益一体化,使学校产权得到分解和落实。学校法人治理结构的逐步健全和完善有助于增加教育供给(或学校类型)的多样化和选择性,有助于在学生培养、教师教育、研究开发和内部管理等方面确立校本机制,有助于引导学校走内涵发展的办学之路,有助于为学生个性的多元发展

[①] 参阅杨晓青,等.教育规划理论与实践[M].北京:中国大百科全书出版社,2006:59-63.

提供制度上的保证。

2. 修改完善现行法律法规

国家的教育法律法规体系本来应该具有立法体系的完整性、立法范围的广泛性、法律内容的适应性、立法执法的严肃性和法律责任的明确性,但目前我国宏观教育法律法规还不健全,微观教育法规特别是学校教育管理法规严重缺失。我国教育法规体系中还缺少一些专业性强、法律效能明确的独立的教育法规和比较系统的、覆盖面广的综合性教育法规,如缺少规范各级各类学校办学的学校法等,以至于部分教育机构以及教育改革过程中新出现的问题都游离于具体的教育法则之外。建立和健全教育法制体系,包括建立和健全教育法律法规体系和教育执法体系。市场经济社会应该而且必须是法制社会,我们应当通过建立并不断完善一个完备的教育法律法规体系和一个健全的教育执法体系,使教育事业的发展尽快走上依法治教的轨道。只有这样,我们才能更好地保障教育战略目标的实现。

(二) 政策调整

教育发展战略还必须提出重大的政策创新或调整的建议,主要包括教育公共政策、财政政策以及其他与之相关的政策建议。制定和调整教育政策首先考虑经济因素,经济发展水平是影响教育政策的最重要的因素。经济因素对教育政策的影响主要表现为国家经济发展水平和综合国力对教育政策的影响,决定着教育政策的基本框架、影响范围和影响程度及其方向,以及确定某种政策的必要性和可能性。

教育的发展受到各项政策的影响,包括国家的相关法律法规与制度、公共政策以及教育政策。在制定和实施教育发展战略时,必须认真分析研究教育发展所处的政策环境。教育政策是教育发展战略规划的重要组成部分,全面、合理的教育政策是顺利推进教育发展战略的基础和前提,教育发展战略的实施必须有教育政策的保驾护航,教育政策应该紧紧围绕着教育发展战略并为之有效实施服务。

1. 公共教育政策

现代社会,教育发展与经济社会发展的关系越来越密切。为了普及和发展教育,世界各国无一例外地借助国家的力量对教育实施计划、指导、协调与控制。各国政府对教育事业的领导主要通过制定教育政策来实现,因而教育政策制定成为国家引导和干预教育的主要方式。教育政策是指一个国家为实现一定历史时期的教育发展目标和任务,依据国家在一定历史时期的基本任务、基本方针而制定的关于教育的行动准则。

教育政策作为国家公共政策的重要组成部分,集中体现了统治阶级和社会主体关于发展教育的意志和行动,每次教育政策的调整都意味着重大的教育变革,既直接影响宏观教育发展的方向、速度、规模和结构,又间接影响微观教育活动的质量和效益,关系社会和个人受教育的机会和质量。可以说,教育的每一步发展,都同教育政策密不可分。正确认识教育政策的作用和地位,有利于在实施教育发展战略过程中自觉加强对教育政策的运用和执行。

2. 地方教育政策

从教育规划的角度讲,中央要制定全国的教育发展规划,各省及所属市、县也要根据国家的教育发展规划制定符合本地实际的地方教育发展规划,不同层次的教育发展规划需要不同的教育政策为其顺利实施提供外部条件。因此,国家制定的教育政策与省、市、县制定的地方教育政策也会体现出一定的差异性和层次性,不同层次的教育政策在影响范围、作用以及性质上都存在着一定的差异,不同层次的教育政策在模式、方法、运行过程及评估标准上也不尽相同,这种层次性构成了教育政策的完整体系。此外,由于各个地区教育发展存在的不平衡性,地区差异较大,因此不可能用同一模式制定教育政策,必须根据区域和民族的不同情况,使教育政策具有针对性、适用性和灵活性,既要制定统一的国家教育政策,也要根据地方的特点和特殊发展需要,在国家教育政策指导下,制定灵活、实用的地方教育政策。

(三) 体制保障

教育体制保障要解决的是各级各类教育的发展问题,包括国家要制定政策规范协调各级各类教育之间的关系,以及协调各种教育管理之间的关系。教育体制包括教育管理体制、教育投入体制、办学体制等诸多方面,这些都是影响教育事业发展方向、速度和质量的重要因素。只有不断完善教育的各项体制,推进教育体制的创新,才能给教育事业发展不断注入新的活力,才能不断提高教育事业发展的层次和水平。教育管理体制改革的关键,在于正确处理和划分教育管理的集权与分权的关系,使教育资源得到充分合理配置,在市场经济体制下建立中央调控与地方统筹的教育管理体制。

随着办学体制的改革完善,要加快形成由政府完全包揽逐步转变为以政府办学为主,社会各界共同参与的新体制;建立公立学校、企业办学、民办学校共同发展的新格局。建立和完善以各级政府财政拨款为主,辅之以征收教育税费、收取非义务教育阶段学杂费,形成大力发展校办企业、鼓励社会捐资、集资和设立教育基金等多渠道筹措教育经费的新的物质保障体制。在今后一段时期,要进一步综合利用财政转移支付、政策倾斜和对口支援,加快西部和少数民族地区的教育发展。根据新的情况及时调整农村教育的管理体制和布局结构、推进农村教育综合改革。

在制定教育发展战略时,要敢于解剖教育管理体制与运行机制之间的脱节和矛盾之处,要深入研究体制和机制之间的有效配合关系,从而寻找到制度创新的最佳途径。通过体制改革和机制创新开辟筹资新渠道,从投资、体制、机制三位一体的整体角度来研究实现教育发展的资金筹措问题。建立一个统分结合的包括管理体制、办学体制和运行机制的教育管理体系,既有利于全国这个大局的发展,同时又有利于调动各地和各个方面、社会各阶层的积极性。

针对教育管理体制仍然过于集中,区域的自主管理权力偏小,政府包办和垄断、越位现象仍然严重的问题,将中央的一部分权力"下移、下放",明确中央与地方统筹管理的权限,运用市场和法律手段来管理教育,将政府的公共治理与市场机制相配套,以建立一套在政府宏观调控指导下,在市场经济体制中运转良好的教育管理运行机制。建立各种保障机制,是教育发展战略能否实施的关键。教育结构调整以及教育资源的优化配置,需要建立起与教育发展相适应的保障机制,如就业制度、职业资格证书制度和劳动人事制度等国家对人才的培养使用制度;需要建立起比较完善的教育评估监督机制,既要加强校长和师资的专业训练,也要加强家长教育,提高教育机构的透明度,鼓励学校自我评估和推动校外评估,改革课程体系;进一步改革学制与考试制度。深入研究教育发展的保障机制,对构建面向未来的符合社会主义市场经济体制,形成学习化社会的教育结构体系具有重大的意义。

1. 评估体系

一种新的战略设计,必然形成新的价值判断标准,也必然需要一套相匹配的评估指标体系。战略实施的过程和效果,需要进行经常性的、有计划的科学评估,这是战略推进和实施效果不可缺少的激励机制。建立新的评估体系,首先要构建可测的评估指标,为过程调控提供价值判断和合理依据。同时,通过评估反馈与目标调整促进战略转移。

2. 运行机制

落实教育发展战略思想、目标和战略重点,往往需要统筹协调多个组织的机构和个人的行为与努力。随着社会主义市场经济体制不断建立并完善,以市场机制配置社会资源的基础性作用正在不断加强,政府管理的职能和方式逐步转变,社会力量介入教育等公共事务的步伐加快。社会参与市场机制导向的制度安排,有助于制衡政府权力,发挥社会各个方面的积极性,提高资源配置的效益。还要充分运用市场机制,进一步发挥市场对教育的调节作用。教育只有进一步面向市场,才能更好地反映社会需要,更大效益地利用教育资源。凡是可以由市场做的事,坚决由市场去做。市场做不好或做不了的事,才是政府发挥功能的地方。在制定教育发展战略时,我们要把改革教育体制、转变政府职能等方面与市场经济体制的背景紧密结合起来。通过教育管理体制的改善,建立教育发展战略的良性运行机制。建立和健全市场机制、竞争机制、宏观调控机制、学校自主办学和自我约束机制等教育运行机制,不仅是为了适应社会主义市场经济体制和我国社会发展的需要,也是为了适应教育自身发展的需要。因此,编制教育规划并确定教育发展战略的运行机制时,不仅要考虑经济、社会发展对教育的要求,也要考虑通过建立运行新的机制来调动各方办学的积极性,形成外部有压力、内部有动力、办学主体有生机和活力的教育运行机制,从而提高整个教育的办学效益。

3. 教育工程设计

战略规划的重点领域往往涉及资源配置、制度建设、体系调整等相互关联方面的改革和发展问题,需要通过系统的工程设计,完整、有效地解决重大教育问题。20世纪中后期以来,世界各国普遍采用了教育工程设计,教育工程是教育体制改革的综合运用和具体体现。20世纪90年代以来,我国实施了许多人才培养工程和教育综合改革工程,加快了教育的系统改革和发展,带动了教育整体水平的提高。

【阅读材料】

教育发展总体战略研究

教育是民族兴旺和国家发展的基石,是人的全面发展和亿万家庭代际改善的根本途径。今后十几年是我国实现全面建成小康社会目标和推进现代化建设的关键时期。只有实施科教兴国、人才强国战略,优先发展教育,加快教育现代化建设,实现学有所教,才能促进人的全面发展,把我国建设成为人力资源强国,为国家现代化和民族复兴奠定坚实基础。

一、我国教育改革和发展形势基本判断(略)

二、指导方针

本课题组提出新时期教育改革和发展的指导思想是:在全面建设小康社会的新阶段,教育改革和发展要高举中国特色社会主义伟大旗帜,以邓小平理论和"三个代表"重要思想为指导,深入贯彻落实科学发展观,大力实施科教兴国和人才强国战略,面向现代化、面向世界、面向未来,全面贯彻党的教育方针,坚持为社会主义现代化建设和人民的发展需求服务,与生产劳动和社会实践相结合,培养德智体美全面发展的社会主义合格公民、建设者和接班人。

从现阶段我国的基本国情出发,从国家发展战略目标和人民群众的发展需求着眼,本课题组提出今后一个时期教育改革和发展的战略指导方针是:优先发展,育人为本,提高质量,促进公平,深化改革,强国惠民。

（一）把教育摆在优先发展的战略地位

优先发展教育是建设人力资源强国的根本保证,是提高国家综合实力的战略选择。要切实保证经济社会发展规划优先安排教育发展,财政资金优先保障教育投入,公共资源优先满足教育发展和人力资源开发需要。要健全保障教育优先发展的领导体制和决策机制。各级党委政府主要负责人对落实教育优先发展战略负总责。要建立教育优先发展问责制,把落实情况纳入各级党委政府政绩考核范围,作为干部任用的重要依据。

（二）把育人为本作为教育改革发展的根本宗旨

教育的根本目的在于培养人。教育改革发展必须以素质教育为主题,坚持育人为本、德育为先,着力培养社会主义合格公民、提高全体劳动者素质和造就大批各类创新人才、拔尖人才。要加强和改进德育工作,培养全体学生遵守宪法、服务国家、有益社会的公民意识和公民行为,培养德才兼备的各类人才。要加强和改进学校智育。大力提高学生科学文化知识水平,更加关注提高学生的学习兴趣、学习能力、综合运用知识解决问题的能力,培养学生的实践能力和创新精神。加强并改进体育和心理卫生教育。引导和组织学生加强体育锻炼,指导学生注意休息、保证睡眠和科学饮食,培养积极心态,养成健全人格。加强和改进美育。在各种教育和各类课程教学中,高度关注提高学生的审美能力、陶冶学生审美情操。必须开齐开好艺术类课程,着力提高学生的艺术修养。加强生产性和服务性劳动教育。要培养学生形成认真学习是热爱劳动的重要内容的意识。组织学生在努力完成学习任务的同时,了解、熟悉和参与生产性和服务性劳动,培养学生正确的劳动观念、劳动态度,提高学生动手能力和劳动技能。

（三）把提高教育质量作为教育改革发展的核心任务

提高教育质量是建设人力资源强国的根本保证,是人民群众的强烈愿望。教育质量是教育的生命。提高教育生产力,根本标准是提高全体学生全面发展的水平,提高全体国民的素质。各级党委和政府、各级各类学校要切实认识到提高教育质量既是长远大计,更是当务之急,要真正把各级各类教育发展的重点和学校工作的重心放到提高质量上来。必须紧紧围绕提高教育质量谋划教育改革。要确立以提高质量为导向的办学理念和适应经济社会发展的质量观,引导全社会、家庭和学生形成正确的质量意识,坚持教育与社会、理论与实践的结合,着力培养学生自主学习能力、实践能力和创新精神,促进学生全面发展。要适应产业结构优化升级和劳动力市场的需求,优化高等教育和高中阶段教育结构,引导学校科学定位、合理分工,办出特色。要深化课程与教学改革,努力提高学生的就业、创业能力。加强教师队伍建设是提高教育质量的关键,要下决心并作出更大的努力全面提升教师队伍整体素质。加强教育质量保障体系建设,要以提高质量为重点配置教育资源,制定教育质量国家标准,实施教育质量监测,改进和完善教育质量评估体制机制,提高教育质量评估水平。

（四）把促进教育公平作为教育改革发展的重要价值取向

教育公平是社会公平的重要基础,是社会主义教育制度的基本特征。促进教育公平的主要责任在政府,首要任务是保证受教育者的教育机会公平,工作重点是促进义务教育均衡发展和保障弱势群体公平受教育,根本措施是合理配置公共教育资源。要坚持以发展促进公平,以制度保障公平,以规范维护公平。要统筹城乡教育协调发展向农村倾斜,统筹区域教育协调发展向中西部地区倾斜,统筹区域内义务教育学校协调发展向薄弱学校倾斜,统筹协调不同人群的教育需求向弱势群体倾斜。要动员一切可以动员的力量,鼓励社会、企业和个人以各种方式支持教育慈善事业。

(五)把改革开放作为教育又好又快发展的强大动力

改革开放是我国教育快速发展的成功经验,是教育事业科学发展的必由之路。教育要发展,根本靠改革。要以"建立适应社会主义市场经济体制和政治、科技体制改革,适应和谐社会建设的教育新体制"为根本方向,坚定不移地继续解放思想,坚持改革开放。按照"放开、搞活、有序、规范"的要求,深化教育改革,激发教育活力,破解教育发展难题,提高教育生产力。以简政放权为重点,深化政府教育管理体制改革,加大省级政府的统筹权。以完善社会参与办学机制为重点,深化办学体制改革,形成公办学校和民办学校共同发展的格局。以落实学校办学自主权为重点,转变政府职能,增强学校办学活力。以调动教师积极性、创造性和提高教育质量为重点,深化学校内部管理体制改革,提高学校办学水平和效益。以确保财政性教育经费投入和充分开发市场资源、社会资源、个人资源和国际资源为重点,深化教育投入体制改革,鼓励、引导、保护和规范教育投资,保障教育事业发展经费的稳定增长。以培养适应国际竞争需要的人才为重点,扩大教育对外交流与合作,提高我国教育的国际化水平和国际影响力。

三、战略目标

2020年我国教育改革发展的战略目标是:基本实现教育现代化,进入世界人力资源强国行列,为到本世纪中叶国家基本实现现代化奠定基础。

加快教育现代化进程,加速学习型社会建设,基本建成人力资源强国。人均受教育年限大幅提升,教育质量全面提高,创新人才大量涌现,教育体系更加完善,教育对经济社会发展的贡献更加突出,教育国际竞争力明显增强。教育和人力资源总体发展水平接近发达国家本世纪初平均水平。

(一)全民受教育程度明显提高

到2020年,初步普及学前三年教育;高质量普及九年义务教育,全面扫除青壮年文盲;基本普及高中阶段教育;大力发展职业教育;高等教育毛入学率达到40%以上;继续教育充分发展、更加完善。

(二)教育质量全面提高,创新人才大量涌现

义务教育按时完成率和高中阶段教育毕业率达到95%以上。学生身心健康水平和科学文化素质全面提高,社会责任感、创新精神和实践能力显著增强。高素质劳动者和专门人才培养更加适应现代化建设的需要。创新人才培养水平明显提高。学校办学条件全面达到国家标准。教师队伍学历和整体素质明显提高。

(三)教育体系更加完善

学前教育全面纳入学校教育体系,职业教育和普通教育结构更加合理,继续教育和学校教育受到同等重视。具有中国特色的高等教育体系基本形成。职业教育和普通教育互通,职前教育和职后教育衔接,学历教育和非学历教育结合,形成开放灵活、选择多样、学有所教的教育"立交桥"。面向全民、形式多样的现代教育网络覆盖全国,学有所教的终身教育体系基本建成。

(四)教育活力明显增强

教育体制改革进一步深化。"权责一致、分工合理、决策科学、执行顺畅、监督有力"的政府教育管理体制基本形成。学校内部管理体制改革取得明显成效,学校办学自主权得到落实。进一步健全和完善教育法律法规体系,教育法律实施监督体系更加完善、运行更加有效,教育督导制度进一步得到加强。地方政府探索区域教育新模式,学校提高办学水平和办学特色,社会家庭参与和支持教育的积极性得到充分发挥,形成开放多元、选择多样、有序高效的教育发展新格局。

(五）教育公平迈出更大步伐

受教育者权益得到切实维护,教育机会公平得到充分保障。公共教育资源配置更加合理,城乡教育差距明显缩小,弱势群体得到特别关注。办好每一所学校,教好每一个学生。

(六）教育经费保障有力

以财政拨款为主,多渠道筹措教育经费的投入体制更加完善有效。教育经济来源稳定,投入总量不断增加。各级政府确保财政性教育经费投入的"三增长"和"两提高"。全国预算内教育拨款占政府财政支出的比例2020年达到20%左右,全国财政性教育经费占GDP的比例2012年达到4%,2020年达到5%。全社会教育总投入占GDP的比例2020年达到7%以上。

(七）人力资源开发水平和高校创新服务能力显著增强

到2020年,20~59岁主要劳动年龄组人口平均受教育水平由目前的初中提高到高中水平;新增劳动力平均受教育程度由现在的高中提高到大学专科水平;具有高等教育文化程度的人力资源规模跃居世界首位;每百万人口中科学家和工程师人数达到3 000人左右。高等学校创新能力显著提升,对经济社会发展的引领作用和服务能力明显增强。

四、基本思路

(一）分区规划、分步推进

为到2020年全面实现小康社会建设目标、到本世纪中叶实现国家基本现代化的总体战略目标,我国教育必须确立超前发展战略,率先推进教育现代化,加快建设人力资源强国。即:通过教育现代化发展的"两步走战略",推进我国人力资源开发水平实现"两次提升":第一次提升,到2020年,全国总体上基本实现教育现代化,使我国人力资源开发达到中等发达国家先进水平;第二次提升,在本世纪中叶新中国成立100周年时全面实现教育现代化,使我国从人力资源中等发达国家迈向人力资源强国。

在5~6个经济发达的东部沿海省、市及一批经济发达的内地大城市率先实现教育现代化;在15个左右的中等经济发展水平省份基本实现教育现代化;在10个左右的经济欠发达的省区,实现教育初步现代化的目标。

(二）强化"五个并举"

一是在教育形式上强化学历教育与非学历教育并举;二是在办学形式上强化公办学校与民办学校并举;三是在教育投入上强化政府投入与社会投入并举;四是在发展方式上强化长效机制建设与实施重大工程项目、解决重大问题并举;五是强化提升教育自身发展能力与改善教育发展环境并举。

(三）在教育改革上实行"两个结合"

一是要上下结合。把自上而下的管理体制改革和自下而上的教育教学、学校内部改革结合起来;二是要点面结合。抓住主要矛盾,找准改革的突破口。

(四)近期的重点工作

未来十多年,我们将发展覆盖全民的公平教育,扩大资源共享的优质教育,推进伴随一生的终身教育,在建设人力资源强国的道路上迈出坚实的步伐。近几年,重点做好以下工作:一是全面改善农村义务教育学校办学条件,加强农村教师队伍建设,实现农民工子女在输入地免费接受义务教育;二是积极发展学前教育,加大公共财政对农村学前教育的投入力度;三是实现农村中等职业教育免费,农民工和失业人群能够得到有效培训;四是优化高等教育结构,提高人才培养质量,促进大学毕业生充分就业和自主创业;五是全面实施全国中小学校舍安全工程,把学校建成最安全、家长最放心的地方;六是深化改革,积极开展教育教学、招生考试、办学体制和管理体制等各项改革试点工作。

(资料来源:第一战略专题研究组.北京:《教育研究》,2010(07))

思 考 题

1. 教育发展战略的含义是什么?
2. 教育发展战略有何意义?
3. 教育发展战略规划的基本内容有哪些?
4. 教育发展的宏观环境分析包括哪些因素?需求分析从哪几个方面入手?
5. 怎样分析教育的未来走势?
6. 如何制定教育发展战略?
7. 何为教育发展战略方针?战略方针包括哪些因素?
8. 何为教育发展战略目标?战略目标包括哪些因素?
9. 何为教育发展战略重点?战略重点包括哪些因素?
10. 何为教育发展战略的保障条件?教育发展战略的保障条件包括哪些方面?

【案例】

两所学校的不同发展思路

上海市某中学源于研究"差生"的成功教育,十分注重学生的心理素质培养,在"三相信"(相信每个学生都有成功的愿望、都有成功的潜能、都可以获得多方面的成功)的基础上,通过"三要素"(积极的期望、提供成功的机会、鼓励性评价),经历"三阶段"(帮助成功、尝试成功、自主成功),抓住"一个作用点"(自我概念),形成学习的内部动力机制,对学生进行人格教育,促进学生自我教育,推进学生的自我塑造,帮助学生正确认识和改造失败,最终形成自我教育和学习的能力,并在此基础上获得"三对象"(教师、学生、家长)的全面成功。

上海另一所全国知名的学校将学校育人的目标确立为"合格加特长"。所谓合格,是指该校学生德、智、体、美、劳五育和谐发展,但不必每一门功课都达到优良水平,只要符合本校的基本要求即可。所谓特长,是指学校注重发展人的个性,注重培养学生兴趣,发展学生特长,使学生在各个方面都达到基本要求的前提下学有所长,人人具有自己在学科学习、课外活动或社会工作等领域的特色和特长。该校注重校园文化建设和课程结构等方面的整体改革,对育人目标进行价值重构,抓住这个"牛鼻子"启动了学校的激励机制,办学水平不断提高,培养的学生受到社会各界的普遍赞誉,吸引了越来越多的中外教育工作者和专家对其进行研究。

(资料来源:吴志宏.教育管理学[M].上海:华东师范大学出版社,2001.)

讨论题:
同在上海,都是中学,发展思路不同,但都获得了成功,这对我们思考学校发展战略有什么启示?

第十四章 教育决策

学习目标

通过本章的学习,了解决策的本质;掌握教育决策的含义及特性;把握教育决策的原则和程序。

建议学时

6学时

第一节 教育决策概述

一、决策及教育决策概述

(一)决策概说

就某事作出决定或选择,即决策。简单来说,决策就是针对问题和目标,分析问题、解决问题,提出方案,选择方案。任何管理问题都需要通过制定决策来得以解决,教育管理同样如此,它贯穿于教育活动的始终。

1. 决策的本质

20世纪70年代决策学派的代表人物赫伯特·西蒙最早在组织的研究中正式提出决策的概念:"个人的行为从原则上可以分为有意识的、经过计算和思考的行为,以及无意识的、自动的、反应的、由现在或过去的内外情况产生的行为。一般来讲,前面一类行为先导过程,不管是什么过程,最后都可以归结为'决策'。同决策有关的显然有两点:要达到的目的和采用的方法。"①西蒙还明确指出,决策的特征是"在任何时候,都存在着大量(实际)可能的备选行动方案;一个人可能选取其中任何一个方案;通过某种过程,这些大量的备选方案,被缩减为实际采用的一个方案了"。② 可以说,决策就是为了实现一定的目标,提出解决问题和实现目标的各种可行方案,依据评定准则和标准,在多种备选方案中,选择一个方案进行分析、判断并付诸实施的管理过程。决策有如下含义:

(1)决策针对明确的目标。目标必须明确、详细。对所要到达的目标,决策前一定要明确。仔细辨清组织的整体目标体系中所包含的多个具体子目标,明确所要解决的问题。

---

① C.I.巴纳德:经理人员的职能[M].北京:中国社会科学出版社,1997:146.
② H.西蒙:管理行为:管理组织决策过程的研究[M].北京:北京经济学院出版社,1988:5.

（2）决策有多个可行方案。如果只有一个方案，就不用选择，也不存在什么决策。决策必须在两个以上的备选方案中进行选择。这些方案能定量或定性分析，应该是平行的或互补的，能解决设想的问题或预定的目标。

（3）决策是对方案的分析、判断。管理者必须掌握充分的信息，进行逻辑分析、判断，才能在多个备选方案中选择一个较为理想的合理方案。决策的过程就是对各种可行的方案进行分析、评判，从中选出理想的方案实施。

（4）决策是一个整体性过程。从初期搜集信息到分析、判断，再到实施、反馈活动，是个完整的决策过程。并且经过执行活动的反馈，决策又会进入下一轮的决策。决策就是一个循环过程，贯穿于整个管理活动的始终。在决策的全过程中，应随时重视决策的有效性，及时纠正偏差，来保证决策的质量。

即便有再好的教育规划方案，如果没有科学的决策，就很难对各种规划方案进行最优选择，实现教育规划目标。

2. 决策的类型

依据不同的标准，可以将决策划分为许多类型。

（1）战略决策、管理决策和业务决策。战略决策是对组织全局性的、长期性的、关系到组织生存和发展的根本问题进行的决策，具有全局性、长期性和战略性的特点。是对涉及组织目标、战略规划的重大事项进行决策活动。

管理决策是战略决策的支持性步骤和过程，也是管理中的主要业务决策。是指对组织的人力、资金、物资等资源进行合理配置，以及经营组织机构加以改变的一种决策，具有全局性、中期性与战术性的特点。它是战略决策的支持性步骤和过程，也是管理中的主要业务决策。

（2）程序化决策和非程序化决策。程序化决策是指能够运用常规的方法解决重复性的问题以达到目标的决策。它使管理工作趋于简化和便利，可降低管理成本，简化决策过程，缩短决策时间，也使方案的执行较为容易。对于组织来说，应尽可能运用程序化的决策方法解决重复性问题，以提高管理效率。

非程序化决策是指解决一次性或很少重复发生的偶然性问题作出的决策。对于组织来说，应对偶然出现的问题加以辨别，确定这些问题是一次性、很少重复发生还是偶然发生的问题。

在现实的管理决策中很少有完全程序化的或非程序化的，大多数决策往往介于两者之间。

（3）经验决策和科学决策。依靠过去经验和对未来的直觉进行的决策是经验决策。此类决策感性成分较多，理性成分较少。由于现代社会环境变化快，涉及的问题越来越复杂，经验决策容易导致失误，因此科学决策越来越受人们重视。但是不能否认，在许多时候由于无法获得充分的信息，经验决策仍起着重要的作用。

科学决策是指决策者按科学的程序，依据科学的理论，用科学的方法进行决策。这种决策有一套严密程序：先进行大量的调查、分析、预测工作，然后在行动目标的基础上确定各种备择方案，再从可行性、满意性和可能后果等多方面分析、权衡各备择方案，最后进行方案择优，执行该方案，并收集反馈信息。

（4）民主决策和依法决策。民主决策是指在决策的规划和程序方面，建立在民主和科学的基础之上的决策。民主决策有利于决策者充分发扬民主,深入了解民情,充分发扬民意,广泛集中民意,有利于决策者把人民的根本利益作为决策的出发点和立足点,增强决策的科学性,避免决策的片面性。

依法决策是指重大行政决策应当依照法律、法规、规章的规定进行,正确履行法定职责,事先进行法律分析或法律审查,坚决防止和纠正违反宪法、法律和法规的行政决策。

3. 决策的创新性

创新在决策的过程中起着极为重要的作用,没有创新性就不可能进行有效的决策。组织要长期生存和发展,就需要有创新精神,需要有创新性思考和决策的过程。正如萨默在《管理过程:概念、行为和实践》中所言"具有新的和有效成分的决策"就是创新性决策。也就是说,不是所有的决策都具有创新性,那些即使有很多重复或模仿成分,但在一些重要的方面与众不同并具有独创性的决策亦属创新性决策。决策过程的创新性基本分为四个步骤,即准备、酝酿、启示和检验。

(1) 准备阶段。我们很难想象一个未接受过任何教育或训练的人能搞出什么创新发明,接受教育和正式训练是进行创新的最好准备。决策者也同样要先做好准备,通过观察分析形势,收集与问题有关的一切信息情报。决策者收集和观察的信息情报越多、越全面,就越能找出问题的实质,越有可能找到具有创新性地解决问题的方案。

(2) 酝酿阶段。这是准备阶段后的休息时期。一般来说,一个具有创新性的人,在了解形势、掌握情报资料以后,都需要有一段酝酿时期。需要时间使其具体化、系统化,需要好好地去琢磨待解决的问题及其解决的方法。

(3) 启示阶段。决策者在酝酿期间把注意力放在其他事情或从事自己喜欢做的事情时,可能从某一事件中突然找到解决问题的方案,也就是从某一事情中得到启示的阶段。

(4) 检验阶段。这是进行创新性决策的最后一步。不管前面的行动方案多么完善,在实践的过程中也有一个完善的过程,有些细节也需要修改。即便方案通过实践获得成功,也要有一个总结,正确地向别人宣传介绍的环节。这都有待于从实践中得以验证,只有通过验证,才能总结经验教训,才能尽量使行动方案获得最大的成功。因此,验证在决策执行过程中具有重要的意义。

(二)教育决策的含义

1. 教育决策的界定

《教育大辞典》把教育决策解释为:为实现预定的教育目标,采取科学的理论和方法,从多种预选方案中选择一个最佳行动方案或就一种方案所做出的决定。[①]

我们认为,教育决策是为了实现教育的某种目标或解决某些问题,而对未来的教育行动方案作出抉择的过程。在教育管理过程中始终贯穿着一系列的教育决策,所以说,教育决策是教育管理的基础。

广义而言,教育决策是认识教育现状,预测教育未来,指导教育行动的决策过程。简言之,就是指一个人,通常是一个集团,或者是一个教育行政组织、教学单位作出有关教育内容决定的教育策略和运筹方法,并且是从多种可能采取的教育行为中选择出一种较佳的决策行为。它包括从多种方案中选择目标、措施、程序,同时以纲要的形式将现在和未来的特定

---

① 顾明远.教育大辞典(第七卷)[M].上海:上海教育出版社,1990:212.

目标具体化。① 狭义上而言,教育决策首先是一种政治行为,是教育行政部门或权力部门对教育重大问题的决定。其次,教育决策通常是指对教育发展和改革具有重大影响的政治行为,是一种宏观决策。

2. 教育决策的特性

(1) 目标性。教育决策是为一定目标服务的,离开目标的所谓"决策"是没有任何价值的。教育目标规定、制约教育决策,教育决策又服务、服从于教育目标,二者的关系是密切联系的。

(2) 多选性。决策是一个作出决定的过程。教育决策就是要从可供选择的众多方案中选择确定最优的方案,作出决定的过程。

(3) 择优性。没有优化的方案,所作的决策就没有什么价值,优化是教育决策不二的选择,因此,教育决策要在"优"字上做文章,无论是在选择方案,还是方案中的指标、人力、财力、时间等因素,都应该从优选择。

(4) 求实性。教育决策要符合教育实际,要从实际出发,要便于实施和能取得实效。

3. 教育决策的类型

由于教育管理活动的复杂多样,也导致教育决策的多样性。

(1) 战略决策和战术决策。教育战略决策是指关系到全局之根本的重大决策,可以说对全局具有重要意义。它具有总体性、重大性、长远性特点。教育的战略决策是指对教育发展方向和发展愿景作出的决策,是关系到教育发展的全局性、长远性、方向性的重大决策。战术决策是为保证战略决策的实现而对局部的管理业务工作作出的决策,战术决策要为战略决策服务。这是从层次上划分的。两者是教育行政决策中具有从属关系的组成部分,它们相互依存、相互影响。

(2) 宏观决策、中观决策和微观决策。从影响的范围和规模来说,宏观决策涉及国家和某一地区教育发展的大事,是设计教育全局长远性的、方向性的决策;中观决策是为保证长远决策的实现而解决局部问题的重要决策,属于长远决策过程中的具体决策,介于宏观与微观之间;微观决策是就某一具体问题的决策,是指教育基层管理人员为解决日常工作和作业任务中的问题所作的决策。

(3) 常规性决策和非常规性决策。按规律划分,常规性决策(亦称为程序化决策、规范性决策)它是一种例行决策,是教育行政活动中经常需要解决的一般性问题的决策,它们以相同或基本相同的形式重复,有一定的规律可循,比较容易解决,具有一定的反复性和结构性。非常规性决策是不重复出现的非例行活动的决策(也称非程序化决策、非规范化决策),它所面对的是不经常出现的问题、突发问题、不确定性问题,是紧急状态下的决策。

(4) 确定性决策和非确定性决策。按决策具备的条件,确定性决策是指在决策过程中,所需要的各种信息完全清楚,状态完全确定,决策准则及后果确定的决策。几个方案中都有一个明确的肯定的结果,通过比较,容易判断。非确定性决策是指由于有着不可控制的因素,一个方案有可能出现几种不同的结果。对未来结果无法预测,没有任何客观资料作为依据的决策。

(5) 静态决策和动态决策。静态决策也称为单项决策,是一种单阶段性决策,是某个时

---

① 朱坚强.教育经济学发凡[M].北京:社会科学文献出版社,2005:302.

期或某个阶段的决策问题。单项决策的行动方案只有一个,即使这一方案中有多个决策目标和决策变量,它们之间的关系也只是相互平行的。动态决策也称为连续决策,是针对不同时期不同阶段的决策问题,是指一系列在时间上有先后顺序的决策,这些决策相互关联,整个决策的效果不只是各阶段决策效果的简单相加,而是整合的效果。

(6)定性决策和定量决策。根据决策的目标、变量是否可以用代数来表示,或是可量化程度而划分的。定性决策是指决策目标与决策变量不能由数量来表示的决策,在决策中主要依靠决策者或有关专家的智慧来进行决策的方法,这是一种"软技术"。

定量决策是指决策的目标与决策变量可以用数量来表示的决策,一般称为"硬技术"。定量决策可尝试用数学方法寻求最优答案。"硬"、"软"两类技术相互配合,取长补短,才能使决策更为有效。

除上述几种常见的决策类型外,还可以按决策目标多少为标准划分为单目标决策和多目标决策;以决策的作用为标准可以划分为突破性决策和追踪性决策等。

(三)教育决策的要素

构成教育决策的内外因素颇为复杂,不同的教育决策有不同的特点,但构成决策的核心要素是十分相近的。完整的教育决策包括决策标准、决策目标和方案、决策主体、决策对象、决策信息、决策过程、决策评价等多种因素和环节。

1. 决策标准

(1)价值目标。决策者无论选用什么样的决策方式,他们在可供选择的方案中作出某种选择必定有相应的基础。尽管某些决策看似偶然或随意性和随机性强,但绝大多数决策都会涉及有意识的选择,这是关乎价值和标准的准则问题。

(2)价值准则。价值准则,是指决策者的目的、理想、意图、愿望的科学的、定性与定量的表述。它是落实价值目标,作为以后评价和选择的基本依据。它的落实可包括三方面内容:第一,把目标分解为若干层次的具体价值指标。每项价值指标又可再细分,共同构成一个价值系统。第二,规定价值指标的主次、缓急,以及在相互产生矛盾时的取舍原则。第三,指明实现指标的约束条件。任何决策都要考虑具体环境的限制,如各类资源条件、决策权利的范围及时间限制等。

2. 决策目标和行动方案

(1)决策目标。任何决策都必须制定目标。决策目标是决策所要达到的结果和目的。目标既要合理,又要明确。所谓合理,是指目标既符合主观愿望,又有实现的可能。所谓明确,就是指目标里的各项指标、数据等要具体,易于检验。

(2)行动方案。实现决策目标所采取的具体措施和手段就是行动方案。行动方案有明确和不明确之分。前者是指要有个有限明确的方案,后者一般只是对产生方案可能的约束条件加以描述而方案本身可能是无限个,要找出合理或最优的方案可借助运筹学的线性规则等方法。决策中的行动不应只有一个,要若干个可以相互替代的可行方案。现实环境复杂多变,决策者的视野不能局限于某一个狭隘的视角,如果只存在一个决策方案,而无其他可选择方案,往往使决策行不通。单一型思考问题的方式,不可避免地会给决策带来失误。

3. 客观实际及规律

任何决策者的有效决策,都是循着事物发展本身的规律进行的,实践反复证明不遵循或超越事物发展规律的决策很难取得应有的效果。决策应实事求是,正确发挥人的主观能动性,必须正确处理主观能动性和客观规律性的关系。尊重客观规律和发挥主观能动性是辩证统一的。第一,正确发挥主观能动性的前提是尊重客观规律。第二,认识和利用规律又离不开充分发挥人的主观能动性。利用规律是理论指导实践的过程,更是充分发挥人的主观能动性的过程。如我国的高等教育决策,就不能忽视我国的现实国情,不顾教育的内部发展规律,一味地追求高效和快速,使高等教育失衡,难以持续、良好地发展。

4. 决策主体

决策主体,就是对未来时间的方向、目标,以及为达到目标所采取的方式、途径、策略等作出决定的个人、群体或组织。决策主体是从事决策工作的机构和人员,就人员来说,既可以是个体,也可以是群体,分别被称为个人决策和集体决策。决策都要与决策者发生必然的联系,而且在决策活动中起着决定性的作用。决策者个人或集团从整体目标的确立到实施的组织和操作构成了明显的决策层次,各层所处的地位和作用不同,所研究的范围和对象也各有侧重。

5. 决策对象

决策对象是决策者的行为所指向的对象,决策对象是决策不可或缺的因素,由于决策都是针对某一特定问题展开的,因此决策对象就是指决策所要解决的问题。任何决策都是针对所要解决的问题而作出的。

在决策中,决策者必须准确地确定决策对象,否则就会无的放矢,导致决策抓不住重点,偏离主题,决策效果会大打折扣甚至无效。教育决策对象很活跃,它因人、因时、因地而异,是教育决策的重要因素。

6. 决策信息

事物发出的消息、指令、数据、符号等所包含的内容被称为信息。从某种角度上说,决策过程实际上是一个信息收集、加工、分析、评判和转换的过程。信息越丰富越可靠,就越容易解决问题,进行正确决策,信息是做好科学决策的基础,准确的信息是决策的先决条件。一般来说,决策的科学性、准确性与决策所需的信息的质量和完整性成正比。信息越全面、越及时、越准确、越有效,决策的基础就越坚实,决策过程中的思维广度和深度就越大,决策的科学化程度就越高。

与决策有关的情报资料叫做决策信息,由于整个决策过程是信息的输入、转换和输出的过程,信息贯穿于决策过程的始终。这就决定了决策信息的优化与决策过程优化是统一的,高质量的信息收集、处理和运用对决策过程的顺利实施起到保障作用。

7. 决策环境

系统以外的一切事物就是环境。环境对决策具有重要的意义。首先,环境对人的影响是一种客观存在,人的活动离不开一定的自然环境和社会环境,环境是决策的基本要素之一。其次,环境是决策成败的重要因素。决策离开了一定的环境,就失去了时间、空间和条件的依据,因而也就失去了决策的可能性和现实性。再次,环境与决策是交互作用的,两者要协调一致。一项决策的产生往往是决策行动与环境交互作用和相互渗透的产物。

二、影响有效教育决策的因素

决策是教育管理的重要组成部分,有效的决策是每一个决策者的追求,但在实践中,决策会受到各种因素的影响,其有效性也就会降低。教育决策的质量和有效性的提高,与下列因素有密切关系。

1. 把握问题的实质

决策时要明确:这是一个什么样的教育问题,不同的教育问题涉及的人员、要运用的资源等决策的前提也是不一样的。只有把握了教育问题的实质,教育决策才会有一个良好的开端。否则就会犯"第三类错误"——用正确的答案解决错误的问题。

2. 教育决策的依据要充分

只有掌握充分、可靠的信息,教育决策的基础才能牢固。在面临教育问题的时候,要快速、全面、准确地收集相关的信息以帮助教育决策方案的设计。当然决策者本人的价值观和个性特征等,在决策中所起到的独特而不可忽视的作用,也正是这一点体现了决策的艺术成分,它往往可以弥补前者的不足。有了充分的依据,决策的"拍板"时刻才能到来。

3. 选择比较满意的方案

由于人的理性是有限的,而不是像人们所期望和认为的那样是全知全能。所以在决策中受到环境的不确定和人的认识局限性的影响,人们往往只能提供比较有限的几个方案,最终的选择也只能在这几个方案中进行。所以在一定时期内,满意的方案就是解决问题的最好办法,如果一再等待信息的完全化,很有可能坐失良机。

第二节　教育决策的原则和程序

一、教育决策的原则

(一) 为实原则

教育决策必须以事实为基础,只有建立在事实基础之上,才能制定有效的决策方案,并为选择最优方案提供条件。决策的目标不能高不可攀,要切实可行,具有可操作性。

(二) 动态原则

决策需要在具体实践中不断调整完善,因为决策方案的形成是一个发现问题和解决问题的过程,在此过程中总会出现新问题,这就要求教育决策在实施过程中不断地修正、完善,保持动态原则。

(三) 集思原则

对决策者而言,要做到不能凭个人的意气、权力、经验和爱好来决断与拍板。多听取不同意见,集思广益,从谏如流,一旦发现自己的错误,应立即纠正。这对于作出正确决策是非常有利的。

(四) 反馈原则

决策付诸实施后,决策者要随时检查、验证、落实,一旦发现决策有与实际情况不相适应的地方,就应采取必要的措施进行修正。通过决策实施,表明与实际相符,就应增强实施决策的信心,并采取必要措施使决策取得更好的效果。

(五) 效益原则

在决策过程中,还要注意经济及社会效益,要力求节约人力、物力、财力和时间等资源,使决策取得最佳效果。

二、教育决策的程序

（一）决策制定的基本步骤

（1）发现问题。决策者要善于在全面收集、调查、了解情况的基础上发现差距，确认问题，并能阐明问题的发展趋势和解决问题的重要意义。

问题是决策的逻辑起点。只有发现问题后，人们才会去想办法解决问题，即通过决策解决当前面临的问题和未来可能发生的问题。问题决定了决策所涉及的范围及其性质。

（2）确定决策标准。就是确定哪些因素与制定决策有关。确定了需要解决的问题，决策标准也就明了了。

（3）拟订和评价备选行动方案。问题界定好后，就可以根据决策标准拟定一个或几个可行的方案。在这个阶段，决策者需要收集更多的信息，分析数据，识别评价可供选择方案的优缺点。

（4）选择一种行动方案。在各种备选方案里通过衡量、权衡必须作出一个最终决定，选择看起来和想要实现的目标最接近的方案。

（5）实施方案。把决策付诸实践。

（6）评价结果。方案实施后要对结果进行评价，决策才算完成。如果预期结果没有实现，就要从源头开始查找原因，并采取矫正措施和行为。选择方案不恰当的，还需要退回到以前的步骤，修订计划或制定新计划。

（二）教育决策的程序

类似于一般决策，科学的教育决策程序也应该包括几个基本阶段：

（1）确定目标。目标是指在一定的环境条件下，在预测的基础上通过分析而希望达到的结果。教育决策目标的确定是教育决策程序的第一个阶段。教育决策目标是由教育问题产生的，在确定教育决策目标时会提出多种教育问题。因此在确定教育决策目标的过程中，一定要划清教育决策问题与一般教育认识问题的界限。教育决策问题应该是建立在对客观事实进行分析研究的基础上，必须要依靠主观决定解决的教育问题。

确定教育决策目标时，应该对教育决策问题的性质、特点和范围进行系统分析，既要考虑到教育未来发展的需要，又要考虑到目标实现的可能性，否则再好的目标也将成为空想。要想做到这点，就应当对实现教育决策目标的各种条件进行全面系统的分析，尽量减少不可控制条件的影响，以最大限度地降低决策的风险。

（2）拟订方案。教育决策备选方案的拟订是教育决策程序的第二阶段，目的是为决策者提供多种可供选择的方案，寻找达到目标的有效途径。首先必须注意拟订方案的详尽性。方案应尽可能把所有的可能性包括进去，避免遗漏了最佳方案。其次，要善于抓住对解决问题起关键作用的因素和环节。因为关键因素和环节抓准了，其他方面再进行适当调整，问题就能得到很好的解决。例如解决教育问题，国务院教育研讨小组抓住了经费这个问题进行研讨，提出了解决教育经费的具体措施，就抓住了教育问题的关键，这对解决教育问题无疑将起重大作用。

再次，要处理好目标的"边界条件"。所谓"边界条件"，就是指处理问题的极限。这条界限的重要性在于，超出极限就得另行作出决策，达不到最低要求，决策也就没有什么价值。

（3）方案优选。决策方案选优是根据教育决策方案的价值标准选择最优的决策方案，通过对各种可供选择的方案分析评价，权衡利弊，最后选取其一或综合成一。这是教育决策程序的第三阶段，也是最关键的阶段。仅仅对方案进行可行性分析评价还远远不够，而是要运用决策表法、差量分析法、标准选择法和决策树法等决策分析方法进行评价，来确定哪种方案最有助于实现目标。

决策者在采用上述各种方法的基础上，可以对决策备选方案作最后的"拍板"，一经"拍板"决定，所优选的教育决策方案就将变成指导人们行动的计划。教育决策，特别是战略性教育决策，影响深远，事关全局，往往具有长期的影响力，因此，选择教育决策方案应该极其慎重。优选教育决策方案的主要根据是其价值标准，遵循教育的客观规律，依靠科学的决策理论、决策程序和决策方法，对教育决策的目的、理想、愿望、意图的科学的定性与定量的选择和比较。

(4) 组织实施。教育决策程序的最后阶段是实施教育决策方案，即将教育决策目标转化为现实的过程。只有付诸实施的教育决策方案，才能将决策目标转化为现实，最后解决教育问题。通过实施教育决策方案，还能检验其是否正确与恰当；如果在实施过程中发现不足之处，应该进行必要的纠正和补充，以使教育决策方案逐步完善。实际上，教育决策方案的实施是教育决策过程的继续和深化。在实施教育决策方案的过程中，要继续进行跟踪评估，并将实施过程中的各种信息不断地反馈给决策机构，以便决策者能根据实际情况重新调整决策方案。

现代教育决策的趋势是教育决策从经验走向科学。科学的教育决策是教育决策的高级形式，它具有几个鲜明的特点：创造性和科学性的统一；预见性和现实性的统一；定性分析和定量分析的统一。

当今，教育事业的发展及教育管理日趋复杂，当面对重大而复杂的教育决策问题时，只有采取科学的教育决策，才能使教育事业健康、平稳地发展。面对海量的信息和快速变迁的新时代，教育决策者只有学会并运用科学的教育决策，才能以远见卓识的决策来解决教育不平衡不充分发展与人们美好生活需要之间的矛盾，充分满足人们对优质教育的美好需求。

【阅读材料】

加强教育决策的大数据意识

据媒体报道，教育部学校规划建设发展中心和复旦大学教育事业统计培训基地联合开发的"全国教育事业统计在线培训平台"由试运行转向常态化运行。这一项目，被媒体称为是"别让教育决策拍脑袋"的重要举措。

教育对于人的培养，具有不可重复的特殊属性，任何改革和相应的举措都需要格外谨慎。而且影响教育成败的因素也错综复杂，常常牵一发而动全身，涉及众多的利益群体，直接关乎千家万户的切身利益和社会的和谐稳定。因而改革越往深处推进，改革的风险成本越大，任何闪失带来的后果都难以承受。

教育领域改革的举措决不能倚重于主观感受和经验判断，而要充分利用新的理念、技术和手段，推动决策的民主化、科学化。而基于数据、证据、民意的理性研判，是推动科学决策重要必经之路。这其中，体现大样本、全样本优势的大数据运算为政策决策提供了广阔的空间。

目前，我国拥有数量庞大的基础专兼职教育统计工作人员。尽管有"统计法"的保障，但统计数据采集表准确填报与整理依赖于基础统计人员的专业素养。对这支队伍进行必要的培训,通过方式方法创新,对提升其业务能力,进而为数据的准确性提供源头保障,甚至比建立队伍本身更为重要。这也正是统计在线培训平台的必要性和重要性所在。然而,对于别让教育决策"拍脑袋"和推动教育领域科学决策而言,这显然远远不够。

随着综合改革的持续推进,教育重点领域和关键环节的深层次问题逐渐凸显,对教育现代治理体系和能力提出了新的要求和挑战。教育事业要协调、健康、可持续发展,必须做好顶层设计,必须依靠体制机制改革和制度创新。而实现从基于理论推演和实践经验的主观决策,向基于证据和大数据运算的客观分析、理性研判、科学决策的方向性转变是大势所趋。但目前我国的数据支撑能力还不能适应这种转向的需要,亟待从思想观念、人才培养、体系建设、运行机制、安全保障等方面进行系统提升。

在教育统计工作者个人能力提升之外,更为重要的是通过若干关键环节的突破,建立健全一个完整的教育决策支持体系,全面提升教育决策的数据支撑能力。首当其冲的是进一步促进相关部门和群体在思想观念层面的转变,强化政策研究和决策的多主体协同意识、证据意识与大数据思维方式。另外,要通过合理的制度安排和机制创新,加强各种数据库的开放、融合与共享,避免数据资源重复建设和闲置与错置性浪费,降低数据资源使用过程中的沟通成本。同时,要从国家战略资源的层面强化数据传递和使用的安全性和可持续性,切实服务于包括社会组织在内的多元化决策服务研究和教育事业发展。

(资料来源:杨小敏.《光明日报》.2017-06-20,02版.)

思考题

1. 什么是教育决策?
2. 教育决策的要素有哪些?
3. 影响有效教育决策的因素有哪些?
4. 教育决策的程序是什么?
5. 教育决策的原则有哪些?
6. 哪些因素有助于提高教育决策的质量和有效性?

【案例】

评职称引起的风波

李校长刚刚到A校上任,恰逢上级部门下达8个小学高级教师职称名额。李校长便召集有关行政人员组成职称聘任推荐方案小组,根据市职称改革领导小组《关于职称工作若干具体问题通知》以及市人事局、教育局有关教师职称聘任推荐的精神,结合本校以往的聘任条件,进行讨论。在小组讨论中,李校长一条一条边提意见边修改,并将方案在教代会上举手表决通过。实行"三公开一监督制度",即计分标准公开、考核结果公开、竞聘对象公开,接受广大教职工监督。

没想到,教职工对此意见很大。特别是年龄大的老教师,多次集体上访。有一位老教师宣称:如果不给予聘任,将死在省政府门口。这一问题引起了市政府有关部门的高度重视,并派出由市纪检部门、市总工会、市教育局等组成的调查小组,专门对 A 校进行调查、处理。

调查发现,A 校近几年被聘任的教师都是年轻教师。深入调查发现,该校职称评聘主要以业绩考核为依据,对老教师明显不利。学校业绩考核方案规定:凡是参加市级以上各种竞赛、论文发表取得前 3 名的,年度考核时另加 50 分。年轻教师在这一方面占了便宜。因为组织参加市级竞赛的指导教师都是年轻骨干教师,年度考核加 50 分,明显太高。不仅如此,业绩考核中行政职务加分也过高,而主要行政岗位都是年轻教师担任。这样造成的结果便是近年来都是年轻教师被聘任。其实对于原来的职称评聘方案,老教师早就有意见了,希望新校长能够认真对待并加以改进。但是李校长觉得这一制度已经实行多年,没有大改的必要,所以基本上照搬了原来的职称评聘方案,结果引发了矛盾。

据此,上级决定:撤销李校长 A 校校长职务,将之派到 B 校任副校长。后来,A 校代理校长组织职称聘任方案小组,对聘任方案进行修改,照顾老教师,另加 5 分。这样,差 3 年就要退休的 4 名老教师得以聘任。同时,学校又做了年轻教师的思想工作,才使 A 校"职称"风波暂时得以平息。

(资料来源:褚宏启,张新平.教育管理学教程[M].北京:北京师范大学出版社,2013:302-303)

讨论题:

1. 请结合教育决策的相关理论,讨论为什么李校长沿用原来的职称评聘方案会引发学校矛盾?

2. 如果你是 A 校校长,你认为应该如何更好地对教师进行职称评定?在决策过程中应注意哪些问题?

第十五章 地方与区域教育规划

学习目标

通过本章学习,掌握地方教育规划和区域教育规划的内涵、特征以及二者的区别与联系;理解区域教育发展规划的意义和地方教育规划编制要处理好的几个关系;能够领会并阐述地方教育规划的主要工作和区域教育规划的主要内容。

建议学时

6 学时

第一节 地方教育规划

一、地方教育规划的内涵与特征

(一)地方教育规划的内涵

地方教育规划是以国家教育规划为指南,结合本地区的社会、经济、人口以及教育等因素的特点,制定的适合本地区教育发展的规划。具体包括省级教育规划、地(市)级教育规划、区域教育规划和县级教育规划。根据我国教育管理体制,学前教育、义务教育、高中阶段教育和高等教育中的非部管高校的管理权限在省、地区(市)和县级政府,因此,地方教育规划作为全面指导当地一定时期内教育事业发展的纲领性文件,是同级地方政府国民经济和社会发展规划的重要组成部分,是国家教育规划在省、地(市)和县的具体体现和组织实施。地方教育规划既是上一级教育规划编制的基础,又是上一级规划的延伸,对于当地政府贯彻国家教育方针和政策、优化配置当地教育资源、促进教育与经济社会发展协调发展具有重要的作用。

(二)地方教育规划的特征

地方教育规划的特征主要是指它与国家教育规划、地方总体规划、同级其他规划和学校教育规划相比所具有的特殊性,具体反映在他们之间的相互关系上。

从与国家教育规划的关系来看,国家教育规划和地方教育规划的内容重点不同,规划的地位和作用也不相同。相对于国家规划而言,地方教育规划承担着衔接延续的作用,并同时要贯彻落实国家教育规划,既要贯彻国家规划的指导思想和发展理念,又要结合当地实际分担具体任务。

从与地方总体规划的关系来看,地方总体规划是以当地国民经济与社会发展为主题编制的一定时期内的发展规划,具有宏观性、全面性、指导性、原则性等特性。地方教育发展规划是地方总体规划的重要组成部分,也是其在教育领域的具体化和细化。地方教育规划必须符合总体规划所确定的目标和原则,落实总体规划的目标、任务,同时要有力支持满足地方经济社会发展、科技进步、人力资源开发等需要。当然,地方教育规划还要充分体现区域教育事业改革发展的新形势、新要求,符合区域教育发展实际,目标明确,重点突出,措施有力,针对性强,而不是简单地照搬总体规划的教育发展指标和项目。

从与其他同一层级规划的关系来看,地方教育规划与其他同一层级规划的关系是平行的关系,它们都是地方总体规划的组成部分,要贯彻落实总体规划的指导思想和目标要求,又是总体规划的具体化和延伸。教育是一项公益性事业,与其他行业的人才需求、劳动力素质提升有着密切关系。所以教育规划与其他同一层级规划之间也存在密切的关系。著名教育规划专家菲利普·H.库姆斯曾指出:教育规划应该与更广泛的经济和社会发展规划相融合。如果教育想以最有效的方式为个人和国家的发展作出贡献,并最有效地利用稀缺资源,那么,它就不能自行其是,对周遭的现实不闻不问。所以,依据同级规划相互协调的原则,地方教育规划不能就教育论教育,要加强与同级规划如科技、人才、城镇化等规划的沟通协调,避免相互矛盾和冲突。

从与学校发展规划的关系来看,地方教育规划又是学校发展规划编制的依据。学校发展规划一方面要遵循地方教育规划的指导思想、发展理念和发展思路,另一方面也要为地方教育规划提出的发展任务作出贡献。换言之,地方教育规划提出的发展任务有赖于每一所学校去落实,区域内所有学校的发展任务构成了地方教育规划提出的目标与任务。

总的来看,地方教育规划具有以下几个特征:

一是基础性。省级教育发展规划的发展目标与任务应该是省域内地(市)级规划目标和任务的汇总,而地(市)级教育发展规划的发展目标与任务应该是地(市)域内县级规划目标和任务的汇总。也就是说,下一层级的规划是上一层级规划编制的基础,也是上一层级规划的具体化。

二是衔接性。从规划体系来看,国家教育规划要向省级、地(市)级和县级教育规划延伸,才能得到贯彻实施。省级教育规划要与国家规划相衔接,地(市)级教育规划要与省级规划相衔接,而县级教育规划要与地(市)级教育规划相衔接。规划衔接的重点是发展目标任务、政策手段以及重大项目等内容。衔接不是上一级规划发展指标的简单分解,而是各层级规划的有机衔接和延续。

三是操作性。与国家教育规划相比,地方教育规划的最明显的特征是具有更强的可操作性。地方教育规划的发展目标任务要明确具体,要有量化指标,不能仅仅用定性的语言来描述。政策措施、资源配置要有明确的规定,保障措施也应更加具体可行。

二、地方教育规划编制的主要工作

(一) 教育现状与环境分析

1. 教育现状的分析

进行教育现状和水平的分析是编制地方教育规划非常重要的基础性工作,其目的是要了解本区域当前的教育状况在全国、全省或全市的位置,是否与当地的经济社会发展相适应,是否满足人民群众的需求,是否达到国家要求的标准,以及和同类地区相比有哪些优势和差距。具体包括教育现状基本指标和教育方针政策、法律法规落实执行情况两方面。教育现状基本指标主要有:反映教学规模的学校数、班级数、毕业生数、在校生数、招生数等;反映教师状况的教职工数、专任教师数;反映办学条件的学校占地面积、校舍面积、教学仪器设备价值、藏书量等;以及反映教育经费的教育事业费和学校基本建设费。教育方针政策、法律法规落实执行情况主要是指评估测算上一个周期规划目标执行情况,贯彻教育政策法律法规及地方政策情况、主要的经验和教训、问题与不足等。

2. 教育外部环境的分析

主要包括:(1)国家教育政策和未来经济社会改革发展对教育体制、教育形式多元化的要求,对各级各类人才数量和质量的需求预测;(2)国民生产总值、居民人均收入、地方财政收支、教育经常性投入的预测分析;(3)社会人口的预测分析;(4)新时期各级各类教育学龄人口变化的分析及学龄人口总量的预测;(5)自然地理环境状况的分析。

(二)学龄人口的测算

一般情况下,地方教育规划编制中有关人口的数据和资料,都可以直接从统计局、人口普查办、卫计委或公安局获取,并进行学龄人口的测算,不需要另外进行自然人口的预测。政府在部署总体规划编制时,会要求有关部门提供数据和资料,也包括人口数据和资料。地方教育规划据此测算学龄人口即可。

(三)教育规模测算

(1)理论规模预测。预测教育发展的规模,就是根据未来人口变化、经济发展、教育和人力资源开发水平等方面的变化趋势,进行理论性测算。根据学龄人口数可以确定各级教育达到一定普及程度的学生规模,然后根据经济社会发展对教育和人力资源的需求,预测可能达到此规模的时期或具体时间。按照教育规律和普及教育的要求,某一级普及教育的学生规模即理论性测算规模应该等于其相对应的学龄人口。但由于各层级普及教育的程度不一样,教育的学生规模也不一样。如高中阶段教育实现普及,学生规模要求毛入学率达到85%,高等教育实现大众化的学生规模要求毛入学率达到15%~50%之间,普及化的学生规模要求毛入学率达到50%以上。

(2)教育规模目标的测算。从纵向来看,地方教育规划编制中发展规模主要分为学前教育、初等教育、中等教育和高等教育,主要可分为在校学生数的测算、年度招生数的测算等。

(3)各级各类教育发展规模的调试。各级各类教育事业的发展规模的内容包括数量目标(规模、速度)、质量目标(教育要求)、结构目标(各级各类教育之间的关系)和效益目标的描述等。数量目标和结构目标可以用定量的办法进行调试测算。

(四)师资需求测算

(1)教师供求关系。教师是保障教育事业发展和决定教育教学质量的关键。由于教师的培养需要一定的周期,要提前进行师资需求的预测和师资培养数量的预测。教师水平不高、数量不够,即使教学条件很好,也很难取得良好的教学效果。所以,教师供求协调,可以保证教育事业的正常发展和提高;供大于求,教师过剩,造成教师资源浪费;供不应求,会造成教师缺乏,素质下降。

(2)影响教师供求关系的因素。影响教师供求关系的因素很多,主要有:国家教师资格制度、教职工编制制度、师生比规定和义务教育普及程度、学龄人口的数量;经济发展水平和资源利用;教育结构、培养目标、课程标准、教学内容和方法、教学环境;教师职业地位、工作条件以及与其他职业之间的流动等。此外,教师供求关系还应该考虑教师的自然减员量、机械减员量、继续教育培训量和教师补充量,以及学校布局的合理性、城镇和乡村学校规模的差异、教学点和复式班数量、班额大小以及课程改革等。

(3)师资需求预测。师资需求是教育发展的规模、速度对教师数量和质量的要求。反映各级各类学校、各种专业的教师与职工、教师与教师、教师与学生的比例关系。教师需求测算包括教师总需求测算和教师结构需求测算。师资需求的测算是一种规范性的预测,要按照国家制定的各级各类学校的教学计划、班额标准、教职工编制标准、教师的学历要求等来进行。在编制地方教育规划时,教师结构需求测算主要有学历结构、职称结构和学科结构测算等。

(五)经费需求测算

教育经费包括教育事业费(教育经常费或经常性支出)和教育基本建设费。

(1)教育事业费测算。教育事业费是指国家财政支出中用于教育事业的经常性费用,是各级各类教育经费的主要来源,包括中央和地方政府所属各类学校经费、出国留学生和由教育部门对等交换的留学生经费、民办教师补助费及其他教育经费。按用途分,可分为人员经费和公用经费,人员经费包括工资、补助工资、职工福利费等;公用经费包括公务费、业务费、修缮费、小型设备购置费、差额补助费及其他费用。

国家举办学校的教育事业费由政府财政承担和投入。其测算方法可以参照过去一个时期的各级各类教育的生均教育事业费来测算,也可以按照过去一个时期教育事业费占当地GDP总量的比例来测算。随着教育事业的改革与发展,教育事业费的总量也应该增加,同时占GDP的比重也要有所增加。

(2)教育基本建设费需求测算。教育基本建设费指新建、扩建、改建、恢复各类教育固定资产所用的资金,包括预算内投资(国家或地方预算直接安排的教育基本建设投资)、和预算外投资(地方、教育部门或学校自筹资金安排的教育基本建设投资)。

基本建设经费需求量包括学校基础设施建设费和教学设备图书资料费的需求数量。其计算方法可以按照生均基本建设经费和在校生数量来计算。

(六)供求平衡测算、形成规划方案

达到教育事业发展的总需求和总供给的基本平衡,实现各级各类教育协调发展和结构优化,逐步建设完善的现代教育体系,是地方教育规划编制要达到的一个基本目标。供求平衡主要考虑的是,发展规划与当地经济社会发展是否相适应,是否适应当地经济社会科技发展的需求,是否满足当地人民群众的教育需求,教育系统内部是否协调发展等;此外,还要考量办学条件是否满足学校发展要求,教育经费的供需是否平衡、是否能够满足教学需要,采取的措施是否可行有力等。如果说前面主要是对教育规划的几个主要指标进行了测算,那么现在就是要分析上述几个指标之间是否平衡和协调。教育事业发展供求平衡主要包括生源的供求平衡、各级教育的协调平衡、师资的供求平衡、教育经费的供求平衡。

其中,师资和教育经费的供求平衡是相对的,是动态的平衡,其平衡关系存在一定的弹性,也受到一定的"度"的限制。总的来看,由于学龄人口和教育规模、普及程度以及办学条件是可以量化并规范的,师资的供需、教育经费的供需也是可以测算量化的。根据供给能力

确定一个合适的教育规模是可能的,也是必要的,教育在供求总体上是可以达到相对平衡的。

(七)教育规划方案的编写与报批

地方教育规划的编制完成了以上这些工作,就要以文字形式进行表达和描述,形成规划文本。教育规划文本的一般格式和主要内容包括:编制规划的指导思想(发展战略)、基本思路和基本原则,规划背景或现状分析,教育发展目标,实施步骤和年度计划,教育改革策略,保障措施和政策,实施的教育工程以及说明文件等。说明文件主要是分析资料、相关表格和规划图等。

地方教育规划方案行文报批程序主要有:由规划编制小组形成规划文本;多次聘请各方面专家和利益相关人员进行论证、提出意见并修改完善;形成上报文件,呈送本级政府或上级教育部门核准、批准。①

三、地方教育规划编制应正确认识和处理的几个关系

(一)公平与效率的关系

公平与效率作为一种价值取向,地方教育规划编制的指导思想中不可能回避。教育公平关注教育资源配置的合理性和均衡性,而教育效率则主要关注教育资源配置的有效性和绩效。公平优先还是效率优先,既受经济发展水平和社会发展阶段的影响,也体现了政府决策者的意志。在教育公平和效率的关系上,我国不同历史时期曾有过不同的价值选择。新中国成立初期,政府对各地的教育投入差别不大,各地的教育发展水平基本相同。改革开放特别是实行社会主义市场经济体制以来,国家在经济领域实行"效率优先、兼顾公平"非均衡化发展政策,在一定程度上也影响了教育领域,教育政策也把效率放在了优先位置,致使教育发展的不均衡现象日益严重。这种不均衡不仅表现在东部地区和中西部地区之间,而且表现在城乡、阶层之间以及教育内部的重点校和非重点校之间。这种不均衡的发展趋势不仅影响教育自身的发展,也影响社会的和谐稳定。如何在现有教育发展的基础上,兼顾公平和效率,是地方教育规划编制工作必须直面的问题。地方教育规划要兼顾公平与效率,应该在充分考虑地区经济发展状况的基础上,根据各级各类教育本质属性区别对待。小学和初中属于义务教育范畴,具有公共属性,因而政府应该优先追求义务教育的公平,实现区域义务教育的优质均衡发展,同时兼顾效率。非义务教育作为准公共产品,可以坚持差异的平等观。在公平与效率的价值选择上,我们要抛弃非此即彼的思维惯性,辩证地看待二者的关系,既要看到二者对立和矛盾的一面,更要看到二者统一和互相促进的一面。如果任凭教育不公平现象继续发展和蔓延,势必加剧教育内部的矛盾,从而影响教育发展的效率。可见,在一定条件下,教育公平也是教育效率的基础,并能够促进教育效率的提升。

(二)人口流动与地方教育发展规划的关系

随着我国现代化、城镇化进程的日益加快,越来越多的农业人口向城镇流动,其中包括大量的受教育阶段特别是接受义务教育的随父母流动的适龄儿童。流动的适龄儿童对地方教育规划的编制具有直接的影响。这种影响主要体现在以下三个方面:一是人口数量的增长直接影响区域教育规模;二是人口结构直接影响区域教育的布局结构;三是区域人口的素

---

① 参阅杨晓青,等.教育规划理论与实践[M].北京:中国大百科全书出版社,2006:161-218.

质影响教育质量和教育活动。由于受传统的户籍管理制度的影响,当前流动人口子女在受教育以及流动人口在住房、医疗等方面仍然面临着明显的不公平待遇。在这种形势下,如何保障流动人口子女与城镇户籍人口具有同等的受教育权利,就成为科学编制地方教育规划不能回避的重要问题。地方政府要贯彻落实国家"四个全面"战略布局、确保在本世纪末全面实现小康社会的要求,就应把人口流动问题纳入教育规划,准确预测流动人口子女数量,建立完善教育公共服务体系,保障弱势群体享有同等的受教育权利和享受均等的教育资源。①

(三) 服务地方经济重点领域和服务经济社会发展全局的关系

不同的地区有不同的地理区位、产业特色和文化传统,因而会形成不同于其他地区的区域经济特色。区域经济特色往往是该地方的区域经济重点,区域经济重点一方面根植于区域经济社会发展全局之中,另一方面又会引领和带动区域经济社会发展全局。地方教育主要为本区域经济和社会发展提供人力资源保障和智力支持。地方教育规划如何做到既能够为本地区经济社会发展全局服务,又能够兼顾经济发展重点领域的人才需求?这是地方教育规划要妥善处理的一个问题。当前地方教育规划的制定存在以下两个明显的问题:一是地方教育规划编制的主管部门主要是地方教育管理部门,编制人员也多数来自教育领域。缺乏其他行业和领域的人员参与,不免就教育论教育,因而形成的教育规划与地方经济发展重点和产业集群的人力资源需求存在偏差;二是地方教育规划与其他领域和行业产业缺乏规划上的联动和协调,各自为政,难以形成一个有机的整体,教育规划实施所培养的人才数量不足、专业与需求不适应,难以满足地方经济社会发展整体上的需求。这就要求地方教育规划的编制要认真领会地方政府关于国民经济和社会发展的总体规划的精神和要求,加强与其他行政部门的沟通和协调,吸收其他行政部门和产业行业的有关人员参与教育规划的编制和研讨,充分广泛地征求各方面意见和建议。此外政府要加强统筹和联系,搭建各行政部门互相交流沟通的平台,真正使地方教育规划成为地方国民经济和社会发展总体规划中的一个有机的部分,为区域经济重点领域培养人才的同时,广泛提升区域人力资源的整体素质和水平,全面支撑区域经济和社会整体发展。

(四) 服务地方经济社会与服务教育自身发展的关系

在各地的教育发展规划文本中,表述地方教育发展价值取向的一个最常用的词汇是"经济社会",辅助性的词汇是"产业"、"科技"、"人才"等。这种教育发展的经济价值取向本身并没有什么不妥之处,具有其合理性。因为,教育的功能本身是多方面的。发展经济在当前我国社会发展阶段仍然是第一要务。但值得注意的是,教育经济功能的实现是基于教育活动之上的,是以遵循教育规律为前提的。如果没有教育培养人这个本体功能的实现,教育的外在功能包括经济功能也无法实现。

教育是一种相对独立的社会活动,其本质功能就是培养人才,并通过培养人才来实现其社会功能。如果没有培养好人才,而实现了其他社会目的和价值,这时的教育已不是好的教育、真正的教育,是一种本末倒置的教育。因此,我们可以重视教育的经济功能,但经济功能的实现应该以育人价值的实现为前提,不能把教育的经济功能至于育人功能之上。因此,在编制地方教育规划时,我们要理性看待教育的经济功能,适当重视教育在政治、文化、科技、

---

① 刘国瑞,等.区域教育发展战略规划创新研究[M].沈阳:辽宁人民出版社,2014:20.

国防等方面的价值,突出强调教育本质性的育人价值,克服舍本求末的唯经济的价值取向。[①]

第二节 区域教育规划

一、区域教育规划的内涵及意义

(一)区域、区域规划和区域教育规划

根据区域理论的界定,区域是指占有一定的地域空间,具有特定的政治因素、自然条件、经济状况以及社会环境的地域范围,是由内部诸要素如经济组织、人口数量与结构、资源条件、文化背景、基础设施等构成的一个有机复合体。区域是一个相对的概念,它是指组成某个整体的一个部分。不同学科对区域的划分原则和标准不尽相同,因而有自然区域、行政区域、经济区域、教育区域等不同的类型。即使是同一类型的区域,不同的历史时期也会有不同的空间划分方式。

同样,区域规划也是一个相对的概念。从广义上理解,省级、地(市)级和县级规划也属于区域规划,即地方规划也是区域规划,是按照行政管辖范围制定的区域规划。从狭义的经济学角度看,区域规划主要是指"以跨行政区的特定经济区域为对象编制的规划"。在计划经济时期,人们习惯于按照行政区划来制定各种事业发展规划,这种方式仍然是当前的主要规划形式,在各级行政管理工作中发挥着重要作用。随着社会主义市场经济的确立,以及经济区域化、产业集群化发展的新形势,跨行政区划的规划研究越来越受到政府的关注,区域规划也提上了日程。所以,本章所讲的区域规划主要是指跨行政区、特定经济区域的规划,不同于以行政管辖为基础的地方规划。"以跨行政区的特定经济区域为对象编制的规划"(区域规划),可分为两种不同的类型,一种是省际区域规划,指的是跨省(直辖市、自治区)级行政区的特定经济区域为对象编制的规划;另一种是省内区域规划,指的是省域内跨县级以上行政区的特定经济区域为对象编制的规划。这两种区域规划也可分别叫做国家区域规划和省级区域规划。前者如"京津冀都市圈区域规划"、"长江三角洲城市群发展规划"、"成渝经济区区域规划"等,后者如"内蒙古呼包鄂经济圈及沿黄经济带重点产业发展规划(2010—2020)"等。按照规划的管辖权限和编制主体来看,前者由国务院提出,由国家发展与改革委员会会同区域内省级人民政府具体负责编制;后者则由省级人民政府提出,由同级发展规划部门会同区域内市、县级人民政府具体负责编制。

《中华人民共和国国民经济和社会发展第十三个五年规划纲要》提出要"加快城市群建设与发展。优化提升东部地区城市群,建设京津冀、长三角、珠三角世界级城市群,提升山东半岛、海峡两岸城市群开放竞争水平。培育中西部地区城市群,发展壮大东北地区、中原地区、长江中游、成渝地区、关中平原城市群,规划引导北部湾、山西中部、呼包鄂榆、黔中、滇中、兰州—西宁、宁夏沿黄、天山北坡城市群发展,形成更多支撑区域发展的增长极。促进以拉萨为中心、以喀什为中心的城市群发展。建立健全城市群发展协调机制,推动跨区域城市间产业分工、基础设施、生态保护、环境治理等协调联动,实现城市群一体化高效发展"。

[①] 刘青秀,贾云鹏.关于实施区域高等教育规划的思考[J].龙江高教研究,2014(2):63-64.

总之,区域发展规划是国家总体规划或者省级规划在特定经济区域的细化和落实。区域发展规划通过对特定区域历史与现状的研究,从指导思想、发展目标和重点、路径和步骤、政策措施等方面对区域未来发展进行全局性战略性谋划。区域发展规划不是纯粹指导性、预测性的,而是具有约束力的、刚性的规划。区域规划的目的在于破除地区的行政分割,确定区域功能定位,发挥各参与方的优势,提供区域整体竞争力。

区域教育规划是区域规划的重要组成部分,是以跨行政区的特定经济区域为对象编制的教育规划。区域教育规划除了必须体现"跨行政区"的规定之外,还需要把规划的对象定位在"特定经济区域"。也就是说,编制区域教育规划的目的是为了适应和促进"特定经济区域"的经济、社会和教育发展的要求,而不是针对某个"教育区域"。虽然我们也可以根据教育发展水平的同质性划分出不同的"教育区域",但本章讨论的主要是前者。因为从目前来看,发展经济仍然是各级党委和政府的重中之重,区域划分仍然是以发展经济为主要目标,教育主要为经济和社会发展服务。当然,随着我国经济的快速增长和社会的全面进步,小康社会的全面实现,教育的作用和地位将日益凸显。在未来的某一个时期,根据教育发展水平的同质性划分不同的"教育区域",进而制定区域教育规划,不仅是可能的,而且也是必要的。

(二)区域教育规划的意义和作用

1. 有利于促进区域教育均衡发展和协调发展,促进教育公平

我国经济社会发展呈现典型的二元结构,城市与农村、发达地区与欠发达地区之间的经济社会发展水平差距很大。改革开放以来,随着经济体制改革的深入和国家"梯度推进战略"的实施,东部沿海地区得到了迅速发展,发挥了引领带动作用。但东西部经济与社会发展的区域失衡问题也越来越突出。区域经济与社会发展的不平衡的格局和发展模式,必然影响不同区域的教育发展水平,并对教育发展提出不同的要求,形成教育发展的不同格局。由于经济发展水平的制约,各区域在高等教育、人口文化素质、科技创新水平、教育经费投入等方面,也表现出很大的差距。这种差距不仅表现在省与省之间,同样也表现在省域之内,最为典型的如苏南与苏北地区。毋庸置疑,区域间教育发展不平衡的持续加大将严重导致区域间教育利益的冲突,造成公平与效率之间的矛盾,降低教育资源的使用效率。从长远看,必将影响经济发展的整体效益,还会在一定程度上危害社会的公平,影响社会的和谐稳定。因此,解决区域教育发展差距,是我国教育改革与发展的必然选择。

近年来,各级党委和政府高度重视教育的均衡发展和促进教育公平。《国家中长期教育改革和发展规划纲要(2010—2020)》明确指出:"把促进公平作为国家基本教育政策。教育公平是社会公平的重要基础。教育公平的主要责任在政府,全社会要共同促进教育公平。"《国家教育事业发展"十三五"规划》也指出:"教育的公平性是社会主义本质要求,要发展社会主义,逐步实现人民共同富裕,教育公平是基础。注重有教无类,让全体人民、每个家庭的孩子都有机会接受比较好的教育,让教育改革发展成果更好地惠及最广大人民群众。突出精准扶贫,面向中西部地区特别是边远、贫困地区,加大对家庭经济困难学生帮扶力度。"

国内外教育发展的历史表明,单纯依靠市场力量不能解决区域教育发展的差距,反而会进一步加大差距。促进教育的均衡发展需要国家宏观教育政策和法律法规的调控。通过教育政策和法律法规,调整协调各方面的教育利益。而区域教育发展规划可以推动这些教育

政策和法律的制定与实施,从而在宏观管理方面发挥重要的规范和引领作用。

2. 有利于从宏观上对区域教育发展分类指导、分区域推进

目前,世界经济活动在全球范围内进行资源配置,经济全球化已经成为世界发展的主要趋势,而经济全球化发展中显现出明显的区域化特征。在世界经济结构的战略调整中,区域经济的发展将扮演更加重要的角色。区域理论认为,引领创新的"特定经济区域"往往是新的增长极,它们不仅实现了自身经济的跨越发展,而且呈现出强烈的聚集效应和扩散效应。以区域创新拉动国家创新能力的提升,是国家今后一个时期建立创新体系的重点环节。如美国"硅谷"的 IT 产业,日本新竹的计算机制造业以及印度班加罗尔的软件产业等。在这些区域内,区域的形象超越了行政区划的边界,在全球化国际产业分工中扮演了不可替代的角色。区域创新能力日益成为获取竞争优势的决定性因素和最重要的能力因素。

事实上,我国也已经出现了许多打破行政区划界线的、对区域发展形成辐射和带动作用的城市群,如"京津冀"、"长三角"、"珠三角"三大都市经济圈以及成渝经济区等。它们在带动区域经济发展的同时,也大大提升了国家创新能力。在社会主义市场经济条件下,区域规划是区域宏观调控的重要依据。强化区域规划,以统筹区域经济和社会的协调发展。《中华人民共和国国民经济和社会发展第十三个五年规划纲要》指出:要深入实施区域发展总体战略。深入实施西部开发、东北振兴、中部崛起和东部率先的区域发展总体战略,创新区域发展政策,完善区域发展机制,促进区域协调、协同共同发展,努力缩小区域发展差距。

教育要落实国家区域发展的政策和规划,也必须分类指导、分区域推进。正因为如此,《国家教育事业发展"十三五"规划》明确提出:"推进区域教育协调发展。优化教育资源区域布局。科学规划、分类指导、统筹推进东部、中部、西部和东北地区教育发展。新增教育资源重点向革命老区、民族地区、边疆地区、集中连片特困地区倾斜。推动东部地区率先实现教育现代化。支持东北地区加快提升教育服务支撑老工业基地全面振兴的能力。加快中西部地区教育发展,优化顶层设计,整合工程项目,加强最薄弱环节,深入实施中西部高等教育振兴计划和中西部高校基础能力建设工程,支持中西部本科高校改善办学条件,提高办学水平,办好一批高水平大学,立足中西部经济社会发展实际,大力发展职业教育,增加中西部优质教育资源,提升教育发展综合实力,进一步缩小与东部发达地区差距。继续实施支援中西部地区招生协作计划、农村和贫困地区定向招生专项计划,扩大农村贫困地区学生接受优质高等教育机会。进一步支持赣南等原中央苏区和其他重点贫困革命老区教育发展。"

此外,《国家教育事业发展"十三五"规划》还指出要"支持国家重大区域发展战略实施。推动'一带一路'建设相关省区市教育合作。加大对'一带一路'建设核心区高等教育和职业教育发展的支持力度。落实京津冀协同发展战略,探索跨行政区划的教育协同发展体制机制,推动三省市教育协同发展,有序疏解北京非首都功能。加强长江经济带教育互联互通,完善区域教育协作机制,引导高等教育、职业教育资源布局与产业由东向西梯度转移相衔接。支持国家重点改革试验区教育创新,及时总结推广试点经验并制度化"。

3. 有利于促进区域内教育与经济、社会、文化和生态建设等的协调发展和可持续发展

党的十八大明确提出:确保到 2020 年全面建成小康社会的宏伟目标。全面建成小康社会,必须坚持以经济建设为中心,牢牢抓住和用好我国发展的重要战略机遇期,解决好经济发展中的不平衡、不协调、不可持续的问题。习近平总书记在全国宣传思想工作会议上指出:"只要国内外大势没有发生根本变化,坚持以经济建设为中心就不能也不应该改变。这

是坚持党的基本路线100年不动摇的根本要求,也是解决当代中国一切问题的根本要求。"在全面建成小康社会和实现中国梦的过程中,教育作为先导性、全局性和基础性的事业,虽然处于优先发展的战略地位,但也必须要适应、融入和引领区域经济和社会发展的需求,主动为区域发展服务。区域教育的规模、结构和人才培养的数量、质量和规格,都要以提高区域国民素质为根本目的,与区域的生产力发展水平、产业结构、劳动力需求和科技、文化发展水平相适应,走协调和可持续发展之路。这就有赖于区域发展规划(包括区域教育规划)发挥其战略指导、宏观调控的作用。

区域教育规划促进区域协调、可持续发展,可以从以下三个方面进行谋划:一是在宏观层面对区域的经济、社会、科技、生态等与教育进行整体考量、统筹规划,适应区域可持续发展的要求,促进区域社会发展的全面进步;二是在中观层面对区域范围内的各级各类教育整体考量、统筹规划,提升区域内人口素质和文明程度,增强国民的创新创业能力,把区域人口压力转化为人力资源优势,促进区域现代化建设;三是在微观层面上,对构成教育子系统的各个要素,如教育理念、教育目标、教育规模、教育结构以及教育管理体制和运行机制进行深入研究,对教育子系统的改革和发展进行战略规划和统筹协调,形成现代教育体系和学习型社会,为区域经济和社会发展提供智力支撑和人才保障。

二、区域教育规划的主要特点和主要内容

(一)区域教育规划的主要特点

(1)战略性特点。一般而言,中、长期教育发展规划均应具有战略性的特征。因为中、长期教育发展规划的编制,其基础和前提是对未来5年以上发展愿景的谋划,通常把人口预测和人力资源预测作为编制规划的第一步,然后依据预测的结果,确定教育发展目标,再对实现目标所需要的条件、采取的措施进行统筹安排。对未来5年以后的教育事业的发展进行规划,没有整体性和系统性思维,没有前瞻性和科学性,规划的合理性和可行性会大打折扣。

和其他教育发展规划相比,区域教育规划则更具有战略性的特征。通常认为,区域教育发展规划属于"区域战略规划"的范畴。这是因为,区域教育发展规划具有更强的复杂性、开放性、指导性。所谓复杂性,一是指区域教育规划的对象是跨省区域或跨县域的,面临着更为复杂的外部环境。如区域教育拥有多个行政主体,在规划区域的战略发展目标和战略重点方面,可能会出现利益冲突,在政策措施和实施步骤等方面难以达成共识。二是区域教育规划本身更为复杂。战略研究是一门大科学,既包括理论层面,也包括方法和技术策略层面,是完整的理论发现、技术方法和工程构成的系统层级。所谓开放性,是指区域教育规划的编制要考虑更多更远的外部影响因素,要有全球化思维和时代视野。所谓指导性,就是说区域教育规划具有更大的弹性,规定得不能特别刚性和具体,有更强的动态性。区域教育规划也需要进行数量分析,但一般不会很具体和精确,不一定像地方规划那样用数量来表达结果,可能只用"较大"、"较小"等定性的表述。可见,区域教育规划是为了实现区域教育发展的战略思想和战略目标,以规划区域教育发展的战略重点、战略对策和措施为基本指向,进行战略层面的决策谋划,在系统分析区域教育外部环境和区域教育现状及其发展趋势的基础上,提出符合实际的具有前瞻性和可行性的发展思路和改革建议。

(2)宏观性特点。区域教育规划的对象是具有同质性的省际区域和省内区域。无论是

省际区域还是省内区域,都是跨行政区划的区域。从规划对象的空间来看,都是中观以上的层面,属于宏观决策研究的范畴,具有宏观性。作为宏观教育研究的区域教育规划,必须有大视野和战略思维,突破"就教育论教育"的局限,必须站在区域经济社会文化发展的大背景下,进行静态的社会结构分析和动态的社会变迁研究,考察教育与社会经济发展之间的关系。对区域教育的历史、现状和发展趋势的研究不能孤立地进行,而是重点分析其对区域经济社会发展的适切性和协调性,从中发现区域教育的问题并提出解决问题的思路和建议。同时,区域教育规划是跨行政区划的教育规划,必须以区域为整体,打破行政区划的体制障碍,使各级各类教育服务区域经济社会发展的大局,促进区域内经济社会教育发展一体化。

(3) 探索性特点。对于以行政区划为依据制定的地方教育发展规划以及各级各类学校的发展规划,各级教育行政机构的规划人员和学校已经积累了比较丰富的经验,形成了比较稳定的规划内容、方法和文本的表达。但是,直至目前,人们对于区域教育规划还没有形成统一的认识,甚至对于区域教育规划的概念、内容和方法还没有达成共识。尽管从新世纪以来,我国部分地区如上海、北京、江苏、广东等省市,对宏观教育规划研究投入了很大的力量,一些研究项目已经转化为地方政府的重大决策,积累了许多有益的经验。但相对于国家和地方教育规划,区域教育规划还处于探索性阶段,具有探索性特点。

(二) 区域教育规划的主要内容

鉴于区域教育规划的探索性特点,人们对区域教育规划的主要内容也没有形成共识。①以下内容仅供参考。

1. 区域教育规划的基本研究框架

区域教育属于区域社会经济大系统中的一个子系统。区域教育未来的发展,不仅取决于教育系统本身,更取决于区域教育发展所处的外部环境,即区域经济、科技、社会、人口、文化和自然环境等因素。区域教育规划必须首先确定研究对象的空间要素,对这些要素与教育的关系进行系统分析,研究影响区域教育发展的各子系统与教育的互动关系。(参见图15.1)

如图所示,区域教育分别与区域经济、区域科技、区域人口、区域社会与环境子系统,构成了相互联系、相互促进与制约的复杂关系。区域教育规划必须对区域教育的规模、结构、质量和效益等方面进行战略谋划。然而,就区域教育与区域经济的关系来看,教育的规模、结构和质量必须适应经济发展的要求,必须与区域的产业结构、就业结构和城镇化水平相匹配,当然,教育的发展也受到区域经济发展水平的制约。就区域教育与区域人口的关系来看,区域教育的发展要适应区域学龄人口和流动人口子女接受教育的要求,承担提高国民素质和劳动力素质的任务,此外在师资方面也受到区域人力资源条件的制约。就区域教育与区域科技的关系来看,区域教育担负着科技创新的责任,其教育质量也受到区域科技水平的影响。总之,区域教育是一个开放的系统,必须分析它与区域内其他子系统以及区域外部环境的协调性,包括与其他区域相比所具有的特殊的区位优势和资源优势等。

此外,还需要确定区域教育规划研究的主要内容及其时间顺序,制定研究流程。在一般

---

① 参阅杨晓青,等.教育规划理论与实践[M].北京:中国大百科全书出版社,2006:230-236.

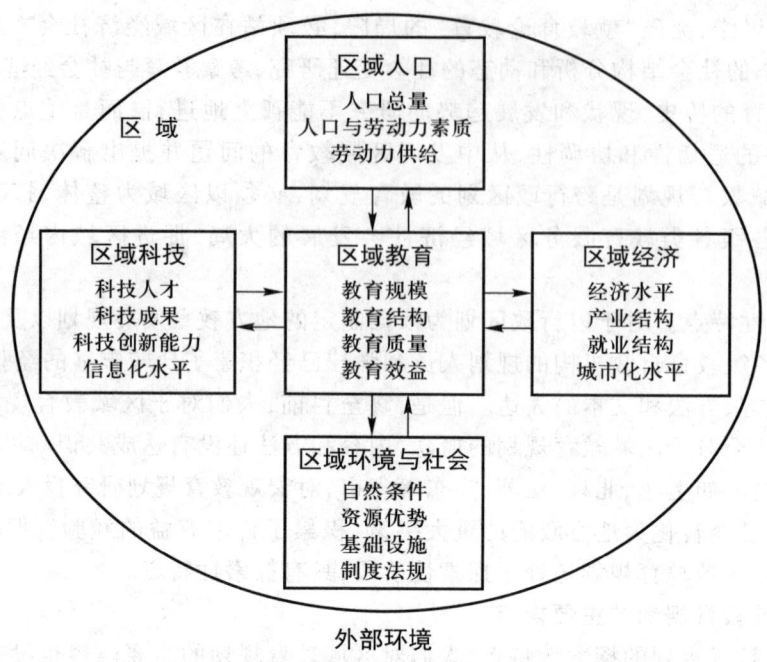

图 15.1　影响区域教育发展的子系统（空间要素）

情况下,整个规划可以大体上分为区情分析与问题诊断、战略研究、战略规划研究三个相互联系的阶段(参见图 15.2)。

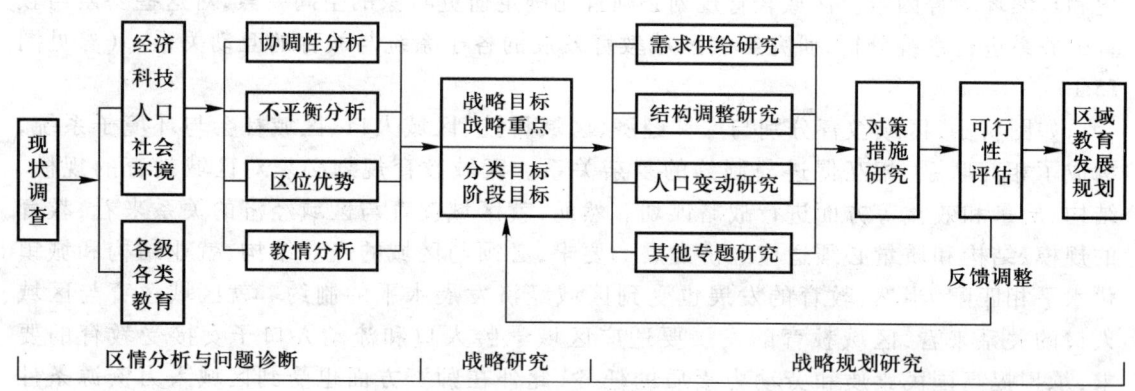

图 15.2　区域教育规划编制的主要内容和参考流程

（1）区情分析与问题诊断阶段

任何规划的编制都要从分析现状入手。应对影响区域教育发展的各空间要素和反映发展状态和趋势的关键指标进行调查研究,全方位多角度采集资料和数据,包括历史资料（时序数据）和截面资料(时点数据)。不仅要掌握区域内各级各类教育的发展状态和存在的问题,更要收集与教育发展有紧密联系的经济、科技、社会、人口、文化等有关资料。全面完整地采集到相关统计数据之外,还应该采用抽样问卷、实地考察和个案研究等方式进行调查,深入了解实际情况。

在调查研究的基础上要进行系统分析和问题诊断,发现关键问题和问题产生的原因。通过平衡性分析,比较本区域经济、教育与其他区域的发展水平及其差异,为区域教育发展战略目标定位,发现区域教育的薄弱环节。通过协调性分析,诊断区域教育系统与其他子系统特别是经济子系统是否相适应,了解它们之间的协调程度,找到不协调的因素。通过区位优势分析,了解区域环境状况和区域社会经济发展总战略,明确本区域的区位优势和资源优势如物质资源、人力资源、和教育资源等,以及在区域教育上存在着哪些影响这些优势发挥的弊端。

(2) 区域教育发展战略研究阶段

根据区域发展总体战略以及国家或省级行政区域教育发展总体战略思想,结合区域现状分析的结果,探讨区域教育发展的发展趋势,确定战略目标和战略重点。确定目标的过程包括:确定对不同区域发展水平差异性和区域特征的论证;确定适合本区域教育发展水平的未来目标;并分别确定各类目标和规划在实施过程中的阶段性目标等。

(3) 区域教育发展战略规划研究阶段

战略规划阶段主要是提出符合实际的、具有超前性和可行性的发展思路和对策措施。所以,首先要围绕战略重点和对区域教育发展带有根本性影响的问题,分专题进行详细的研究。专题研究的内容至少应包括:根据区域经济社会发展的总体规划,对区域经济社会的需求(人力资源和专门人才的数量、质量、结构、规格)进行预测,对各级各类教育供给状况进行分析,从而提出未来各类学校、学生和教师数量、质量、结构和规格的发展要求;对区域人口和劳动力变动状况进行预测,注意学龄人口的变化趋势及其在区内和区际流动的情况,为义务教育均衡优质发展、普及高中阶段教育和高等教育目标提供依据;对区域经济结构和产业、就业结构变化情况作出预测,分析教育结构(层次结构、专业结构、科类结构、布局结构等)调整的应对措施。此外,也可以联系区域实际选择专题进行研究。例如,研究区域整体推进素质教育和课程改革的情况,研究区域教育管理体制改革等,其目的在于把握区域教育发展的规律性,寻找问题解决的途径。

在问题诊断和专题研究的基础上,针对区域教育发展的重大问题,提出带有指导作用的战略对策及如何优化区域教育资源配置的战略措施,并提出具体的政策咨询意见和改革建议。当然,这些对策还需要在规划编制的最后阶段进行可行性论证。可行性论证的结果和意见,将反馈给规划制定者,对规划的思路和途径进行调整。

2. 区域教育发展的指标体系和发展评价

区域教育发展规划面对的是一个复杂系统,构建合适的指标体系是对复杂系统进行分析的主要方法。指标体系是由若干相互联系的统计指标构成的指标群。可以认为,在制定区域教育发展规划的任何阶段,都离不开规划对象的指标体系。它可以用来进行区域的聚类和分区;评价不同区域发展水平的差异性;分析区域教育与经济的协调性;帮助分析和发现区位优势;对区域资源配置的效果进行评估,等等。不同的研究目的可以选择不同的指标,需要构建不同的指标体系。表15.1是一个有关民族地区的教育现代化评价指标体系。

表 15.1　民族地区教育现代化评价指标体系表

一级指标	二级指标	三级指标
条件与保障	经费投入	（1）地方财政性教育经费占 GDP 的比例
		（2）教育经费占地方政府财政支出的比例
		（3）生均公用经费
		（4）生均预算内教育经费
		（5）生均教育事业费
		（6）教师人均收入水平
	师资水平	（7）生师比
		（8）专任教师学历水平
		（9）每年接受培训的教师比例
		（10）双语教师所占比例
	办学条件	（11）标准化学校达标率
		（12）平均班额
		（13）大班额比例（幼儿园、义务教育学校、普通高中）
		（14）百名学生教学用计算机终端数
		（15）多媒体教室占教室总数比例
	教育管理	（16）学校发展规划
		（17）教育管理制度
结构与过程	教育结构	（18）学校区域布局合理性
		（19）民校、汉族学校占所在区域民族人口和汉族人口比例（小学、普通初中、普通高中）
		（20）中职民族学生占高中阶段学生比例
		（21）民族大学生所占比例
		（22）少数民族继续教育参与率
	教育过程	（23）课程开足学校比例（基础教育）
		（24）校本课程开设门数
		（25）义务教育音体美教师配齐率
		（26）双语课程所占比例
普及与公平	毛入学率	（27）学前教育毛入园率
		（28）小学毛入学率
		（29）初中毛入学率
		（30）高中阶段毛入学率
		（31）高等教育毛入学率

续表

一级指标	二级指标	三级指标
普及与公平	巩固率	（32）小学巩固率
		（33）初中巩固率
	教育机会	（34）民汉学生平均受教育年限的差异系数
		（35）民族学生性别差异系数
	学生资助	（36）家庭经济困难学生资助比例
		（37）家庭经济困难学生资助水平
	均衡程度	（38）城乡教育一体化发展水平
		（39）义务教育发展基本均衡县达标率
质量与贡献	学生素质	（40）学生思想道德水平（各级教育）
		（41）学业成就水平（基础教育）
		（42）学生体质健康水平（各级教育）
	教育质量	（43）升入211工程以上大学比例
		（44）中职、高职、大学毕业生专业对口就业率
	教育贡献	（45）民族地区人口平均受教育年限
		（46）民族地区新增劳动力平均受教育年限
		（47）毕业生初次就业率（职高和高教）
		（48）中（高）职毕业生双证书获得率
民族教育特色		（49）双语教育水平
		（50）对民族文化传统传承和保护的贡献

资料来源：罗云，武建鑫.民族地区教育现代化评价指标体系研究[J].教育发展研究，2015（01）.

3. 区域教育发展规划的方法探讨

作为一种战略性谋划，区域教育规划方法不能局限于定量分析和数据测算，必须把定量分析与定性分析结合起来，把实证研究与规范研究结合起来。研究过程不仅涉及理论探讨、政策研究、历史研究、文献研究等方面，也涉及调查研究、预测分析、统计分析、评价研究等技术领域。

区域教育规划研究涉及众多学科领域。除了教育经济学、教育社会学、比较教育学、教育统计和测量、教育评价等教育学科之外，还必须运用区域科学、社会学、政策科学、管理科学、发展经济学、地缘经济学、计量经济学、制度经济学和公共经济学等学科的理论和方法，把系统科学的方法引入研究过程，引入灰色系统方法、模糊数学方法，借助电脑和网络软件等现代化研究工具，构建数学模型，以支持系统分析和各类预测。由于目前区域教育发展规划的方法体系还很不成熟，需要我们在继承传统教育规划研究方法的同时，结合区域战略规划的实际，进行方法移植和创新。

【阅读材料】

加利福尼亚高等教育总体规划(摘要)

总体规划的若干主要组成部分今天仍在塑造加利福尼亚的高等教育,其中共有九点:

(1) 规划规定在加利福尼亚普及高等教育,作为政府政策,为所有合格和有动机的学生在高等教育系统的某处指定一个地方。这项建议的核心是社区学院的开放入学任务,凡是能从教学受益的学生可以上社区学院,在显示令人满意的成绩以后,转学到一所四年制院校。

(2) 规划指定各部分不同的职能或宽阔的任务,每个部分必须力求优秀:

① 加利福尼亚大学必须特别强调研究生教育和专业教育,在公立高等教育中对法律的教学和对医学、牙科和兽医的研究生教育有唯一的管辖权。它在高等教育中对授予博士学位被给予唯一的权力,但能同意与州立学院联合授予博士学位。

② 州立学院以本科生教学和通过硕士学位的研究生教学作为它们的首要职能。尽管加利福尼亚大学是主要由州支持的学术研究机构,总体规划授权州立学院教授进行与学院的首要教学职能一致的科学研究。

③ 初级学院——今天的"社区学院"——被允许提供到第十四年级为止但不超出十四年级水平的教学。它们必须提供为转学四年级制院校的课程的教学,职业和技术教学,以及自由艺术课程的教学。

(3) 规划建议并由立法机关建立一个法定的协调机构——高等教育协调委员会。这个决定标志着不再进行以前通过联络委员会由各部分进行的自发的协调。

(4) 规划建议一个与州教育委员会分离的州立学院管理委员会——一个现在名为加利福尼亚州立大学董事会的委员会。委员会任命的委员任期八年。

(5) 规划为大学和州立学院建立区别招生库(differential admission pools)。大学必须在加利福尼亚公立中学毕业生中最高的 12.5% 中挑选学生,而州立学院则必须从分数最高的约 33.3% 中招生。此外,规划为转学的学生规定了标准,要求中学毕业时还不合格进大学或州立学院的学生,必须在转学前主要完成学院前两年的课程。所有这些行动的设计在于改进系统的质量,因为系统的每一部分都代表一个严格的入学标准。

(6) 规划重申大学和州立学院必须对加州居民免收学费的原则。

(7) 规划由若干建议专用于加强初级学院和在全州扩大它们的覆盖面。

(8) 规划第一次把初级学院界定为高等教育系统的一部分,虽然规范声称它们也必须是公共学校系统的一部分,以便继续得到联邦职业教育经费。

(9) 规划保证独立院校在新的协调机构有代表。此外,规划要求扩大刚开始的为合格的申请者所设的州奖学金计划(1959—1960 年接近 120 万美元)、生活费补助计划和研究生奖学金计划——所有建议都允许学生选择学校。最后,规划拒绝一个"超级委员会"或单独的委员会管理大学和州立学院,因为独立院校将留在协调系统之外。

(资料来源:克拉克·克尔.高等教育不能回避历史——21世纪的问题[M].王承绪,郑继伟,等,译.杭州:浙江教育出版社,2003.151-153)

思 考 题

1. 如何理解地方教育规划？
2. 地方教育规划有哪几个主要特征？
3. 反映教育现状基本指标主要有哪些？
4. 如何正确认识和处理公平与效率的关系？
5. 流动人口对地方教育规划的编制具有哪些直接的影响？
6. 如何理解区域教育规划？
7. 区域教育规划的意义是什么？
8. 区域教育规划的主要特点有哪些？

参考文献

专著、报告类文献：

1. 安虎森.新区域经济学[M].大连：东北财经大学出版社，2008.
2. BEREDAY G F，LAUWERYS，J A，Blaug，M. Educational planning[M]. London：Routledge，2012.
3. CALSON R V，AWKERMAN G. Educational planning：concepts，strategies，and practices[M]. New York：Longman，1991.
4. 陈孝彬，高洪源.教育管理学[M].北京：北京师范大学出版社，2008.
5. 陈孝大.教育行政学[M].北京：中央广播电视大学出版社，2001.
6. 丹尼尔·若雷，赫伯特·谢尔曼.从战备到变革[M].周艳，译.桂林：广西师范大学出版社，2006.
7. 邓晓春.教育预测与规划[M].大连：辽宁师范大学出版社，2000.
8. 方振邦.管理学基础[M].北京：中国人民大学出版社，2016.
9. 冯旭芳.高职院校发展战略规划[M].杭州：浙江大学出版社，2014.
10. 弗雷德·R.戴维.战备管理[M].李克宁，译.北京：经济科学出版社，2006.
11. 高书国.教育战略规划——复杂-简单理论[M].北京：教育科学出版社，2009.
12. 顾明远，石中英.《国家中长期教育改革与发展规划纲要（2010—2020）》解读[M].北京：北京师范大学出版社，2010.
13. GURUGE A W P，BERSTECHER，D G. An introduction to the educational planning process[M]. Bangkok，Thailand：Unesco Regional Office for Education in Asia，1977.
14. GURUGE A W P，BERSTECHER D G. From planning to plan implementation：an introduction to educational programming techniques[M]. Bangkok，Thailand：Unesco Regional Office for Education in Asia，1977.
15. 哈里·琼尼，卜里安·特惠斯.用于计划决策的技术预测[M].陆廷纲，桑赓陶，等，译.上海：复旦大学出版社，1984.
16. 侯章良，刘立新.战略管理最重要的5个工具[M].广州：广东经济出版社，2008.
17. 教育部发展规划司.教育规划理论方法研讨会论文集[G].1997(10).
18. 李秉德.教育科学研究方法[M].北京：人民教育出版社，1986.
19. 联合国教科文组织国际教育规划研究所.教育规划基础[M].上海：上海教育出版社，2009.
20. 刘国瑞，等.区域教育发展战略规划创新研究[M].沈阳：辽宁人民出版社，2014.

21. 刘向兵,李立国.大学战略管理导读[M].北京:中国人民大学出版社,2006.
22. 刘思峰.预测方法与技术[M].北京:高等教育出版社,2015.
23. 卢晓梅.我国高等教育决策模式的现状与突破[M].北京:科学出版社,2016.
24. 毛建青.高等教育宏观规划的理论与方法研究——聚焦中国高等教育规模的规划[M].北京:中国社会科学出版社,2015.
25. 苗敬毅,张玲.管理预测技术与方法[M].北京:清华大学出版社,2014.
26. 宁虹.教育预测学[M].沈阳:辽宁教育出版社,1989.
27. 乔治·凯勒.大学战略与规划——美国高等教育管理革命[M].别敦荣,主译.青岛:中国海洋大学出版社,2005.
28. 秦麟征.预测科学[M].贵阳:贵州人民出版社,1985.
29. 孙绵涛.教育管理原理[M].广州:广东高等教育出版社,1999.
30. 孙明玺.预测学概论[M].杭州:浙江教育出版社,1989.
31. 谈松华.中国教育现代化的区域发展[M].广州:广东教育出版社,2003.
32. 陶长琪.决策理论与方法[M].北京:中国人民大学出版社,2010.
33. 陶凤娟,何立婴.教育计划和管理[M].杭州:浙江教育出版社,1985.
34. 王晓辉.教育政治与决策[M].太原:山西教育出版社,1992.
35. 王晓辉.教育决策与治理[M].北京:教育科学出版社,2010.
36. 吴志宏,冯大鸣,周嘉方.新编教育管理学[M].上海:华东师范大学出版社,2000.
37. 夏安邦,何大昌,蒋志浩.人才预测与教育规划[M].南京:东南大学出版社,1989.
38. 萧宗六,贺乐凡.中国教育行政学[M].北京:人民教育出版社,1996.
39. 谢里·邓普,布兰特·罗本.高等教育战略规划——领导者手册[M].陈传夫,译.武汉:武汉大学出版社,2015.
40. 徐虹.教育预测与规划[M].沈阳:辽宁大学出版社,2000.
41. 许世建,张翌鸣,陶军明,等.职业教育预测与规划[M].成都:巴蜀书社,2010.
42. 阎耀军.社会预测学基本原理(第2版)[M].北京:社会科学文献出版社,2005.
43. 杨天平.教育战略规划与管理[M].重庆:重庆大学出版社,2010.
44. 杨晓青,管西亮,秦昌威.教育规划理论与实践[M].北京:中国大百科全书出版社,2006.
45. 叶家康、岳家俊.人才预测学[M].北京:北京航空学院出版,1986.
46. 于清涟,王忠仁,黄正.教育预测学[M].长春:东北师范大学出版社,1990.
47. 袁振国.中国教育政策评论[M].北京:教育科学出版社,2000.
48. 岳超源.决策的理论与方法[M].北京:科学出版社,2004.
49. 张春曙.教育规划理论与方法[M].北京:高等教育出版社,2000.
50. 赵中建.全球教育发展的研究热点——90年代来自联合国教科文组织的报告[M].北京:教育科学出版社,2003.
51. 郑继伟.高等教育规划论[M].杭州:杭州大学出版社,1991.
52. 周三多,陈传明,鲁明泓.管理学—原理与方法[M].上海:复旦大学出版社,2004.
53. 褚宏启,张新平.教育管理学教程[M].北京:北京师范大学出版社,2013.
54. 邹晓平.地方院校战略规划论[M].广州:广东高等教育出版社,2009.

期刊类文献

1. 艾蒂安·阿尔比瑟,崔俊萍.走进 OECD 教育指标体系[J].世界教育信息,2014,27(17):46-49.

2. 高淮微.我国中小城市区域教育规划编制研究:问题与对策[J].教育发展研究,2016,(05):11-16.

3. 高耀.中国高等教育未来发展规模预测——基于人口结构与 GDP 的视角[J].管理学刊,2010(03):70-73.

4. 顾明远.做好区域教育规划 促进教育现代化[J].高等理科教育,2010,(01):1-5.

5. 郭德侠,楚江亭.问题与反思:区域教育发展规划制定与实施[J].国家教育行政学院学报,2015(08):30-34.

6. 郭勇.我国教育规划研究综述[J].广东广播电视大学学报,2011,(03):76-81.

7. 何玉海,王传金.关于高等学校教育规划管理的几点思考[J].当代教育科学,2016(07):55-59.

8. 李艾琳,何景熙.西藏自治区人口演变对于教育影响的预测[J].西藏研究,2017(02):66-73.

9. 李根,葛新斌."三个结合":地方教育规划编制的关键[J].教育发展研究,2015(11):22-26.

10. 李政.教育规划实施监测的基本问题分析[J].教育科学研究,2014(10):38-42.

11. 李作章.国外区域高等教育规划的战略重点与发展态势[J].当代教育科学,2013(15):34-36.

12. 凌玲,贺祖斌.教育生态学视野中的区域教育规划[J].教育发展研究,2005(09):66-68.

13. 刘海波.如何科学制定区域教育规划目标[J].人民教育,2010(02):19-21.

14. 刘青秀,贾云鹏.关于实施区域高等教育规划的思考[J].黑龙江高教研究,2014(02):63-65.

15. 罗云,武建鑫.民族地区教育现代化评价指标体系研究[J].教育发展研究,2015,35(01):43-47.

16. 马克·贝磊,丁笑炯.教育规划的发展与变革路径——基于国际教育规划研究所标志性文献与会议的分析[J].教育发展研究,2009(03):1-7.

17. 毛建青.三种主要教育规划方法述评[J].上海教育科研,2007(01):8-11.

18. 戚业国.教育规划的本质、发展与基本模型[J].教育发展研究,2008(23):20-24.

19. 戚业国.教育规划的方法与技术选择[J].华东师范大学学报(教育科学版),2009,27(01):1-8.

20. 戚业国.中长期教育规划的特点与编制技术[J].教育发展研究,2010(01):13-16.

21. 秦玉友,宗晓华.2016—2030 年中国城乡义务教育呈交需求预测[J].东北师大学报(哲学社会科学版).2017(01):8-21.

22. 汤贞敏.我国教育规划的基本特性及"十三五"教育规划的制订[J].中国教育学刊,2016(03):1-5+56.

23. 滕珺.价值理性与工具理性的抉择:联合国教科文组织教育政策的话语演变[J].教

育研究,2011(05):92-101.

24. 王鹏.论教育规划实践范式的转型[J].教育发展研究,2009(21):36-39.

25. 王鹏.公民参与是保证教育规划执行有效性的重要途径[J].内蒙古社会科学:汉文版,2011,32(03):137-141.

26. 王晓辉.论教育规划[J].教育研究,2002(10):51-56.

27. 谢敏.制定中长期教育战略规划的三个问题[J].教育学术月刊,2009(06):22-24.

28. 杨思帆,徐辉.改革开放以来我国四次国家教育规划的特点、影响及问题[J].现代教育管理,2012(07):23-28.

29. 叶平.区域教育发展规划:意义、特点及实现[J].中国地质大学学报:社会科学版,2005(03):59-65.

30. 俞佳君.高等教育现代化指标体系构建探析[J].中国高等教育评估,2016,27(01):13-17+30.

31. 袁振国,蔡怡.教育科学研究在《教育规划纲要》制定中的作用——袁振国教授专访[J].苏州大学学报:教育科学版,2014(03):55-61+127-128.

32. 岳伟.教育过程的不确定性与教育计划、教育预测的限度[J].教育发展研究,2006(9A):58-62.

33. 曾凡亮.2020年我国学前教育经费需求预测[J].江苏科技信息,2017(10):62-70.

34. 曾晓东.20世纪90年代以来世界教育规划理论和实践的进展[J].辽宁教育研究,2007(10):12-16.

35. 张佳,祝清江.四川省2014—2023年高职教育规模预测研究[J].成都师范学院学报,2015(09):21-25.

36. 中国教育科学研究院课题组.未来五年我国教育改革发展预测分析[J].教育研究,2015(05):20-37.

37. 朱佳生,殷革兰.教育规划几个基本理论的探讨[J].辽宁高等教育研究,1999(03):35-38.

附 录

国家教育事业发展"十三五"规划
（2017年1月）

"十三五"时期是全面建成小康社会决胜阶段。为加快推进教育现代化，依据《中华人民共和国国民经济和社会发展第十三个五年规划纲要》和《国家中长期教育改革和发展规划纲要（2010—2020）》（以下简称《教育规划纲要》），制定本规划。

一、以新理念引领教育现代化

（一）发展环境。（略）

"十二五"时期特别是党的十八大以来，按照党中央、国务院决策部署，我国教育改革发展取得了显著成就，社会主义核心价值观教育深入推进，立德树人根本任务有效落实，学生思想道德素质持续向好，教育现代化取得新进展，为促进经济发展、社会和谐、文化繁荣作出重要贡献。

教育总体发展水平进入世界中上行列。（略）

教育公平取得重要进展。（略）

服务经济社会发展能力显著增强。（略）

教育发展能力显著提升。（略）

总体来看，《教育规划纲要》确定的阶段性目标如期实现，教育事业发展"十二五"规划圆满收官，我国教育进入提高质量、优化结构、促进公平的新阶段。（略）

"十三五"时期，我国发展仍处于可以大有作为的重要战略机遇期，也面临诸多矛盾叠加、风险隐患增多的严峻挑战。有效应对各种风险和挑战，不断开拓发展新境界，对实现教育现代化提出了前所未有的新任务、新要求。

（二）指导思想。

全面贯彻党的十八大和十八届三中、四中、五中、六中全会精神，以马克思列宁主义、毛泽东思想、邓小平理论、"三个代表"重要思想、科学发展观为指导，深入贯彻习近平总书记系列重要讲话精神，认真落实党中央、国务院决策部署，紧紧围绕"五位一体"总体布局和"四个全面"战略布局，树立道路自信、理论自信、制度自信、文化自信，以创新、协调、绿色、开放、共享的发展理念统领教育改革发展，坚持党的领导，坚持社会主义办学方向，全面贯彻党的教育方针，全面深化教育改革，着力提高教育质量，着力优化教育结构，着力促进教育公平，加快推进教育现代化，推动创新型国家和人才强国建设，为全面建成小康社会和实现中华民族伟大复兴的中国梦作出更大贡献。

（三）基本原则。

推进教育改革发展，实现更高质量、更加公平、更有效率、更可持续的发展，完成国家赋予的历史使命和战略任务，必须遵循以下基本原则：

坚持优先发展。（略）

坚持立德树人。（略）

坚持服务导向。（略）

坚持促进公平。（略）

坚持改革创新。（略）

坚持依法治教。（略）

坚持党的领导。（略）

（四）主要目标。

"十三五"时期教育改革发展的总目标是：教育现代化取得重要进展，教育总体实力和国际影响力显著增强，推动我国迈入人力资源强国和人才强国行列，为实现中国教育现代化2030远景目标奠定坚实基础。

全民终身学习机会进一步扩大。形成更加适应全民学习、终身学习的现代教育体系，现代职业教育体系更加完善。学前教育机会显著增加，义务教育普及成果进一步巩固提升，普及高中阶段教育，高等教育发展进入普及化阶段，继续教育参与率明显提升，学习型社会建设迈上新台阶。

教育质量全面提升。教师素质进一步提高，学校办学条件明显改善，教育信息化实现新突破，形成信息技术与教育融合创新发展的新局面，学习的便捷性和灵活性明显增强。教育教学改革取得重要进展，学生的思想道德素质、科学文化素质、身心健康素质明显提高，社会责任感、法治意识、创新精神和实践能力显著增强，学业水平和自主学习、终身学习能力全面提升。

教育发展成果更公平地惠及全民。完成教育脱贫攻坚任务，精准扶贫、精准脱贫的效果充分显现。实现家庭经济困难学生资助全覆盖，困难群体、妇女儿童平等受教育权利得到更好保障。义务教育实现基本均衡的县（市、区）比例达到95%，城乡、区域、学校之间差距进一步缩小，建成覆盖城乡、更加均衡的基本公共教育服务体系。人民群众高质量、个性化、多样化的学习需求得到更好满足。

人才供给和高校创新能力明显提升。创新型、复合型、应用型和技术技能型人才培养比例显著提高，人才培养结构更趋合理。各类人才服务国家和区域经济社会发展、参与国际竞争的能力显著增强。提高高等教育发展水平，若干所大学和一批学科进入世界一流行列，若干学科进入世界一流学科前列，在高校建成一批服务国家战略的创新基地和新型智库，创新服务能力全面提升，涌现一批重大创新成果，促进培育新动能，推动文化繁荣和社会进步，增强国家核心竞争力。

教育体系制度更加成熟定型。教育法律法规体系和执法体制机制更加健全，教育标准、监管、评价、督导、投入保障、教师队伍建设等基础性制度体系更加完善，社会力量举办教育、参与教育改革发展的制度更加完备有效。基本实现管办评分离，形成政府依法管理、学校依法自主办学、社会各界依法参与和监督的格局，教育治理体系和治理能力现代化水平明显提升。

教育事业发展和人力资源开发"十三五"主要目标

指标	2015 年	2020 年	属性
学前教育			
在园幼儿数(万人)	4 265	4 500	预期性
学前三年毛入园率(%)	75.0	85.0	预期性
九年义务教育			
在校生(万人)	14 004	15 000	预期性
巩固率(%)	93.0	95.0	约束性
高中阶段教育			
在校生(万人)	4 038	4 130	预期性
其中:中等职业教育	1 657	1 870	预期性
毛入学率(%)	87.0	90.0	预期性
高等教育			
在学总规模(万人)	3 647	3 850	预期性
在校生(万人)	3 511	3 680	预期性
其中:研究生(万人)(含全日制和非全日制研究生)	250[191]	290[230]	预期性
其中:普通本专科(万人)	2 625	2 655	预期性
毛入学率(%)	40.0	50.0	预期性
继续教育			
从业人员继续教育(万人次)		35 000	预期性
人力资源开发			
新增劳动力平均受教育年限(年)	13.3	13.5	预期性

注:1. 高等教育在校生含普通本专科、成人本专科、全日制和非全日制研究生在校生。
2. [ ]内为全日制研究生在校生数。

(五)主题主线。

贯彻落实新发展理念,全面实现"十三五"时期教育改革发展目标,必须紧紧围绕全面提高教育质量这个主题,把立德树人作为根本任务,全面实施素质教育,积极培育和践行社会主义核心价值观,更新育人理念,创新育人方式,改善育人生态,提高教师素质,建立健全各级各类教育质量保障体系,全面提升育人水平。

必须把教育的结构性改革作为主线,主动适应经济社会发展和人民群众的需求。统筹利用好、布局好各类教育资源,突出保基本、补短板、促公平,公共教育资源配置向薄弱地区、薄弱学校、薄弱环节和困难人群倾斜,推动区域、城乡协调发展,着力提高基本公共教育服务的覆盖面和质量水平;优化人才供给结构,加快高中阶段教育普及进程,推动高等教育分类发展,大力发展现代职业教育和继续教育,加快培养经济社会发展急需人才;创新教育供给方式,大力发展民办教育,拓展教育新形态,以教育信息化推动教育现代化,积极促进信息技术与教育的融合创新发展,努力构建网络化、数字化、个性化、终身化的教育体系,形成人人皆学、处处能学、时时可学的学习环境;改革教育治理体系,深化简政放权、放管结合、优化服务改革,落实学校办学自主权,加快现代学校制度建设;扩大社会参与,提高教育开放水平,整体提升教育服务经济社会发展的能力。

二、全面落实立德树人根本任务

(一)提升学生思想道德水平。
把思想政治工作贯穿教育教学全过程。(略)
着力加强爱国主义教育。(略)
努力增强学生社会责任感。(略)
积极开展法治教育。(略)

(二)培养学生创新创业精神与能力。
从中小学做起,注重激发学生学习兴趣、科学兴趣和创新意识,加强科学方法的训练,逐步培养学生逻辑思维与辩证思维的能力。(略)

(三)强化学生实践动手能力。
践行知行合一,将实践教学作为深化教学改革的关键环节,丰富实践育人有效载体,广泛开展社会调查、生产劳动、志愿服务、公益活动、科技发明和勤工助学等社会实践活动,深化学生对书本知识的认识。(略)

(四)塑造学生强健体魄。
加强和改进学校体育卫生工作。(略)

(五)提高学生文化修养。
坚持以美育人、以文化人。(略)

(六)增强学生生态文明素养。
强化生态文明教育,将生态文明理念融入教育全过程,鼓励学校开发生态文明相关课程,加强资源环境方面的国情与世情教育,普及生态文明法律法规和科学知识。(略)

(七)提高学生综合国防素质。
将国防教育纳入国民教育体系,充分发挥国防教育的综合育人功能,丰富学校国家安全教育和国防教育内容,创新教育形式,探索开展中小学国防教育综合社会实践和示范校创建活动试点,继续推动国防教育特色学校建设,充分发挥军营开放日、军事夏令营等平台作用,提高国防教育效果。(略)

三、改革创新驱动教育发展

(一)着力推进教育教学改革。
推进基础教育课程与教学改革。(略)
推行产教融合的职业教育模式。(略)
深化本科教育教学改革。(略)
推动研究生培养机制改革。(略)

(二)深化考试招生制度改革。
加大高校考试招生制度改革实施力度。(略)
推进高职院校分类考试,突出"文化素质+职业技能"评价方式。(略)

完善中小学入学制度。（略）

（三）激发学校办学活力。

加快现代大学制度和各类学校管理制度建设。（略）

落实学校办学自主权。（略）

全面落实"一校一章程"。（略）

（四）统筹推进世界一流大学和一流学科建设。

以中国特色、世界一流为核心，以支撑创新驱动发展战略、服务经济社会发展为导向，坚持建设与改革并重，以学科为基础、以绩效为杠杆，统筹高校整体建设和学科建设，鼓励和支持不同类型的高水平大学和学科差别化发展，支持拥有多个国内领先、国际前沿高水平学科的大学，全面建设进入世界一流大学行列或前列；支持拥有若干国内前列、在国际同类院校中居于优势地位的高水平学科的大学，通过学科建设带动学校进入世界同类大学前列；支持拥有某一高水平学科的大学，通过建设进入该学科的世界一流行列或前列。（略）

创新建设机制，鼓励公平竞争，强化目标管理，增强建设实效。（略）

（五）强化高校创新体系建设。

全面提升高校科技创新能力。（略）

深化高校科研体制改革。（略）

深化全方位协同创新。（略）

完善高校哲学社会科学体系。（略）

促进高校科技成果转化。（略）

（六）促进和规范民办教育发展。

推进民办学校分类管理。（略）

鼓励社会力量进入教育领域。（略）

（七）积极发展"互联网+教育"。

加快完善制度环境。

进一步改善基础条件。

全力推动信息技术与教育教学深度融合。

四、协调推进教育结构调整

（一）推进区域教育协调发展。

优化教育资源区域布局。（略）

支持国家重大区域发展战略实施。（略）

（二）优化城乡基础教育布局。

统筹规划城乡教育发展。（略）

加强农村学校布局规划。（略）

（三）加快发展现代职业教育。

完善职业学校布局结构。（略）

提升职业学校基础能力。（略）

强化大国工匠后备人才培养。（略）

（四）调整高等教育结构。
推进高等教育分类发展、合理布局。（略）
推动具备条件的普通本科高校向应用型转变。（略）
提高应用型、技术技能型和复合型人才培养比重。

（五）大力发展继续教育。
加快构建终身教育制度。（略）
加强继续教育平台建设。（略）

（六）加快培养现代产业急需人才。
加快学科专业结构调整。（略）
大力培养现代农业人才。（略）
加快培养战略性新兴产业急需人才。（略）
加强现代服务业和社会管理服务人才培养。（略）

五、协同营造良好育人生态

（一）优化校园育人环境。
加强校园文化建设。（略）
创建平安校园。（略）

（二）改善社会育人环境。
建立政府、学校、社会、家庭全面参与的协同育人工作机制。（略）
优化语言文字环境。（略）

（三）构建教育诚信环境。
着力加强诚信教育，把诚信教育纳入人才培养各环节，引导学生养成诚实守信的道德品质。（略）

（四）建立科学评价体系。
充分发挥教育评价对科学育人的导向作用，把促进人的全面发展、适应经济社会发展作为评价教育质量的根本标准。（略）
推进基础教育质量综合评价改革。（略）
构建科学的职业教育评价制度。（略）
改进高校人才培养质量评价。（略）

（五）建设绿色校园。
加强节约型校园建设。（略）
建设美丽校园。（略）

六、统筹推动教育开放

（一）优化教育对外开放布局。
实施共建"一带一路"教育行动。（略）
分类推进教育国际合作交流。（略）
打造区域教育对外开放特色。（略）

（二）提升教育开放层次和水平。

提高留学教育质量。（略）

深化中外学校间交流与合作。（略）

提升中外合作办学质量。（略）

（三）积极参与全球教育治理。

深化多边教育合作。（略）

深度参与国际教育规则制定。（略）

开展教育国际援助。（略）

（四）统筹推进中外人文交流。

完善中外人文交流机制。（略）

办好孔子学院。（略）

（五）深化内地和港澳、大陆和台湾地区教育合作交流。

完善内地和港澳教育合作与交流机制。（略）

打造大陆和台湾地区教育合作交流平台。（略）

七、全面提升教育发展共享水平

（一）打赢教育脱贫攻坚战。

全面推进教育精准扶贫、精准脱贫。（略）

加大职业教育脱贫力度。（略）

强化教育对口支援。（略）

（二）促进义务教育均衡优质发展。

推动县域内均衡发展。（略）

缩小区域差距。（略）

巩固提高普及水平。（略）

（三）加快发展学前教育。

继续扩大普惠性学前教育资源，基本解决"入园难"问题。（略）

提高幼儿园保育教育质量。（略）

（四）普及高中阶段教育。

巩固提高中等职业教育发展水平。（略）

促进普通高中多样化发展。（略）

（五）加快发展民族教育。

加快提高民族地区教育发展水平。（略）

科学稳妥推行双语教育。（略）

办好内地民族班。（略）

（六）保障困难群体受教育权利。

办好特殊教育。（略）

实现家庭经济困难学生资助全覆盖。（略）

做好随迁子女教育工作。（略）

加强对留守儿童的关爱保护。（略）

（七）大力促进高校毕业生就业创业。
实施高校毕业生就业创业促进计划。

八、着力加强教师队伍建设

（一）加强师德师风建设。
落实大中小学师德师风建设长效机制。（略）
加强教师思想政治工作。（略）
（二）提升教师能力素质。
推进教师教育综合改革。（略）
完善教师校长培训体系。（略）
培养造就教学名师。（略）
（三）吸引一流人才从教。
吸引优秀毕业生从教。（略）
大力引进行业企业一流人才。（略）
建设高校一流人才队伍。（略）
培养造就一支高素质学校领导人员队伍。（略）
（四）优化教师资源配置。
加强乡村教师队伍建设。（略）
加快补充紧缺教师。（略）
（五）完善教师管理制度。
严格教师职业准入。（略）
完善教师职称制度。（略）
改进教师考核评价制度。（略）

九、加快推进教育治理现代化

（一）推进政府职能转变。
深化教育行政审批制度改革。（略）
优化政府服务。（略）
健全民主决策机制。（略）
（二）构建有效监管体系。
加强教育标准工作。（略）
完善教育质量监测制度。（略）
进一步完善教育督导制度。（略）
健全教育管理监测体系。（略）
（三）全面推进依法治教。
完善教育法律法规体系。（略）
全面推进依法行政。（略）
大力推进依法治校。（略）

（四）完善教育投入机制。
优先保障教育投入。（略）
完善教育经费投入机制。（略）
完善非义务教育阶段成本分担机制。（略）
加强经费使用管理和国有资产管理。（略）

十、加强和改进教育系统党的建设

（一）落实全面从严治党主体责任。
完善全面从严治党责任落实机制。（略）
（二）加强教育系统思想政治建设。
深入学习贯彻习近平总书记系列重要讲话精神和治国理政新理念新思想新战略，完善"两学一做"学习教育常态化、长效化机制，用党的最新理论成果武装头脑，始终在思想上政治上行动上同以习近平同志为核心的党中央保持高度一致。（略）
（三）加强基层党组织和党员队伍建设。
扩大党的组织和工作覆盖面。（略）
（四）加强教育系统党风廉政建设。
落实党风廉政建设主体责任和监督责任。（略）

十一、组织实施

（一）落实责任分工。
建立规划实施责任制。
（二）协同实施规划。
加强相关部门间的协调配合，建立各有关部门共同研究解决教育发展问题的机制。
（三）鼓励探索创新。
推动基层创新实施规划。
（四）加强督促检查。
加强督查监测。
加强社会监督。

后 记

经全国高等教育自学考试指导委员会同意,由教育类专业委员会负责高等教育自学考试教育类专业教材的审定工作。

《教育预测与规划》自学考试教材由内蒙古师范大学朱颜杰副教授主编。

参加本教材审稿讨论会并提出修改意见的有北京师范大学高鸿源教授、刘淑兰教授、余凯教授和首都师范大学傅树京教授。

他们付出了辛勤劳动,在此一并深表谢意。

全国高等教育自学考试指导委员会
教育类专业委员会
2018 年 1 月